Tous les livres et vidéos ENI en illimité !

Des centaines de livres et vidéos avec des mises à jour tous les mois, sans engagement !

Android

Guide de développement d'applications Java pour Smartphones et Tablettes

4e édition

Copyright - Editions ENI - Septembre 2018
ISBN : 978-2-409-01526-7
Imprimé en France

Editions ENI
ZAC du Moulin Neuf
Rue Benjamin Franklin
44800 St HERBLAIN
Tél. 02.51.80.15.15
Fax 02.51.80.15.16

e-mail : editions@ediENI.com
http://www.editions-eni.com

Auteur : Sylvain HÉBUTERNE
Collection **Expert IT** dirigée par Joëlle MUSSET

Les éléments à télécharger sont disponibles à l'adresse suivante :
http://www.editions-eni.fr
Saisissez la référence ENI de l'ouvrage **EI4AND** dans la zone de recherche et validez. Cliquez sur le titre du livre puis sur le bouton de téléchargement.

Avant-propos

Chapitre 1
L'univers Android

Chapitre 2
Premiers pas

Chapitre 3
Les bases de l'interface utilisateur

Chapitre 4
Composants avancés

Chapitre 5
Styles, navigation et notifications

Chapitre 6
Interface utilisateur avancée

Chapitre 7
La persistance des données

Chapitre 8
Intentions, récepteurs d'événements et services

Chapitre 9
Concurrence, sécurité et réseau

Chapitre 13
Capteurs et géolocalisation

Chapitre 14
La technologie NFC

Avant-propos

1. Introduction

Il y a peu de temps encore, le système Android n'était présent que sur quelques smartphones. Aujourd'hui, des tablettes, des montres, des télévisions connectées, des voitures, des appareils photo, etc., sont équipés du système d'exploitation de Google, au point d'en faire le premier système d'exploitation pour la mobilité.

Nombreuses sont les raisons de ce succès. L'une d'elles est sans doute l'offre pléthorique d'applications téléchargeables (plus d'un milliard), permettant à tout un chacun de personnaliser son appareil Android.

Pour que le lecteur puisse faire partie de ce succès, cet ouvrage se propose de l'accompagner dès ses premiers pas dans le développement d'applications natives Android qu'il pourra ensuite publier et commercialiser aux utilisateurs du monde entier.

2. À qui s'adresse cet ouvrage ?

Cet ouvrage s'adresse à quiconque s'intéresse de près ou de loin à l'univers Android et souhaite aller plus loin en découvrant comment créer ses propres applications natives Android.

3. Connaissances nécessaires pour aborder cet ouvrage

Le propos de cet ouvrage est l'écriture d'applications Android en langage Java sous l'environnement de développement intégré Android Studio.

Plus précisément, cet ouvrage se concentre uniquement sur le développement logiciel propre à Android.

Cela suppose donc du lecteur qu'il possède des connaissances de programmation en langage objet, et plus particulièrement en Java, et aussi quelques connaissances d'utilisation d'un environnement de développement classique, la pratique d'Android Studio étant expliquée dans cet ouvrage.

C'est pourquoi, il n'a pas été jugé utile de reprendre une énième fois l'étude du langage afin de se concentrer uniquement sur la partie spécifique à Android.

L'écriture d'applications Android ne requiert pas un niveau élevé en Java pour débuter. Il suffit au lecteur de ne posséder que quelques connaissances de base en Java pour parcourir cet ouvrage sans souci et surtout pour réaliser ses propres applications Android.

4. Objectifs à atteindre

Cet ouvrage a pour but d'aider le lecteur à faire ses premiers pas dans le développement d'applications Android et de le guider vers les fonctionnalités plus avancées.

Grâce à cet ouvrage, le lecteur, utilisateur d'Android, deviendra concepteur d'applications Android. Il découvrira les fondations du système Android et les bases du développement d'applications Android pour smartphones et tablettes tactiles jusqu'à la version 4.4 incluse. Dès lors, le lecteur pourra développer et publier ses propres applications Android à destination des utilisateurs du monde entier.

Pour ce faire, suite à la présentation de la plateforme Android, le lecteur découvrira comment mettre en place l'environnement de développement afin de créer et exécuter son premier projet Android. S'en suivra une première étude de l'interface utilisateur et de deux composants principaux applicatifs que sont les intentions et les activités. Une étude complémentaire de l'interface utilisateur dévoilera les éléments majeurs que peuvent utiliser les applications.

D'autres composants applicatifs principaux tels que les fragments et les services seront ensuite étudiés. Différentes solutions de persistance de données seront décrites. Puis le lecteur découvrira l'implémentation de la programmation concurrente sous Android, notion essentielle pour la production d'applications de qualité, la gestion de la sécurité et la communication réseau.

Les moyens de traçage, de débogage et de tests des applications seront détaillés. Le lecteur découvrira comment publier une application, notamment sur le Google Play Store.

Enfin, cet ouvrage se terminera par l'étude des capteurs et des moyens de localisation géographique. Nous aborderons également les fonctionnalités avancées telles que la création d'App Widget, la protection des applications payantes, l'utilisation du NFC (*Near Field Communication*), les objets connectés, ainsi que le paiement intégré.

5. Téléchargements

Les exemples de code fournis dans l'ouvrage servent à illustrer individuellement chacun des propos évoqués. Ce ne sont pas des exemples d'applications complètes.

C'est pourquoi sont offerts en complément des projets Android Studio complets et fonctionnels. Ces projets permettent d'illustrer de façon concrète les concepts et pratiques décrits dans cet ouvrage mais également des notions plus avancées, détaillées ou non dans l'ouvrage.

Ces projets sont téléchargeables sur le site des Éditions ENI.

6. Informations complémentaires

L'ampleur des sujets concernant le développement d'applications Android est très vaste, trop vaste pour un seul et même ouvrage. Des choix ont donc été faits quant aux sujets traités ici. Certains de ces sujets ont été décrits en détail, d'autres légèrement abordés, et quelques-uns enfin ont volontairement été évités.

La sélection de ces sujets a été faite dans le but de couvrir un ensemble de sujets cohérents et suffisants quant à l'apprentissage du développement d'applications Android. Il appartient au lecteur, une fois les connaissances de base acquises, d'aller plus avant et de découvrir par lui-même les fonctionnalités complémentaires. L'ouvrage suggère à plusieurs reprises l'étude de classes et de fonctionnalités permettant d'approfondir les différents thèmes traités.

De même, bien que la quasi-totalité des fonctionnalités de développement d'applications Android soit disponible aussi bien sous Android Studio qu'en ligne de commande, le choix a été fait de se concentrer principalement sur le développement d'applications depuis l'environnement de développement de Google, fourni gratuitement sur toutes les plateformes.

7. Ressources

En complément de l'ouvrage et du code téléchargeable l'accompagnant, de nombreuses documentations et ressources existent pour aider le développeur. Les principales sont :

– Le site officiel du développement Android : http://developer.android.com/

Ce site comprend de nombreuses ressources dont, entre autres, le guide de développement et la documentation des API (*Application Programming Interface*) du SDK (*Software Development Kit*) qui peuvent être téléchargés pour être consultés en local, comme cela est expliqué dans l'ouvrage.

Ce site comprend également diverses ressources comme des projets d'exemples, des vidéos et un blog officiel distillant de très utiles et judicieux billets à destination des développeurs.

– Le forum officiel pour les développeurs Android :
http://groups.google.com/group/android-developers

– Des questions/réponses entre développeurs Android : http://stackoverflow.com/questions/tagged/android

– La liste des bogues Android : http://code.google.com/p/android/issues

Bonne lecture !

Chapitre 1
L'univers Android

1. Introduction

Plateforme intégrée pour la première fois dans un smartphone (téléphone intelligent) sorti en France en mars 2009, Android s'est depuis émancipé très rapidement pour conquérir de nombreux appareils, mobiles ou non, tels que les netbooks (mini-ordinateurs), les tablettes tactiles, les objets et télévisions connectés, au point de devenir aujourd'hui l'un des systèmes d'exploitation majeurs dans le monde.

Pour bien comprendre comment Android en est arrivé là si rapidement, nous ferons une rétrospective de son évolution, avant d'installer et préparer l'environnement de développement.

2. Présentation d'Android

Afin de s'immerger pleinement dans l'univers Android, une présentation de la plateforme s'impose.

Nous allons donc découvrir ici les origines et l'historique de la plateforme Android, ses différentes versions et leurs répartitions actuelles et passées sur les appareils Android. Nous découvrirons enfin l'architecture de la plateforme Android sur laquelle s'exécutent les applications.

2.1 Open Handset Alliance

Rachetée par Google en 2005, Android était initialement une startup (jeune entreprise) qui développa un système d'exploitation pour appareil mobile.

Dès lors, nombre de rumeurs annonçaient la sortie d'un téléphone Google nommé Gphone. Mais Google préparait, en fait, bien plus que cela.

Le 5 novembre 2007 fut annoncée la création de l'OHA (*Open Handset Alliance*) : un consortium créé à l'initiative de Google réunissant à ses débuts une trentaine d'entreprises. La plus grande partie de ces entreprises étaient des opérateurs mobiles, des constructeurs, des industriels et des éditeurs de logiciels. Le rôle de l'OHA était de favoriser l'innovation sur les appareils mobiles en fournissant une plateforme véritablement ouverte et complète.

Le même jour, l'OHA annonça officiellement Android : la première plateforme complète et ouverte pour les appareils mobiles. Cette plateforme incluait un système d'exploitation, le middleware (les logiciels intermédiaires), une interface utilisateur et des applications phares.

Quelques jours plus tard, le 12 novembre 2007, l'OHA annonça la sortie du premier SDK (*Software Development Kit* ou kit de développement logiciel) Android permettant aux développeurs de créer des applications pour la plateforme Android.

En 2018, l'OHA regroupe plus de quatre-vingts sociétés membres.

2.2 Historique

Le 21 octobre 2008, Google et l'OHA annoncèrent la mise à disposition du code source de la plateforme Android en open source, sous licence Apache 2.0.

Il était dès lors possible de télécharger le code source du système Android, le compiler, l'installer et l'exécuter soi-même. Il était également possible de contribuer à son évolution. Tout le code et les informations se trouvent sur le site Android Open Source Project : http://source.android.com/

En novembre 2008 fut lancé l'Android Market, le magasin d'applications de Google permettant aux développeurs et éditeurs de logiciels Android de proposer leurs applications aux utilisateurs Android. En mars 2012, dans l'optique d'unifier ses services, Google renomma son magasin d'applications en « Play Store ». Ce magasin est disponible directement sur les appareils Android via l'application Play Store, mais aussi via le site Internet disponible à cette adresse : https://play.google.com/store

La version web ne permettait initialement que la consultation de quelques applications phares. De nombreuses évolutions ont depuis été faites, et dorénavant, le Play Store permet de consulter toutes les applications disponibles, mais présente également à l'utilisateur connecté la liste des applications installées sur ses différents appareils. Il est également possible d'installer une application sur un appareil à partir de l'application web, depuis un ordinateur.

Le premier smartphone Android est sorti en octobre 2008 aux États-Unis et en mars 2009 en France. Ce fut le HTC Dream G1. Sa particularité était de posséder un clavier physique coulissant. Son écran faisait 8 cm de diagonale et possédait une résolution de 320 x 480 pixels. Il intégrait 192 Mo de mémoire RAM, 256 Mo de ROM, un appareil photo sans flash de 3,1 millions de pixels, le Wi-Fi et la 3G.

Depuis, de nombreux constructeurs ont mis sur le marché un nombre impressionnant d'appareils fonctionnant sous Android. Début 2014, la société Samsung, leader du marché des appareils Android à cette date, proposait plus de vingt modèles différents de smartphones, et onze modèles de tablettes ; au premier trimestre 2018, le Play Store comptabilise plus de 400 appareils estampillés « Samsung ». Selon les statistiques présentées par le même Play Store, il existerait plus de 16 000 appareils différents (en comptant toutes les déclinaisons de chaque constructeur) capables de se connecter au Play Store !

Outre les smartphones et tablettes (la première tablette date de début 2011), des appareils intermédiaires nommés phablettes sont progressivement apparus dans les catalogues des constructeurs. Ces appareils, dont le nom est la contraction de smartphone et tablette, disposent d'écrans de grande dimensions (typiquement 6,5 pouces, soit 16 cm environ), sont équipés d'une puce GSM (pour utiliser le réseau de téléphone mobile), et en général, peuvent être utilisés avec un stylet.

Les derniers appareils sont maintenant équipés du NFC (*Near Field Communication*) qui leur permet de communiquer en champ proche, comme par exemple pour le paiement sans contact, et présentent tous un support du protocole Bluetooth. Nous étudierons les technologies NFC et Bluetooth sur Android plus loin dans cet ouvrage.

Beaucoup de chemin a été parcouru depuis l'apparition de la plateforme Android. Chaque semaine apporte son lot de nouveaux smartphones et tablettes ; l'importance de la plateforme, l'omniprésence des smartphones dans la vie quotidienne, sont autant d'incitations à se plonger dans le développement ciblant directement l'écosystème Android.

2.3 Versions d'Android

Le système d'exploitation Android évolue très rapidement : la progression du nombre de ses fonctionnalités est, à l'image de celle de ses parts de marché, tout simplement stupéfiante.

Ces fonctionnalités, améliorations et corrections de bogues ont fait leur apparition au fil du temps dans plusieurs versions.

Découvrons de suite chacune de ces versions depuis la sortie officielle d'Android et leurs répartitions actuelles sur l'ensemble des appareils Android.

2.3.1 Chronologie des versions

En septembre 2008 sortit la première version de la plateforme Android notée 1.0. Puis la version 1.1 sortit en février 2009 ; version qui fut intégrée dans le premier smartphone Android commercialisé en France en mars 2009.

Quelques mois après, Android passa directement à la version 1.5, version majeure sortie en avril 2009. Suivirent trois révisions de cette version : la 1.5r2, la 1.5r3 et la 1.5r4.

La version 1.5 apportait de nouvelles fonctionnalités comme la détection de la rotation par l'accéléromètre, l'enregistrement vidéo et l'intégration des App Widgets (cf. chapitre Fonctionnalités avancées - App Widget).

La version 1.6 suivit en septembre 2009. Cette version intégra notamment le support de nombreuses résolutions et tailles d'écran différentes. La synthèse vocale fut également intégrée. Deux révisions, la 1.6r2 et la 1.6r3, sortirent ensuite.

En octobre 2009 sortit la version majeure 2.0. Celle-ci comporta le support de HTML5 et d'Exchange.

En décembre 2009 apparut la 2.0.1 et, en janvier 2010, la 2.1 qui intégra les fonds d'écran dynamiques. Sortit ensuite la révision 2.1r2.

Ces dernières versions furent rapidement remplacées par la version 2.2 qui apporta la fonctionnalité de hotspot (borne Wi-Fi) et améliora nettement les performances mesurées 2 à 5 fois plus rapides que la version 2.1.

Cette version permit également l'installation des applications sur un stockage externe comme une carte mémoire amovible. Là encore sortit une révision : la 2.2r2.

Fin 2010 sortit la version 2.3 comportant le NFC, le support de plusieurs caméras, une interface améliorée, une meilleure gestion de l'énergie, la gestion de nouveaux capteurs, une amélioration importante des performances de la machine virtuelle Dalvik, un clavier virtuel plus rapide avec un meilleur copié/collé, le support de VoIP (*Voice over Internet Protocol*) et SIP (*Session Initiation Protocol*)…

La version 2.3 ne fut disponible que sur le smartphone Nexus S de Google.

Il fallut attendre la version 2.3.3 pour que les autres téléphones, le Nexus One entre autres, puissent se mettre au même niveau.

En février 2011 sortit la version 3.0. Cette version marqua une étape importante dans le monde Android. Elle fut conçue spécifiquement pour les tablettes tactiles afin de tirer bénéfice de leurs grands écrans. Outre l'intégration d'une nouvelle interface utilisateur riche en nouveaux composants et incorporant un nouveau thème graphique, la version 3.0 amena le support de l'architecture à processeurs multicœurs.

L'année 2011 vit la publication de plusieurs sous-versions 2.3.x pour les smartphones, ainsi que les versions 3.1 (mai) et 3.2 (juillet).

En octobre 2011 fut publiée la version 4.0, qui unifia les systèmes d'exploitation pour smartphone et tablette. Les versions 4.1 et 4.2 furent publiées respectivement en juillet 2012 et octobre 2012. La version 4.3 fit son apparition en juillet 2013, après plusieurs sous-versions 4.2.x.

La version 4.4, Kitkat, sort en janvier 2014, et ajoute un mode plein écran. Moins d'un an après, en novembre 2014, Google publie Android Lollipop, étiquettée 5.0, qui introduit plusieurs changements d'envergure : nouveau moteur d'exécution, chiffrement natif, et nouvelle interface graphique.

Plusieurs versions mineures sont publiées courant 2015, apportant principalement des correctifs au système.

Android Marshmallow est publiée en octobre 2015. Cette version 6.0 du système d'exploitation modifie en profondeur le mécanisme d'autorisation.

Suivent les versions Nougat, en 2016, et Oreo, disponible depuis août 2017. Cette version, qui porte le numéro 8, est la dernière version publiée disponible à la date de rédaction du présent ouvrage, la version 9 étant distribuée sous l'étiquette *Developer Preview*.

Nougat apporte, entre autres fonctionnalités, le support du multifenêtre et Oreo, du point de vue développeur, modifie en profondeur la gestion des applications en arrière-plan et la localisation.

À ces versions du système Android correspondent des niveaux d'interface de programmation ou plus simplement API (*Application Programming Interface*) du SDK. Le tableau ci-après rappelle ces correspondances.

Version de la plateforme Android	Date	Nom	Niveau d'API
1.0	09/2008		1
1.1	02/2009		2
1.5	04/2009	Cupcake	3
1.5r2	05/2009		
1.5r3	07/2009		

Version de la plateforme Android	Date	Nom	Niveau d'API
1.5r4	05/2010		
1.6	09/2009	Donut	4
1.6r2	12/2009		
1.6r3	05/2010		
2.0	10/2009	Eclair	5
2.0.1	12/2009		6
2.1	01/2010		7
2.1r2	05/2010		
2.2	05/2010	Froyo	8
2.2r2	07/2010		
2.3	12/2010	Gingerbread	9
2.3.3	02/2011		10
3.0	02/2011	Honeycomb	11
3.1	05/2011	Honeycomb	12
3.2	07/2011		13
3.2.1	08/2011		13
3.2.2	09/2011		13
4.0.1	10/2011	Ice Cream Sandwich	14
4.0.2	11/2011		14
4.0.3	12/2011		15
3.2.4	12/2011	Honeycomb	13
3.2.6	02/2012		13
4.0.4	03/2012	Ice Cream Sandwich	15
4.1	07/2012	Jelly Bean	16
4.1.1	07/2012		16

Version de la plateforme Android	Date	Nom	Niveau d'API
4.1.2	10/2012		16
4.2	10/2012		17
4.2.1	11/2012		17
4.2.2	02/2013		17
4.3	07/2013		18
4.3.1	10/2013		18
4.4	10/2013	KitKat	19
4.4.2	11/2013		19
5.0	11/2014	Lollipop	21
5.0.1	12/2014		21
5.0.2	05/2015		21
5.1	03/2015		22
5.1.1	09/2015		22
6.0	10/2015	Marshmallow	23
7.0	08/2016	Nougat	24
7.1	10/2016		25
8.0	08/2017	Oreo	26
8.1	12/2017	Oreo	27

■Remarque

À noter que les versions majeures sont intitulées avec des noms de friandises, dans l'ordre alphabétique : Cupcake->Donut->Eclair->Froyo->Gingerbread ->Honeycomb->Ice Cream Sandwich->Jelly Bean->KitKat->....

Le système Android assure aux applications une compatibilité ascendante. Cela signifie qu'une application faite pour fonctionner sur une version minimale d'Android 1.6 (API 4) fonctionnera automatiquement sur toutes les versions Android 1.6 (API 4) et supérieures, et donc, par exemple, la version 4.0.1(API 14).

2.3.2 Répartition des distributions Android

Tous les quinze jours, le site web Android (http://developer.android.com) fournit la répartition des versions Android des systèmes ayant accédé au Play Store les deux dernières semaines. Figurent aussi les données historiques permettant de suivre l'évolution de cette répartition.

Ces informations se trouvent à l'adresse suivante : http://developer.android.com/resources/dashboard/platform-versions.html

Ces données permettent d'aider le développeur à choisir, en toute connaissance de cause, la version minimale sur laquelle devra s'exécuter son application. Du fait de la compatibilité ascendante d'Android, cette application fonctionnera automatiquement sur toutes les versions supérieures.

■Remarque

Plus la version minimale d'Android requise par l'application est faible, plus le nombre d'appareils, et donc d'utilisateurs et potentiellement d'acheteurs, pouvant exécuter l'application sera important. Mais en contrepartie, l'application disposera de moins d'API du SDK que les versions plus récentes. C'est donc au développeur de trouver le meilleur compromis entre les fonctionnalités requises du SDK et l'étendue du public visé.

En avril 2018, la version la plus répandue d'Android est Android Nougat, qui, en groupant les déclinaisons 7.0 et 7.1, équipe 30 % du parc Android. Viennent ensuite Marshmallow et Lollipop qui équipent chacune environ 23% des terminaux. Si la version 4.4 du système d'exploitation (KitKat) est encore utilisée par 10 % des terminaux sous Android, les versions précédentes comptabilisent moins de 5 % des appareils.

Cette profusion de versions différentes, ainsi que la multitude d'appareils ayant des caractéristiques différentes (taille d'écran, résolution d'écran, mémoire, etc.), résumé par le terme « fragmentation », est le principal problème pour les développeurs Android. Nous verrons, tout au long de ce livre, comment gérer au mieux cette fragmentation sans restreindre les fonctionnalités et le design de nos applications.

2.4 Architecture

Android Oreo est basé sur la version 4.x du noyau Linux, Jelly Bean la version 3.x, les premières versions étaient basées sur le noyau 2.6. Ce noyau prend en charge la gestion des couches basses, telles que les processus, la gestion de la mémoire, les droits utilisateurs et la couche matérielle.

Au-dessus de ce noyau, figure la couche des principales bibliothèques du système fournies par des tiers. Celles-ci, de bas niveau, sont écrites en C et/ou C++. Elles fournissent des services essentiels tels que la gestion de l'affichage 2D et 3D, un moteur de base de données SQLite, la lecture et l'enregistrement audio et vidéo, un moteur de navigateur web...

Les fonctionnalités offertes par ces bibliothèques sont ensuite reprises et utilisées par la couche supérieure sous forme de bibliothèques Java. Celles-ci fournissent des bibliothèques et composants réutilisables spécifiques à des domaines particuliers. On y retrouve par exemple les bibliothèques de base de données, de téléphonie, de localisation géographique, de communication en champ proche...

■Remarque

Android fournit également une multitude de bibliothèques Java standard de base comme celles du paquetage `java.*`*.*

Enfin, la couche de plus haut niveau est celle des applications. Ces applications sont celles fournies par défaut, comme l'application d'*accueil* (dénommée également *bureau* ou *Home*), l'application de lancement d'applications, le navigateur web, l'application de téléphone... Mais ce sont également les applications tierces créées par des développeurs dont vous ferez bientôt partie !

Bien qu'il soit possible de développer des applications comportant du code C et/ou C++ via le NDK (*Native Development Kit*) afin notamment d'améliorer les performances, nous n'aborderons pas ce sujet dans cet ouvrage. Nous n'utiliserons que les API Java proposées par le SDK et qui suffisent, dans la très grande majorité des cas, pour créer toutes sortes d'applications standard. S'il s'agissait d'applications nécessitant de grandes performances graphiques comme les jeux en 2D ou 3D, la donne serait peut-être différente.

Par défaut, chaque application s'exécute dans une machine virtuelle Java elle-même confinée dans un processus Linux dédié. Cette machine virtuelle est spécifique à la plateforme Android et spécialisée pour les environnements embarqués.

Pour les versions d'Android antérieures à la version 5 (Lollipop), c'est la machine virtuelle Dalvik qui est utilisée. À partir de la version 5, ART (*Android RunTime*) remplace Dalvik. ART, en compilant le code de chaque application lors de son installation, améliore les performances des applications.

3. Environnement de développement

Même s'il est possible de développer entièrement une application à l'aide d'un éditeur de texte basique pour l'écriture et en ligne de commande pour la compilation, il est plus confortable d'utiliser un environnement de développement, qui facilitera l'écriture, la compilation et le débogage de vos applications.

Si cet ouvrage se concentre sur l'utilisation de l'environnement de développement Android Studio, édité par Google depuis décembre 2014, il faut mentionner également Eclipse/ADT, ADT étant un plug-in (ADT signifie *Android Developer Tools*) permettant de développer pour la plateforme Android en utilisant l'IDE bien connu du monde java, Eclipse. Le support d'ADT n'est plus assuré par Google depuis la mise à disposition d'Android Studio.

La suite de ce chapitre décrit l'installation d'Android Studio et de ses indispensables compléments.

Nous verrons, dans le chapitre suivant, comment installer et configurer un émulateur Android, outil essentiel pour le développeur.

3.1 Prérequis

Pour pouvoir développer des applications Android, il faut tout d'abord s'assurer que le poste de développement est compatible avec les critères requis.

Systèmes d'exploitation supportés :

- Windows XP (32 bits), Windows Vista (32 ou 64 bits), Windows 7-8-10 (32 ou 64 bits).
- Mac OS X 10.8.5 ou supérieur (x86 seulement).
- Linux (bibliothèque GNU C (glibc) 2.15 ou supérieure ; les distributions 64 bits doivent être capables d'exécuter des applications 32 bits).

Un minimum de 500 Mo d'espace disque est requis pour l'installation seule d'Android Studio, auquel il faut ajouter au minimum 3,2 Go d'espace disque pour le SDK.

Le JDK (*Java Development Kit*) de Java 7 ou supérieur est requis, la version 8 du JDK étant partiellement supportée. Si le poste de développement n'en dispose pas déjà, il est possible de télécharger le JDK de la plateforme Java SE (*Java Platform, Standard Edition*) à l'adresse suivante :
http://www.oracle.com/technetwork/java/javase/downloads/index.html

3.2 Android Studio

Android Studio est basé sur l'environnement de développement IntelliJ IDEA, de la société JetBrains. Distribué gratuitement par Google, il intègre plusieurs outils qui couvrent l'essentiel des besoins du développeur :

- Le moteur de production (Build system, en anglais) Gradle, qui permet de produire plusieurs versions d'une même application.
- Un outil pour construire les interfaces utilisateurs visuellement.
- Un ensemble de modèles d'applications intégrant les principales structures de code utilisées dans le développement Android.

Ces outils seront étudiés tout au long des chapitres de cet ouvrage.

3.2.1 Téléchargement

Google propose plusieurs canaux pour le téléchargement d'Android Studio, correspondants à différents stades de développement du projet :

- Le canal **Canary** propose au téléchargement les dernières mises à jour effectuées par les développeurs. Ces versions, testées mais comprenant encore des bugs, sont mises à jour à peu près toutes les semaines.
- Le canal **Dev**, qui présente les versions les plus stables issues du canal Canary.
- Le canal **Beta**, qui permet de télécharger et installer la dernière version disponible en béta.
- Le canal **stable**, enfin, qui présente la dernière version stable d'Android Studio. Il est plus que recommandé d'utiliser les versions distribuées par ce canal pour une installation d'Android Studio en environnement de développement/production.

La dernière version d'Android Studio est téléchargeable à l'adresse suivante : https://developer.android.com/studio/index.html. Au 5 avril 2018, la dernière version est la 3.1.1.

3.2.2 Installation

Le téléchargement effectué, l'installation d'Android Studio est simplifiée par la présence d'un assistant, qu'il suffit de suivre pas à pas.

Les différentes étapes sont détaillées ci-après, en prenant en exemple la plate-forme Windows.

Pour lancer l'installation, il suffit d'exécuter le fichier **android-studio-ide-xxxx.exe** téléchargé. Le premier écran de l'assistant s'affiche, permettant de lancer l'installation.

► Cliquez sur **Next** (suivant) pour lancer le processus d'installation.

L'assistant vous demande ensuite de préciser les éléments que vous souhaitez installer : **Android Studio** et l'outil **Android Virtual Device**, permettant de simuler un terminal Android sur le poste de développement.

▶Cochez toutes les options et cliquez sur **Next**.

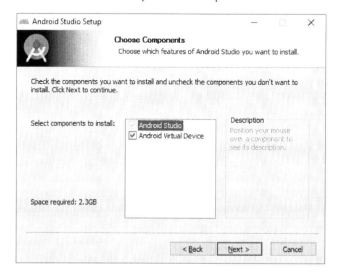

Il vous est ensuite demandé de préciser l'emplacement souhaité sur le poste de travail pour l'installation d'Android Studio.

▶ Renseignez l'emplacement à votre convenance, et cliquez sur **Next**.

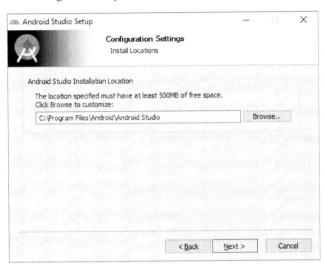

L'installation commence alors, l'assistant vous présentant une barre de progression.

Lorsque l'installation est terminée, le bouton **Next** apparaît et vous permet de terminer l'installation d'Android Studio.

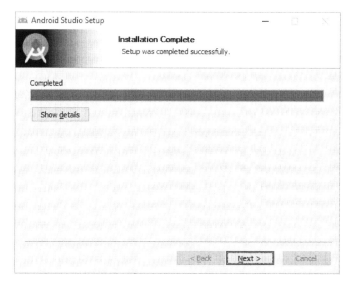

Le dernier écran vous confirme l'installation d'Android Studio et vous propose de lancer l'application.

▶Cochez la case **Start Android Studio**, et cliquez sur le bouton **Finish**.

Au premier lancement, Android Studio vous demande si vous souhaitez importer la configuration d'une version antérieure d'Android Studio. Ici, pour une première installation, il faut sélectionner l'option **I do not have a previous version** […], et cliquer ensuite sur **OK**.

Android Studio lance ensuite automatiquement l'assistant permettant de finaliser l'installation du produit. Il reste en effet à installer un ou plusieurs SDK (*Software Development Kit*, kit de développement logiciel) pour pouvoir commencer le développement : à chaque version d'Android correspond un SDK.

▶Cliquez sur le bouton **Next** de l'assistant.

L'assistant propose deux solutions pour la finalisation de l'installation : un mode **Standard** et un mode **Custom**. Le mode Custom permet de spécifier plusieurs paramètres, tels que le ou les SDK à installer, le chemin d'accès ou ces SDK seront installés, ainsi que l'aspect par défaut de l'IDE.

◼Sélectionnez l'option **Custom** et cliquez sur **Next**.

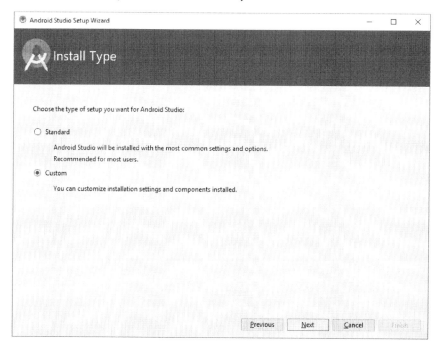

L'écran suivant permet à l'utilisateur de choisir l'aspect par défaut de l'environnement de développement : les options **IntelliJ** (interface claire) et **Darcula** (interface foncée) sont proposées. Les copies d'écran de cet ouvrage sont faites avec la version IntelliJ de l'interface, pour une meilleure lisibilité, mais le choix ne modifie en rien le comportement et les informations affichées de l'IDE.

◼Sélectionnez l'interface de votre choix et cliquez sur **Next**.

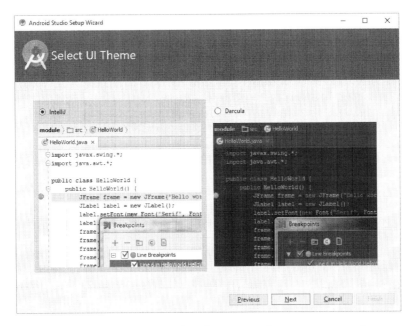

L'assistant propose ensuite de sélectionner les composants à mettre à jour : ici le SDK, l'outil Intel HAXM et Android Virtual Device.

Intel HAXM est un composant qui améliore les performances de l'émulateur Android. Il est disponible pour Windows uniquement et ne concerne que les ordinateurs équipés d'un processeur Intel.

▶Sélectionnez les deux options et cliquez sur **Next**.

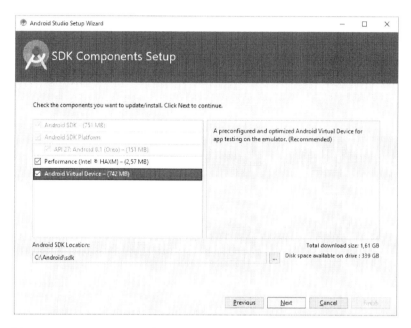

L'écran suivant permet de préciser la quantité de mémoire vive qui sera allouée à l'outil Intel HAXM. Le développeur doit choisir avec soin le montant de mémoire alloué, selon la mémoire disponible sur son poste de travail : la quantité de mémoire qui sera effectivement allouée à l'émulateur Android devra être inférieure à celle indiquée ici.

Dans un premier temps, il est recommandé de laisser la valeur suggérée par l'assistant d'installation, cette valeur pouvant être modifiée ultérieurement en relançant le programme d'installation d'Intel HAXM. Le programme d'installation d'Intel HAXM se trouve dans le dossier extras\intel\Hardware_Accelerated_Execution_Manager\intelhamx_android.exe, sous l'arborescence du dossier /sdk.

▶Fixez la quantité de RAM de votre choix et cliquez sur le bouton **Next**.

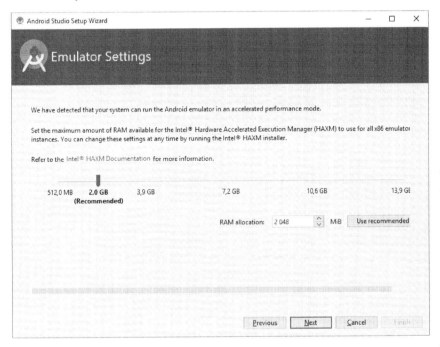

Android Studio lance ensuite automatiquement l'installation des éléments complémentaires.

Une fois l'installation terminée, l'assistant vous présente un écran récapitulatif de l'installation.

▶Cliquez sur **Finish** pour terminer l'installation et afficher l'écran d'accueil d'Android Studio.

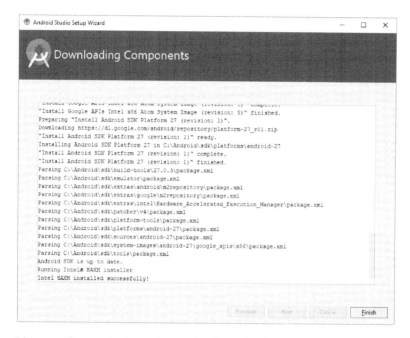

L'écran d'accueil d'Android Studio s'affiche ensuite. Cet écran présente plusieurs options : démarrer un nouveau projet, ouvrir un projet existant, importer un projet depuis un gestionnaire de versions, importer un projet (depuis Eclipse, par exemple), importer un exemple, configurer l'application ou afficher la documentation.

Avant de créer un premier projet, il faut installer plusieurs versions du SDK d'Android. Pour cela, cliquez sur l'option **Configure** en bas à droite de la fenêtre.

Une liste d'options s'affiche alors, permettant la configuration des différents aspects de l'application.

►Cliquez sur la première option, **SDK Manager**.

L'écran qui s'affiche liste les SDK disponibles et leur statut (installé, non installé, mise à jour disponible).

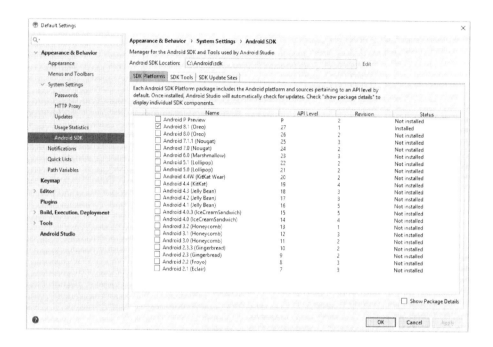

■ Remarque

Il est probable que la liste affichée soit différente de celle de la copie d'écran, Google mettant à jour très régulièrement la liste des SDK disponibles.

Il est possible d'afficher les détails des éléments disponibles pour chaque version du SDK en cochant la case **Show Package Details**, située en bas à droite de la fenêtre.

Pour installer un package ou un élément d'un package, il faut cocher la case correspondante.

Du haut vers le bas, les packages disponibles contiennent :

– **Android SDK Platform xx** : SDK correspondant à une version précise d'Android à partir de la version 1.5 (API 3), chacune dans leur dernière révision. À noter que certaines versions, comme la 2.0 (API 5) et la 2.0.1 (API 6), ne sont plus disponibles et ont été remplacées par la version 2.1 (API 7).

– **Sources for Android xx** : fichiers sources de la plateforme.

– **Google APIs** : images du système Android intégrant les API Google. Ces images seront utilisées pour créer les émulateurs Android.

Plutôt que d'installer sans distinction tous les packages, il est préférable de sélectionner les packages correspondant aux versions majeures d'Android, quitte à installer ultérieurement un package spécifique si le besoin s'en fait sentir.

Nous vous recommandons d'installer, en plus de la dernière version toujours installée par défaut (ici, la version 8.1), les versions Android 7.1.1 (API 25), Android 6.0 (API 23), ainsi que la version 5.0 (API 21).

◼Cochez les cases des packages souhaités.

◼Une fois les composants sélectionnés, cliquez sur le bouton **Apply**.

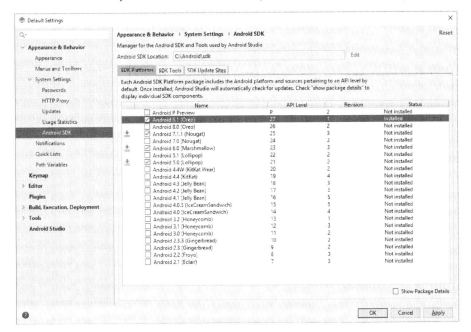

L'écran suivant vous présente la licence utilisateur et vous demande de l'accepter.

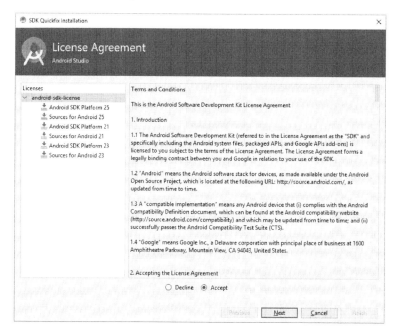

◨ Cochez le bouton radio **Accept** et cliquez sur le bouton **Next** pour lancer le téléchargement et l'installation des composants choisis précédemment. Selon votre connexion Internet et le nombre de packages choisis, cette opération peut être un peu longue.

Lorsque le téléchargement et l'installation des SDK est terminée, la fenêtre de démarrage d'Android Studio s'affiche de nouveau : l'environnement de développement est prêt.

Chapitre 2
Premiers pas

1. Premier projet Android

L'environnement de développement étant maintenant installé et prêt à être utilisé, nous allons créer sans plus attendre un premier projet Android avec Android Studio. Puis, nous l'exécuterons sur un émulateur et, éventuellement, sur un appareil Android.

Nous découvrirons ensuite la structure détaillée d'un projet Android, ainsi que les spécificités d'Android Studio à ce sujet.

1.1 Création du projet

►Exécutez Android Studio, et, sur l'écran de démarrage, cliquez sur le raccourci **Start a new Android Studio project** (Démarrer un nouveau projet Android Studio).

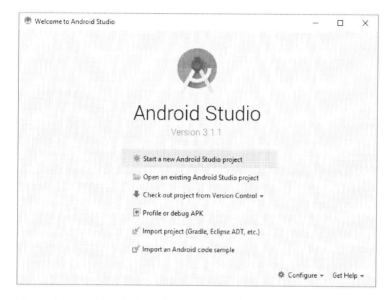

Un assistant de création de projet Android est lancé, qui va permettre de renseigner les quelques informations nécessaires à la création du projet.

Le premier écran permet de renseigner le nom du projet, ainsi que le nom de domaine de l'entreprise : cette façon de nommer un projet Android suit les recommandations de Google, visant à simplifier la création de nom unique pour chaque application proposée sur le Play Store.

▶Ici, pour ce premier projet, saisissez, par exemple, `MonApplication` pour le nom de l'application (**Application Name**) et, `guide.developpement.com` pour le nom de l'entreprise (**Company Domain**)

Le nom du package de l'application, le fichier qui sera distribué via le PlayStore et installé sur le terminal Android, est généré automatiquement par l'assistant. Il est possible de changer ce nom en cliquant sur le bouton **Edit** : il faut alors, après avoir changé le nom, cliquer sur le bouton **Done** qui s'affiche en remplacement de **Edit**.

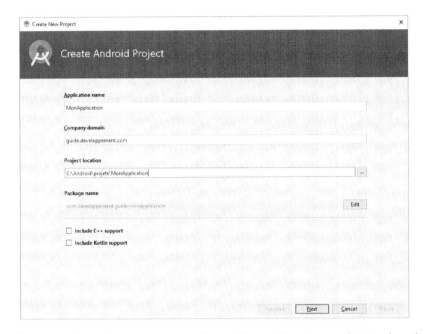

Les cases à cocher permettent de préciser si l'assistant doit inclure le support pour le développement en C++ (en lien avec le NDK, *Native Development Kit*, vu au chapitre précédent) et en Kotlin (nouveau langage de programmation que Google commence à utiliser pour le développement sous Android).

◄ Laissez les cases **Include C++ support** et **Include Kotlin support** non cochées et cliquez sur le bouton **Next**, en bas à droite de l'écran.

L'écran suivant permet de renseigner les informations sur la nature des terminaux cibles de l'application.

Pour chaque type de terminal (smartphone et tablette, Wearable (montre connectée), TV, Android Auto, Google Glass), il faut définir la version minimale de SDK dont l'appareil devra être équipé. L'assistant, pour vous aider dans votre choix, affiche le pourcentage d'appareils concernés par la version du SDK sélectionné.

◄ Sélectionnez uniquement **Phone and Tablet** (smartphone et tablette), et sélectionnez l'API 21 (Android 5.0 - Lollipop) pour la version minimale du SDK.

▶Cliquez ensuite sur le bouton **Next**.

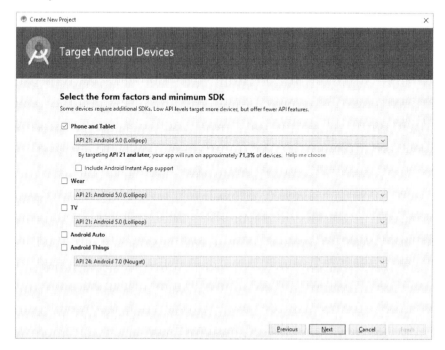

L'assistant vous propose ensuite d'ajouter une activité (*Activity*, en anglais). Les activités seront étudiées en détail dans la suite de l'ouvrage : ce sont les classes qui portent les écrans affichés par l'application.

Plusieurs modèles d'activités sont proposées. Pour chacune d'entre elles, le code correspondant sera généré automatiquement et fournira ainsi un canevas pour le développement.

Google met régulièrement à jour la liste des activités proposées. Pour la version 3.1.1 d'Android Studio, la liste est la suivante :

– **No Activity** : permet d'indiquer à l'assistant de ne pas créer d'activité dans le projet.

– **Basic Activity** : une activité comportant un bouton en bas à droite est créée. Le code de gestion du bouton est généré pour le clic et une animation du bouton est également pré-codée par l'assistant.

– **Bottom Navigation Activity** : une activité intégrant un menu de navigation situé en bas de l'écran est intégrée au projet.

– **Empty Activity** : une activité est créée automatiquement, mais aucun élément n'est intégré dans l'activité.

– **FullScreen Activity** : une activité est créée, qui s'affiche en mode plein écran : la barre de notification de l'appareil est masquée par défaut. Le code permettant de masquer/afficher la barre de notification est intégré dans l'activité.

– **Google AdMob Ads Activity** : une activité intégrant l'emplacement et le code pour l'affichage d'une publicité du réseau *AdMob* est créée.

– **Google Maps Activity** : l'activité créée intègre l'ensemble des éléments nécessaires à l'affichage de Google Maps.

– **Login Activity** : l'activité créée comporte le code nécessaire à la connexion de l'utilisateur à un service. Le code gère la soumission de la requête de connexion, mais n'intègre pas la logique coté back-office.

– **Master/Detail Flow** : permet de créer un mécanisme d'écrans *Master/ Detail* (écran principal/vue détaillée). Ce type d'écran est typiquement utilisé pour une application compatible smartphone et tablette, et sera étudié en détail dans le chapitre Composants avancés, section Fragment.

– **Navigation Drawer Activity** : l'activité intègre un panneau de navigation (*Navigation Drawer*), qui aide à la navigation dans les applications ayant plusieurs écrans. L'utilisation du panneau de navigation est étudiée chapitre Interface utilisateur avancée, section Utiliser le Navigation Drawer.

– **Scrolling Activity** : l'activité créée comporte les éléments permettant de faire défiler l'écran de haut en bas.

– **Settings Activity** : l'assistant intègre à l'application un écran de paramétrage (ce choix est masqué dans la copie d'écran ci-dessous). Le code intégré donne des exemples de gestion de plusieurs paramètres pour une application.

– **Tabbed Activity** (masqué dans la copie d'écran ci-dessous) : Une activité comportant un mécanisme de navigation par onglet est intégrée à l'application.

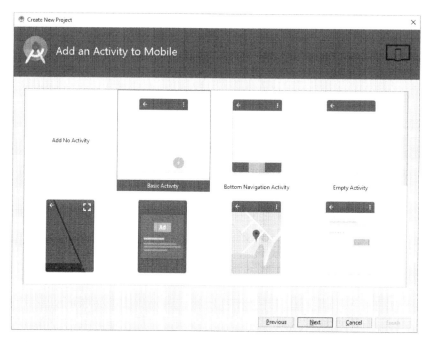

▶Pour ce premier exemple, sélectionnez **Basic Activity** et cliquez sur **Next**.

L'écran suivant permet de renseigner les informations de base pour l'activité qui sera créée. Les données suivantes doivent être définies :

– **Activity Name** : vous renseignez ici le nom de l'activité. Une activité étant, d'un point de vue programmation, une classe Java, c'est donc le nom de la classe que vous indiquez ici.

– **Layout Name** : nom du fichier de layout. Dans l'univers Android, l'aspect graphique d'une activité, sa représentation à l'écran, est en général défini dans un ou plusieurs fichiers XML, nommés fichiers de layout.

– **Title** : titre de l'activité, ou son nom « usuel ».

– **Menu Resource Name** : nom du fichier qui contient les éléments de menu. Nous verrons en effet dans le chapitre Styles, navigation et notifications que les menus, sous Android, sont en général stockés dans des fichiers.

– Une case à cocher est également présente, qui permet d'indiquer à l'assistant de création de projet qu'il faut définir un fragment en plus de l'activité. À ce stade, il suffit de considérer qu'un fragment est une partie d'écran, destinée à être intégrée dans une activité.

▶ Cliquez sur **Next** pour lancer la génération des fichiers correspondants puis sur **Finish** pour terminer l'assistant. Durant cette première création de projet, Android Studio va directement télécharger les éléments nécessaires à la construction du projet.

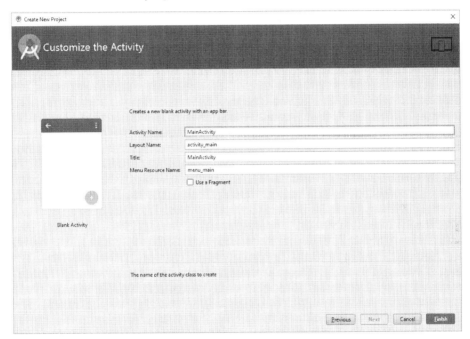

Une fois le projet créé, la fenêtre principale d'Android Studio s'affiche.

1.2 Organisation du projet

Android Studio est un environnement de développement (IDE, *Integrated Development Environment*) relativement classique ; on y retrouve tous les éléments communs aux IDE modernes :

– La partie gauche est dédiée à la présentation de l'architecture du projet. Un ensemble de boutons permettent d'afficher l'architecture selon différentes organisations.

– La partie droite affiche, selon le fichier ouvert, soit un éditeur de code, soit une vue de l'interface de l'écran (c'est ici le cas, lors d'une première ouverture d'un projet).

– La partie basse présente un ensemble de bouton (**Terminal**, **Build**, **Logcat**, **TODO**) qui, lorsqu'ils sont cliqués, font apparaître une nouvelle zone en bas de la fenêtre principale. C'est là que les logs de l'application seront affichés.

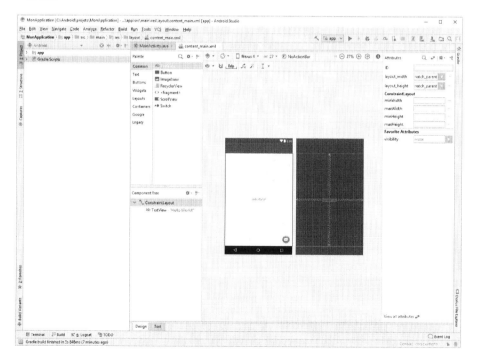

1.3 Compilation et exécution de l'application

Pour exécuter cette première application, il faut commencer par... compiler le code. Les équipes d'Android Studio ont choisi, pour assister le développeur, d'intégrer le moteur de construction (on parle en anglais de *Build Automation System*) Gradle, sur lequel nous reviendrons plus loin dans le présent chapitre.

Pour lancer la compilation et l'exécution de l'application, il faut soit sélectionner, dans la barre de menu d'Android Studio, l'option **Run**, puis **Run app**, soit faire le raccourci-clavier [Shift][F10], ou encore, cliquer sur la flèche verte (juste en dessous de la barre de menu).

Après un court instant, Android Studio affiche une fenêtre **Select Deployment Target** : il faut, avant que Gradle ne construise l'application, sélectionner un terminal cible sur lequel s'exécutera l'application.

Deux possibilités se présentent :

– Créer un AVD (*Android Virtual Device*), un périphérique Android virtuel, et le faire fonctionner sous l'émulateur.

– Utiliser un appareil Android réel, comme un smartphone ou une tablette tactile, connecté à l'ordinateur.

1.3.1 Sur l'émulateur Android

Le SDK fournit un émulateur de périphériques Android. Cet émulateur permet d'émuler de nombreuses configurations matérielles. Un AVD est, formellement, une configuration matérielle précise utilisable par l'émulateur.

Voyons comment créer un AVD.

▶Cliquez, dans la fenêtre **Select Deployment Target**, sur le bouton **Create New Emulator**.

▶Une fenêtre **Virtual Device Configuration** est présentée. Elle affiche une liste de terminaux de la gamme Nexus qui sont, pour Google, des appareils de référence offrant une expérience purement Android.

▶Sélectionnez, pour un premier terminal virtuel, le Nexus 5X puis cliquez sur le bouton **Next**.

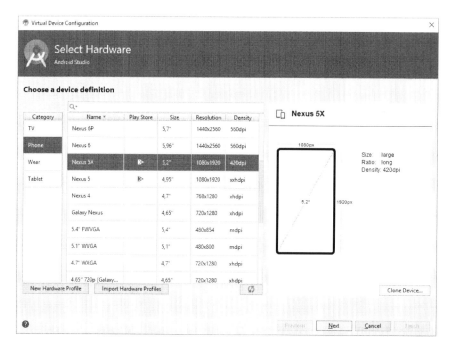

L'assistant demande ensuite de sélectionner la version d'Android qui équipera le terminal virtuel. Sont ici listées toutes les versions d'Android, la liste affichant en premier lieu les versions recommandées par Android Studio. Si le SDK correspondant à une version n'est pas présent sur le poste développeur, un lien **Download** permet de le télécharger directement.

► Sélectionnez l'entrée **Nougat (API25)**, qui correspond à la version Android cible de l'application et cliquez sur **Next**.

► Le dernier écran de l'assistant permet de modifier les informations sur le terminal : son nom, le sens du terminal (portrait ou paysage), l'échelle utilisée pour l'affichage (certains terminaux offrent des résolutions dépassant celles des écrans d'ordinateur !), l'utilisation ou pas de l'accélérateur graphique. Laissez les options par défaut, et cliquez sur **Finish**.

Le terminal virtuel est créé, l'assistant est automatiquement fermé.

La fenêtre **Select Deployment Target** affiche maintenant, dans la rubrique **Available Emulators**, le terminal Nexus 5 créé.

▶ Sélectionnez le terminal Nexus 5 et cliquez sur **OK**. La fenêtre se ferme, et Android Studio lance la compilation.

▶ Une fenêtre popup est affichée, proposant l'installation d'Instant Run. Instant Run est un mécanisme permettant d'accélérer le déploiement de l'application durant le développement. Pour cela, le package est divisé en plusieurs blocs, et seuls les blocs ayant été modifiés sont transmis au terminal. Cliquez sur **Install and Continue** pour poursuivre le déploiement.

À l'issue de l'installation d'Instant Run et de la compilation (qui peut prendre quelques instants), l'émulateur Android est démarré et s'exécute sur le poste de développement. Attention, selon la puissance du poste développeur, le chargement de l'émulateur peut prendre plusieurs dizaines de secondes. L'application est ensuite chargée et lancée automatiquement.

■ Remarque

Si l'écran de verrouillage apparaît, déverrouillez-le afin de pouvoir voir l'application.

1.3.2 Sur un appareil Android

Bien que l'émulateur puisse s'adapter à de nombreuses configurations matérielles, il n'en reste pas moins qu'il ne peut en émuler certaines confortablement. Un des gros défauts de l'émulateur réside dans ses performances médiocres. Aussi, l'émulateur va vite montrer ses faiblesses si l'application à tester nécessite un appareil puissant. De plus, le test d'une application via l'émulateur peut s'avérer concluant alors qu'un test en environnement réel va aussitôt montrer les défauts de l'application.

Un exemple tout simple est l'appui tactile sur l'écran. Sur l'émulateur, il suffit de cliquer avec le curseur de la souris qui est précis au pixel près. Sur un appareil réel, le doigt de l'utilisateur est moins précis que le curseur de souris, à tel point que si l'application nécessite un clic sur une toute petite zone de l'écran, cela sera assez délicat avec les doigts alors que cela ne posera aucun problème sur l'émulateur via la souris.

Un autre point générateur de bogue est la rotation de l'écran : si, sur un émulateur, le changement d'orientation est complètement maitrisé, sur un appareil physique, la rotation d'écran est directement liée aux manipulations de l'utilisateur. Le développeur, tout aux tests de ses fonctions, ne pense pas forcément aux conséquences d'une rotation d'écran survenant à un moment imprévu. L'utilisation d'un appareil réel permet d'ajouter quelques aléas aux tests, ce qui est salutaire et gage de qualité pour l'application publiée !

C'est pourquoi l'exécution d'une application sur un appareil Android réel est quasi-obligatoire pour valider son bon fonctionnement, sa réactivité et surtout sa bonne ergonomie. Puisque cela ne validera l'application que sur un seul type de matériel, l'idéal est d'associer les tests sur l'émulateur et les tests sur des appareils réels.

Pour tester une application sur un appareil Android, il faut activer le débogage USB sur l'appareil. Pour cela, la première étape de la manipulation n'est pas la même selon le système Android utilisé, et selon le fabricant – la plupart des fabricants et/ou distributeurs ayant la (fâcheuse) habitude de rajouter une surcouche au système Android.

▶Sur les systèmes Android de versions inférieures à 3.0 (API 11), affichez l'écran d'accueil si ce n'est déjà fait puis pressez la touche **Menu**. Sur les systèmes Android de versions 3.0 (API 11) ou supérieures, cliquez sur l'heure en bas à droite puis cliquez sur la petite fenêtre contenant l'heure et qui vient d'apparaître.

▶Sélectionnez **Paramètres**.

L'application de configuration des paramètres de l'appareil s'affiche.

▶Sélectionnez **Applications**, puis **Développement**. Si l'option **Développement** n'apparaît pas, il faut aller dans la section **A propos du téléphone** et appuyer rapidement 7 fois sur l'entrée **Numéro de build**. Un message vous informe alors que vous êtes développeur ! L'option **Développement** doit maintenant être visible dans la section **Applications**.

▶Activez la case à cocher **Débogage USB** et valider le message d'avertissement en cliquant sur le bouton **OK**.

Il faut ensuite faire en sorte que le poste de développement puisse reconnaître l'appareil Android lorsqu'il est connecté via un câble USB. Suivez les instructions ci-dessous suivant le système d'exploitation installé sur le poste de développement.

■Remarque

Si des problèmes surviennent lors de l'installation des pilotes ou que l'appareil n'est pas détecté ou reconnu, vérifiez que le câble USB utilisé est bien celui livré d'origine avec l'appareil Android et qu'il est directement connecté au poste de développement.

Mac OS X

▶Connectez l'appareil Android au poste de développement via un câble USB.

L'appareil Android est automatiquement détecté.

Windows XP

L'installation d'un pilote USB sur le poste de développement est requise pour reconnaître les appareils Android.

▶Téléchargez-le via l'outil Android SDK Manager vu précédemment. Le paquetage se nomme **Google USB Driver package** et se trouve sous **Third party Add-ons** puis **Google Inc**.

▶Connectez l'appareil Android au poste de développement via un câble USB. Windows détecte automatiquement l'appareil et lance l'assistant d'ajout de matériel.

▶Sélectionnez **Non, pas pour cette fois** et cliquez sur **Suivant**.

▶Sélectionnez **Installer à partir d'une liste ou d'un emplacement spécifié**, puis cliquez sur **Suivant**.

▶Sélectionnez **Rechercher le meilleur pilote dans ces emplacements**.

▶Décochez **Rechercher dans les médias amovibles** et cochez **Inclure cet emplacement dans la recherche**.

▶Cliquez sur le bouton **Parcourir**, sélectionnez le dossier sdk\extras\ google\usb_driver\ et cliquez sur **OK** puis sur **Suivant**.

▶Cliquez enfin sur le bouton **Installer**.

L'installation du pilote est lancée.

Windows Vista

L'installation d'un pilote USB sur le poste de développement est requise pour reconnaître les appareils Android.

▶Téléchargez-le via l'outil Android SDK Manager vu précédemment. Le paquetage se nomme **Google USB Driver package** et se trouve sous **Third party Add-ons** puis **Google Inc**.

▶Connectez l'appareil Android au poste de développement via l'utilisation d'un câble USB. Windows détecte automatiquement l'appareil et tente de l'installer.

▶Ouvrez le menu **Démarrer** et sélectionnez **Panneau de configuration**.

▶Sélectionnez **Matériel et audio** puis **Gestionnaire de périphériques**.

▶Faites un clic droit sur la ligne **Périphérique USB composite** comportant une icône d'alerte dans la liste puis sélectionnez **Mettre à jour le pilote logiciel...**.

▶Sélectionnez **Rechercher un pilote logiciel sur mon ordinateur**.

▶Cliquez sur le bouton **Parcourir...**, sélectionnez le dossier sdk\extras\ google\usb_driver\ et cliquez sur **Suivant**.

▶Cliquez enfin sur le bouton **Installer**.

L'installation du pilote est lancée.

Windows 7

L'installation d'un pilote USB sur le poste de développement est requise pour reconnaître les appareils Android.

▶Téléchargez-le via l'outil Android SDK and AVD Manager vu précédemment. Le paquetage se nomme **Google USB Driver package** et se trouve sous **Third party Add-ons** puis **Google Inc**.

▶Connectez l'appareil Android au poste de développement via l'utilisation d'un câble USB. Windows détecte automatiquement l'appareil et tente de l'installer.

▶Ouvrez le menu **Démarrer** et sélectionnez **Panneau de configuration**.

▶Sélectionnez **Matériel et audio** puis **Gestionnaire de périphériques** (sous **Périphériques et imprimantes**).

▶Faites un clic droit sur la ligne **Périphérique USB composite** comportant une icône d'alerte dans la liste puis sélectionnez **Mettre à jour le pilote...**.

▶Sélectionnez **Rechercher un pilote sur mon ordinateur**.

▶Cliquez sur le bouton **Parcourir...**, sélectionnez le dossier sdk\extras\ google\usb_driver\ et cliquez sur **Suivant**.

▶Cliquez enfin sur le bouton **Installer**.

L'installation du pilote s'effectue.

Ubuntu

▶Déconnectez l'appareil Android du poste de développement s'il est déjà connecté.

▶Ouvrez une console et lancez la commande lsusb.

```
$ lsusb
Bus 001 Device 002: ID 80ee:0021
Bus 001 Device 001: ID 1d6b:0001 Linux Foundation 1.1 root hub
```

▶Connectez l'appareil Android au poste de développement via un câble USB.

▶Relancez la commande lsusb. Une nouvelle ligne concernant l'appareil Android apparaît.

```
$ lsusb
Bus 001 Device 003: ID 18d1:4e12 Google Inc. Nexus One Phone
Bus 001 Device 002: ID 80ee:0021
Bus 001 Device 001: ID 1d6b:0001 Linux Foundation 1.1 root hub
```

▶Sur cette nouvelle ligne, relevez le code constructeur qui correspond aux quatre premiers caractères affichés après ID. Dans notre exemple, ce code est *18d1*.

▶Déconnectez l'appareil Android du poste de développement.

Pour qu'Ubuntu puisse reconnaître un appareil Android, il faut lui fournir un fichier de règles contenant la configuration USB correspondant à cet appareil.

▶Connectez-vous en tant que `root`.

▶Créez le fichier `/etc/udev/rules.d/##-android.rules` en remplaçant `##` par 70 pour les versions Ubuntu 9.10 et supérieures, et par 51 pour les versions inférieures.

▶Insérez dans ce fichier la ligne suivante correspondant à la version d'Ubuntu du poste de développement :

Ubuntu 10.10 et supérieurs :

```
SUBSYSTEM=="usb", ATTR{idVendor}=="18d1", MODE="0666"
```

Ubuntu 7.10 à 10.04 :

```
SUBSYSTEM=="usb", SYSFS{idVendor}=="18d1", MODE="0666"
```

Ubuntu 7.04 et inférieurs :

```
SUBSYSTEM=="usb_device", SYSFS{idVendor}=="18d1", MODE="0666"
```

▶Remplacez dans cette ligne le code *18d1* par le code constructeur correspondant à l'appareil Android relevé précédemment ou à trouver parmi les suivants :

Constructeur	Code
Acer	0502
Dell	413c
Foxconn	0489
Garmin-Asus	091E
Google	18d1
HTC	0bb4
Huawei	12d1
Kyocera	0482
LG	1004

Constructeur	Code
Motorola	22b8
Nvidia	0955
Pantech	10A9
Samsung	04e8
Sharp	04dd
Sony Ericsson	0fce
ZTE	19D2

▶Exécutez la commande suivante en remplaçant `##-android.rules` par le nom du fichier précédemment créé.

```
$ chmod a+r /etc/udev/rules.d/##-android.rules
```

▶Redémarrez le démon `udev` pour prendre en compte ce nouveau fichier de règles en utilisant l'une des commandes suivantes :

```
$ sudo reload udev
$ sudo service udev reload
$ sudo restart udev
```

▶Reconnectez l'appareil Android au poste de développement.

Vérification de la connexion

À ce stade, il est important de vérifier que l'environnement de développement reconnaît bien l'appareil Android qui est connecté.

▶Ouvrez une console et exécutez la commande suivante :

```
$ adb devices
```

◼Remarque

Le client `adb` *est localisé dans le dossier* `sdk/platform-tools`. *Pour plus de confort, il est conseillé d'ajouter ce chemin à la variable PATH du système.*

L'affichage suivant doit apparaître, avec un identifiant d'appareil différent de celui indiqué. Si tel est le cas, l'appareil Android est correctement détecté.

```
List of devices attached
HT018PXXXXXX    device
```

■Remarque

Les combinaisons des configurations d'environnement de développement et d'appareils Android étant très nombreuses, il se peut que l'appareil ne soit pas reconnu. Dans ce cas, après avoir vérifié que les consignes ont bien été suivies, il est conseillé de faire des recherches en ligne. D'autres utilisateurs auront sans doute déjà rencontré le même problème et fourniront sans doute une solution.

Lancement de l'application

▶Lancez l'exécution de l'application sur l'appareil.

L'application se charge rapidement et se lance automatiquement.

■Remarque

Si l'écran de verrouillage apparaît, il faut le déverrouiller afin de pouvoir voir l'application.

2. Structure d'un projet Android

Maintenant que nous avons configuré un terminal Android, qu'il soit émulé ou physique, découvrons plus avant ce que contient le projet créé et, de façon plus générale, ce qui constitue un projet Android.

2.1 Structure du projet

L'explorateur de projet, affiché par défaut à gauche dans la fenêtre d'Android Studio, affiche une vue qualifiée de « Vue Android ». En cliquant sur la liste déroulante affichant **Android**, avec le personnage **BugDroid** à gauche, les autres vues sont présentées : **Project**, **Package**, **Scratches**, **Android**, **Project Files**, etc. Les vues les plus importantes sont **Android**, **Project** et **Project File**.

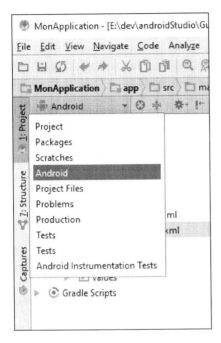

La vue **Android** présente l'architecture du projet tel que la conçoit la plate-forme Android : on y retrouve toutes les composantes d'une application.

Au premier niveau, on trouve les branches app et Gradle Scripts. La branche app contient les éléments de l'application (fichiers Java, images, fichiers de ressources, etc.), la branche Gradle Scripts comporte un ensemble de fichiers de script destiné à l'outil de construction (Build, en anglais) Gradle.

Déplier la branche app permet d'afficher les branches suivantes :

– manifests : par défaut, contient un fichier AndroidManifest.xml. C'est un élément essentiel d'une application, que l'on peut voir comme un fichier de configuration. Le fichier AndroidManifest est présenté dans la section suivante, et sera abordé tout au long de cet ouvrage.

- java : cette branche contient l'ensemble du code Java de l'application. Par défaut, Android Studio créé trois sous branches : la branche concernant l'application à proprement parler, une branche androidTest, qui est destinée à accueillir les fichiers Java utilisés pour les tests automatiques de l'interface utilisateur, et une branche test qui, elle, est prévue pour les fichiers Java de test unitaire. Dans la suite de l'ouvrage, si ce n'est pas précisé, c'est la branche de l'application qui sera sollicitée. Le chapitre Tracer, déboguer et tester présente les tests automatiques.

- res : cette branche est dévolue aux ressources de l'application. Outre les images, sons, vidéos, etc., les ressources désignent également les fichiers de layout, fichiers xml de construction de l'interface d'une application. La dernière section du chapitre présente plus en détail les concepts liés aux ressources.

La vue **Project** est, par rapport à la vue **Android**, plus conforme à l'architecture du projet dans le système de fichier. On y retrouve, organisés différemment, les éléments de la vue **Android** : la sous-branche app de l'entrée MonApplication reprend, sous l'appellation src, les éléments main (l'application principale), androidTest et test.

Par rapport à la vue **Android**, la vue **Project** affiche, dans la branche External Librairies (Bibliothèques externes), les bibliothèques référencées par le projet, dont la plus importante, le framework Android.

■Remarque

*À noter, le code source des bibliothèques est directement accessible dans cette vue **Project**, ce qui est particulièrement intéressant en phase de débogage !*

La vue **Project Files**, enfin, reprend exactement l'architecture du projet d'un point de vue système de fichiers.

La suite de ce chapitre présente plus en détail les notions que sont le fichier AndroidManifest ainsi que l'organisation des ressources, premières véritables nouveautés spécifiques au développement Android.

2.2 Gradle

Pour qu'une application puisse être déployée sur un terminal Android – qu'il soit réel ou émulé – l'ensemble des fichiers composant l'application (fichiers Java, fichiers de ressources, bibliothèques externes, etc.) doivent être intégrés dans un fichier unique, d'extension APK (pour *Android Package Kit*).

Comme brièvement évoqué précédemment, Android Studio fait appel à Gradle pour la construction de ce fichier APK.

Gradle n'est pas un compilateur, mais un module chargé d'organiser la compilation, en indiquant, entre autres, quelles sont les sources à compiler, quelles sont les bibliothèques externes à utiliser et où les télécharger, quelle version du SDK Android utiliser, etc.

L'utilisation de Gradle se base sur un ensemble de fichiers de scripts, écrits en langage Groovy, langage de script orienté objet relativement proche de Java, dans sa syntaxe, du moins.

Cette section va présenter les différents scripts Gradle d'un projet Android, scripts créés automatiquement par Android Studio. Une utilisation plus poussée de Gradle sera faite dans le chapitre Publier une application, section Production de plusieurs versions.

Dans Android Studio, la vue **Android** du projet présente, outre le dossier `app` reprenant l'ensemble des éléments internes au projet (`manifests`, vu plus en avant dans ce chapitre, `java`, comprenant le code Java produit par le développeur, et `res`, contenant l'ensemble des ressources du projet), un ensemble de fichiers Gradle, regroupés sous un dossier virtuel `Gradle Scripts`.

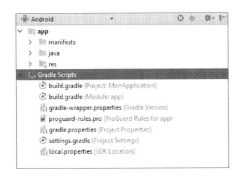

Android Studio indique, pour chaque fichier, la portée ou le rôle du fichier : chaque fichier de script Gradle défini à un niveau surcharge le fichier de script du niveau supérieur. Ainsi, par exemple, le fichier `build.gradle` est présent à plusieurs niveaux :

– Le premier fichier présenté est défini au niveau projet : il est valable pour l'ensemble du projet Android.

– Le second fichier est défini au niveau `app` : sa portée est celle de l'application à proprement parler.

2.2.1 Configuration niveau projet

Les scripts définis au niveau du projet sont les suivants :

– `build.gradle` : ce fichier est chargé de la configuration de Gradle lui-même.

– `settings.gradle` : ce fichier a pour but d'indiquer à Gradle quels sont les modules qu'il doit traiter.

– `local.properties` : ce fichier indique l'emplacement, sur le poste du développeur, du SDK Android.

Le contenu de ces fichiers a été intégralement généré par Android Studio ; voyons brièvement ce qu'ils contiennent.

build.gradle

```
// Top-level build file where you can add configuration options
common to all sub-projects/modules.

buildscript {
    repositories {
        google()
        jcenter()
    }
    dependencies {
        classpath 'com.android.tools.build:gradle:3.1.1'

        // NOTE: Do not place your
        // application dependencies here; they belong
        // in the individual module build.gradle files
    }
```

```
  }

allprojects {
  repositories {
    google()
    jcenter()
  }
}
task clean(type: Delete) {
  delete rootProject.buildDir
}
```

Le premier bloc d'instructions, `buildscript`, indique à Gradle qu'il doit utiliser un plugin pour construire le projet (le plugin nommé `com.android.tools.build:gradle:3.1.1`) et précise qu'il doit télécharger ce plugin à partir des dépôts (*repository*) `google` et `jcenter`.

Le second bloc, `allprojects`, est chargé de préciser la configuration qui s'applique à tous les éléments de la solution. Ici, il est indiqué quels doivent être les dépôts de référence pour l'ensemble du projet.

Le dernier bloc définit une tâche (*task*), `clean`, et précise son action : supprimer le contenu du dossier `rootProject.buildDir` (ce dossier est un dossier de cache utilisé par Gradle pour la construction de l'APK de la solution).

settings.gradle

```
include ':app'
```

L'unique instruction de ce fichier indique à Gradle que le module app doit être traité par Gradle. Dans le cas où une ou plusieurs bibliothèques externes sont intégrées au projet, elles doivent être mentionnées à ce niveau.

2.2.2 Configuration niveau app

Comme le précise le fichier `settings.gradle`, le module app fait partie de la solution et doit être traité par Gradle ; il y a donc un fichier de configuration `build.gradle` spécifique à ce seul module.

Si le contenu du fichier `build.gradle` du projet est général et ne concerne que le fonctionnement de Gradle lui-même, le fichier `gradle` du module `app` est, lui, spécifique et fortement dépendant de l'application elle-même. Typiquement, il sera plus souvent manipulé par le développeur que le fichier `gradle` de niveau supérieur.

À l'issue de l'exécution de l'assistant de création de solution, le fichier généré par Android Studio contient les informations suivantes :

```
apply plugin: 'com.android.application'

android {
  compileSdkVersion 27
  defaultConfig {
    applicationId "com.developpement.guide.monapplication"
    minSdkVersion 21
    targetSdkVersion 27
    versionCode 1
    versionName "1.0"
    testInstrumentationRunner
        "android.support.test.runner.AndroidJUnitRunner"
  }
  buildTypes {
    release {
      minifyEnabled false
      proguardFiles getDefaultProguardFile('proguard-android.txt'),
'proguard-rules.pro'
    }
  }
}

dependencies {
  implementation fileTree(dir: 'libs', include: ['*.jar'])
  implementation 'com.android.support:appcompat-v7:27.1.1'
  implementation 'com.android.support.constraint:constraint-layout:1.1.0'
  implementation 'com.android.support:design:27.1.1'
  testImplementation 'junit:junit:4.12'
  androidTestImplementation 'com.android.support.test:runner:1.0.1'
  androidTestImplementation 'com.android.support.test.espresso:espresso-core:3.0.1'
}
```

La première instruction, `apply plugin`, permet d'indiquer à Gradle qu'il doit utiliser le plugin `com.android.application` pour la construction de l'APK ; cc plugin ajoute un certain nombre de tâches, de dépendances et paramètres spécifiques à Android.

Le bloc d'instructions suivant, `android`, reprend toutes les informations que l'assistant de création de projet a collectées pour configurer la solution : on y retrouve un ensemble d'affectations propres à Android, regroupées en deux parties, `defaultConfig` et `buildTypes`.

La section `defautConfig` contient les définitions valables pour l'ensemble des variantes de l'application. Gradle permet en effet de produire plusieurs variantes – plusieurs APK – à partir d'un même code, ces variantes étant la combinaison de types de construction (*build type*) et de saveurs (*flavors*). La notion de *flavor* est abordée dans le chapitre Publier une application pour produire une version gratuite et une version payante d'une même application.

À ce stade de développement, la section `defautConfig` stocke les informations saisies durant l'exécution de l'assistant de création de projet : l'identifiant de l'application pour le Play Store (`applicationId`), les valeurs choisies par le développeur pour `minSdkVersion`, `targetSdkVersion`, `versionCode`, `versionName`. Ces informations, qui sont détaillées dans la section suivante, sont à destination d'un élément essentiel à un projet Android : le fichier de manifeste.

Ensuite, le fichier définit un bloc d'instructions `buildTypes`, contenant une seule sous-section, `release`.

Gradle supporte deux build types (types de construction), `release` et `debug`, et permet ainsi d'avoir un processus de construction différent pour la version finale de l'application et pour la version dite de débogage.

Dans cet exemple, le build type `debug` n'est pas précisé : seules les informations de la section `defautConfig` sont utilisées pour la conception d'un APK de débogage.

La dernière section du fichier `build.gradle` de l'application actuelle est dédiée aux dépendances de l'application. On y retrouve un ensemble de dépendances classiques pour un projet Android : `com.android.support:appcompat-v7:27.1.1`, `com.android.support.constraint:constraint-layout:1.1.0`, `com.android.support:design:27.1.1`, etc., ainsi qu'une instruction `fileTree` précisant que tout fichier d'extension `.jar` inclus dans le dossier `libs` du module `app` doit être ajouté au chemin de classes (*classpath*) pour la compilation.

Ce fichier Gradle est utilisé à plusieurs reprises dans le présent ouvrage : nous verrons ainsi, par exemple, quel est le rôle des dépendances évoquées plus haut, et nous serons amenés à compléter occasionnellement la liste de ces dépendances.

À noter, enfin, que si les fichiers `build.gradle` peuvent (et doivent) être modifiés manuellement par le développeur, il est nécessaire, à l'issue des modifications et de l'enregistrement du fichier modifié, de lancer une synchronisation pour répercuter ces modifications dans les éventuels autres fichiers impactés. Android Studio propose automatiquement un lien **Sync Now**, en haut à droite de l'éditeur de fichier, à chaque modification d'un fichier Gradle.

```
settings.gradle    app    AndroidManifest.xml    MonApplication

Gradle files have changed since last project sync. A project sync may be necessary for the IDE to work properly.    Sync Now
1    apply plugin: 'com.android.application'
2
3    android {
4        compileSdkVersion 27
5        defaultConfig {
6            applicationId "com.developpement.guide.monapplication"
7            minSdkVersion 21
8            targetSdkVersion 26
9            versionCode 1
10           versionName "1.0"
11           testInstrumentationRunner "android.support.test.runner.AndroidJUnitRunner"
12       }
13       buildTypes {
14           release {
15               minifyEnabled false
16               proguardFiles getDefaultProguardFile('proguard-android.txt'), 'proguard-rules.pro'
17           }
18       }
19   }
20
21   dependencies {
22       implementation fileTree(dir: 'libs', include: ['*.jar'])
23       implementation 'com.android.support:appcompat-v7:27.1.1'
24       implementation 'com.android.support.constraint:constraint-layout:1.1.0'
25       implementation 'com.android.support:design:27.1.1'
26       testImplementation 'junit:junit:4.12'
27       androidTestImplementation 'com.android.support.test:runner:1.0.1'
28       androidTestImplementation 'com.android.support.test.espresso:espresso-core:3.0.1'
29   }
```

2.3 Le manifeste

Le fichier `AndroidManifest.xml` est le fichier manifeste du projet. Il contient la configuration principale de l'application.

■Remarque

Dans la suite de cet ouvrage, il sera fait référence à ce fichier en le nommant simplement manifeste.

Ce fichier au format XML permet, entre autres, d'indiquer les composants applicatifs définis par l'application, le point d'entrée principal, les droits de sécurité nécessaires à l'application, les bibliothèques nécessaires, les environnements système et matériels compatibles pour faire fonctionner l'application…

■Remarque

Tout composant applicatif défini par l'application comme par exemple une activité, un service… doit être déclaré dans le manifeste sans quoi le système Android ne le connaîtra pas et ne pourra donc pas permettre son utilisation.

Il existe de trop nombreuses balises et attributs pour pouvoir les détailler ici. Beaucoup d'attributs sont optionnels. Seuls quelques-uns sont obligatoires.

Les principales balises et leurs attributs seront décrits au fur et à mesure dans les chapitres concernant les composants ou fonctionnalités qu'ils représentent.

Voici les premiers éléments figurant dans ce fichier.

Syntaxe

```
<xml version="1.0" encoding="utf-8">
<manifest xmlns:android="http://schemas.android.com/apk/res/android"
    package="chaîne de caractères"
    android:versionCode="entier"
    android:versionName="chaîne de caractères">

  <uses-sdk android:minSdkVersion="entier"
            android:targetSdkVersion="entier"/>

  <application android:icon="ressource drawable"
               android:label="ressource texte">
    <activity android:name="chaîne de caractères"
              android:label="ressource texte">
      <intent-filter>
          <action android:name="chaîne de caractères" />
          <category android:name="chaîne de caractères" />
      </intent-filter>
    </activity>
  </application>

</manifest>
```

Si la première ligne du fichier décrit le format du fichier et son encodage et n'est pas spécifique à l'univers Android, les instructions suivantes sont propres à la plateforme. Voici ci-dessous un exemple canonique de fichier de manifeste, tel qu'il est défini suite à la création d'un projet par l'assistant.

Exemple

```xml
<?xml version="1.0" encoding="utf-8"?>
<manifest xmlns:android="http://schemas.android.com/apk/res/android"
    package="com.developpement.guide.monapplication">

  <application
    android:allowBackup="true"
    android:icon="@mipmap/ic_launcher"
    android:label="@string/app_name"
    android:roundIcon="@mipmap/ic_launcher_round"
    android:supportsRtl="true"
    android:theme="@style/AppTheme">
    <activity
      android:name=".MainActivity"
      android:label="@string/app_name"
      android:theme="@style/AppTheme.NoActionBar">
      <intent-filter>
        <action android:name="android.intent.action.MAIN" />
        <category android:name="android.intent.category.LAUNCHER" />
      </intent-filter>
    </activity>
  </application>

</manifest>
```

Le fichier présenté ici n'est pas le fichier qui sera intégré à l'APK pour la distribution de l'application. Gradle va en effet, à la compilation, modifier ce fichier pour y intégrer les paramètres définis dans les différentes configurations précisées dans le fichier `build.gradle`. Le fichier de manifeste est par exemple complété avec les informations contenues dans le bloc d'instructions `android`. On peut consulter le fichier de manifeste dans son état final en naviguant dans le dossier app/build/intermediates/manifests/full.

```xml
<?xml version="1.0" encoding="utf-8"?>
<manifest
xmlns:android="http://schemas.android.com/apk/res/android"
  package="com.developpement.guide.monapplication"
  android:versionCode="1"
  android:versionName="1.0" >
```

```
<uses-sdk
  android:minSdkVersion="21"
  android:targetSdkVersion="27" />

<application
  android:allowBackup="true"
  android:debuggable="true"
  android:icon="@mipmap/ic_launcher"
  android:label="@string/app_name"
  android:roundIcon="@mipmap/ic_launcher_round"
  android:supportsRtl="true"
  android:theme="@style/AppTheme" >
  <activity
   android:name=
     "com.developpement.guide.monapplication.MainActivity"
   android:label="@string/app_name"
   android:theme="@style/AppTheme.NoActionBar" >
   <intent-filter>
     <action android:name="android.intent.action.MAIN" />
     <category android:name="android.intent.category.LAUNCHER" />
   </intent-filter>
  </activity>
</application>

</manifest>
```

2.3.1 Balise manifest

La balise racine du fichier est la balise manifest. Elle contient directement ou indirectement toutes les autres balises.

Elle prend plusieurs attributs. Le premier, xmlns:android, définit l'espace de nom Android qui sera utilisé dans le fichier. Sa valeur doit obligatoirement être http://schemas.android.com/apk/res/android.

L'attribut package contient le paquetage de l'application demandé lors de la création du projet. Il est l'identifiant unique de l'application et doit respecter le format standard des noms de domaine.

Viennent ensuite les attributs android:versionCode et android:versionName qui représentent en nombre et en lettre la version de l'application (cf. chapitre Publier une application - Préliminaires).

2.3.2 Balise uses-sdk

La balise `uses-sdk` permet d'indiquer les versions de SDK sur lesquelles pourra être exécutée l'application. Android utilise les valeurs des attributs de cette balise pour autoriser ou non l'installation de l'application. Le Play Store les utilise également pour filtrer les applications compatibles avec le système Android de l'appareil de l'utilisateur.

L'attribut `android:minSdkVersion` indique le niveau d'API minimum requis par l'application. Cette valeur dépend des API utilisées par l'application. Plus la valeur est basse et plus le nombre de systèmes Android pouvant exécuter l'application est important.

Mais dans ce cas, l'application ne pourra pas utiliser les nouveautés introduites par les dernières versions d'API. Il faut donc trouver le juste milieu entre le choix des API à utiliser et les versions des systèmes Android cibles.

Remarque

Attention à bien vérifier que la valeur de l'attribut `android:minSdkVersion` n'est pas trop basse par rapport aux API utilisées. Car si l'application utilise des API d'une version supérieure à celle spécifiée dans l'attribut `android:minSdkVersion`, l'application ne fonctionnera pas sur un système Android d'une version ne contenant pas l'API utilisée.

L'attribut `android:targetSdkVersion`, s'il est présent, indique le niveau d'API utilisé lors du développement de l'application et sur lequel l'application a été testée. Le système Android utilise cet attribut pour déterminer s'il a besoin ou non d'ajouter, le cas échéant, des mécanismes de compatibilité. Si le système est de la même version que cet attribut, le système Android ne fait rien. Dans le cas contraire, il peut ajouter des mécanismes de compatibilité. Cela permet également à notre application de se voir appliquer par défaut le thème graphique du système de cette version et d'être compatible avec les tailles et densités d'écran de cette version système.

Remarque

Comme vu dans la section précédente, Gradle stocke ces valeurs dans le bloc d'instructions `android` du fichier `build.gradle` du module `app`. C'est donc à cet endroit que les valeurs présentées doivent être modifiées, et non pas directement dans le fichier de manifeste.

2.3.3 Balise application

La balise `application` contient les informations concernant l'application elle-même. Deux de ses attributs sont essentiels. Ce sont les attributs `android:icon` et `android:label` qui permettent respectivement de spécifier l'icône et le titre de l'application. Cette icône et ce titre seront utilisés pour représenter l'application à divers endroits, aussi bien sur l'appareil Android que sur le Play Store.

> ■ Remarque
>
> *Bien que l'attribut `android:label` accepte directement les chaînes de caractères, il est recommandé de ne spécifier que des références à des ressources. Ceci présente de multiples avantages : la séparation du code et des ressources, la prise en compte automatique de la traduction de la chaîne de caractères, etc. comme nous le verrons plus tard.*

Cette balise contient les balises décrivant les composants applicatifs. Ce sont, entre autres, les balises `activity`, `service`, `provider`, `receiver` et `uses-library`. Ces balises et leurs attributs seront étudiés au fur et à mesure de l'étude de l'ouvrage.

2.4 Les ressources

Les ressources d'une application Android sont les données qu'elle utilise. Ce peut être une image telle que l'icône de l'application, un son, un texte comme le titre de l'application...

Ces ressources sont incorporées au binaire de l'application. Elles font partie intégrante du projet Android et doivent être stockées dans des sous-dossiers du dossier `res` selon leur type de donnée.

– `res/anim` : animations de transitions définies dans des fichiers au format XML.

– `res/color` : couleurs à plusieurs états définies dans des fichiers au format XML.

– `res/drawable` : images aux formats 9-Patch, PNG, GIF, JPEG et BMP et dessins de type `Drawable` définis dans des fichiers au format XML.

- `res/layout` : descriptions d'interfaces graphiques définies dans des fichiers au format XML.

- `res/menu` : menus de différents types définis dans des fichiers au format XML.

- `res/mipmap` : icônes de l'application.

- `res/raw` : données brutes, identiques à celles pouvant être stockées dans le dossier `assets` du projet, mais accessibles uniquement via leur identifiant unique de ressource.

- `res/values` : valeurs de différents types simples comme par exemple des chaînes de caractères, des entiers… contenus dans des fichiers au format XML. Chacune de ces valeurs est accessible via son identifiant unique.

▊Remarque

Bien que les noms des fichiers contenus dans le dossier `res/values` soient laissés à la seule discrétion du développeur et que ces fichiers puissent contenir différents types de ressources simples, il est d'usage de classer ces ressources selon leur type dans des fichiers indépendants. Les noms de ces fichiers sont ceux des types de ressources qu'ils contiennent. Par exemple, `strings.xml` pour les ressources de type `string`, `arrays.xml` pour les tableaux, `colors.xml` pour les couleurs...

- `res/xml` : fichiers XML divers, notamment des fichiers de configuration de composants, lus à l'exécution.

▊Remarque

Tous ces dossiers ne sont pas créés par défaut. Il faudra donc les créer au fur et à mesure selon les besoins.

▊Remarque

Il n'est pas possible de créer de sous-dossiers dans ces sous-dossiers afin d'organiser encore plus les ressources... ce qui peut être gênant pour les projets utilisant beaucoup de ressources de mêmes types.

Chacune des ressources du dossier `res` possède son propre identifiant unique, interne à l'application. Cette valeur, un entier, est générée automatiquement lorsque l'on ajoute une ressource au projet.

Il serait laborieux pour le développeur d'utiliser ces identifiants internes dans le code (les valeurs étant par ailleurs susceptibles de changer au gré des ajouts/ suppressions de ressources). Au lieu de cela, le compilateur génère automatiquement une classe Java R (pour *Resource*) faisant la correspondance entre les identifiants uniques et des constantes au nom explicite. Le développeur utilise donc ces constantes en lieu et place des identifiants uniques générés, que ce soit dans le code Java ou dans les fichiers XML.

Les constantes, statiques et publiques, sont définies dans des sous-classes de la classe R, chaque sous-classe correspondant à un type de ressource (layout, string, drawable, etc.).

– Dans le cas où la ressource est un fichier, c'est le nom du fichier, sans son extension, qui sera utilisé.

– Pour les ressources de type values, c'est le nom spécifié par l'attribut name de la balise qui est utilisé.

La notation utilisée diffère selon que la constante est utilisée dans le code Java d'une activité ou dans un fichier XML (un fichier de layout, par exemple).

Syntaxe depuis le code Java

```
[paquetage.]R.type.nom
```

Exemples

```
R.drawable.icon
R.layout.main
R.string.message
R.color.rouge
```

Syntaxe depuis le code XML

```
@[paquetage:]type/nom
```

Exemples

```
@drawable/icon
@layout/main
@string/message
@color/rouge
```

Dans l'application canonique MonApplication, la chaîne de caractères « Settings » est définie dans le fichier de ressource `strings.xml` du répertoire `/res/values`. La ressource correspondante porte le nom `action_settings` et est utilisée dans le fichier définissant le menu de l'activité (les menus seront étudiés plus en avant dans cet ouvrage), c'est-à-dire le fichier `/res/layout/menu_main.xml`, sous la forme `@string/ action_settings`.

■Remarque

Pour améliorer la lisibilité, l'éditeur d'Android Studio masque les noms des ressources lors de l'édition et affiche la valeur des ressources en lieu et place. Il faut alors passer le curseur de la souris sur la valeur d'une ressource pour visualiser le nom de cette ressource et cliquer sur la valeur de la ressource pour désactiver cette commodité.

Le code Java de l'activité, lui, utilise la ressource `activity_main.xml` (le fichier de layout), sous la forme `R.layout_activity_main`.

Il faut noter que certaines restrictions, découlant pour la plupart de ce mécanisme d'adressage par constantes, s'appliquent aux ressources d'un projet Android :

– Les noms des ressources ne peuvent être composés que de caractères en minuscules, des chiffres 0 à 9 et du caractère _ : `[a-z]`, `[0-9]`, _

– Comme les constantes Java, le nom doit commencer par un caractère alphabétique `[a-z]`.

– Deux ressources de type fichier ne doivent pas être différenciées que par l'extension du fichier (par exemple, mon_image.jpg et mon_image.png ne peuvent pas exister en même temps dans un projet).

3. Qualification des ressources

L'une des particularités du système Android est qu'il peut s'adapter à bon nombre de configurations matérielles différentes.

La meilleure illustration de cette diversité est la taille des écrans des terminaux Android. Cela va du petit smartphone dont la diagonale de l'écran fait 6,5 cm jusqu'à la tablette tactile de 30 cm en passant par bon nombre de tailles intermédiaires, sans compter les télévisions embarquant le système Google TV basé sur Android...

Mais la taille n'est qu'une des caractéristiques de l'écran. La résolution de l'écran en est une autre, allant généralement de pair avec la première, un petit écran présentant une petite résolution et un grand écran affichant une grande résolution. Se côtoient des appareils Android ayant une résolution de 240 x 320 pixels (QVGA, *Quarter Video Graphics Array*) et des terminaux affichant 2560 x 1600 pixels, la version 4.3 d'Android apportant le support des écrans dits 4K, présentant une résolution de 4096 x 2160 pixels !

Bref, on le voit, le système Android peut fonctionner sous de nombreuses et diverses configurations d'écrans. Dès lors, une application faite pour un écran de smartphone à petite résolution fera pâle figure dans l'immensité d'un grand écran à haute résolution. Afin d'offrir à l'utilisateur la meilleure expérience possible, le développeur devra faire en sorte que l'application s'adapte elle aussi aux différentes tailles et résolutions d'écran des appareils Android sur lesquels l'application peut s'exécuter.

De la même façon, le Play Store permet de proposer des applications dans un grand nombre de pays de par le monde. Dès lors, si le développeur souhaite satisfaire au mieux les utilisateurs, il devra leur proposer des applications dans leur langue. Il devra non seulement traduire les textes mais aussi adapter le format des nombres, les monnaies, les graphiques, les fichiers audio...

Pour répondre à ces problématiques, le système Android introduit une notion de qualification des ressources, qualification qui peut se faire, nous allons le voir, selon plusieurs critères.

3.1 Écrans

Android classe les écrans selon leur taille de diagonale en quatre catégories : `small` (petite), `normal` (normale), `large` (grande) et `xlarge` (très grande). Cette dernière catégorie est proposée depuis Android 2.3 (API 9). On trouvera par exemple des écrans d'environ 6,35 cm (2,5 pouces) de taille de diagonale dans la catégorie petite, d'environ 10 cm (4 pouces) dans la catégorie normale, d'environ 18 cm (7 pouces) pour les écrans larges et de plus de 25 cm (10 pouces) pour les écrans xlarges.

Plusieurs résolutions peuvent exister à l'intérieur d'une même catégorie. Si bien que pour une même surface d'écran, le nombre de pixels peut varier sensiblement. Le nombre de pixels sur une surface représente la densité. Elle est exprimée en points par pouce notés `dpi` (*dots-per-inch*).

Android classe donc aussi les écrans en catégories selon leur densité de pixels : `ldpi` (faible), `mdpi` (moyenne), `hdpi` (haute) et `xhdpi` (très haute) ainsi que `xxhdpi`, voire `xxxhdpi`. Cette dernière catégorie est proposée depuis Android 2.2 (API 8). On trouvera par exemple des valeurs de 120 dpi pour les densités faibles, 160 dpi pour les moyennes, 240 dpi pour les hautes et 320 dpi pour les très hautes. Ce sont d'ailleurs ces valeurs de densité qui servent d'étalons.

Catégorie d'écran	Densité en dpi
ldpi	120
mdpi	160
hdpi	240
xhdpi	320
xxhdpi	480
xxxhdpi	640

Mais à taille d'écran strictement identique, un bouton de 100 pixels de largeur, par exemple, aura une taille d'affichage différente si les résolutions sont différentes. Pour éviter cela, Android recommande d'utiliser une nouvelle unité : le dp ou `dip` (*density-independent pixel*) ou pixel indépendant de la densité.

■Remarque

Ne pas confondre dpi et dip !

Le système se charge de convertir une valeur donnée en dip en nombre de pixels physiques en tenant compte de la densité de l'écran. La dimension physique résultante sera la même quelle que soit la densité de l'écran. C'est-à-dire que le bouton aura la même taille physique sur tous les écrans.

Sous Android, les dimensions peuvent en fait être spécifiées sous différentes unités. Ces unités sont répertoriées dans le tableau suivant :

Unité	Description
dp ou dip	Unité indépendante de la densité de l'écran (*density-independent pixel*).
sp ou sip	Unité dépendante de la taille préférée de police de caractères (*scale-independent pixel*). Cette unité est utilisée pour les tailles de police des chaînes de caractères.
px	Pixel. Unité minimale graphique.
in	Pouce. Unité de mesure valant 2,54 cm.
mm	Millimètre.

■Remarque

Afin de ne pas mélanger dip, sip et dpi, il est préférable d'utiliser uniquement dp et sp.

■Remarque

Afin qu'une application puisse s'adapter correctement à tous types d'écrans, tailles et résolutions, il est vivement recommandé de n'utiliser que des dimensions indépendantes de la densité, c'est-à-dire spécifiées en dp (ou dip) et en sp (ou sip).

Il est possible de spécifier différentes variantes d'une même image selon la densité de l'écran. Android recherche la version correspondant d'abord à la catégorie de densité de l'écran courant. Si elle existe, elle est utilisée telle quelle. Sinon, Android recherche cette ressource dans une autre densité, en priorité dans les densités plus hautes que l'actuelle. Une fois trouvée, le système la retaille en utilisant un certain facteur.

Pour connaître le facteur à appliquer, le système utilise l'échelle suivante indiquant les différents ratios : 3-4-6-8-12-16 correspondants respectivement aux différentes densités : ldpi, mdpi, hdpi, xhdpi, xxhdpi et xxhdpi.

Par exemple, si la densité de l'écran est haute (hdpi) et que la ressource n'existe pas dans cette densité ni dans une densité supérieure (xhdpi), le système peut utiliser celle de densité moyenne (mdpi), à supposer qu'elle existe. Puis le système modifie automatiquement sa taille en appliquant un facteur de 1,5, soit 6/4, pour les hautes densités (hdpi). Si l'écran a une densité faible (ldpi), le facteur utilisé est 0,75, soit 3/4.

Le développeur qui souhaite fournir des images dédiées à une catégorie de densités spécifique pourra utiliser les mêmes coefficients multiplicateurs pour déterminer la taille à fournir pour ces densités, ou utiliser la formule ci-dessous :

```
px=dp*(dpi/160)
```

Cette formule permet de constater que, pour la densité dite moyenne, un dp équivaut à un pixel.

Par exemple, s'il fournit une image de 100 x 100 pixels pour une densité normale (mdpi) et s'il souhaite en fournir une pour une densité haute, cette image devrait avoir une taille de 150 x 150 pixels, soit un coefficient multiplicateur de 1,5.

Chaque version de l'image correspondant à une densité spécifique doit être stockée dans le sous-dossiers drawable du dossier res dont le qualificatif correspond à la catégorie de densité de l'écran.

Syntaxe

```
drawable-catégorie_densité
```

Exemple

L'application canonique MonApplication utilise ce principe pour fournir une icône d'application adaptée à plusieurs densités d'écrans (les icônes d'application, rappelons-le, sont stockées dans le dossier `mipmap`). Dans la copie partielle d'écran ci-dessous, les ressources `ic_launcher` et `ic_launcher_round` sont disponibles pour les résolutions `hdpi`, `mdpi`, `xhdpi`, `xxhdpi` et `xxxhdpi`. Les ressources ne sont pas fournies en résolution `ldpi` : ce sont les versions `mdpi` (transformées) qui seront utilisées dans ce cas.

Remarque

Les ressources qui se trouvent dans les dossiers non qualifiés (par exemple `res/drawable`) sont considérées être des ressources de moyenne densité (`mdpi`).

Depuis Android 1.6 (API 4), il est possible d'utiliser la balise `supports-screen` dans le manifeste pour indiquer au système, et accessoirement au Google Play Store, avec quelles catégories de tailles d'écrans est compatible l'application.

Android

À chacune de ces catégories correspond un attribut dans cette balise : `android:smallScreens`, `android:normalScreens`, `android:large Screens` et `android:xlargeScreens`. Ceux-ci prennent une valeur booléenne indiquant si l'application supporte la catégorie correspondante ou non. Si ce n'est pas le cas, le système recherche la meilleure solution d'affichage compatible possible et convertit automatiquement les dimensions pour les adapter à l'écran utilisé.

L'attribut `android:anyDensity` prend un booléen indiquant si l'application a été conçue de façon à être indépendante de la densité, ou plus concrètement si elle utilise des dimensions de type dp ou sp ou qu'elle convertit les dimensions spécifiées en pixels. Dans le cas contraire, le système exécutera l'application dans un mode de compatibilité.

■ Remarque

Pour rappel, il est fortement conseillé de réaliser des applications dont l'interface est indépendante de la densité de l'écran.

Syntaxe

```
<supports-screens
  android:smallScreens="booléen"
  android:normalScreens="booléen"
  android:largeScreens="booléen"
  android:xlargeScreens="booléen"
  android:anyDensity="booléen"
  ...
/>
```

Exemple

```
<xml version="1.0" encoding="utf-8">
<manifest
    xmlns:android="http://schemas.android.com/apk/res/android"
    package="fr.mondomaine.android.monappli"
    android:versionCode="1"
    android:versionName="1.0">

  <supports-screens
      android:smallScreens="true"
      android:normalScreens="true"
      android:largeScreens="true"
      android:xlargeScreens="true"
```

```
        android:anyDensity="true" />

    <application android:icon=" @mipmap/ic_launcher"
                android:label="@string/app_name">
      <activity android:name=".MonActivitePrincipale"
                android:label="@string/app_name">
        <intent-filter>
          <action android:name="android.intent.action.MAIN" />
          <category
              android:name="android.intent.category.LAUNCHER" />
        </intent-filter>
      </activity>
    </application>
</manifest>
```

3.2 Internationalisation

Android prend en charge l'internationalisation de façon native, si bien qu'il est relativement aisé de rendre une application multilingue.

■Remarque

Le mot anglais internationalization (internationalisation) est souvent abrégé en utilisant le terme i18n, puisqu'il est formé d'un i, puis de 18 caractères et se termine par un n.

Lors de l'exécution d'une application, Android utilise automatiquement les données de l'application qui correspondent le mieux à l'appareil et à sa configuration.

Lorsque l'appareil est configuré pour utiliser des paramètres régionaux différents de ceux que l'application propose, Android utilise les paramètres régionaux par défaut de l'application.

Le fichier `strings.xml` par défaut doit être localisé dans le répertoire `res/values/`.

On indique dans ce fichier les valeurs des chaînes de caractères dans la langue qui sera utilisée par défaut.

Syntaxe

```
<string name="nom_ressource">"chaîne de caractères"</string>
```

Les guillemets encadrant la chaîne de caractères ne sont pas obligatoires mais permettent d'utiliser des caractères spéciaux tels que l'apostrophe.

Exemple

```
<xml version="1.0" encoding="utf-8">
<resources>
  <string name="nom_appli">"MyApplication"</string>

  <string name="ok">"Ok"</string>
  <string name="accueil">"Welcome!"</string>
  <string name="confirmation">"Are you sure ?"</string>

</resources>
```

Dans cet exemple, la langue anglaise est utilisée en tant que langue par défaut.

■Remarque

Le fichier de traduction par défaut, `strings.xml`, doit obligatoirement exister et contenir toutes les chaînes de caractères utilisées par l'application. Si ce n'est pas le cas, l'application ne fonctionnera pas et un message d'erreur s'affichera.

Il suffira ensuite de traduire tout ou partie de ce fichier dans les langues souhaitées en créant de nouveaux fichiers `strings.xml` aux emplacements correspondants.

Exemple de la traduction française - fichier res/values-fr/strings.xml

```
<xml version="1.0" encoding="utf-8">
<resources>
  <string name="nom_appli">"MonApplication"</string>

  <string name="accueil">"Bienvenue !"</string>
  <string name="confirmation">"Etes-vous sûr ?"</string>

</resources>
```

On peut également restreindre l'affectation de la traduction à un pays en plus de la langue.

Par exemple, on créera le fichier `res/values-fr-rCA/strings.xml` pour la traduction française utilisée au Canada.

Pour une ressource donnée, Android recherchera toujours en premier la ressource dans le paramètre régional correspondant à la configuration de l'appareil. Si la ressource n'existe pas, elle sera recherchée dans les fichiers par défaut.

Par exemple, supposons que les paramètres régionaux de l'appareil soient configurés pour la France et que la ressource recherchée soit la traduction du mot Ok. Android cherchera donc la ressource dans le fichier `res/values-fr/strings.xml`. Il ne la trouvera pas. Il cherchera ensuite dans le fichier par défaut `res/values/strings.xml`. La valeur y sera trouvée. Android utilisera donc cette valeur.

Si besoin, il est également possible d'internationaliser les autres types de ressources tels que les layouts, les drawables et autres en spécialisant de la même façon les répertoires correspondants.

Exemple

```
res/drawable/...
res/drawable-fr/...
res/drawable-fr-CA/...
```

Dans le code Java, il est possible de récupérer la séquence de caractères correspondant à une ressource en utilisant une des méthodes `getString`. Elles prennent en paramètre l'identifiant de la ressource, et l'une d'elles permet également d'ajouter en paramètres des arguments complémentaires à remplacer dans la chaîne de caractères. Elles retournent la chaîne de caractères ainsi constituée.

Syntaxe

```
public final String getString (int resId)
public final String getString (int resId, Object... formatArgs)
```

Exemple

```
String msg = getString(R.string.messagerie_nonlus, "Utilisateur", 5);
```

3.3 Autres qualificatifs

Il existe un grand nombre de qualificatifs disponibles représentant la taille de l'écran, sa densité, la langue du système, l'orientation de l'écran… Android Studio permet de créer simplement un dossier dédié à un type de ressources et qualifié selon les besoins du développeur.

Pour créer, par exemple, un dossier de ressources pour les animations, il suffit de faire un clic droit sur le dossier res et de choisir, dans le menu contextuel, l'entrée **New** puis **Android Resource Directory** : une fenêtre popup s'affiche et présente un assistant pour créer le dossier.

Outre une liste déroulante permettant de choisir le type de ressources (**anim**, pour les animations), l'assistant présente une liste exhaustive des qualificatifs possibles pour ce type de ressources. On y retrouve les qualifications **Country Code**, **Density**, mais également des qualificatifs concernant l'orientation de l'écran, la version d'Android utilisée par le terminal, etc.

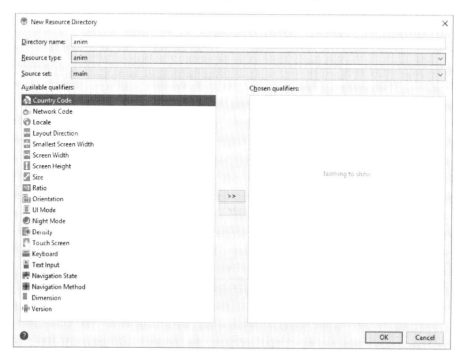

Il faut enfin noter que les qualificatifs peuvent être combinés à l'infini pour préciser davantage les ressources : pour cela, il suffit de séparer chaque qualificatif par un tiret -.

Syntaxe

```
type_ressource[-qualificatif_1]...[-qualificatif_n]
```

Exemple

```
res/drawable-hdpi
res/drawable-fr-hdpi
```

Dans cet exemple, le dernier cas concerne les ressources de type Drawable qui seront utilisées sur un système dont l'écran est catégorisé comme ayant une haute densité de pixels et dont la langue du système est le français.

■ Remarque

Il est recommandé que chaque ressource dispose d'une variante par défaut. C'est-à-dire que la ressource doit figurer a minima dans son dossier de ressource par défaut, celui ne comportant pas de qualificatif. Par exemple, toute ressource de type image doit figurer a minima dans le dossier res/ drawable. *Cela permet d'assurer une compatibilité de l'application sur les anciennes versions Android.*

Chapitre 3

Les bases de l'interface utilisateur

1. Introduction

Les applications Android proposent, pour la majorité d'entre elles, une interface utilisateur. Celle-ci va permettre une interaction à double sens entre l'utilisateur et l'application de façon visuelle, tactile et sonore.

Ce chapitre présente les bases de la construction d'interface utilisateur. Nous commencerons par détailler le concept de layout d'activité et analyser les différentes options pour construire une interface utilisateur. Nous verrons ensuite en détail les fondements de la construction graphique des interfaces, et étudierons quelques composants parmi les plus utilisés dans les écrans d'une application. Enfin, nous nous pencherons sur les concepts propres aux activités sous Android (cycle de vie des activités, sauvegarde et restauration de l'état), et terminerons par une présentation de la gestion des piles d'activités, notion indispensable pour l'optimisation de la navigation dans les applications les plus complexes.

Il est d'usage de parler de clic pour désigner l'action de pression et de relâchement rapide d'un bouton d'un dispositif de pointage comme une souris par exemple. Bien que la plupart des terminaux Android se passent avantageusement de souris, le terme de clic sera utilisé pour décrire le contact du doigt sur l'écran, étant largement entré dans le vocabulaire courant.

2. Concepts de base

2.1 Activités et Layout

Dans l'univers Android, les activités (*Activity* en anglais) font partie des objets les plus utilisés. Chaque écran que voit et manipule l'utilisateur est, en effet, implémenté par une classe qui hérite de la classe `Activity`. Il est donc primordial de parfaitement comprendre tous les concepts apportés par cette classe.

```
public class MonActivitePrincipale extend Activity {
[...]
}
```

À quelques exceptions près (principalement les services), une application comporte au minimum une classe héritant de `Activity` et peut, bien sûr, en comporter plusieurs. Une et une seule activité est lancée au démarrage d'une application.

Chaque activité, pour être lancée, doit impérativement être déclarée dans le fichier `Manifest.xml`, dans une balise `<activity>`, balise enfant de la balise `<application>`.

Syntaxe

```
<activity android:icon="ressource drawable"
        android:label="ressource texte"
        android:name="chaîne de caractères"
        ... >
    ...
</activity>
```

L'activité de démarrage, celle qui porte le premier écran affiché par l'application, doit être signalée au système. Pour cela, il faut adjoindre une balise enfant `<intent-filter>` à la balise `<activity>`, balise qui doit elle-même contenir les balises suivantes :

```
<action android:name="android.intent.action.MAIN" />
<category android:name="android.intent.category.LAUNCHER" />
```

La déclaration de l'activité `MonActivitePrincipale` comme point d'entrée de l'application aura donc la syntaxe suivante :

```
[...]
  <application android:icon="@mipmap/icon"
               android:label="@string/app_name">
    <activity android:name=".MonActivitePrincipale"
              android:label="@string/app_name">
      <intent-filter>
        <action android:name="android.intent.action.MAIN" />
        <category android:name="android.intent.category.LAUNCHER" />
      </intent-filter>
    </activity>
  </application>
[...]
```

La classe `Activity` fait partie du package `Android.app`. Le point d'entrée d'une classe héritant d'`Activity` est la méthode `onCreate` : c'est la première méthode qui est appelée à la création de l'activité, et c'est typiquement dans cette méthode que le développeur doit faire les initialisations dont il a besoin. La méthode `onCreate` de la classe héritant d'`Activity` doit impérativement appeler la méthode `onCreate` de la classe parente.

◼Remarque

*Cette contrainte est rendue possible par l'utilisation de l'annotation `@CallSuper` dans la définition de la méthode `onCreate` de la classe `Activity`. Pour visualiser le code source de la classe `Activity`, il faut utiliser la vue **Package** de l'explorateur de projet d'Android Studio, et naviguer dans la bibliothèque `android.app.Activity`.*

La syntaxe de la méthode `onCreate` est la suivante :

```
@Override
protected void onCreate(Bundle savedInstanceState)
```

L'objet Bundle passé en paramètre de la méthode `onCreate` est un objet contenant des données sauvegardées à la destruction par le système d'une précédente instance de l'activité. Cet objet est étudié dans la section Activité - Sauvegarde et restauration de l'état.

En résumé, le code minimal d'une activité est le suivant :

```
public class MonActivite extends Activity {

  @Override
  public void onCreate(Bundle savedInstanceState) {
    super.onCreate(savedInstanceState);
  }

}
```

À noter cependant, cette activité ne présentera aucun écran !

2.2 Mode programmatique et mode déclaratif

Pour concevoir une interface utilisateur – c'est-à-dire placer les éléments visuels, le développeur dispose de deux techniques :

– Le mode déclaratif : l'interface est réalisée via l'écriture de code XML dans des fichiers XML séparés, appelés fichiers de layout. Ce mode permet donc d'isoler le code de l'interface utilisateur du code de l'application en Java.

– Le mode programmatique : l'interface est réalisée entièrement dans le code Java de l'activité. Ce mode permet de générer l'interface dynamiquement mais a pour conséquence de mélanger le code de conception de l'interface avec le code de l'application et de rendre plus complexe le positionnement des différents éléments.

Dans la majorité des cas, il est d'usage de construire les layouts en mode déclaratif de façon à séparer l'interface utilisateur du code de l'application. On spécifie des valeurs par défaut aux attributs des vues déclarées que l'on pourra ensuite modifier lors de l'exécution de l'application via le mode programmatique.

Cela permet d'avoir une vision claire de la hiérarchie des vues établie dans le layout. Et cela permet aussi de spécifier différents layouts suivant la taille de l'écran, la langue utilisée par l'utilisateur… sans avoir à modifier le code de l'application.

Ainsi, on réunit le meilleur des deux modes. C'est cette façon de faire qui sera privilégiée dans la suite de cet ouvrage pour les layouts et autres composants graphiques.

Pour aider à la création de l'interface utilisateur, Android Studio présente une prévisualisation du rendu d'un fichier de layout, et ce dès la conception.

Par exemple, l'ouverture d'un fichier layout (cf. section Layouts dans ce chapitre) permet d'éditer le fichier à la fois via un éditeur de code XML et via une interface graphique nommée Graphical Layout.

En résumé, pour créer une interface utilisateur en mode déclaratif, il est nécessaire de créer un fichier XML de layout, y ajouter des « vues » - éléments d'interface, puis de lier ce fichier XML à une classe héritant de la classe `Activity`. En mode programmatique, tout se fait dans le fichier Java héritant de la classe `Activity`.

Maintenant que sont posées les bases de la création d'activités, étudions plus en détail la conception de layout en mode déclaratif.

2.3 Vues

L'élément de base de l'interface utilisateur est la vue (classe `View`).

Tous les autres éléments de l'interface utilisateur héritent de la classe `View`. C'est le cas, notamment, de la classe `ViewGroup` qui est une vue permettant de contenir plusieurs autres vues. On l'appellera conteneur de vues.

Dès lors, l'interface utilisateur d'une activité est composée d'un ensemble de vues et de conteneurs de vues. Pour une activité donnée, on obtiendra par exemple une hiérarchie de vues du type :

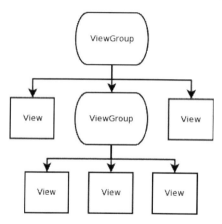

Cette hiérarchie permet d'ordonner l'affichage des vues. La vue qui se trouve à la racine de la hiérarchie est dessinée en premier. S'il s'agit d'un conteneur de vue, alors ce conteneur demande à ses vues enfants de se dessiner et ainsi de suite jusqu'à ce que toutes les vues soient dessinées.

Une vue possède des propriétés. Toutes les classes enfants de la classe `View` héritent de ces propriétés. Découvrons les principales :

Propriété	Description
`android:background`	Élément à utiliser pour le fond de la vue (image, couleur...).
`android:clickable`	Spécifie si la vue réagit aux clics.

Propriété	Description
`android:id`	Identifiant unique de la vue.
`android:minHeight`	Hauteur minimale de la vue.
`android:minWidth`	Largeur minimale de la vue.
`android:onClick`	Nom de la méthode de l'activité à exécuter lorsque l'utilisateur clique sur la vue.
`android:padding`	Dimension de la marge interne pour les quatre côtés de la vue.
`android:paddingBottom`	Dimension de la marge interne basse de la vue.
`android:paddingLeft`	Dimension de la marge interne gauche de la vue.
`android:paddingRight`	Dimension de la marge interne droite de la vue.
`android:paddingTop`	Dimension de la marge interne haute de la vue.
`android:tag`	Permet d'associer un objet à la vue.
`android:visibility`	Spécifie la visibilité de la vue.

■ Remarque

L'attribut `android:tag` *peut revêtir différents rôles et s'avérer d'une grande utilité dans bon nombre de situations. C'est une propriété laissée au bon usage du développeur. Par exemple, cela permet d'associer une donnée à la vue.*

Le composant `View`, comme tous les composants qui en héritent, peut être intégré dans un écran. La balise XML correspondante est la balise `View` : le rendu à l'écran sera une zone vide, affichant une couleur de fond éventuellement définie par l'attribut `background`. Si le fond n'est pas défini, le composant n'affichera rien à l'écran.

<u>Exemple</u>

```
<View
    android:layout_width="100dp"
    android:layout_height="50dp"
    android:background="#FF0000"/>
```

■ <u>Remarque</u>

La balise ci-dessus va permettre l'affichage à l'écran d'un rectangle rouge – ce qui correspond au code couleur #FF0000) de dimension 100 dip (Densiy Independent Pixel, cf. chapitre Premiers pas, section Qualification des ressources).

3. Layouts

Les layouts sont des conteneurs de vues (`ViewGroup`) prédéfinis fournis par Android. Chaque layout propose un style de mise en page différent permettant aux vues de se positionner les unes par rapport aux autres ou par rapport au conteneur parent.

Les principaux layouts prédéfinis sont `FrameLayout`, `LinearLayout`, `RelativeLayout` et `TableLayout`. Ils offrent respectivement une structure de positionnement des vues par plan, linéaire, relative et sous forme de tableau.

Attention de ne pas faire l'amalgame entre les fichiers de layout, définis dans le répertoire `/res/layout/`, et ces conteneurs de vues : les fichiers de layout sont les fichiers permettant de composer l'interface visuelle d'une activité en mode déclaratif. Les conteneurs de vue, `FrameLayout`, `LinearLayout` et autres, sont les objets qui structurent la mise en page. Typiquement, un fichier de layout contient, en premier élément, un conteneur de vues (que ce soit un `FrameLayout`, un `TableLayout` ou plus souvent, un `LinearLayout` ou un `RelativeLayout`).

FrameLayout

Conteneur réduit à sa plus simple expression. Tout ce qu'il contient sera dessiné à partir du coin en haut à gauche. Les derniers éléments enfants ajoutés seront dessinés par-dessus les plus anciens.

Exemple

```
<FrameLayout
    xmlns:android="http://schemas.android.com/apk/res/android"
    android:layout_width="match_parent"
    android:layout_height="match_parent">

    <View
        android:layout_width="100dp"
        android:layout_height="50dp"
        android:background="#ff0000"/>

    <View
        android:layout_width="75dp"
        android:layout_height="25dp"
        android:background="#0000ff"/>

</FrameLayout>
```

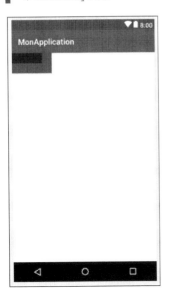

LinearLayout

Conteneur dont les éléments enfants sont disposés, suivant la valeur de l'attribut orientation, soit :

- Verticalement, les uns sous les autres, un seul élément par ligne. Le mot-clé correspondant est `vertical`.

- Horizontalement, les uns après les autres, à la droite du précédent, en utilisant le mot-clé `horizontal`.

Syntaxe

```
<LinearLayout
    xmlns:android="http://schemas.android.com/apk/res/android"
    android:layout_width="dimension"
    android:layout_height="dimension"
    android:orientation="horizontal|vertical">
```

Ainsi, pour mettre les éléments enfants les uns à la suite des autres, il faut déclarer un composant `LinearLayout` et spécifier la valeur `horizontal` pour l'attribut `orientation`.

Exemple

```
<LinearLayout
    xmlns:android="http://schemas.android.com/apk/res/android"
    android:layout_width="match_parent"
    android:layout_height="match_parent"
    android:orientation="horizontal">
    <View
        android:layout_width="100dp"
        android:layout_height="50dp"
        android:background="#ff0000"/>
    <View
        android:layout_width="75dp"
        android:layout_height="25dp"
        android:background="#0000ff"/>
</LinearLayout>
```

De la même façon, une orientation de valeur `vertical` place les vues les unes en dessous des autres :

Exemple

```
<LinearLayout
    xmlns:android="http://schemas.android.com/apk/res/android"
    android:layout_width="match_parent"
    android:layout_height="match_parent"
    android:orientation="vertical">
    <View
        android:layout_width="100dp"
        android:layout_height="50dp"
        android:background="#ff0000"/>
    <View
        android:layout_width="75dp"
        android:layout_height="25dp"
        android:background="#0000ff"/>
</LinearLayout>
```

RelativeLayout

Conteneur dont les positions des vues enfants sont précisées par rapport à la vue parente ou par rapport aux autres vues enfants. L'utilisation du conteneur RelativeLayout est étudiée en détail dans le chapitre Interface utilisateur avancée, section Mise en page complexe.

TableLayout

Conteneur dont les éléments enfants sont disposés sous forme de tableau. Les vues enfants sont des objets TableRow définissant chacun une ligne du tableau. Les éléments enfants des objets TableRow sont les cellules du tableau. À noter : ces tableaux ne disposent pas, à proprement parler, de colonnes, comme il en existe en HTML.

3.1 Création en mode déclaratif

Le mode déclaratif est le mode le plus simple pour déclarer l'interface utilisateur d'un écran. Voyons comment créer un layout dans un fichier XML.

La première étape consiste à créer un fichier au format XML, dans le répertoire `res/layout` du projet.

■Remarque

Une bonne pratique, qui s'avère vitale en environnement de production, est de préfixer les noms des fichiers XML de layout par le terme 'layout' ou 'activity', le répertoire `layout` comportant, on le verra dans les chapitres suivants, d'autres types de fichiers. Comme il est impossible de créer des sous-dossiers dans le dossier `/res/layout/`, il devient vite difficile de s'y retrouver si l'on n'utilise pas cette pratique.

Android Studio propose un assistant pour la création de fichier de layout. Pour lancer cet assistant, il faut positionner le curseur de souris sur le dossier `layout` dans l'explorateur de projet (le plus simple est d'utiliser la vue Android pour cela), et faire un clic droit : dans le menu contextuel qui s'affiche, sélectionnez l'option **New**, puis **Layout Resource File**.

Saisissez un nom pour le fichier de layout, en respectant les restrictions sur les noms de ressources (cf. chapitre Premiers pas, section Les ressources), puis choisissez quel conteneur de vue racine sera utilisé pour la valeur **Root element** de l'assistant. L'assistant ne présente pas une liste déroulante immédiate, mais un mécanisme d'autocomplétion.

L'assistant permet également de préciser des qualificateurs pour le fichier de layout : comme toute ressource sous Android, les fichiers de layout peuvent être qualifiés.

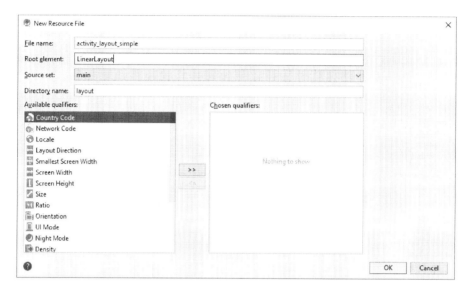

Une fois les informations saisies, un clic sur le bouton **OK** déclenche la création du fichier, sous sa forme canonique.

Le fichier layout XML doit avoir la syntaxe suivante :

Syntaxe

```
<xml version="1.0" encoding="utf-8">
<Type_de_layout
    xmlns:android="http://schemas.android.com/apk/res/android"
    android:layout_width="dimension"
    android:layout_height="dimension"
    ... >
    ...
</Type_de_layout>
```

La première ligne décrit la version XML et l'encodage du fichier.

La seconde ligne spécifie le type de layout souhaité en utilisant la balise XML correspondante. On spécifie ensuite les propriétés de cette balise et donc du layout.

■Remarque

Le layout racine de l'écran doit spécifier l'attribut `xmlns:android` *avec la valeur précédemment donnée afin de définir l'espace de noms android qui sera utilisé pour la déclaration des attributs.*

Les attributs `android:layout_width` et `android:layout_height` sont obligatoirement requis sans quoi une exception est générée.

Les valeurs possibles de ces attributs sont :

– `match_parent` : la vue est aussi grande que la vue parente moins les valeurs d'espacement (padding). Depuis la version 8 du SDK, cette valeur remplace la valeur `fill_parent`.

– `wrap_content` : la vue est aux dimensions de son contenu plus les valeurs d'espacement (padding). C'est-à-dire de taille la plus petite possible mais suffisante pour afficher son contenu.

– une dimension : la vue est précisément dimensionnée selon cette valeur. Une dimension s'écrit avec un nombre, à virgule flottante si besoin, suivi d'une unité. Par exemple : 42dp.

■Remarque

Pour rappel, afin qu'une application puisse s'adapter correctement à tous types d'écrans, tailles et résolutions, il est vivement recommandé de n'utiliser que des dimensions indépendantes de la densité. Ainsi, pour les dimensions d'un layout seront privilégiées les valeurs match_parent, wrap_content *et celles spécifiées en dp.*

Exemple

```
<xml version="1.0" encoding="utf-8">
<RelativeLayout
    xmlns:android="http://schemas.android.com/apk/res/android"
    android:layout_width="match_parent"
    android:layout_height="match_parent" >
</RelativeLayout>
```

Dans cet exemple, l'écran comporte un layout relatif dont les dimensions seront celles de la vue parente. C'est-à-dire ici l'écran entier à l'exception de la barre de statut et de la barre de titre tout en haut.

Une restriction importante est imposée par le système pour l'organisation du fichier de layout : il ne peut y avoir qu'un et un seul conteneur de vue racine, quel que soit le type de ce conteneur de vue (`Framelayout`, `Linear-Layout`, etc).

Ce premier conteneur de vue défini, il est possible de définir une infinité de sous-conteneurs de vues et de vues pour obtenir une interface complexe.

Lorsque l'interface est définie dans un fichier de layout, il faut nécessairement la lier à l'activité concernée pour qu'elle soit affichée à l'exécution. On utilise pour cela la méthode `setContentView` de la classe `Activity`.

Syntaxe

```
public void setContentView (int layoutResID)
```

Cette méthode prend en paramètre un nombre entier qui est l'identifiant unique du layout (cf. Structure d'un projet Android - Les ressources du chapitre Premiers pas).

Exemple

```
public void onCreate(Bundle savedInstanceState) {
    super.onCreate(savedInstanceState);
    setContentView(R.layout.activity_layout_simple);
}
```

Dans cet exemple, l'activité courante utilise le fichier nommé /res/ layout/activity_layout_simple.xml pour construire l'interface utilisateur à afficher dès la création de l'activité.

L'assistant de création de fichier de layout propose de qualifier le fichier, comme vu dans le chapitre Premiers pas. Si un ou plusieurs qualificateurs sont définis dans l'assistant de création de fichier de layout, Android Studio créera le dossier qualifié correspondant à la volée pour y stocker le fichier de layout créé.

Il est ainsi possible de fournir différents layouts pour un même écran, au sens interface, selon la catégorie de la taille de l'écran physique. Pour cela, le qualificatif à utiliser est le nom de la catégorie de la taille d'écran.

▇Remarque

Les ressources qui se trouvent dans le dossier `res/layout` sont considérées être des ressources pour des écrans de taille normale (`normal`).

Exemple

```
res/layout-small/activity_layout_simple.xml
res/layout-normal/activity_layout_simple.xml
res/layout-xlarge/activity_layout_simple.xml
```

Il est également possible de créer des layouts différents selon l'orientation de l'écran. Le qualificatif à spécifier est `port` pour le mode portrait et `land` pour le mode paysage. Les différentes catégories de qualificatifs peuvent être combinées ensemble pour affiner davantage le filtre.

Exemple

```
res/layout-port/activity_layout_simple.xml
res/layout-xlarge-land/activity_layout_simple.xml
```

Ce mécanisme est très puissant : il permet de définir plusieurs organisations d'un écran selon la taille et l'orientation de celui-ci sur le terminal de l'utilisateur tout en gardant le même code Java pour les manipulations et traitements. Il n'y a aucun code à écrire pour gérer le choix de la version de layout, le système Android se basant sur les qualificateurs pour déterminer le fichier à prendre en compte lors de l'appel à `setContentView`.

3.2 Création en mode programmatique

Le mode programmatique est le plus souple et le plus puissant des deux modes. En contrepartie, c'est aussi le plus complexe.

Il permet de générer dynamiquement l'interface utilisateur lors de la création de l'activité. Mais aussi et surtout, il permet de modifier cette interface dynamiquement pendant l'exécution de l'application, par exemple, lorsqu'un bouton **OK** grisé doit être activable si l'utilisateur a rempli tous les champs d'un formulaire.

Création du layout

Pour créer un layout, il faut instancier un nouvel objet de la classe du type du layout souhaité. Prenons par exemple un layout relatif.

```
public RelativeLayout (Context context)
```

Ce constructeur prend en paramètre un contexte. Pour l'instant, retenons juste que le contexte regroupe un ensemble d'informations concernant l'environnement de l'application, et que la classe `Activity` hérite indirectement de la classe `Context`.

Une fois l'objet créé, il faut lui spécifier ses dimensions en utilisant sa méthode `setLayoutParams`.

Syntaxe

```
public void setLayoutParams (ViewGroup.LayoutParams params)
```

Cette méthode prend en paramètre un objet de type `ViewGroup.Layout-Params`. Il faut donc en créer un en utilisant l'un de ses constructeurs.

Syntaxe

```
public ViewGroup.LayoutParams (int width, int height)
```

Les paramètres `width` et `height` sont des nombres entiers. Comme nous l'avons vu précédemment, ce peut être une valeur parmi `match_parent`, `wrap_content` ou une dimension.

Et pour finir, il faut définir ce layout en tant que vue racine de l'activité concernée afin d'en faire son interface utilisateur grâce à la deuxième méthode `setContentView` qui prend cette fois-ci en paramètre un objet de type `View`.

Syntaxe

```
public void setContentView (View view)
```

Exemple

```
public void onCreate(Bundle savedInstanceState) {
    super.onCreate(savedInstanceState);

    RelativeLayout layout = new RelativeLayout(this);
    LayoutParams lp = new LayoutParams(LayoutParams.MATCH_PARENT,
        LayoutParams.MATCH_PARENT);
    layout.setLayoutParams(lp);
    setContentView(layout);
}
```

Dans cet exemple, le constructeur `RelativeLayout` prend en paramètre `this` car la méthode `onCreate` exécutée est celle d'un objet héritant de la classe `Activity`, qui hérite elle-même de la classe `Context`.

Ce mode de création d'interface apparaît clairement comme étant plus complexe et plus long à mettre en place pour le développeur : nous verrons, dans la section suivante, comment tirer parti des deux modes de création d'interface pour alléger au maximum ce travail.

4. Widgets

Un widget est un composant de l'interface graphique qui peut ou non permettre l'interaction avec l'utilisateur.

De base, Android fournit un ensemble de composants permettant la création d'interfaces graphiques plus ou moins complexes.

4.1 Déclaration

La déclaration de ces composants est aisée dans les fichiers de layouts au format XML. La syntaxe de leur déclaration est la suivante :

Syntaxe

```
<Type_de_widget
    android:id="@[+][paquetage:]id/nom_ressource"
    android:layout_width="dimension"
    android:layout_height="dimension"
    ...
/>
```

La propriété `android:id` permet d'associer un identifiant unique au composant. C'est une propriété optionnelle mais cet identifiant est indispensable pour pouvoir manipuler le composant dans le code Java de l'application.

La valeur de l'identifiant unique est de la forme `@+id/nom_ressource`. Le signe plus indique qu'il s'agit d'un nouvel identifiant. Celui-ci se verra donc assigner une nouvelle valeur de façon automatique lors de la génération du fichier `R.java`, dans la sous-classe `R.id`.

4.2 Utilisation

Pour pouvoir utiliser le composant depuis le code Java de l'application, il suffit d'utiliser la méthode `findViewById` et de lui spécifier en paramètre l'identifiant unique du composant concerné. Cette méthode retourne un objet de type `View` qu'il faut ensuite convertir dans le type de la classe concernée.

Syntaxe

```
public View findViewById (int id)
```

Exemple

```
public void onCreate(Bundle savedInstanceState) {
    super.onCreate(savedInstanceState);
    setContentView(R.layout.layout_principal);
    Button btn = (Button) findViewById(R.id.button_cliquez_moi);
}
```

Cette possibilité d'obtenir dans le code Java une référence d'un widget défini dans un fichier de layout donne une solution efficace pour la construction et les manipulations de l'interface utilisateur : la création de l'interface est faite à l'aide de fichiers XML, les manipulations sont, elles, opérées dans le code Java.

Exemple

```
public void onCreate(Bundle savedInstanceState) {
    super.onCreate(savedInstanceState);
    setContentView(R.layout.layout_principal);
    Button btn = (Button) findViewById(R.id.button_cliquez_moi);

    btn.setEnabled(false) ;// le bouton est désactivé au démarrage
}
```

4.3 Découverte de quelques widgets

Il serait bien trop long de présenter exhaustivement tous les composants et toutes leurs propriétés. Certains composants pouvant avoir plus d'une cinquantaine de propriétés spécifiques.

Tous ces composants font partie du paquetage `android.widget`.

C'est pourquoi nous allons présenter uniquement les principaux composants graphiques fournis par Android et quelques-unes de leurs principales propriétés.

À chaque fois, une copie d'écran sera fournie avec une partie du code utilisé en exemple.

4.3.1 TextView (champ de texte)

Le composant `TextView` permet d'afficher du texte.

Les principales propriétés du composant `TextView` sont :

Propriété	Description
android:autoLink	Permet de convertir automatiquement les liens hypertextes et les adresses de messagerie électronique en liens cliquables.

Propriété	Description
android:ellipsize	Spécifie comment doit s'afficher le texte lorsqu'il est plus long que la vue.
android:gravity	Indique où doit être positionné le texte dans sa vue lorsqu'il est plus petit qu'elle.
android:height	Hauteur du composant.
android:lines	Nombre exact de lignes à afficher.
android:maxHeight	Hauteur maximale du composant.
android:maxLines	Nombre maximum de lignes à afficher.
android:maxWidth	Largeur maximale du composant.
android:minLines	Nombre minimum de lignes à afficher.
android:text	Texte à afficher.
android:textColor	Couleur du texte.
android:textSize	Taille du texte.
android:textStyle	Style du texte.
android:width	Largeur du composant.

■ Remarque

À savoir : le composant *TextView* possède également quatre propriétés permettant d'afficher à ses côtés une ressource de type *Drawable*, comme une image par exemple.
Ce sont les propriétés *android:drawableTop*, *android:drawableBottom*, *android:drawableLeft* et *android:drawableRight*.

Exemple

```
<xml version="1.0" encoding="utf-8">
<RelativeLayout
    xmlns:android="http://schemas.android.com/apk/res/android"
    android:layout_width="match_parent"
    android:layout_height="match_parent" >

    <TextView android:id="@+id/textview_message"
        android:layout_width="wrap_content"
        android:layout_height="wrap_content"
```

```
            android:layout_centerInParent="true"
            android:background="#FFF"
            android:textColor="#000"
            android:textSize="14sp"
            android:maxLines="3"
            android:gravity="center"
            android:text="@string/message" />

</RelativeLayout>
```

■ Astuce

L'utilisation de couleurs pour le fond des vues permet de vérifier rapidement les dimensions des vues.

Les propriétés du composant peuvent être modifiées dans le code Java en utilisant la méthode `findViewById` comme vu précédemment.

Exemple

```
public void onCreate(Bundle savedInstanceState) {
    super.onCreate(savedInstanceState);

    setContentView(R.layout.textview);
        TextView msg = (TextView) findViewById(R.id.textview_message);
    msg.setText(R.string.nouveau_message);
}
```

Dans cet exemple, on modifie le texte du composant avant de l'afficher, à l'aide de la méthode `setText` de la classe `TextView`.

La méthode `setText` est proposée avec plusieurs signatures, les deux principales étant les suivantes :

- `setText(int resId)` : prend en paramètre l'identifiant d'une ressource de type texte, typiquement définie dans le fichier `strings.xml`.
- `setText(CharSequence text)` : prend en paramètre la chaîne de caractères à afficher.

4.3.2 EditText (champ de texte de saisie)

Le composant `EditText` permet la saisie du texte par l'utilisateur. Lorsque l'utilisateur clique sur le composant, le clavier virtuel apparaît. L'utilisateur peut également utiliser le clavier physique si l'appareil en possède un.

Ce composant hérite du composant `TextView`. Ses propriétés sont les mêmes que celles du composant `TextView`. Les principales propriétés utilisées pour ce composant sont :

Propriété	Description
android:inputType	Permet de filtrer la saisie de l'utilisateur en spécifiant le type de donnée qu'accepte ce composant.
android:scrollHorizontally	Permet de faire défiler le texte horizontalement lorsque celui-ci est plus grand que la largeur du composant.

Exemple

```xml
<xml version="1.0" encoding="utf-8">
<RelativeLayout
    xmlns:android="http://schemas.android.com/apk/res/android"
    android:layout_width="match_parent"
    android:layout_height="match_parent" >

    <EditText android:id="@+id/edit_texte"
        android:layout_width="match_parent"
        android:layout_height="wrap_content"
        android:layout_margin="10dp"
        android:background="#FFF"
        android:textColor="#000"
        android:lines="5"
        android:gravity="top"
        android:inputType="textMultiLine|textAutoCorrect"
        android:text="@string/edit_texte"/>

</RelativeLayout>
```

Pour obtenir le texte saisi par l'utilisateur, il faut utiliser la méthode getText, définie dans la classe TextView.

Syntaxe

```
public CharSequence getText()
```

Exemple

```
private void traitementSaisie() {
    EditText editText =(EditText)findViewById(R.id.edit_texte);
    String texteSaisi = editText.getText().toString();
}
```

4.3.3 Button (bouton)

Le composant Button représente un bouton que l'utilisateur peut presser et cliquer. Des actions peuvent être associées à ces états.

Ce composant hérite du composant TextView. Ses propriétés sont les mêmes que celles du composant TextView. Les principales propriétés utilisées pour ce composant sont :

Propriété	Description
android:text	Texte à afficher sur le bouton.
android:onClick	Nom de la méthode de l'activité à exécuter lorsque l'utilisateur clique sur le bouton.

L'usage de la propriété onClick implique la création de la méthode correspondante dans la classe de l'activité. Cette méthode doit être définie comme public et prendre en paramètre un objet de type View.

Syntaxe

```
public void nomMethode(View vueConcernee)
```

Exemple

```xml
<xml version="1.0" encoding="utf-8">
<RelativeLayout
    xmlns:android="http://schemas.android.com/apk/res/android"
    android:layout_width="match_parent"
    android:layout_height="match_parent" >

    <Button android:id="@+id/button1_cliquez_moi"
        android:layout_width="wrap_content"
        android:layout_height="wrap_content"
        android:layout_centerInParent="true"
        android:padding="50dp"
        android:textSize="20sp"
        android:text="@string/cliquez_moi"
        android:onClick="onClickButton" />

</RelativeLayout>
```

Voici la méthode `onClickButton` que l'on crée dans l'activité.

```java
public void onClickButton(View view) {
    ((Button)view).setText(R.string.cliquez_moi_fait);
}
```

Dans cet exemple, lorsque l'utilisateur clique sur le bouton, la propriété `onClick` indique qu'il faut exécuter la méthode `onClickButton`. Celle-ci prend en paramètre la vue concernée. Ici, il s'agit d'un bouton donc nous convertissons la vue en bouton afin de pouvoir modifier son texte.

Il existe une alternative à l'usage de la propriété `onClick` qui consiste à déclarer l'action à réaliser dans le code Java plutôt que dans le code XML. À l'usage, c'est d'ailleurs cette alternative qui est privilégiée, car elle permet de limiter les dépendances entre layout XML et code Java.

Pour ce faire, on utilisera la méthode `setOnClickListener` de l'objet bouton pour définir l'action à réaliser lorsque l'utilisateur cliquera sur le bouton.

Syntaxe

```
public void setOnClickListener (View.OnClickListener l)
```

Cette méthode prend en paramètre un objet de type `View.onClickListener`. Il faut donc en créer un et implémenter sa méthode abstraite `onClick` où l'on renseignera l'action à réaliser.

Syntaxe

```
public void onClick (View v)
```

Exemple

```xml
<xml version="1.0" encoding="utf-8">
<RelativeLayout
    xmlns:android="http://schemas.android.com/apk/res/android"
    android:layout_width="match_parent"
    android:layout_height="match_parent" >

    <Button android:id="@+id/button2_cliquez_moi"
        android:layout_width="wrap_content"
        android:layout_height="wrap_content"
        android:layout_centerInParent="true"
        android:padding="50dp"
        android:textSize="20sp"
        android:text="@string/cliquez_moi" />

</RelativeLayout>
```

Ci-dessous la déclaration de l'événement à exécuter :

```java
public void onCreate(Bundle savedInstanceState) {
    super.onCreate(savedInstanceState);

    setContentView(R.layout.button2);
    Button btn =  (Button)
        findViewById(R.id.button_cliquez_moi);
    btn.setOnClickListener(btnOnClickListener);
}

View.OnClickListener btnOnClickListener = new View.OnClickListener() {
    @Override
    public void onClick(View v) {
        // Traitement du clic sur le bouton
    }
};
```

À noter, il est usuel d'utiliser une écriture plus compacte qui fait appel aux classes anonymes de Java, pour affecter un `OnClickListener` à un contrôle, notamment lorsque le code du traitement est bref.

Exemple

```
public void onCreate(Bundle savedInstanceState) {
    super.onCreate(savedInstanceState);

    setContentView(R.layout.button2);
    Button btn = (Button) findViewById(R.id.button_cliquez_moi);
    btn.setOnClickListener(new View.OnClickListener() {
        public void onClick(View v) {
        // Traitement du clic sur le bouton
        }
    });
}
```

4.3.4 Autres widgets

Beaucoup d'autres composants, plus ou moins sophistiqués, sont proposés. Sont disponibles, par exemple, les cases à cocher (`CheckBox`), les boutons radio (`RadioButton`), les listes déroulantes (`Spinner`), les barres de progression (`ProgressBar`), les images (`ImageView`)...

Sous Android 3.0 (API 11) sont apparus de nouveaux composants dont notamment un calendrier (`CalendarView`), une liste de choix dans une fenêtre flottante (`ListPopupWindow`) et un sélecteur de nombre (`NumberPicker`).

Nous évoquerons dans le détail plusieurs de ces composants dans les chapitres à suivre, notamment le chapitre Composants avancés, qui aborde également la création de composants personnalisés.

4.4 Première utilisation

À partir des composants vus, il est déjà possible de créer des interfaces simples. Pour la mise en page, il est souvent nécessaire de combiner et imbriquer plusieurs conteneurs de vues, en utilisant les différentes options qu'ils présentent.

Typiquement, le conteneur de vue `LinearLayout` est le plus simple à utiliser : il permet, par exemple, de mettre en œuvre la plupart des schémas de design d'interface de saisie, présentant une suite de couples « libellé de champ/champ de saisie », les uns en dessous des autres.

Exemple :

```xml
<?xml version="1.0" encoding="utf-8"?>
<LinearLayout
    xmlns:android="http://schemas.android.com/apk/res/android"
    android:layout_width="match_parent"
    android:layout_height="match_parent"
    android:layout_margin="16dp"
    android:orientation="vertical">

    <LinearLayout
        android:layout_width="match_parent"
        android:layout_height="wrap_content"
        android:orientation="horizontal">
        <TextView
            android:layout_width="wrap_content"
            android:layout_height="wrap_content"
            android:text="Nom"/>
        <EditText
            android:id="@+id/nom"
            android:layout_width="200dp"
            android:layout_height="wrap_content"
            android:inputType="textPersonName"/>
    </LinearLayout>

    <LinearLayout
        android:layout_width="match_parent"
        android:layout_height="wrap_content"
        android:orientation="horizontal">
        <TextView
            android:layout_width="wrap_content"
            android:layout_height="wrap_content"
            android:text="Prénom"/>
        <EditText
            android:id="@+id/prenom"
            android:layout_width="200dp"
            android:layout_height="wrap_content"
            android:inputType="textPersonName"/>
    </LinearLayout>
```

```
<LinearLayout
    android:layout_width="match_parent"
    android:layout_height="wrap_content"
    android:orientation="horizontal">
    <TextView
        android:layout_width="wrap_content"
        android:layout_height="wrap_content"
        android:text="Email"/>
    <EditText
        android:id="@+id/email"
        android:layout_width="200dp"
        android:layout_height="wrap_content"
        android:inputType="textEmailAddress"/>
</LinearLayout>

<Button
    android:id="@+id/envoyer"
    android:layout_width="match_parent"
    android:layout_height="wrap_content"
    android:text="Envoyer le formulaire"/>

</LinearLayout>
```

■ Remarque

Une bonne indentation du code est indispensable pour garder un code XML lisible, même pour une interface très simple !

La vue Design d'Android Studio présente un aperçu du rendu de l'interface, très proche du rendu final, comme l'illustre la capture d'écran ci-dessous.

■Remarque

Il faut noter que plusieurs éléments du listing présenté ci-dessus ne sont pas optimisés : en premier lieu, les composants de saisie de texte (les balises `EditText`) sont définis avec une longueur fixée, ce qui nuit à l'universalité de l'interface. Par ailleurs, les libellés des champs sont inscrits directement dans les balises – attributs `android:text` des composants `TextView`: il faudrait plutôt définir les textes attachés dans le fichier de ressources `strings.xml` et invoquer ces ressources dans le fichier de layout. Tous ces points sont repris dans le chapitre Interface utilisateur avancée.

5. Activités

Nous l'avons vu précédemment, une activité est un composant applicatif indépendant qui possède la plupart du temps une interface utilisateur. Dans le cas le plus représentatif, une activité présente un écran à l'utilisateur afin d'interagir avec lui. Une application très simple peut n'avoir qu'une seule activité alors qu'une plus complexe peut en posséder plusieurs. Cependant, une seule activité de l'application est active à la fois, l'écran qu'elle gère étant celui que voit l'utilisateur.

Rappelons que pour définir une activité, il faut créer une classe qui hérite de la classe `Activity` et implémenter, le cas échéant, les méthodes héritées.

L'exécution d'une activité s'opère dans le processus léger, ou thread, principal du processus de l'application. Ce thread est également appelé thread de l'interface utilisateur (UIThread) car lui seul permet de modifier l'interface utilisateur. Toute modification de l'interface depuis un thread concurrent génère une erreur.

■Remarque

Afin de préserver l'expérience utilisateur, une activité ne doit pas bloquer son thread principal plus de quelques secondes (cf. chapitre Concurrence, sécurité et réseau - Programmation concurrente).

5.1 Déclaration

Pour être utilisée, une activité doit être déclarée au système via le manifeste.

La balise `activity` contient les informations propres à une activité. Comme la plupart des balises, cette balise propose une multitude d'attributs. Nous en étudierons certains au fur et à mesure de la découverte des fonctionnalités concernées.

■Remarque

Une activité acceptant de recevoir des intentions implicites doit obligatoirement déclarer la catégorie `android.intent.category.DEFAULT` *dans ses filtres d'intention. Cette catégorie est automatiquement ajoutée à l'objet* `intent` *lorsque cet objet est passé à la méthode* `startActivity` *ou à la méthode* `startActivityForResult`.

Rappelons la syntaxe de cette balise et de ses trois principaux attributs :

Syntaxe

```
<activity android:icon="ressource drawable"
          android:label="ressource texte"
          android:name="chaîne de caractères"
          ... >
    ...
</activity>
```

Les attributs `icon` et `label` ont les mêmes fonctions que celles de la balise `application` mais limitées à l'activité. S'ils ne sont pas spécifiés, ce sont ceux de l'application qui seront utilisés par défaut.

■Remarque

À noter que l'attribut `android:screenOrientation` *permet à l'activité de préciser l'orientation qu'elle doit adopter. Par défaut, l'orientation d'une activité dépend de la tenue de l'appareil par l'utilisateur. Il est possible de ne pas réagir à ces changements d'orientation et de fixer une fois pour toutes l'orientation de l'activité en utilisant par exemple la valeur* `portrait, landscape` *ou* `nosensor` *correspondant respectivement à portrait, paysage et l'un ou l'autre choisi par le système selon l'appareil. Cependant, il est recommandé qu'une application ne présume pas et ne fixe pas son orientation. Ceci est d'autant plus vrai si elle doit fonctionner sur des appareils de types différents tels que les smartphones et les tablettes tactiles, les utilisateurs ayant tendance à utiliser les premiers principalement en mode portrait et les seconds en mode paysage.*

L'attribut `android:name` permet de spécifier le nom de l'activité concernée, c'est-à-dire son nom de classe Java précédé du paquetage entier.

Exemple

```
android:name="fr.mondomaine.android.monappli.MonActivitePrincipale"
```

Pour faire plus court, le nom du paquetage étant déjà connu car spécifié par l'attribut `package` de la balise `manifest`, il est possible d'indiquer le nom de la classe de l'activité en remplaçant le paquetage par un point.

Exemple

```
android:name=".MonActivitePrincipale"
```

Exemple

```
<activity android:name=".MonActivitePrincipale"
          android:label="@string/app_name">
  <intent-filter>
    <action android:name="android.intent.action.MAIN" />
    <category android:name="android.intent.category.LAUNCHER" />
  </intent-filter>
</activity>
```

Dans cet exemple, l'activité `MonActivitePrincipale` correspond à celle qui doit être lancée au démarrage de l'application. Cette propriété est portée par le tag `intent-filter` et ses tags enfants. Les filtres d'intentions (*intent filter*) sont des concepts importants pour la plateforme Android : ils sont étudiés en détail tout au long du chapitre Intentions, récepteurs d'événements et services.

Pour l'instant, il suffit de considérer que l'action `android.intent.action.MAIN` signifie que le composant applicatif est le point d'entrée de l'application. Et la catégorie `android.intent.category.LAUNCHER` indique en plus que ce composant fait partie des composants qui peuvent être lancés par l'utilisateur. La combinaison de ces deux balises fait que ce composant, ici une activité, sera ajouté à l'application **Lanceur d'applications** de l'appareil Android.

■Remarque

*L'application **Lanceur d'applications** est l'application affichant, sous forme de grille d'icônes et avec leur nom, la liste des applications qui peuvent être lancées par l'utilisateur.*

5.2 Cycle de vie

Le cycle de vie d'une activité décrit les états dans lesquels l'activité peut se trouver entre sa création, l'instanciation, et sa mort (la destruction de cette instance).

Chaque changement d'état produit un appel à une méthode spécifique pouvant être surchargée dans la classe de l'activité.

■Remarque

Chacune de ces méthodes doit appeler sa méthode parente, sans quoi une exception sera générée.

Une activité ne peut être détruite par le système tant qu'elle est dans un état précédant l'état de pause. En pause et au-delà, le système peut décider de détruire l'activité à tout instant.

5.2.1 onCreate

La méthode `onCreate` est la première méthode du cycle de vie appelée lors de la création d'une activité. Elle n'est appelée qu'une seule et unique fois durant tout le cycle de vie de l'activité. La fonction de cette méthode est de permettre d'initialiser l'activité, créer les vues qui doivent être affichées à la création de l'activité, récupérer les instances de ces vues...

■Remarque

Si un appel à la méthode finish *est réalisé dans cette méthode pour mettre fin directement à l'activité sans qu'elle ait pu s'afficher un seul instant, alors la méthode* onDestroy *sera appelée immédiatement après, court-circuitant la séquence d'appels normale :* onStart, onResume *...*

Elle reçoit en paramètre un objet de type Bundle. Celui-ci permet de récupérer les données sauvegardées précédemment lors de la dernière exécution de cette activité. Il est décrit plus en détail plus loin.

Il faut noter que ce paramètre est nul lors de la première création de cette activité.

Syntaxe

```
protected void onCreate (Bundle savedInstanceState)
```

Exemple

```
public class MonActivite extends Activity {
  @Override
  public void onCreate(Bundle savedInstanceState) {
    super.onCreate(savedInstanceState);
    setContentView(R.layout.principal);

    [...]
    Log.d("MonActivite ","La méthode onCreate a été exécutée.");
  }
}
```

Dans cet exemple, la méthode appelle sa méthode parente en lui passant l'objet de type Bundle et appelle la méthode setContentView pour créer la vue initiale de l'activité qui sera affichée à l'utilisateur. La dernière instruction de la méthode onCreate, la méthode Log.d, inscrit un message de fin d'exécution dans les logs du terminal.

■ Remarque

La classe `Log` *présente un ensemble de méthodes statiques permettant d'écrire dans les fichiers de log du terminal. Ces méthodes exposent la même signature demandant deux chaînes de caractères. La première chaîne de caractères représente une étiquette dans le fichier de log, la seconde étant le message à inscrire. Ces méthodes,* `log.d`*,* `log.i`*,* `log.v`*,* `log.e` *ne diffèrent que par le type de message qu'elles inscrivent (*`d` *pour debug,* `i` *pour information,* `v` *pour verbose,* `e` *pour erreur). Le chapitre Tracer, deboguer et tester revient plus en détail sur les logs.*

5.2.2 onStart

La méthode `onStart`, dont le pendant sera la méthode `onStop`, est appelée après la méthode `onCreate` ou après la méthode `onRestart` si l'activité était dans l'état stoppé et qu'elle revient de nouveau au premier plan.

Elle précède l'affichage de l'activité, plus précisément de sa vue.

Syntaxe

```
protected void onStart ()
```

Exemple

```
public class MonActivite extends Activity {
  @Override
  public void onStart() {
    super.onStart();
  }
}
```

5.2.3 onResume

La méthode `onResume` est appelée après la méthode `onStart` ou après la méthode `onPause` si l'activité était en pause et qu'elle revient de nouveau au premier plan.

À ce stade, l'activité est affichée à l'utilisateur. Une fois cette méthode quittée, l'activité va fonctionner normalement au premier plan et pouvoir interagir avec l'utilisateur.

Syntaxe

```
protected void onResume ()
```

Exemple

```
public class MonActivite extends Activity {
  @Override
  public void onResume() {
    super.onResume();
  }
}
```

5.2.4 onPause

La méthode `onPause` est le pendant de la méthode `onResume`. Elle est appelée juste avant qu'une autre activité prenne la main et passe au premier plan, tout en laissant cette activité partiellement visible. Il faut donc que l'exécution de la méthode `onPause` soit particulièrement rapide pour ne pas bloquer l'activité suivante.

■ Remarque

Jusqu'à Android 3.0 (API 11), le système Android peut décider de tuer l'application, plus précisément son processus, à partir de n'importe quel moment dès la sortie de cette méthode. C'est la seule méthode dont on est sûr qu'elle soit appelée avant la suppression du processus. C'est donc la dernière chance pour effectuer les sauvegardes et autres actions importantes qui doivent être réalisées de façon certaine. À partir d'Android 3.0 (API 11), c'est la méthode `onStop` qui remplit ce rôle.

Il peut être utile d'invoquer la méthode `isFinishing` pour déterminer si l'activité est en train de se terminer ou si elle est juste mise en pause. Dans le premier cas, elle retournera `true`, sinon `false`.

Syntaxe

```
public boolean isFinishing ()
```

Syntaxe de la méthode onPause

```
protected void onPause ()
```

Exemple

```
public class MonActivite extends Activity {
  @Override
  public void onPause() {
    super.onPause();
    if (isFinishing()) {
      traitement1();
    } else {
      traitement2();
    }
  }
}
```

5.2.5 onStop

La méthode onStop est le pendant de la méthode onStart. Elle est invoquée lorsqu'une activité en pause n'est plus visible par l'utilisateur.

Cette méthode permet de libérer certaines ressources, notamment les objets de type Cursor que nous verrons plus loin (cf. chapitre La persistance des données - Bases de données SQLite).

■Remarque

Jusqu'à Android 3.0 (API 11), cette méthode peut ne jamais être appelée si le système a décidé de tuer le processus de l'application avant. Il faut donc plutôt utiliser la méthode onPause pour sauvegarder des données persistantes.

■Remarque

À partir d'Android 3.0 (API 11), le système Android ne peut plus tuer le processus de l'application avant d'appeler cette méthode. Par contre, il peut décider de tuer l'application à partir de n'importe quel moment dès la sortie de celle méthode. C'est donc la dernière limite pour effectuer les sauvegardes et autres actions importantes qui doivent être réalisées de façon certaine.

Syntaxe

```
protected void onStop ()
```

Exemple

```
public class MonActivite extends Activity {
  @Override
  public void onStop() {
    super.onStop();
  }
}
```

5.2.6 onRestart

La méthode onRestart peut être appelée après la méthode onStop si l'activité revient au premier plan. Puis elle est suivie à son tour d'un appel à la méthode onStart.

Cette méthode permet de redemander certaines ressources libérées dans la méthode onStop.

Syntaxe

```
protected void onRestart ()
```

Exemple

```
public class MonActivite extends Activity {
  @Override
  public void onRestart() {
    super.onRestart();
  }
}
```

5.2.7 onDestroy

La méthode onDestroy est le pendant de la méthode onCreate. Elle est appelée après un appel à la méthode finish ou directement par le système s'il a besoin de ressources. C'est la dernière méthode mise à la disposition du développeur à être appelée avant la destruction effective et irréversible de l'activité.

Cette méthode permet de libérer des ressources liées à l'activité, par exemple un thread qui n'a plus raison d'être sans cette activité.

Cette méthode peut ne jamais être appelée si le système a décidé de tuer le processus de l'application avant. Il faut donc plutôt utiliser la méthode `onPause` _pour sauvegarder des données persistantes._

Syntaxe

```
protected void onDestroy ()
```

Exemple

```
public class MonActivite extends Activity {
  @Override
  public void onDestroy() {
    supprimeThread();
    super.onDestroy();
  }
}
```

5.2.8 Récapitulatif

On voit dans le schéma récapitulatif suivant que le cycle de vie d'une activité est potentiellement assez complexe. Si, dans le cadre d'une activité consommant peu de ressources, l'optimisation peut être légère, il n'en va pas de même si l'activité est consommatrice de ressources ; le développeur devra dans ce cas choisir à quel moment instancier les objets les plus consommateurs, en choisissant entre deux options : favoriser la vitesse d'exécution en limitant le nombre d'instanciations au risque de voir l'activité supprimée plus souvent par le système, ou limiter l'occupation mémoire et accepter un nombre d'instanciations plus important, et donc une exécution plus lente.

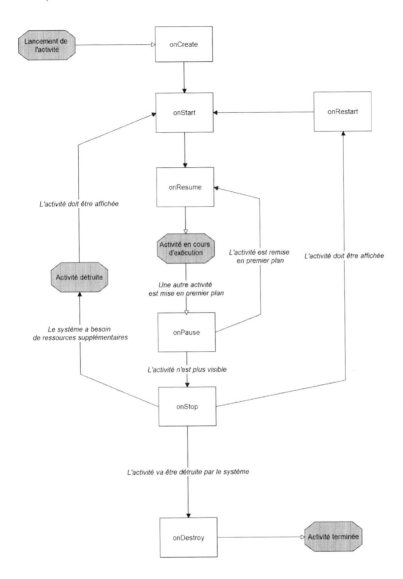

5.3 Lancement

La méthode `startActivity`, de la classe `Context`, permet de lancer une activité en lui indiquant en paramètre un objet de type `Intent`. Cet objet `Intent`, étudié en détail plus en avant dans cet ouvrage, permet de préciser le contexte d'éxécution de l'application et la classe représentant l'activité à lancer.

Syntaxe

```
public void startActivity (Intent intent)
```

Exemple

```
Intent intent = new Intent(this, MonActiviteDestinataire.class);
startActivity(intent);
```

Si l'activité exécutée doit retourner un résultat une fois terminée, il faut utiliser les méthodes `startActivityForResult` et `onActivityResult`, qui fonctionnent de concert. Une fois l'activité destinataire terminée, la méthode `onActivityResult` du composant source est appelée. Des paramètres lui sont fournis : le code indiqué dans l'appel `startActivityForResult` permettant d'identifier l'origine du résultat, le résultat de l'activité terminée et des données supplémentaires fournies par l'activité quittée dans les champs `extra` d'un objet de type `intent`.

Remarque

L'exécution de la méthode `onActivityResult` a lieu juste avant la méthode `onResume` de l'activité source.

Syntaxe

```
public void startActivityForResult (Intent intent, int requestCode)
protected void onActivityResult (int requestCode, int resultCode,
  Intent data)
```

Exemple

```
public class MonActivitePrincipale extends Activity {
  private static final int REQ_MSG_ACTIVITEDEST = 1;

  private void lanceActiviteDestinataire() {
    Intent intent =
      new Intent(this, MonActiviteDestinataire.class);
```

```
        startActivityForResult(intent, REQ_MSG_ACTIVITEDEST);
    }

    @Override
    protected void onActivityResult(int requestCode,
        int resultCode, Intent data) {
      if (requestCode == REQ_MSG_ACTIVITEDEST) {
        if (resultCode == RESULT_OK) {
          Bundle bundle = data.getExtras();
          traitement(bundle);
        }
      } else
        super.onActivityResult(requestCode, resultCode, data);
    }
}
```

L'activité destinataire indique le résultat de retour et, si besoin, l'objet `intent` l'accompagnant en utilisant la méthode `setResult`. Cette méthode modifie juste la valeur de retour, écrasant la précédente valeur le cas échéant. Elle ne termine pas l'activité en cours. On utilisera la méthode `finish` pour cela.

Syntaxe

```
public final void setResult (int resultCode)
public final void setResult (int resultCode, Intent data)
```

Exemple

```
public class MonActiviteSecondaire extends Activity {

  private void retourneCancel() {
    setResult(RESULT_CANCELED);
    finish();
  }

  private void retourneOK() {
    Intent intent = new Intent();
    intent.putExtra("clé", "valeur");
    setResult(RESULT_OK, intent);
    finish();
  }
}
```

> ■Remarque
>
> *RESULT_CANCELED* et *RESULT_OK* sont des constantes définies par la classe *Activity*.

5.4 Sauvegarde et restauration de l'état

Aperçu dans la description de la méthode onCreate, un objet de type Bundle permet de sauvegarder l'état de l'activité lorsque celle-ci est détruite par le système (et uniquement dans ce cas) pour être recréée ensuite à l'état identique.

L'utilisateur qui ferme volontairement une activité, par exemple en pressant la touche **Retour** de l'appareil, ne provoquera pas la sauvegarde de cet objet de type Bundle, qui sera réalisée par contre lorsque le système aura besoin de ressources ou plus couramment lorsque l'utilisateur changera l'orientation de l'appareil. L'objet Bundle ne doit pas être considéré comme un moyen de passer des informations d'une activité à l'autre, mais uniquement comme un objet permettant de conserver un ensemble d'informations le temps de recréer l'activité.

L'activité et ses vues en cours sont alors détruites par le système pour être re-créées dans un format compatible avec la nouvelle orientation. Pour ce faire, le SDK fournit deux méthodes complémentaires : onSaveInstanceState et onRestoreInstanceState.

La méthode onSaveInstanceState permet de sauvegarder les données dans l'objet de type Bundle qui est fourni en paramètre. C'est cet objet qui sera passé, le cas échéant, à la méthode onCreate et à la méthode onRestoreInstanceState. Cette méthode est appelée avant la méthode onStop. Ce peut être avant ou après la méthode onPause, mais dans tous les cas, l'activité n'est pas détruite par le système tant que cette méthode n'a pas été appelée.

■Remarque

Il existe des situations où la méthode `onPause` est appelée alors que la méthode `onSaveInstanceState` ne l'est pas. C'est le cas décrit précédemment dans lequel l'utilisateur ferme l'activité courante. Il faut donc veiller à ne pas utiliser la méthode `onSaveInstanceState` à la place de la méthode `onPause`, notamment pour la sauvegarde de données persistantes.

La méthode `onRestoreInstanceState` reçoit en paramètre l'objet de type `Bundle` précédemment sauvegardé. Grâce à ces informations, l'activité peut restaurer ses données et ses vues dans l'état dans lequel elles étaient précédemment. Il est également possible de le faire dans la méthode `onCreate`. La méthode `onRestoreInstanceState` est appelée après la méthode `onStart` et avant la méthode `onResume`.

Syntaxe

```
protected void onSaveInstanceState (Bundle outState)
protected void onRestoreInstanceState (Bundle savedInstanceState)
```

Exemple

```
public class MonActivite extends Activity {
  private static final String CLE_1 =
    "fr.mondomaine.android.monappli.cle1";
  private static final String CLE_2 =
    "fr.mondomaine.android.monappli.cle2";

  private String mValue1;
  private int mValue2;

  @Override
  protected void onSaveInstanceState(Bundle outState) {
    super.onSaveInstanceState(outState);
    outState.putString(CLE_1, mValue1);
    outState.putInt(CLE_2, mValue2);
  };

  @Override
  protected void onRestoreInstanceState(Bundle savedState) {
    mValue1 = savedState.getString(CLE_1);
    mValue2 = savedState.getInt(CLE_2);
    super.onRestoreInstanceState(savedState);
  };
}
```

5.5 Pile d'activités

À chaque application, le système associe une pile d'activités de type FIFO (*First In, First Out*) ou premier entré, premier sorti. Celle-ci empile les activités de l'application qui sont lancées les unes à la suite des autres. Cela concerne également les activités lancées depuis l'application mais fournies par d'autres applications, comme nous le verrons dans d'autres chapitres.

Cette succession d'activités stockées dans la pile représente une tâche, au sens fonctionnel.

Lorsque l'utilisateur souhaite revenir à l'activité précédente de l'activité courante en pressant par exemple le bouton **Retour**, le système dépile l'activité en cours, la détruit et reprend l'exécution de l'activité précédente. L'opération peut se répéter jusqu'à vider complètement la pile, qui est alors détruite.

Lorsque l'utilisateur retourne à la page d'accueil Android, le bureau, en pressant la touche **Accueil**, la pile de l'application courante est sauvegardée en mémoire par le système. Si l'utilisateur relance l'application, par défaut, sa pile sera restaurée et l'activité courante sera celle située au sommet de la pile.

■Remarque

S'il en estime le besoin, le système Android peut à tout instant détruire les activités autres que l'activité courante afin de libérer des ressources système. Il est donc vivement conseillé de sauvegarder l'état de ces activités avant leur destruction, de sorte que le système puisse les restaurer dans l'état dans lequel l'utilisateur les avait laissées.

■Remarque

Par défaut, le système peut vider une pile non utilisée après un certain laps de temps pour ne garder que la première activité. Il considère en effet que l'utilisateur ne souhaite pas reprendre son ancienne action mais en recommencer une nouvelle. Il est possible de modifier ce comportement en utilisant les attributs `android:alwaysRetainTaskState`*,* `android:clearTaskOnLaunch` *et* `android:finishOnTaskLaunch` *de la balise* `activity` *de l'activité d'accueil dans le manifeste.*

Comme nous le verrons plus loin avec la barre d'action (cf. chapitre Styles, navigation et notifications - Barre d'action), l'utilisateur peut appuyer sur l'icône de l'application de cette barre pour vouloir revenir juste une activité en arrière. Cela est facilement réalisable en utilisant la méthode finish déjà vue.

Mais l'appui sur l'icône de l'application dans cette barre d'action peut également signifier que l'utilisateur souhaite revenir à l'activité d'accueil. En l'état actuel, si l'activité d'accueil est lancée de nouveau via l'utilisation d'un intent, elle sera ajoutée au sommet de la pile d'activités. L'utilisateur ne comprendra pas que s'il revient en arrière pour quitter l'application, il retrouve en fait une ancienne activité... L'action correcte est que toutes les activités sauf la première soient dépilées de la pile. La seule activité restante, la première correspondant généralement à l'activité d'accueil, deviendra alors l'activité courante.

Pour rendre cela possible de façon aisée, Android permet de modifier le fonctionnement par défaut de la pile.

Par exemple, il suffit d'ajouter le drapeau Intent.FLAG_ACTIVITY_CLEAR _TOP à l'objet intent utilisé pour lancer une activité, permettant de dépiler les activités de la pile jusqu'à celle concernée par l'intent. Dans notre cas, il s'agit de l'activité d'accueil. De ce fait, toutes les activités depuis le sommet de la pile jusqu'à l'activité d'accueil sont dépilées.

Exemple

```
Intent intent = new Intent(this, MonActivitePrincipale.class);
intent.addFlags(Intent.FLAG_ACTIVITY_CLEAR_TOP);
startActivity(intent);
```

■ Remarque

Il existe nombre d'autres drapeaux de type Intent.FLAG_ACTIVITY_* *permettant de modifier le comportement par défaut.*

■ Remarque

Android permet également aux activités de spécifier leur mode d'ajout à la pile directement depuis le manifeste. Pour cela, il faut utiliser l'attribut android:launchMode *de la balise* activity. *Le cas échéant, les drapeaux spécifiés dans les intents sont prioritaires à ceux définis dans le manifeste.*

Chapitre 4
Composants avancés

1. Introduction

Si les activités vues dans le chapitre précédent sont les bases d'une application Android, il apparaît rapidement que leur utilisation seules n'est pas optimale.

L'apparition des grands écrans (tablettes, téléviseurs) a fait naître le besoin de pouvoir gérer séparément une partie de l'écran affiché à l'utilisateur. Les activités, en utilisant la totalité de l'écran, et surtout par leur caractère exclusif (une seule activité affichée à la fois), ne permettent pas cette souplesse.

Les versions 3 et 4 d'Android ont donc introduit la notion de fragments, sortes de mini-activités permettant d'exploiter pleinement les écrans de grande taille. La première section de ce chapitre leur est consacrée.

Nous étudierons ensuite les listes, très utilisées dans les applications Android. Outre l'implémentation canonique d'une liste simple, cette section présente une implémentation complète et étudie les listes déroulantes, qui en héritent directement.

Enfin, la dernière section de ce chapitre est consacrée à la création de composants personnalisés, qui permettent au développeur de se créer une véritable bibliothèque de composants réutilisables.

2. Fragment

L'intégration d'Android sur des appareils à écran extra large comme les tablettes tactiles a fait apparaître de nouveaux besoins, notamment celui d'utiliser pleinement, efficacement et facilement les résolutions élevées et l'espace disponible proposés par ces écrans.

Les fragments, introduits par l'API 11 (Android 3.0) et généralisés aux smartphones dans l'API 14 (Android 4.0.1), offrent une méthode simple et peu coûteuse en temps pour adapter l'affichage à cet espace disponible.

Un fragment peut être vu comme... un fragment d'activité : possédant son propre layout, il implémente lui-même le code qui gère les éléments présents dans ce layout. Ainsi, une activité peut être composée d'un ou plusieurs fragments, selon l'espace disponible sur l'écran.

Le cas d'utilisation typique des fragments est le schéma *Master/Detail*, que l'on peut traduire par Vue principale/Vue détaillée :

– Un premier composant présente une liste d'éléments.

– La sélection d'un élément – par clic – lance l'affichage d'un autre composant qui présente les données détaillées sur cet élément.

Une tablette présentant un écran assez grand, les deux composants pourront être affichés sur le même écran, alors que, pour un smartphone à l'écran plus petit, chaque composant sera affiché l'un après l'autre.

Les fragments proposent toutes les fonctionnalités pour implémenter ce schéma.

La classe mère des fragments est la classe `Fragment`. À l'instar des classes filles fournies par le SDK et spécialisant la classe mère `Activity`, il existe des classes filles de la classe `Fragment` qui sont `DialogFragment`, `ListFragment` et `PreferenceFragment`, représentant des fragments spécialisés dans des fonctionnalités particulières.

▬Remarque

Nous verrons dans la section Bibliothèque de support que la classe `Fragment` *n'est pas nécessairement la classe à privilégier pour utiliser les fragments.*

Pour définir un fragment, il faut créer une classe qui hérite, directement ou indirectement, de la classe `Fragment` et implémenter, le cas échéant, les méthodes héritées.

2.1 Intégration du fragment

L'intégration d'un fragment à une activité peut se faire de manière déclarative ou programmatique. S'il ne possède pas de layout, le fragment ne peut être ajouté que de manière programmatique.

2.1.1 Mode déclaratif

Pour rappel, le mode déclaratif permet de décrire le layout directement en code XML.

Pour inclure un fragment dans le layout d'une activité, il suffit d'utiliser la balise `fragment` et de spécifier dans son attribut `android:name` le nom de la classe du fragment à instancier. Une fois instanciée et la méthode `onCreateView` appelée, la vue récupérée sera insérée dans le layout de l'activité à la place de la balise `fragment` spécifiée.

Comme pour tout widget, les dimensions sont spécifiées via les attributs `android:layout_width` et `android:layout_height`. Il est également possible de fournir un identifiant via l'attribut `android:id` et une chaîne de caractères via l'attribut `android:tag`. Si aucun de ces attributs n'est fourni, le système utilisera l'identifiant interne de la vue du fragment.

■Remarque

Dans la suite du chapitre, plusieurs méthodes font référence à l'identifiant unique de la vue conteneur. En mode déclaratif, cet identifiant correspond simplement à la valeur de l'attribut `android:id` *spécifié dans la balise* `fragment`*.*

Syntaxe

```
<fragment android:name="nom de classe complet"
    android:id="@[+][paquetage:]id/nom_ressource"
    android:tag="ressource texte"
    android:layout_width="dimension"
    android:layout_height="dimension"
    ... />
```

Exemple

```
<fragment
    android:name="fr.mondomaine.android.monappli.MonFragment"
    android:id="@+id/monfragment"
    android:layout_width="match_parent"
    android:layout_height="match_parent" />
```

■Remarque

Il faut noter que la balise utilisée dans le layout XML est la balise `<fragment>`
avec un f minuscule.

2.1.2 Mode programmatique

En mode programmatique, un fragment doit être placé dans un composant
(widget) `ViewGroup` de l'activité parente, typiquement un composant
`FrameLayout`. Au lieu d'être spécifié dans le fichier XML de layout de l'activité hôte, le fragment est chargé manuellement dans le code Java de l'activité.
Pour manipuler le fragment, le framework expose la classe `FragmentMana-`
`ger` (gestionnaire de fragment, littéralement) permettant à l'activité de réaliser les opérations ayant trait aux fragments : chargement, remplacement, etc.

Pour obtenir une instance de `FragmentManager`, la classe `Activity` présente la méthode `getFragmentManager`.

Syntaxe

```
public FragmentManager getFragmentManager ()
```

Exemple

```
FragmentManager fragmentManager = getFragmentManager();
```

Les opérations concernant les fragments doivent être réalisées dans des
transactions. Une même transaction peut contenir une ou plusieurs opérations à réaliser séquentiellement. Cette transaction, soit cette série d'opérations, est réalisée de façon atomique. C'est-à-dire que toutes les opérations
contenues dans cette transaction forment un tout indivisible, et seront donc
toutes réalisées quasiment en même temps.

Pour créer une transaction, il faut invoquer la méthode `beginTransaction`
du gestionnaire de fragments récupéré précédemment. Celle-ci retourne la
transaction sous forme d'un objet de type `FragmentTransaction`.

Syntaxe

```
public abstract FragmentTransaction beginTransaction ()
```

Exemple

```
FragmentTransaction fragmentTransaction =
    fragmentManager.beginTransaction();
```

La transaction peut ensuite recevoir une liste d'opérations concernant les fragments, comme par exemple l'ajout ou la suppression de fragments.

Les méthodes `add` de l'objet de type `FragmentTransaction` permettent d'ajouter un fragment dans une vue conteneur. Elles prennent en paramètres un objet de type `Fragment` et soit l'identifiant unique de la vue conteneur contenant le fragment, soit l'étiquette assignée au fragment, soit les deux. Ces méthodes retournent l'objet de type `FragmentTransaction` de façon à pouvoir enchaîner les appels à ces méthodes.

■ Remarque

L'usage d'une étiquette est le seul moyen d'identifier un fragment qui ne possède pas de vues.

■ Remarque

Les vues des fragments sont ajoutées au conteneur dans l'ordre des appels aux méthodes add.

Syntaxe

```
public abstract FragmentTransaction add (int containerViewId,
    Fragment fragment)
public abstract FragmentTransaction add (Fragment fragment,
    String tag)
public abstract FragmentTransaction add (int containerViewId,
    Fragment fragment, String tag)
```

Exemple

```
MonFragment fragment = new MonFragment();
fragmentTransaction.add(R.id.vue_conteneur, fragment);
```

Les méthodes `replace` permettent de remplacer le ou les fragments ajoutés dans la vue conteneur par un nouveau fragment. Elles prennent en paramètres l'identifiant unique de la vue conteneur, le nouveau fragment de type `Fragment`, et éventuellement l'étiquette assignée au fragment. Cette méthode retourne l'objet de type `FragmentTransaction` courant.

Syntaxe

```
public abstract FragmentTransaction replace (int containerViewId,
   Fragment fragment)
public abstract FragmentTransaction replace (int containerViewId,
   Fragment fragment, String tag)
```

Exemple

```
fragmentTransaction.replace(R.id.vue_conteneur, fragment);
```

La méthode `remove` permet de supprimer un fragment et ses éventuelles vues de la vue conteneur. Cette méthode prend en paramètre l'instance du fragment à supprimer et retourne l'objet de type `FragmentTransaction` courant.

Syntaxe

```
public abstract FragmentTransaction remove (Fragment fragment)
```

Exemple

```
fragmentTransaction.remove(fragment);
```

La transaction ainsi préparée doit ensuite être réalisée en invoquant sa méthode `commit`. S'il a été demandé d'ajouter cette transaction dans la pile des transactions de fragments que nous détaillons plus loin, cette méthode retourne un entier positif identifiant la transaction. Sinon, elle retourne un entier négatif.

Syntaxe

```
public abstract int commit ()
```

Exemple

```
fragmentTransaction.commit();
```

En résumé, le chargement d'un fragment dans un conteneur de vue est très simple à réaliser en mode programmatique :

Exemple

```
import android.app.Activity;
import android.app.Fragment;
import android.app.FragmentManager;
import android.app.FragmentTransaction;


public class MainActivity extends Activity {

[...]

  void loadFragment(Fragment fragment) {
    FragmentManager fragmentManager = getFragmentManager();
    FragmentTransaction fragmentTransaction =
      fragmentManager.beginTransaction();
    fragmentTransaction.replace(R.id.vue_conteneur, fragment);
    fragmentTransaction.commit();
  }
}
```

La forme condensée est souvent mise en avant, apportant plus de clarté :

```
import android.app.Activity;
import android.app.Fragment;
import android.app.FragmentManager;
import android.app.FragmentTransaction;


public class MainActivity extends Activity {

[...]

  void loadFragment (Fragment fragment) {
    getFragmentManager()
      .beginTransaction()
      .replace(R.id.vue_conteneur, fragment)
      .commit();
  }
}
```

Pour que l'activité hôte puisse manipuler le fragment ainsi déclaré, il faut utiliser la classe `FragmentManager`, étudiée plus en détail ci-dessous, et invoquer la méthode `findFragmentById`, analogue à la méthode `findViewById`, en spécifiant l'identifiant du fragment tel qu'il a été renseigné dans le fichier XML de layout. Il est également possible d'utiliser la méthode `findFragmentByTag`, qui permet de rechercher un fragment selon son tag.

Syntaxe

```
public abstract Fragment findFragmentById (int id)
public abstract Fragment findFragmentByTag (String tag)
```

Exemple

```
// dans le code de l'activité hôte
FragmentManager fragmentManager = getFragmentManager();
MonFragment monFragment =
(MonFragment)fragmentManager.findFragmentById(R.id.monFragment);
```

2.1.3 Bibliothèque de support

Si les fragments sont apparus avec la version 3 (dédiée aux tablettes) et ont été généralisés à tous les terminaux Android avec la version 4, le problème de la fragmentation de l'univers Android et les délais relativement longs des livraisons des mises à jour par les constructeurs ont incité Google à fournir aux développeurs une solution pour généraliser au plus vite l'utilisation des fragments.

Cette solution prend la forme d'une bibliothèque de support, distribuée indépendamment des versions Android. Cette bibliothèque, android.support.v4, apporte le support des fragments pour toutes les versions d'Android à partir de la version 1.6, version qui porte le numéro d'API 4, d'où le nom v4.

Si cette bibliothèque de support n'a plus vraiment raison d'être aujourd'hui (les versions antérieures à la version Android 4.0 ne sont plus prises en charge par Google), elle est, de fait, incontournable : d'autres API et composants avancés d'Android utilisent cette bibliothèque de support pour la gestion des fragments en lieu et place de l'API standard.

Il est ainsi fortement recommandé d'utiliser la bibliothèque de support pour les projets, ce que fait systématiquement Google dans les exemples fournis.

Toutes les classes permettant la gestion des fragments étant reprises dans la bibliothèque de support, les modifications sont peu nombreuses à faire dans le code pour intégrer android.support.v4 :

– La classe `android.app.Fragment` est remplacée par la classe `android.support.v4.Fragment`.
  De la même façon, les classes `android.app.FragmentManager` et `android.app.FragmentTransaction` sont remplacées par les classes `android.support.v4.app.FragmentManager` et `android.support.v4.FragmentTransaction`.

– Au lieu d'hériter de `android.app.Activity`, l'activité qui porte le ou les fragments doit hériter de `android.support.v4.app.FragmentActivity`. Cette classe présente la méthode `getSupportFragmentManager`, qui renvoie un objet de type `android.support.V4.app.FragmentManager`.

En utilisant la bibliothèque de support, le code de chargement d'un fragment est alors le suivant :

```java
import android.support.v4.app.Fragment;
import android.support.v4.app.FragmentActivity;
import android.support.v4.app.FragmentManager;
import android.support.v4.app.FragmentTransaction;

public class MainActivity extends FragmentActivity {

[...]

  private void loadFragment(Fragment fragment) {
    getSupportFragmentManager()
      .beginTransaction()
      .replace(R.id. vue_conteneur, fragment)
      .commit();
  }

}
```

◼Remarque

Il faut bien veiller à invoquer la méthode `getSupportFragmentManager` *de la classe* `FragmentActivity` *en lieu et place de la méthode* `getFragment-Manager`, *cette dernière étant également proposée par la classe* `Fragment Activity`.

◼Remarque

La classe `android.app.Fragment` *est dépréciée dans la version P d'Android. Il faut nécessairement, à partir de cette version, utiliser* `android.support. v4.app.Fragment`. *Les classes* `FragmentManager` *et* `FragmentTransaction` *subissent le même sort.*

2.2 Fragments et mise en page adaptative

En combinant toutes les notions déjà abordées dans cet ouvrage à ce stade, il est au final simple de construire un schéma d'implémentation de mise en page adaptative utilisant les fragments. L'objectif est, comme évoqué au début de ce chapitre, de construire une interface de type Vue principale/Vue détaillée.

Pour les terminaux de type tablette, l'écran doit afficher en même temps une vue principale (typiquement une `ListView`, élément abordé dans la section Liste du présent chapitre) et une vue détaillée de l'élément sélectionné dans la vue principale.

Pour les smartphones, un écran – une activité – affiche la vue principale, qui est remplacée par la vue détaillée lorsque l'on sélectionne un élément de la vue principale.

Chaque vue, principale et détaillée, sera un fragment. Dans le cas d'une tablette, une activité comportera les deux fragments, déclarés dans le layout XML de l'activité. Dans le cas d'un smartphone, seul un fragment est affiché, et remplacé par un autre selon le besoin.

Il suffit donc, au final, de créer un layout XML dédié aux tablettes, et un layout pour les smartphones. C'est le système qui détermine, à l'exécution, quel layout utiliser selon le terminal hôte : chaque fichier de layout sera stocké dans le répertoire layout qualifié correspondant (cf. Layouts - Création en mode déclaratif du chapitre Les bases de l'interface utilisateur). Typiquement, les layouts utilisés par les tablettes sont créés dans le dossier `./layout-large`, et ceux pour les smartphones dans le dossier par défaut, `./layout`.

Dans le code de l'activité, déterminer dans quelle configuration s'exécute l'application est simple : il suffit de tester la présence de l'emplacement du fragment vue détaillée à l'aide de la méthode `findViewById` de la classe `Activity`. Si ce fragment est présent, c'est-à-dire si l'objet retourné par `findViewById` est non `null`, l'application s'exécute sur une tablette, et dans le cas contraire, sur un smartphone : le code doit juste gérer, dans le premier cas, le paramétrage de la vue détaillée (en passant un identifiant d'élément sélectionné, par exemple). Et dans le second cas, il faut utiliser une instance de `FragmentManager` pour remplacer le fragment vue principale par une instance du fragment vue détaillée.

Ainsi, en prenant en exemple le layout suivant pour les smartphones (fichier `main_activity.xml` stocké dans le dossier `./res/layout/`) :

```xml
<?xml version="1.0" encoding="utf-8"?>
<LinearLayout xmlns:android="http://schemas.android.com/apk/res/android"
        android:layout_width="match_parent"
    android:layout_height="match_parent"
        android:orientation="vertical" >
    <FrameLayout
        android:id="@+id/fragment_placeHolder_main"
        android:layout_width="match_parent"
        android:layout_height="match_parent"
        android:layout_weight="1"/>
</LinearLayout>
```

Et un layout spécifique aux tablettes (fichier `main_activity.xml` stocké dans le dossier `./res/layout-large/`) :

```xml
<?xml version="1.0" encoding="utf-8"?>
<LinearLayout xmlns:android="http://schemas.android.com/apk/res/android"
    android:layout_width="match_parent"
    android:layout_height="match_parent"
    android:orientation="horizontal" >
    <FrameLayout
```

```
        android:id="@+id/fragment_placeHolder_main"
        android:layout_width="150dp"
        android:layout_height="match_parent"/>

    <FrameLayout
        android:id="@+id/fragment_placeHolder_detail"
        android:layout_width="0dp"
        android:layout_height="match_parent"
        android:layout_weight="1"/>
</LinearLayout>
```

Le code de chargement d'un fragment prenant en charge le schéma vue principale/vue détaillée sera le suivant :

```
void loadFragment(Fragment fragment) {
  FragmentManager fragmentManager = getSupportFragmentManager();
  FragmentTransaction fragmentTransaction =
    fragmentManager.beginTransaction();

  if(findViewById(R.id.fragment_placeHolder_detail)!=null)
    fragmentTransaction
      .replace(R.id.fragment_placeHolder_detail, fragment);
  else
    fragmentTransaction
      .replace(R.id. fragment_placeHolder_main, fragment);

  fragmentTransaction.commit();
}
```

■Remarque

La définition du layout à destination des écrans larges fait appel à des notions de mise en page avancées, qui sont étudiées en détail dans le chapitre Interface utilisateur avancée.

2.3 Cycle de vie

La classe `Fragment` – ou les classes `Fragment`, `android.support.v4`
`.app.Fragment` implémentant les même méthodes que `android.app.`
`Fragment` – présente les méthodes `onCreate`, `onStart`, `onResume`,
`onPause`, `onStop` et `onDestroy` comme la classe `Activity`. Elles sont
appelées lorsque les mêmes méthodes de l'activité hôte sont appelées. Si bien
que le cycle de vie d'un fragment dépend également de celui de son activité
hôte.

D'autres méthodes, spécifiques au cycle de vie du fragment, sont également
disponibles. Ce sont les méthodes `onAttach`, `onCreateView`, `onActi-`
`vityCreated`, `onDestroyView` et `onDetach`.

2.3.1 onAttach

La méthode `onAttach` est la première méthode du cycle de vie du fragment
à être invoquée lors de sa création. Elle reçoit en paramètre le contexte de
l'application (soit un objet de type `Context`).

Syntaxe

```
public void onAttach (Context context)
```

Exemple

```
@Override
public void onAttach(Context context) {
   super.onAttach(context);
   traitement(context);
}
```

▌Remarque

*Attention : la signature de la méthode `onAttach` a été modifiée avec la ver-
sion 24 de l'API. Auparavant, cette méthode présentait en paramètre l'activité parente du fragment. Un développeur ayant fait le choix de compiler le
projet en ciblant une API inférieure à la version 24 devra implémenter la méthode `onAttach` ayant pour paramètre l'activité parente.*

> ■Remarque
>
> *L'instance de l'activité hôte peut être récupérée à tout instant dans le fragment via la méthode* `getActivity` *de la classe* `Fragment` *qui retourne un objet de type* `Activity` *pour* `android.app.Fragment` *et un objet de type* `Fragment Activity` *pour la classe* `android.app.support.v4.app.Fragment`.

2.3.2 onCreateView

La méthode `onCreateView`, optionnelle, permet de fournir la vue racine du layout du fragment ainsi que toute la hiérarchie de vues afférentes qui sera utilisée pour dessiner le fragment. On peut la considérer comme l'équivalent de la méthode `onCreate` d'une activité (mis à part le fait que, pour une activité, `onCreate` est la première méthode appelée, ce qui n'est pas le cas ici).

Cette méthode `onCreateView` est appelée après la méthode `onCreate` de l'activité, ou après la méthode `onDestroyView`. Elle reçoit en paramètres un objet de type `LayoutInflater` permettant d'ajouter des vues au fragment, la vue conteneur de type `ViewGroup` dans laquelle sera insérée la vue du fragment ou `null` si la vue conteneur n'existe pas, et un objet de type `Bundle` contenant les données sauvegardées d'un état passé du fragment. Elle doit retourner la vue racine de type `View` du layout du fragment. Par défaut, cette méthode retourne `null`, ce qui signifie que le fragment n'a pas d'interface graphique.

Syntaxe

```
public View onCreateView (LayoutInflater inflater,
   ViewGroup container, Bundle savedInstanceState)
```

Exemple

```
@Override
public View onCreateView(LayoutInflater inflater,
     ViewGroup container, Bundle savedInstanceState) {
   return inflater.inflate(R.layout.monfragment, container,
     false);
}
```

L'attachement de la vue à la vue conteneur est automatiquement réalisé par le système. C'est pourquoi dans cet exemple, on spécifie que la vue ne doit pas être attachée, une seconde fois, à sa vue conteneur en spécifiant la valeur `false` dans le dernier paramètre de la méthode `inflate`.

2.3.3 onActivityCreated

La méthode `onActivityCreated` est invoquée dès que l'activité hôte ainsi que sa hiérarchie de vues sont créées. Cette hiérarchie comprend notamment, le cas échéant, la vue du fragment courant. Concrètement, cet appel est réalisé après l'exécution de la méthode `onCreate` de l'activité hôte. Cette méthode permet de récupérer les instances des vues et de les restaurer si besoin via l'utilisation de l'objet de type `Bundle` contenant les données sauvegardées d'un état passé du fragment.

Syntaxe

```
public void onActivityCreated (Bundle savedInstanceState)
```

Exemple

```
@Override
public void onActivityCreated(Bundle savedInstanceState) {
    super.onActivityCreated(savedInstanceState);
    restaureLeFragment(savedInstanceState);
}
```

2.3.4 onDestroyView

La méthode `onDestroyView` est le pendant de la méthode `onCreateView`. Elle est appelée juste avant que la hiérarchie de vues du fragment soit supprimée de la vue conteneur. Cette méthode est appelée même si le fragment n'a pas fourni de vue racine dans la méthode `onCreateView`.

Syntaxe

```
public void onDestroyView ()
```

Exemple

```
@Override
public void onDestroyView() {
    super.onDestroyView();
    nettoieVue();
}
```

2.3.5 onDetach

La méthode onDetach est le pendant de la méthode onAttach. Elle est appelée lorsque le fragment est détaché de l'activité. C'est la dernière méthode mise à la disposition du développeur à être appelée avant la destruction effective et irréversible du fragment.

Cette méthode permet de libérer des ressources liées au fragment.

Syntaxe

```
public void onDetach ()
```

Exemple

```
@Override
public void onDetach() {
    super.onDetach();
    traitement();
}
```

2.4 Sauvegarde et restauration de l'état

À l'instar d'une activité, un fragment peut également sauvegarder son état lorsqu'il est détruit afin de pouvoir être reconstruit à l'identique plus tard.

La sauvegarde de cet état est réalisée dans la méthode onSaveInstanceState de la classe Fragment. C'est l'activité hôte du fragment qui décide quand sauvegarder l'état du fragment et donc quand invoquer cette méthode. La syntaxe et le principe sont les mêmes que pour la méthode onSaveInstanceState de la classe Activity.

La restauration du fragment peut être réalisée dans les méthodes onCreate, onCreateView et onActivityCreated qui reçoivent toutes l'objet de type bundle précédemment sauvegardé.

2.5 Pile de fragments

Le système prend en charge une pile de transactions de fragments nommée Back Stack permettant à l'utilisateur de revenir en arrière, ou plus précisément, revenir aux transactions de fragments précédentes. Une transaction étant une série d'opérations effectuées de façon atomique, le retour en arrière, ou dépilement, d'une transaction concerne l'ensemble des opérations contenues dans cette transaction.

Contrairement aux activités, cette pile est gérée intégralement par le développeur, plus précisément par les transactions de fragments et le gestionnaire de fragments.

Par exemple, chacune des transactions de fragments peut indiquer qu'elle doit être ajoutée à cette pile en utilisant la méthode addToBackStack. Celle-ci doit être appelée avant la méthode commit. Elle prend en paramètre une chaîne de caractères optionnelle identifiant la transaction et retourne la transaction courante.

Lors du commit, le fragment remplacé ou supprimé est ajouté à la pile et ses méthodes onPause, onStop et onDestroyView sont appelées.

> ■Remarque
>
> *Dans le cas où le fragment remplacé ou supprimé n'est pas ajouté à la pile, c'est-à-dire si la méthode addToBackStack n'est pas utilisée, ses méthodes onDestroy et onDetach sont appelées et celui-ci est alors détruit.*

Syntaxe

```
public abstract FragmentTransaction addToBackStack (String name)
```

Exemple

```
UnAutreFragment unAutreFragment = new UnAutreFragment();
fragmentTransaction.replace(R.id.fragment, unAutreFragment)
.addToBackStack(null).commit();
```

À tout instant, l'utilisateur peut revenir en arrière, et dépiler les transactions de fragments en appuyant sur la touche **Retour**. L'application peut également dépiler les transactions de fragments de la pile en utilisant l'une des nombreuses variantes des méthodes popBackStack ou popBackStackImmediate du gestionnaire de fragments.

La différence entre les méthodes `popBackStack` et `popBackStackImmediate` réside dans le fait que l'opération de dépilement est réalisée soit de façon asynchrone pour les premières, soit immédiatement dans les appels des secondes.

Les variantes les plus simples ne prenant pas de paramètre dépilent la dernière transaction ajoutée à la pile. Les autres prennent en paramètre l'identifiant de la transaction jusqu'à laquelle dépiler. Cet identifiant est soit l'identifiant de la transaction retourné précédemment par la méthode `commit`, soit le nom de la transaction spécifiée en paramètre de la méthode `addToBackStack`.

Enfin, un drapeau peut être fourni en paramètre avec la valeur `POP_BACK_STACK_INCLUSIVE` pour indiquer que la transaction désignée doit être dépilée également, un zéro spécifiant le contraire.

■Remarque

Le fragment qui se trouve en haut de la pile est dorénavant le fragment actif. Il reprend son cycle de vie depuis la méthode `onCreateView`.

Syntaxe

```
public abstract void popBackStack ()
public abstract void popBackStack (int id, int flags)
public abstract void popBackStack (String name, int flags)
public abstract boolean popBackStackImmediate ()
public abstract boolean popBackStackImmediate (int id, int flags)
public abstract boolean popBackStackImmediate (String name, int flags)
```

Exemple

```
fragmentManager.popBackStack();
```

■Remarque

Le gestionnaire de fragments offre d'autres fonctionnalités comme spécifier des animations de transitions, un titre de type breadcrumb ou encore ajouter un listener réagissant aux modifications de la pile. Pour plus d'infos, consulter respectivement les méthodes `setTransition`, `setBreadCrumbTitle` et `addOnBackStackChangedListener`.

3. Liste

De par leur petite taille d'écran, les smartphones ont dû adopter une interface utilisateur à l'ergonomie spécifique. Pour cela, et comme nous l'avons vu dans le chapitre Les bases de l'interface utilisateur, la plateforme Android fournit de multiples composants graphiques. L'un des composants majeurs représentatif de la manière de naviguer dans une application est la liste d'éléments. C'est une liste verticale possédant une barre de défilement. L'utilisateur peut faire défiler la liste de haut en bas et inversement afin d'y choisir un élément.

Cette liste verticale est devenue, en quelques années, un élément quasiment incontournable d'une application Android.

La vue représentant une liste est de type `ListView`. La mise en place d'une liste implique également de fournir deux éléments : un layout pour l'affichage de chaque élément de la liste, et un adaptateur (*Adapter*, en anglais) pour la source des données.

Même si une liste peut être intégrée à toute activité, le système Android fournit un type d'activité spécifique à l'utilisation des `ListView` : la classe `ListActivity`, qui hérite de la classe `Activity`. L'utilisation de cette classe affranchit le développeur d'une partie du travail de mise en place d'une `ListView`.

Les sections qui suivent présentent les deux approches : la section Implémentation standard étudie l'utilisation d'une liste dans le cadre d'une utilisation purement standard des composants fournis par Android, et la section Implémentation spécifique présente l'ensemble des notions nécessaires à la mise en place d'une `ListView` entièrement spécifique.

À noter : avec l'arrivée d'Android 3.0 (API 11), adapté aux grands écrans des tablettes tactiles, une déclinaison de la classe `ListActivity` en fragment de type `ListFragment` est apparue.

Que ce soit dans le cadre d'une activité ou d'un fragment, le fonctionnement général d'une liste est le même. Nous utiliserons donc le terme liste pour cibler à la fois les listes de type `ListActivity` et celles de type `ListFragment` dans la suite.

3.1 Implémentation standard

L'implémentation standard se base sur l'utilisation de la classe `ListActivity` comme support de la liste. Cette classe utilise un layout par défaut pour la composition de l'activité, qui présente une unique liste, centrée dans l'écran : contrairement aux activités vues jusqu'à présent, il n'est pas nécessaire de fournir un layout à cette activité avec la méthode `setContentView`.

La vue `ListView` représentant la liste est en fait une vue de type `ViewGroup`. Chaque ligne de la liste est une vue enfant qui prend en charge l'affichage des données d'un élément de la liste.

3.1.1 Layout des éléments de la liste

Dans le cadre d'une implémentation standard, Android propose des layouts prédéfinis pour les éléments de la liste. Ces layouts sont au nombre de deux :

– Le layout `android.R.layout.simple_list_item_1` comprend uniquement un objet de type `TextView`.

– Le layout `android.R.layout.simple_list_item_2` comprend deux objets de type `TextView` ; le second en dessous du premier et dans une taille de police plus petite.

3.1.2 Adaptateur

Les données des éléments d'une liste peuvent avoir différentes origines. Ce peut être par exemple des données stockées directement dans le code de l'application, des données provenant d'une base de données ou des données fournies par un fournisseur de contenu (cf. chapitre La persistance des données).

Afin de pouvoir supporter tout type de provenance de données, une liste consulte les données qu'elle doit afficher via une interface de type `ListAdapter`. Cet adaptateur fait le lien entre la vue qui doit afficher les données et les données elles-mêmes.

Android fournit plusieurs sortes d'adaptateurs de listes implémentant l'interface `ListAdapter` et correspondant aux provenances et types des données les plus courants :

- La classe `BaseAdapter`, classe abstraite, est un adaptateur de données basique, qui ne présume pas de la nature des données.
- La classe `ArrayAdapter<T>` représente un adaptateur de données stockées sous forme de liste générique.
- La classe `CursorAdapter`, classe abstraite, représente l'adaptateur de données stockées en base de données ou fournies par un fournisseur de contenu. Les méthodes `bindView` et `newView` doivent être implémentées.
- La classe `SimpleCursorAdapter`, quant à elle, est une implémentation de CursorAdapter permettant de gérer aisément des données de type chaîne de caractères et de type image.

■Remarque

Par défaut, la classe `CursorAdapter`, *et donc la classe* `SimpleCursorAdapter` *également, effectuent les chargements des données sur le thread principal. Or cela n'est pas recommandé afin de ne pas bloquer l'application (cf. chapitre Concurrence, sécurité et réseau - Programmation concurrente). Il est donc préférable d'effectuer ces chargements sur un thread secondaire. Depuis la version 3.0 (API 11), Android fournit en complément les classes* `LoaderManager` *et* `CursorLoader` *permettant de réaliser cela de manière plus aisée.*

3.1.3 Implémentation

L'implémentation se fait en deux étapes : il faut en premier lieu instancier un adaptateur, et ensuite fournir cet adaptateur à la liste.

L'instanciation de l'adaptateur est fonction de son type.

Instancier un ArrayAdapter<T>

Par défaut, la classe `ArrayAdapter<T>` s'utilise avec le layout d'éléments de liste `android.R.layout.simple_list_item_1`. Le widget `TextView` qui compose ce layout est renseigné par le système en appelant la méthode `toString()` de la classe T. Les données seront stockées dans un tableau de `<T>` et fournies à l'adaptateur dans le constructeur.

Syntaxe

```
public ArrayAdapter (Context context, int textViewResourceId,  T[] objects)
```

Exemple

```
ArrayAdapter<String> adaptateur =
  new ArrayAdapter<String>(this,
    android.R.layout.simple_list_item_1,
    new String[] { "Ligne 1", "Ligne 2", "Ligne 3" });
```

Il est possible de modifier le comportement par défaut pour afficher davantage d'informations pour chaque élément. Pour cela, il faut surcharger la méthode `getView` de la classe `ArrayAdapter<T>`. Cette surcharge est étudiée dans le cadre de l'implémentation spécifique d'une liste.

Dans le cas où le développeur souhaite, comme dans le code ci-dessus, utiliser un adaptateur avec un type défini par la plateforme, il n'est pas indispensable d'utiliser un type générique pour la définition de l'adaptateur.

Le code ci-dessus peut ainsi être simplifié de la manière suivante :

```
ArrayAdapter adaptateur =
  new ArrayAdapter(this,
    android.R.layout.simple_list_item_1,
    new String[] { "Ligne 1", "Ligne 2", "Ligne 3" });
```

Instancier un CursorAdapter

La classe `CursorAdapter` est une classe abstraite : pour être instanciée, les méthodes `bindView(View view, Context context, Cursor cursor)` et `newView(Context context, Cursor cursor, ViewGroup parent)` doivent être implémentées.

La méthode `bindView` est invoquée pour lier les données à afficher à la vue qui les affiche (*to bind* : attacher). Son implémentation vise donc à obtenir, à partir de la vue `view` passée en paramètre, les widgets d'affichage (`TextView`, par exemple) en utilisant la méthode déjà étudiée `View.findViewById(int id)`, et à renseigner la valeur à afficher à partir du curseur. Se référer au chapitre La persistance des données, section Bases de données SQLite, pour une présentation de la classe `Cursor`.

La méthode `newView` doit retourner la vue qui sera utilisée comme layout pour chaque élément de la liste. Son implémentation consiste donc à appeler la méthode `inflate()` à partir d'un objet de type `LayoutInflater`. Un `LayoutInflater` s'obtient à partir d'un objet de type `Context`.

Ci-dessous, un exemple d'implémentation. À noter, cet exemple n'est pas optimisé : il faut, en environnement de production, éviter d'instancier un objet de type `LayoutInflater` à chaque appel à la méthode `newView`. Une approche plus performante est évoquée en fin de chapitre.

Exemple

```
CursorAdapter cursorAdapter = new CursorAdapter(this, monCursor) {
    @Override
    public View newView(Context context, Cursor cursor, ViewGroup
parent) {
        LayoutInflater mInflater = (LayoutInflater)
context.getSystemService(Context.LAYOUT_INFLATER_SERVICE);

        return mInflater.inflate(android.R.layout.simple_list_item_2,
parent);
    }
    @Override
    public void bindView(View view, Context context, Cursor cursor) {
        TextView text1 = (TextView)view.findViewById(android.R.id.text1);
        TextView text2 = (TextView)view.findViewById(android.R.id.text2);

        text1.setText(cursor.getString(0));
        text2.setText(cursor.getString(1));
    }
};
```

Instancier un SimpleCursorAdapter

La classe `SimpleCursorAdapter` est une implémentation de `CursorAdapter`. La liaison entre les données et les composants chargés de les afficher est spécifiée dans le constructeur : outre les paramètres évoqués ci-dessus pour la classe `CursorAdapter`, le constructeur prend en paramètre un tableau de `String` contenant le nom des colonnes du curseur qui seront affichées et un tableau d'entiers correspondant aux identifiants des widgets utilisés pour l'affichage de chaque colonne.

Syntaxe

```
SimpleCursorAdapter(Context context, int layout, Cursor c, String[]
from, int[] to)
```

Exemple

```
SimpleCursorAdapter simpleCursorAdapter =
    new SimpleCursorAdapter(this,
        android.R.layout.simple_list_item_2,
        monCurseur,
        new String[] {"Nom_Colonne1", "Nom_Colonne2"},
        new int[] {android.R.id.text1, android.R.id.text2});

};
```

L'exemple ci-dessus instancie un `SimpleCursorAdapter` qui affiche les données Nom_Colonne1 et Nom_Colonne2 du curseur monCurseur, en utilisant un layout fourni par la plateforme possédant deux `TextView`.

Fournir l'adaptateur à la liste

La seconde étape de l'implémentation se fait en évoquant la méthode `setListAdapter` de la classe `ListActivity`, qui prend en paramètre l'adaptateur de type `ListAdapter` : cette méthode fait la liaison entre la liste de l'activité et l'adaptateur défini précédemment.

Syntaxe

```
public void setListAdapter (ListAdapter adapter)
```

Exemple

```
public class MonActivitePrincipale extends ListActivity {
  private static final String[] LIBELLES = {
    "Ligne 1", "Ligne 2", "Ligne 3", "Ligne 4"
  };

  @Override
  public void onCreate(Bundle savedInstanceState) {

    super.onCreate(savedInstanceState);

    setListAdapter(new ArrayAdapter<String>(this,
            android.R.layout.simple_list_item_1, LIBELLES));
  }
}
```

3.2 Implémentation spécifique

L'implémentation basique vue ci-dessus est certes rapide à mettre en œuvre, mais elle ne donne pratiquement aucune liberté quant au design de l'écran.

Il est cependant possible de fournir à l'activité ListActivity un layout spécifique, sous réserve de respecter une contrainte : dans le layout de l'activité, l'objet ListView doit impérativement avoir pour identifiant la valeur @android:id/list.

Exemple

```xml
<?xml version="1.0" encoding="utf-8"?>
<LinearLayout xmlns:android="http://schemas.android.com/apk/res/android"
    android:layout_width="match_parent"
    android:layout_height="match_parent"
    android:orientation="vertical">

    <TextView
        android:layout_width="match_parent"
        android:layout_height="wrap_content"
        android:gravity="center"
        android:text="Liste des éléments"
        android:textSize="18sp"/>
    <ListView
        android:id="@android:id/list"
        android:layout_width="match_parent"
        android:layout_height="0dp"
        android:layout_weight="1"/>

</LinearLayout>
```

Dans cette configuration, il faut ajouter un appel à setContentView dans la méthode onCreate de l'activité. Par exemple, si le fichier de layout ci-dessus est nommé activity_main, le code de l'activité correspondante sera :

```java
public class MonActivitePrincipale extends ListActivity {
  private static final String[] LIBELLES = {
    "Ligne 1", "Ligne 2", "Ligne 3", "Ligne 4"
  };

  @Override
  public void onCreate(Bundle savedInstanceState) {
    super.onCreate(savedInstanceState);
    setContentView(R.layout.activity_main) ;
```

```
    setListAdapter(new ArrayAdapter<String>(this,
        android.R.layout.simple_list_item_1, LIBELLES));
  }
}
```

▪Remarque

Il faut bien noter l'identifiant du composant `ListView` *dans le fichier : il ne s'agit pas d'un nouvel identifiant (absence du signe +), mais bien d'un identifiant existant sur la plateforme.*

Dans le cas où la classe `ListActivity` ne peut pas être utilisée, l'affectation de l'adaptateur à la liste se fait en invoquant la méthode `setAdapter` de la classe `ListView`. La vue `ListView` est, elle, récupérée classiquement, en utilisant la méthode `findViewById` de la classe `Activity`.

Syntaxe

```
public setAdapter (ListAdapter adapter)
```

Exemple

```
public class MonActivitePrincipale extends Activity {

@Override
public void onCreate(Bundle savedInstanceState) {
   super.onCreate(savedInstanceState);
   setContentView(R.layout.layout_monactiviteprincipale);

   ListView maListe =(ListView)findViewById(R.id.listView);
   //[...] : définition de l'adaptateur

   maListe.setAdapter(monAdapteur);
  }
}
```

3.2.1 Layout des éléments de la liste

L'intérêt d'une implémentation spécifique est principalement de s'affranchir des layouts proposés par défaut pour l'affichage des éléments de la liste. Le layout peut revêtir toute forme souhaitée par le développeur, et se construit comme tout layout de la plateforme. Le fichier XML de layout doit être placé comme les autres fichiers de layout, dans le répertoire `/res/layout` (et éventuellement dans l'un des répertoires de spécialisation). Il est recommandé de le préfixer par un identifiant explicite (`listitem_`, par exemple).

3.2.2 Adaptateur

Que ce soit dans le cadre de l'utilisation d'une `ListActivity` ou d'une `Activity`, une implémentation spécifique de `ListView` revient à fournir un adaptateur spécifique. Cet adaptateur, suivant la nature des données qu'il doit traiter, héritera de l'une des classes de la plateforme qui implémente `ListAdapter` : typiquement `ArrayAdapter<T>` ou, pour une spécialisation plus poussée, `BaseAdapter`, `ArrayAdapter<T>` étant une implémentation de `BaseAdapter`.

Exemples :

```
public class MonAdapteur extends ArrayAdapter<String> {
    [...]
}

public class MonAdapteur extends BaseAdapter{

}
```

La classe abstraite `BaseAdapter` présente les méthodes abstraites suivantes, qui doivent être implémentées : `getView`, `getItemId`, `getItem`, `getCount`. La classe `ArrayAdapter<T>` implémente directement les méthodes `getItemId`, `getItem` et `getCount`.

Le rôle de chacune de ces méthodes est le suivant :

```
public View getView(int p, View convertView, ViewGroup parent)
```

Renvoie une vue qui réalise l'affichage de l'élément ayant la position p dans la source de données. Le paramètre `convertView` contient éventuellement une ancienne vue recyclée. Il peut être nul si aucune vue recyclée n'est disponible. Le paramètre `parent` est la vue à laquelle la vue courante peut éventuellement être rattachée.

```
public long getItemId(int p)
```

Renvoie l'identifiant de l'élément affiché à la position p.

```
public Object getItem(int p)
```

Renvoie l'élément à la position p dans la source de données.

▌ `public int getCount()`

Renvoie le nombre d'éléments dans la source de données.

Si la surcharge des méthodes `getItemId`, `getItem` et `getCount` est simple et dépend entièrement de la nature des données à afficher, la surcharge de la méthode `getView` est plus complexe. C'est cette surcharge qui conditionne l'affichage correct de la liste, et qui peut influer sur les performances de l'application.

La difficulté, si difficulté il y a, est la gestion du paramètre `convertView`. La plateforme Android, pour optimiser la mémoire lors de l'affichage d'une liste, recycle les vues qui ne sont plus visibles dans la liste (lorsque l'utilisateur navigue dans la liste). Pour obtenir de bonnes performances, le développeur doit tenir compte de cette optimisation, et ne produire une nouvelle vue que si `convertView` est de valeur nulle (c'est-à-dire, dans le cas où aucune vue recyclée n'est disponible).

Si `convertView` est nulle, la méthode `getView` doit instancier une vue à partir du fichier XML de layout de son choix. Cette instanciation se fait en utilisant un objet de type `LayoutInflater`, déjà utilisé dans le cadre des fragments, et en appelant la méthode `inflate` de cet objet.

Syntaxe

▌ `public View inflate(int resource, ViewGroup root, boolean attachToRoot)`

Un objet `LayoutInflater` est obtenu à partir d'une instance de `Context`, en appelant la méthode `getSystemService`.

Syntaxe

```
LayoutInflater layoutInflateur =
context.getSystemService(Context.LAYOUT_INFLATER_SERVICE);
```

Lorsque la vue est instanciée, que ce soit une vue recyclée ou obtenue par un `LayoutInflater`, l'étape suivante consiste à récupérer les widgets du layout qui seront utilisés pour l'affichage des données. Cette étape se fait simplement, en appelant la méthode `findViewById` de la vue instanciée.

Ensuite, il faut affecter les valeurs aux composants widgets. L'élément de la source de données qui est affiché est obtenu en appelant la méthode `getItem` de `BaseAdapter` (méthode qui est également surchargée).

La dernière étape consiste juste à retourner la vue ainsi remplie.

Une implémentation de la méthode `getView` est donnée ci-dessous en exemple. Elle est valable aussi bien pour une surcharge de `BaseAdapter` que de `ArrayAdapter<T>` (auquel cas, il faut remplacer dans le code ci-dessous le type Exemple par le type représenté par `<T>`).

```
@Override
public View getView(int position, View convertView, ViewGroup
parent) {
   View vue;
   if(convertView==null) {
      LayoutInflater inflater = (LayoutInflater)
getContext().getSystemService(Context.LAYOUT_INFLATER_SERVICE);
      vue = inflater.inflate(R.layout.listitem__specifique,
parent, false);
   }
   else
      vue = convertView;
   TextView titre =
(TextView)vue.findViewById(R.id.listitem_Titre);
   TextView description =
(TextView)vue.findViewById(R.id.listitem_Description);

   Exemple element = (Exemple)getItem(position);
   titre.setText(element.getTitre());
   description.setText(element.getDescription());

   return vue;
}
```

À noter : plusieurs points doivent être améliorés dans l'exemple ci-dessus pour obtenir de bonnes performances :

– Il faut impérativement éviter d'invoquer `getSystemService` pour chaque élément de la liste. L'instance de `LayoutInflater` utilisée doit être stockée dans une variable externe à la méthode.

– Il est préférable de ne pas appeler `findViewById` pour chaque élément de la liste. Une optimisation possible consiste à stocker, à l'aide de la méthode `setTag` de la vue, les instances des widgets utilisées, lorsque la vue est instanciée par la méthode `inflate`. Lorsque la vue n'est pas nulle (recyclage), il suffit alors d'appeler la méthode `getTag` pour récupérer les instances sauvegardées.

Exemple

```
static class SauvegardeWidget {
    TextView titre ;
    TextView description ;
}
@Override
public View getView(int position, View convertView, ViewGroup
parent) {
    SauvegardeWidget sauvegardeWidget;

    if(convertView==null) {
        LayoutInflater inflater =
(LayoutInflater)
getContext().getSystemService(Context.LAYOUT_INFLATER_SERVICE);
        convertView =
inflater.inflate(R.layout.listitem__specifique, parent, false);
        sauvegardeWidget = new SauvegardeWidget();
        sauvegardeWidget.titre =
(TextView)convertView.findViewById(R.id.listitem_Titre);
        sauvegardeWidget.description =
(TextView)convertView.findViewById(R.id.listitem_Description);
    convertView.setTag(sauvegardeWidget);
    }
    else
        sauvegardeWidget =(SauvegardeWidget)convertView.getTag();

    Exemple element = (Exemple)getItem(position);
    sauvegardeWidget.titre.setText(element.getTitre());
    sauvegardeWidget.description.setText(element.getDescription());
    return convertView;
}
```

3.3 Interactions avec un composant ListView

3.3.1 Sélection d'un élément

La classe ListView expose plusieurs méthodes pour capter les actions utilisateurs. Parmi toutes ces méthodes, la plus utilisée est naturellement celle qui permet de capturer le clic sur un élément de la liste : la méthode setOnItem-ClickListener.

Syntaxe

```
public void setOnItemClickListener (AdapterView.OnItemClickListener
listener)
```

L'objet passé en paramètre est de type `AdapterView.OnItem-ClickListener`, qui expose une méthode abstraite `onItemClick`. C'est cette méthode, qui une fois surchargée, peut gérer l'action à mener au clic de l'utilisateur.

Syntaxe
```
void onItemClick(AdapterView<> parent, View view, int position, long id)
```

L'identifiant de l'élément sélectionné par l'utilisateur est fourni par le paramètre `id` qui contient la valeur retournée par la méthode `getItemId` de la classe `BaseAdapter`.

Exemple
```
maListe.setOnItemClickListener(new OnItemClickListener() {
    @Override
    public void onItemClick(AdapterView<> parent, View view,
int position, long id) {
        Toast.makeText(getApplicationContext(),
            "Id sélectionné : " + String.valueOf(id),
Toast.LENGTH_LONG).show();
    }
});
```

`ListView` présente également la méthode `setOnItemLongClickListener`, qui permet d'être notifié lorsque l'utilisateur fait un « clic long » sur un élément de la liste.

Syntaxe
```
public void setOnItemLongClickListener(AdapterView.
OnItemLongClickListener listener)
```

Ici, l'objet en paramètre de la méthode `setOnItemLongClickListener` est de type `AdapterView.OnItemLongClickListener`. Il expose la méthode abstraite `onLongClick`.

Syntaxe
```
boolean onItemLongClick(AdapterView<?> parent, View view, int
position, long id)
```

Les paramètres sont en tous points identiques à ceux de l'objet `OnItemClickListener` vu plus haut. La méthode doit retourner un booléen, qui précise si le clic long a été entièrement géré (`true`) ou pas (`false`).

Il faut noter que si, dans le cadre d'une implémentation spécifique, la référence à l'objet ListView est nécessairement disponible, ce n'est a priori pas le cas dans le cadre de l'implémentation standard.

Pour résoudre ce problème, plusieurs solutions sont possibles :

– La classe ListActivity présente la méthode getListView, qui renvoie une référence sur l'objet ListView de l'activité.

– La classe ListActivity expose également la méthode onListItem-Click, qui peut être surchargée pour prendre en charge le clic sur un élément de la liste. Cette méthode possède en paramètre l'objet ListView ayant généré l'événement, la vue sur laquelle l'utilisateur a cliqué, la position de cet élément, et l'identifiant de l'élément cliqué.

Exemple

```
public class ActivityListViewStandard extends ListActivity {

  String[] data = new String[] {"Element1",
"Element2","Element3","Element4","Element5","Element6","Element7"};

  @Override
  protected void onCreate(Bundle savedInstanceState) {
     super.onCreate(savedInstanceState);
     setupList();
  }

  void  setupList() {
    ArrayAdapter adapter=
      new ArrayAdapter(this, android.R.layout.simple_list_item_1, data);
    setListAdapter(adapter);

    getListView().
      setOnItemLongClickListener(
        new AdapterView.OnItemLongClickListener() {
          @Override
          public boolean onItemLongClick(AdapterView<?> parent,
View view, int position, long id) {
                    // Traitement du clic long
              return false;
          }
      });
  }
```

```
@Override
public void onListItemClick(ListView l, View v, int p, long id) {
  // Traitement du clic simple
  }


}
```

■Remarque

ListActivity ne propose aucune méthode propre pour la prise en charge du clic long sur un élément de la liste, il faut dans ce cas nécessairement utiliser la méthode getListView *pour obtenir une référence sur la liste.*

3.3.2 Mise à jour de la liste

Selon les scénarios d'utilisation, il peut être nécessaire de mettre à jour le composant ListView : les données affichées ont changé, des données ont été ajoutées, supprimées, etc.

Pour prévenir le système que les données affichées par le composant ListView doivent être rafraîchies, la classe BaseAdapter, et les classes qui en héritent, expose la méthode notifyDataSetChanged.

Exemple

```
public class ActivityListViewLayout extends ListActivity {

  int cpt = 7;
  ArrayList<String> data =new ArrayList<>();
  ArrayAdapter<String> adapter;
  @Override
  protected void onCreate(Bundle savedInstanceState) {
    super.onCreate(savedInstanceState);
    setContentView(R.layout.activity_listview_avec_layout);

    data.add("Element 1");
    data.add("Element 2");
    data.add("Element 3");

    setupList();

    findViewById(R.id.add_element)
      .setOnClickListener(new View.OnClickListener() {
        @Override
```

```
      public void onClick(View v) {
        addElement();
      }
  });
}

void  setupList() {
  adapter=
    new ArrayAdapter<String>(this,
      android.R.layout.simple_list_item_1, data);
    setListAdapter(adapter);
}


void addElement() {
  String newElement = "Element " + new Date().toString();
  data.add(newElement);
  adapter.notifyDataSetChanged();
}
}
```

La classe `ArrayAdapter` expose également un ensemble de méthodes permettant de manipuler les données affichées par le composant `ListView` rattaché :

– Les méthodes `add`, `addAll` permettent d'ajouter un ou plusieurs éléments à la liste.

– La méthode `remove` supprime de la liste l'objet passé en paramètre.

– La méthode `clear` supprime tous les éléments de la liste.

Ces méthodes ne nécessitent pas de faire un appel à `notifyData-SetChanged`, cet appel étant déjà intégré aux méthodes listées ci-dessus.

■ Remarque

Attention, ces méthodes ne fonctionnent que si les données fournies à l'adaptateur sont stockées dans un objet muable (mutable en anglais, qui peut être modifié). Il est ainsi possible d'utiliser les méthodes de manipulation des données de la classe ArrayAdapter *si les données sont stockées dans un objet* ArrayList, *mais ce n'est pas le cas si, par exemple, ces données sont stockées dans un tableau. L'appel à l'une de ces méthodes déclencherait alors une exception de type* UnsupportedOperationException.

> ■ Remarque
>
> *La classe* `BaseAdapter` *ne propose pas de méthodes équivalentes, la source de données n'étant pas présumée par* `BaseAdapter`.

3.4 Le composant Liste déroulante

Le principe de mise en œuvre du composant `ListView` est repris pour un autre widget d'utilisation courante sur la plateforme : le composant `Spinner`, qui représente une liste déroulante.

D'un fonctionnement analogue à la liste vue précédemment, la liste déroulante nécessite les composantes suivantes : un layout pour l'affichage de chaque élément de la liste, un layout pour l'affichage de l'élément sélectionné – affiché lorsque la liste n'est pas « déroulée » et un adaptateur pour la source de données.

Comme pour le composant `ListView`, c'est l'adaptateur qui se charge de fournir les vues, via l'invocation des méthodes `getView`, pour l'affichage de l'élément sélectionné, et `getDropDownView` pour l'affichage des éléments de la liste déroulante.

Pour intégrer une liste déroulante dans un layout, il faut utiliser le tag XML `<Spinner>` :

Exemple

```xml
<?xml version="1.0" encoding="utf-8"?>
<LinearLayout xmlns:android="http://schemas.android.com/apk/res/
android"
    android:layout_width="match_parent"
    android:layout_height="match_parent"
    android:orientation="vertical"
    android:gravity="center">

    <Spinner
        android:id="@+id/liste_deroulante"
        android:layout_width="wrap_content"
        android:layout_height="wrap_content"/>


</LinearLayout>
```

La classe correspondante dans le code Java est la classe `Spinner` :

Exemple

```
import android.widget.Spinner;

[...]
Spinner listeDeroulante =
  (Spinner)findViewById(R.id.liste_deroulante);
```

De la même façon que pour le composant `ListView`, le développeur a le choix d'utiliser une implémentation standard ou spécifique pour l'adaptateur.

L'implémentation spécifique ne diffère en rien de ce qui a été vu pour le composant `ListView` : la classe `BaseAdapter` et les classes en héritant (`ArrayAdapter<T>`, `cursorAdapter`, etc.) implémentent l'interface `SpinnerAdapter`, la méthode `getDropDownView` ne faisant, dans ce cas-là, qu'un appel à la méthode `getView`. Dans ce cadre, les méthodes `getView` et `getDropDownView` peuvent être surchargées pour répondre aux spécificités que souhaite le développeur.

L'implémentation standard est similaire à l'implémentation standard d'un composant `ListView`. Il faut juste préciser, par un appel à la méthode `setDropDownViewResource`, le nom du layout qui sera utilisé pour l'affichage des éléments de la liste déroulante, la plateforme fournissant par défaut un layout, dont l'identifiant est :
`android.R.layout.simple_spinner_dropdown_item`.

L'exemple ci-dessous est une implémentation standard, la plus simple possible, d'un composant `Spinner`.

Exemple

```
Spinner listeDeroulante =
  (Spinner)findViewById(R.id.liste_deroulante);

ArrayAdapter adapter = new ArrayAdapter(this,
    android.R.layout.simple_list_item_1,
    new String[]{"Lun","Mar","Mer","Jeu","Ven","Sam","Dim"});

adapter.setDropDownViewResource(android.R.layout.simple_spinner_
dropdown_item);

listeDeroulante.setAdapter(adapter);
```

La classe correspondante dans le code Java est la classe `Spinner` :

Exemple

```
import android.widget.Spinner;

[...]
Spinner listeDeroulante =
  (Spinner)findViewById(R.id.liste_deroulante);
```

4. Créer ses propres composants

L'une des règles les plus importantes en matière de design applicatif est l'unicité : si une même fonctionnalité est présente dans plusieurs écrans d'une application, elle doit revêtir le même design pour tous les écrans.

Pour éviter au développeur de produire le même code à différents emplacements, le système Android offre la possibilité de concevoir ses propres composants d'interfaces, qui pourront être utilisés avec la même facilité que les composants natifs de la plateforme que sont, par exemple, les `editText`, les `ListView`, etc.

4.1 Surcharger un composant existant

Si le composant que l'on veut créer est très proche d'un composant existant, et s'il doit principalement étendre ses fonctionnalités, il est bien sûr recommandé de surcharger ce composant, plutôt que de créer un composant à partir d'une feuille blanche.

Tous les composants, nous l'avons vu au chapitre Les bases de l'interface utilisateur, font partie du package `android.widget` et peuvent être surchargés.

4.1.1 Étendre une classe du package android.widget

En règle générale, le layout du composant surchargé n'est pas lui-même modifié, les modifications qui sont faites dans ce contexte étant normalement réduites. Il suffit donc de créer une nouvelle classe, qui étendra la classe du composant que l'on a choisi, et de rajouter les méthodes de notre choix.

```
package fr.mondomaine.monApplication;

import android.widget.AutoCompleteTextView;
[...]
public class MonCustomAutoComplete extends AutoCompleteTextView{
...
}
```

Cette classe devra fournir deux constructeurs : l'un est utilisé lorsqu'une instance de la classe est déclarée dans le code, l'autre est spécifiquement utilisé lorsque le composant est déclaré dans un fichier de ressources (un fichier layout d'une activité, par exemple).

Dans les deux cas, il est obligatoire d'appeler le constructeur correspondant du parent, cet appel devant être la première instruction du constructeur.

Le premier constructeur, pour une déclaration directement dans le code, prend en unique paramètre un objet Context.

```
public MonCustomAutoComplete(Context context) {
    super(context);
}
```

Le second constructeur, utilisé lorsque le composant est déclaré dans un fichier XML de layout, prend en argument, en plus d'un objet Context, un objet de type android.util.AttributeSet, qui permet une récupération et une utilisation simplifiée des attributs déclarés en XML.

```
public MonCustomAutoComplete (Context context, AttributeSet attr){
    super(context, attr);
    ...
}
```

■Remarque

Dans le cas d'un composant créé de toutes pièces, ce dernier constructeur est le plus complexe à définir, car il doit prendre en charge toutes les propriétés qui peuvent être déclarées dans le fichier XML. Dans le cas d'une surcharge d'un composant natif, l'appel au constructeur parent permet d'éviter ce travail.

Suivant la personnalisation souhaitée, une fois les constructeurs définis, il suffit de surcharger les méthodes concernées, en se référant à la documentation du composant natif étendu.

4.1.2 Intégrer le nouveau composant dans un layout

L'intégration d'un composant personnalisé dans un layout se fait de la même façon que pour un composant natif. Il faut cependant tenir compte du paquetage auquel appartient le composant personnalisé, et indiquer le nom complet du paquetage de la classe créée dans la balise XML du composant.

```
<fr.mondomaine.monApplication.MonCustomAutoComplete
     android:layout_width="fill_parent"
     android:layout_height="wrap_content"/>
```

L'utilisation du composant dans le code de l'activité ne diffère pas de l'utilisation d'un composant natif : la référence au composant est faite en utilisant la méthode `findViewById`.

4.1.3 Ajouter des attributs personnalisés

L'un des intérêts majeurs par rapport à la surcharge de composants natifs du système réside dans la possibilité qui est offerte de définir des attributs personnalisés. Ces attributs pourront ensuite, comme les attributs natifs, être valorisés dans la balise XML du composant.

Dans un premier temps, nous allons voir comment déclarer des attributs personnalisés, puis nous étudierons ensuite comment lire leurs valeurs (et les exploiter).

La déclaration d'attributs personnalisés se fait dans un fichier de ressources XML spécifique, qui sera placé dans le répertoire `values` des ressources du projet. Ce fichier porte classiquement le nom `attrs.xml` (pour *attributes*), mais il est possible de donner le nom que l'on souhaite.

Le fichier `attrs` est un fichier de ressources : la balise XML de premier niveau est donc une balise `<resources>`. Chaque ensemble d'attributs personnalisés est défini dans une balise `<declare-styleable>`, qui a nécessairement sa propriété `name` renseignée. Chaque attribut est ensuite défini dans une balise `<attr>`, balise enfant de la balise `<declare-styleable>`, avec les propriétés `name` et `format`.

```
<?xml version="1.0" encoding="utf-8"?>
 <resources>
    <declare-styleable name="mesAttributsCustoms">
       <attr name="monAttributCustom_1" format="string"/>
       <attr name="monAttributCustom_2" format="boolean"/>
    </declare-styleable>
</resources>
```

Pour utiliser ces attributs personnalisés dans un fichier de layout, il faut déclarer l'espace de noms correspondant (le nom du package de la solution) dans le fichier XML du layout, de façon analogue au traditionnel espace de noms "android".

```
<RelativeLayout
    xmlns:android="http://schemas.android.com/apk/res/android"
    xmlns:chap8="http://schemas.android.com/apk/res/
fr.mondomaine.monApplication"
    android:layout_width="match_parent"
    android:layout_height="match_parent">

    <fr.mondomaine.monApplication.MonCustomAutoComplete
        android:layout_width="fill_parent"
        android:layout_height="wrap_content"
        chap8:monAttributCustom_1="valeur_1"
        chap8:monAttributCustom_2="true"/>
</RelativeLayout>
```

La récupération des attributs définis pour le composant dans la balise XML correspondante se fait au niveau de la classe du composant, typiquement dans le constructeur. Cette récupération se fait en deux temps :

– Récupération d'un objet de type `TypedArray` grâce à la méthode `obtainStyledAttributes()` de l'objet `Context`.

– Ensuite, récupération de la valeur de chacun des attributs, à partir de l'objet `TypedArray`.

La version de la méthode `obtainStyledAttributes` que l'on utilise ici présente la signature suivante :

```
public final TypedArray obtainStyledAttributes(AttributeSet set,
int[] attrs)
```

— Le premier paramètre est de type `AttributeSet`, et est celui que l'on retrouve en paramètre du constructeur du composant.

— Le second paramètre, un tableau d'entiers, représente la liste des attributs que l'on souhaite récupérer.

Ce second paramètre doit être explicité : il s'agit en fait d'un tableau des identifiants générés lors de la compilation de la solution, et que l'on peut retrouver dans le fichier `R.java`, dans le répertoire `gen` de la solution.

Pour chaque ensemble d'attributs personnalisés (chaque balise `declare-styleable`), le compilateur génère les identifiants et un tableau d'entiers correspondant. Les règles suivantes sont appliquées pour le nommage des identifiants et du tableau :

— Le tableau porte le nom donné dans la balise `declare-styleable`.

— Chaque attribut est nommé [nom_de_la_balise_xml]_[nom_de_l_attribut].

— Ces éléments sont accessibles par la classe `R.styleable`.

Dans notre exemple, les éléments suivants sont donc générés à la compilation :

```
public static final int
   mesAttributsCustoms_monAttributCustom_1 = ...;

public static final int
   mesAttributsCustoms_monAttributCustom_2 = ...;

 public static final int[] mesAttributsCustoms=...;
      {mesAttributsCustoms_monAttributCustom_1,
       mesAttributsCustoms_monAttributCustom_2};
```

Et typiquement, c'est le tableau `mesAttributsCustoms` qui sera utilisé en second argument de la méthode `obtainStyledAttributes`.

```
public MonCustomAutoComplete(Context context, AttributeSet attr){
    super(context, attr);

    TypedArray customAttributes =
        context.obtainStyledAttributes(attr,
            R.styleable.mesAttributsCustoms);
    ...
}
```

Il est enfin très simple d'obtenir les valeurs des différents attributs en utilisant l'objet `TypedArray` retourné par la méthode : selon le type défini de l'attribut, il suffit d'utiliser la méthode correspondante.

```
String attribut_1 = customAttributes.getString(
    R.styleable.mesAttributsCustoms_monAttributCustom_1);

boolean attribut_2 = customAttributes.getBoolean(
    R.styleable.mesAttributsCustoms_monAttributCustom_2,
    true);
```

4.2 Réunir un ensemble de composants

De la même façon que l'on peut étendre un composant natif du framework, il peut être intéressant de réunir un ensemble de composants dans un seul, et ainsi d'encapsuler toute la logique de traitement pour une meilleure réutilisation.

Dans ce cas, au lieu de surcharger directement un composant, il est plus judicieux d'étendre un des composants layout (les composants `linearlayout` ou `relativelayout`, par exemple) qui portera la mise en page du composant, et d'exposer les méthodes nécessaires au fonctionnement du composant.

Dans cette architecture, les composants peuvent être déclarés soit directement dans le code, soit en utilisant un fichier XML de layout.

Dans le cas de composants déclarés par programmation, le fonctionnement est strictement le même que dans le cas d'une activité : il faut instancier les composants et les ajouter au layout parent à l'aide d'une des variantes de la méthode `addView(View)`.

Dans le cas où l'utilisation d'un layout déclaré en XML est privilégiée, pour une mise en page complexe, par exemple, il suffit d'utiliser un objet de type `LayoutInflater` pour appeler la création du layout, en lieu et place du classique appel à la méthode `setContentView` de la classe `Activity`.

L'objet `LayoutInflater` est obtenu à partir d'une instance de la classe `Context`, en appelant la méthode `getSystemService()`.

```
public void inflate(int layout) {
    LayoutInflater li =
(LayoutInflater)getContext().getSystemService
(Context.LAYOUT_INFLATER_SERVICE);
    li.inflate(layout, this);
}
```

4.3 Construire entièrement un composant

Pour aller encore plus loin, et s'affranchir (presque) complètement des composants natifs de la plateforme, il est possible de créer un composant entièrement nouveau. Bien évidemment, la tâche est alors un peu plus complexe, et dépendra fortement des interactions souhaitées avec l'utilisateur.

Dans tous les cas, il est fortement recommandé de se baser sur un objet de type `View`, qui apportera les traitements de bas niveau tout en restant le plus générique possible. Outre la déclaration des constructeurs vus précédemment, l'essentiel du travail sera, dans ce cas, l'écriture des méthodes `onDraw()` et `onMeasure()` : la méthode `onDraw()` se charge de "dessiner" l'interface à l'écran, la méthode `onMeasure()` étant, elle, responsable de déterminer les dimensions (largeur et hauteur) du composant créé.

4.3.1 Implémenter onDraw()

La signature complète de la méthode est la suivante :

```
protected void onDraw (Canvas canvas)
```

L'objet de type `Canvas` passé en paramètre est l'instance qui portera tous les appels aux méthodes chargées de dessiner les formes que vous souhaitez intégrer dans la vue. Ces formes peuvent être des primitives géométriques (ligne, rectangle, arc de cercle, point, etc.), mais également des objets de type bitmap ainsi que du texte.

Enfin, pour dessiner, il est nécessaire de définir au moins un objet de type `Paint`, ce qui correspond à un pinceau virtuel. La classe `Paint` permet de définir le style de dessin, la couleur, les attributs de texte, ainsi que la présence d'ombrage (automatique !), l'antialiasing, etc.

La méthode `onDraw()` est appelée la première fois que la vue doit être dessinée. Pour forcer ensuite l'appel à `onDraw()`, il faut invoquer la méthode `invalidate()` de la vue. Dans le cas où la demande doit se faire dans un thread séparé (c'est-à-dire dans un thread différent du `UIThread`), il faut appeler `postInvalidate()` ; l'appel sera alors asynchrone.

4.3.2 Implémenter onMeasure()

La surcharge de la méthode `onMeasure()`, dans le cadre de la création d'un nouveau composant, est potentiellement la partie la plus complexe à mettre en œuvre, pour le développeur soucieux de couvrir tous les cas d'utilisation du composant qu'il crée.

L'objet de cette méthode est de calculer la largeur et la hauteur de la vue, et d'en informer le parent de la vue en question. Le fait d'informer le parent de la vue, à l'issue du calcul, est obligatoire, et son omission générera une exception de type `IllegalStateException`.

La signature de `onMeasure()` est la suivante :

```
protected void onMeasure (int widthMeasureSpec, int
heightMeasureSpec)
```

Les paramètres d'entrée de la méthode sont au format spécifié par la classe statique `View.MeasureSpec`. Chaque paramètre donne deux informations nécessaires à la mesure du composant :

- Une composante indique la dimension donnée par la vue parente. Cette composante est extraite en utilisant la méthode `MeasureSpec.getSize(int)`.

- Une composante indique la contrainte imposée sur la dimension. La valeur de cette composante est donnée par la méthode `MeasureSpec.getMode(int)`.

Cette deuxième composante a l'une des valeurs suivantes :

- `UNSPECIFIED` : aucune contrainte n'est donnée sur les dimensions du composant.

- `EXACTLY` : le parent impose les dimensions indiquées par la méthode `getSize(int)`.

- `AT_MOST` : le parent indique que la vue doit être de dimension inférieure ou égale à ce qui est indiqué par la méthode `getSize()`.

Après avoir déterminé les dimensions (largeur et hauteur) souhaitées du composant, il est obligatoire d'appeler la méthode `setMeasuredDimension()`, dont la signature est la suivante :

```
setMeasuredDimension (int measuredWidth, int measuredHeight);
```

■Remarque

Si cette méthode n'est pas appelée, une exception de type `IllegalStateException` sera levée par le système.

4.3.3 Obtenir les dimensions de l'écran

Afin de correctement dimensionner le contrôle, il est indispensable de connaître les dimensions de l'écran de l'appareil sur lequel s'exécute l'application.

Pour les appareils tournant sur une version Android antérieure à la version 3.2 (API 13), il faut appeler les méthodes `getWidth()` et `getHeight()` de l'objet `Display`.

Pour les systèmes sous Android 3.2 ou supérieur, la méthode getSize() de l'objet Display remplace les méthodes getWidth() et getHeight().

```
private void measureScreen() {
        WindowManager wm = (WindowManager)
this.getContext().getSystemService(Context.WINDOW_SERVICE);

        Display display = wm.getDefaultDisplay();

        if (android.os.Build.VERSION.SDK_INT >=
android.os.Build.VERSION_CODES.HONEYCOMB_MR2) {
                Point size = new Point();
                display.getSize(size);
                screenWidth = size.x;
                screenHeight = size.y;
        }
        else {
                screenWidth = display.getWidth();
                screenHeight = display.getHeight();
        }
}
```

Chapitre 5
Styles, navigation et notifications

1. Introduction

La découverte de l'interface utilisateur a permis d'aborder les thèmes généraux et de découvrir les widgets. Mais l'interface utilisateur d'une application ne se limite pas à cela. Il existe d'autres éléments complétant ceux abordés précédemment et qui apportent de nouvelles fonctionnalités aux applications.

Dans ce chapitre, nous allons découvrir comment utiliser les nouveaux styles et thèmes introduits sous Android 3.0, comment créer un menu ou une barre d'action selon le système utilisé et nous découvrirons les différentes méthodes pour notifier l'utilisateur.

2. Styles et thèmes

À l'instar des feuilles de style CSS (*Cascading Style Sheets*) utilisées pour les pages web, les styles sous Android permettent d'extraire les propriétés de design d'une vue de son contenu. Cette séparation permet un code plus clair des vues, une réutilisation des styles, et facilite grandement la construction d'interfaces homogènes.

2.1 Les styles

Un style est une ressource définie dans un fichier XML du dossier `res/values`. Il est d'usage de regrouper tous les styles dans un seul fichier nommé `styles.xml`.

Les styles y sont définis en utilisant la balise `style`. Celle-ci doit intégrer l'attribut `name`, qui permet de donner un nom unique au style, et éventuellement l'attribut `parent`, qui précise le nom du thème parent au style en cours de définition : la notion d'héritage est en effet supportée par les styles sous Android. Nous verrons que cette fonctionnalité puissante peut également être source d'erreur et d'incompréhension.

Les caractéristiques d'un style sont définies par des balises `item`, chaque balise représentant une propriété du style.

Exemple

```
<style name="text" parent="Theme.AppCompat.Light">
  <item name="android:layout_margin">@dimen/small_margin</item>
  <item name="android:textColor">@color/primaryDarkColor</item>
  <item name="android:shadowColor">@color/primaryColor</item>
  <item name="android:shadowDy">3</item>
  <item name="android:shadowRadius">0.7</item>
</style>
```

Tous les attributs valides pour chaque composant de l'interface peuvent être utilisés comme propriété d'un style et donc comme valeur de l'attribut `name` de la balise `item`.

Le contenu des balises `item` est soit des valeurs soit des références (qui pointent sur des valeurs définies par le développeur ou par la plateforme) : dans l'exemple précédent, la valeur de la propriété `layout_margin` fait référence à une dimension (définie dans le fichier `dimens.xml`), la valeur de la propriété `shadowDy`, qui représente le décalage de l'ombre portée dans la direction y, étant scalaire.

Pour appliquer un style à un composant, il faut utiliser l'attribut `style` dans la définition du composant dans le fichier de layout. La valeur de cet attribut désigne le style désiré.

Exemple

```
<TextView
  android:layout_width="match_parent"
  android:layout_height="wrap_content"
  style="@style/AppTheme"/>
```

■Remarque

Attention, la balise `style` *s'emploie sans le préfixe* `android`.

2.2 Notion de thème

Il faut remarquer que si un style est appliqué à un conteneur de vue, ce style ne sera pas étendu aux vues enfants de ce conteneur. Dès lors, si l'on souhaite appliquer un style à toute une activité, ou, plus généralement encore, à toute l'application, il devient vite fastidieux d'assigner le style à toutes les vues de l'application. Pour éviter cette manipulation, Android propose la notion de thèmes.

Les thèmes ne sont ni plus ni moins que des styles appliqués à des activités ou à l'application entière.

Pour attribuer un style à l'application dans son ensemble, il faut utiliser l'attribut `android:theme` dans la balise `application` du manifeste. Dans le cas où un thème doit être appliqué uniquement à une activité, il faut utiliser l'attribut `android:theme` au niveau de la balise `activity` correspondante dans le manifeste.

Exemple

```
<manifest xmlns:android="http://schemas.android.com/apk/res/android"
  package="com.developpement.guide.chapitre05">

<application
  android:allowBackup="true"
  android:icon="@mipmap/ic_launcher"
  android:label="@string/app_name"
  android:roundIcon="@mipmap/ic_launcher_round"
  android:supportsRtl="true"
  android:theme="@style/AppTheme">
  <activity
```

```
    android:name=".MainActivity"
    android:label="@string/main_title"
    android:theme="@style/AppTheme.mainActivity">
    <intent-filter>
      <action
        android:name="android.intent.action.MAIN" />
      <category
        android:name="android.intent.category.LAUNCHER" />
    </intent-filter>
  </activity>
 </application>

</manifest>
```

■Remarque

Si aucun thème n'est précisé pour l'application, c'est le thème par défaut du système qui est utilisé.

Dès lors qu'un thème a une portée globale à l'application, il est nécessaire d'avoir une construction du thème qui permet de préciser à quel type de vue chaque attribut (chaque balise `item`) doit s'appliquer : si, par exemple, le développeur souhaite que tous les boutons de son application aient une hauteur minimale de 72 dp, il doit utiliser l'attribut `minHeight`. Le style correspondant est, dans une première approche, le suivant :

Exemple

```
<style name="monButton" parent="Widget.AppCompat.Button ">
  <item name="android:minHeight">72dp</item>
</style>
```

■Remarque

La raison de la présence de l'attribut `parent` est explicitée dans la section suivante.

Cependant, appliquer ce style à l'ensemble de l'application va avoir pour conséquence une modification de la hauteur de tous les composants de l'application, ce qui n'est pas l'effet souhaité.

Pour résoudre ce problème, il faut définir le thème en deux étapes : une première étape précise que les composants Button de l'application suivent un style spécifique, et la seconde définit ce style spécifique (cette étape correspondant à l'exemple donné ci-dessus).

Pour préciser qu'un style ne doit s'appliquer qu'à un type déterminé de vue, il faut utiliser une balise item, en indiquant le type de vue dans l'attribut name de la balise.

Le type de vue prend le nom de la vue, suivi de « Style ». Pour les composants Button de la plateforme, l'attribut aura donc la valeur buttonStyle.

Exemple

```
<item name="android:buttonStyle">[reference au style]</item>
```

En réunissant les deux étapes, la définition du style est donc la suivante :

```
<resources>

  <style name="AppTheme" parent="Theme.AppCompat.Light">
    <item name="android:buttonStyle">@style/monBouton</item>
  </style>

  <style name="monBouton" parent="Widget.AppCompat.Button">
    <item name="android:minHeight">72dp</item>
  </style>

</resources>
```

2.3 Héritage

Comme évoqué en début de section, la balise style prend en charge l'attribut parent, qui permet de préciser le style de base sur lequel sont faites les modifications.

Cet attribut est loin d'être anecdotique : si aucun parent n'est défini pour le style de l'application, le développeur devra définir **tous** les éléments du style, et pas uniquement ceux qu'il souhaite modifier.

C'est pour cette raison que, dans l'exemple précédent, les attributs `parent` sont renseignés pour la définition du style `AppTheme` et du style `monBouton`.

Le thème parent des styles visant à modifier l'aspect d'un type de composant, comme le style défini ci-dessus pour le composant `Button`, doit nécessairement être un style commençant par `Widget.AppCompat.[NomDuComposant]` (pour le composant `Button`, c'est `Widget.AppCompat.Button`). Plusieurs sous-styles sont disponibles (`Widget.AppCompat.Button.BorderLess`, `Widget.AppCompat.Button.BorderLess.Colored`, etc.).

Le choix du style parent est donc un paramètre essentiel de la construction d'un style personnalisé.

Le design global des applications, que ce soit les applications « système » ou les applications tiers, a notablement évolué depuis les premières versions d'Android : la version Android 3.0 (API 11, HoneyComb) a introduit le thème Holographic (souvent nommé Holo) et la version 4 a imposé le fameux thème Material Design, qui est quelque peu redéfini avec la version P du système (à la date de rédaction du présent ouvrage, ce thème est référencé sous le nom Material 2).

Chacun de ces thèmes (ou style, si l'on considère l'implémentation plutôt que la notion) dispose en outre de plusieurs variantes, les principales étant *Light* et *Dark* (pour un aspect clair ou foncé).

Par ailleurs, le thème Material Design étant apparu avec la version 4 d'Android, les appareils exécutant une version antérieure ne peuvent a priori pas utiliser ce thème. Pour répondre à ce problème, Google a déployé un thème **AppCompat** qui reprend le thème Material Design pour toutes les plate-formes Android : les thèmes compatibles avec tous les terminaux Android sont donc les thèmes nommés AppCompat.*.

Pour aider le développeur à choisir quel thème utiliser, Android Studio donne la possibilité de visualiser le design d'une activité selon le thème.

Pour utiliser cet outil, il faut activer la vue **Design** de l'activité, cliquer sur le bouton dédié (cf. capture d'écran ci-dessous) et sélectionner dans la fenêtre popup qui s'affiche le thème voulu. L'icône correspondant dans la barre des tâches de la vue Design représente un cercle semi-rempli, et est suivie du nom du thème actuellement sélectionné (encadré dans la capture d'écran ci-dessous).

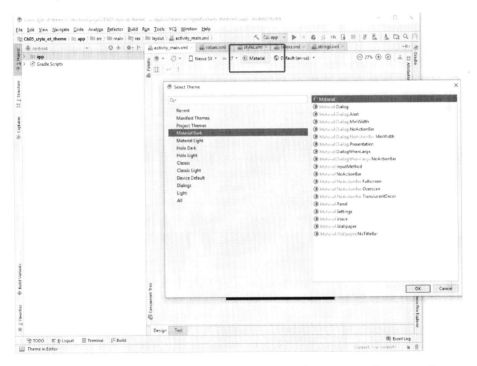

Android Studio fournit également un autre outil, qui peut dans certains cas faciliter le travail du développeur : l'extracteur de style.

Cet outil est accessible via un clic droit dans la vue **Text** d'une activité, en sélectionnant l'entrée **Refactor**, puis **Extract**, et enfin **Style**. Après analyse du contenu de l'activité, Android Studio extrait les éléments communs qu'il a identifiés et propose de les inscrire dans le fichier de style.

Si cet outil donne parfois des résultats décevants, il permet néanmoins d'initier la construction d'un style pour une application déjà designée.

◼Remarque

D'une manière générale, les styles sous Android sont peut-être l'un des derniers domaines où la plateforme affiche encore quelques lacunes, dues à son rythme d'évolution. Le développeur doit en avoir conscience, et il ne faut pas hésiter à recourir à l'attribut `style` *dans les layouts. Une autre alternative, s'il est impératif de verrouiller le style pour un type de composant, est de définir un composant personnalisé, qui intègre nativement tous les paramètres de style souhaités.*

3. Menus

Éléments importants de l'interface utilisateur, la plateforme Android prend en charge trois types de menu, chacun ayant son rôle attitré : les menus d'activité, les menus contextuels et les menus pop-up.

Les menus d'activité, ou menus d'options (*Options Menu*, appellation retenue par la plateforme), sont des menus accessibles au niveau d'une activité, et dont, selon les règles établies par Google, les actions ont une portée globale à l'application.

Les menus contextuels, eux, sont rattachés à un élément de l'interface utilisateur (image, texte, élément d'une liste, etc.). Ils doivent permettre d'agir sur l'élément auquel ils sont rattachés.

Les menus pop-up sont visuellement très proches des menus contextuels et, comme eux, sont rattachés à un composant de l'interface. Leur fonction est de proposer un ensemble d'actions possibles qui ne concernent pas directement l'élément auquel ils sont rattachés.

Nous allons voir, dans la suite de cette section, comment mettre en place chacun de ces types de menu.

3.1 Déclaration

Quel qu'en soit le type, la déclaration des éléments d'un menu suit toujours le même schéma : le menu est défini dans un fichier XML et est interprété à l'exécution par la plateforme au moment où son affichage est demandé.

La première étape consiste donc à créer un fichier au format XML dans le répertoire res/menu du projet et d'y insérer la balise menu. Plusieurs menus pouvant être définis, il est indispensable de donner un nom explicite à ce fichier.

Syntaxe

```
<menu xmlns:android="http://schemas.android.com/apk/res/android">
    ...
</menu>
```

Exemple

```
<xml version="1.0" encoding="utf-8">
<menu xmlns:android="http://schemas.android.com/apk/res/android">
</menu>
```

Les options du menu – ou entrées – sont ensuite ajoutées une par une en utilisant la balise item. Ses attributs permettent de paramétrer chaque entrée du menu. Voici les principaux :

Propriété	Description
android:id	Identifiant de l'item.
android:title	Titre de l'option à afficher.
android:icon	Image représentant l'icône de l'option.
android:onClick	Nom de la méthode de l'activité à exécuter lorsque l'utilisateur clique sur la vue. Apparue sous Android 3.0 (API 11).
android:showAsAction	Permet de spécifier si cette option doit figurer dans la barre d'action et de quelle façon. Apparue sous Android 3.0 (API 11).
android:checkable	Permet de préciser si une case à cocher doit apparaître dans l'entrée de menu.

Syntaxe

```
<item android:id="@[+][paquetage:]id/nom_ressource"
   android:icon="ressource drawable"
   android:title="ressource texte"
   android:onClick="nom méthode"
   android:showAsAction="[always|ifRoom|never][|][withText]"
   android:checkable="booléen"
   ...
/>
```

Exemple

```
<xml version="1.0" encoding="utf-8">
<menu xmlns:android="http://schemas.android.com/apk/res/android">
   <item android:id="@+id/menu_principal_option1"
         android:icon="@drawable/menu_principal_option1"
         android:title="@string/menu_principal_option1"
         android:onClick="traitementOption1" />
</menu>
```

Il est possible de créer un niveau supplémentaire de sous-menus. Ce sont des menus qui s'affichent lorsque l'utilisateur a sélectionné un choix du premier menu.

Pour créer un sous-menu, il suffit d'insérer un nouveau menu dans un item du premier menu en utilisant à nouveau la balise menu. Les items du sous-menu doivent être indiqués dans cette nouvelle balise menu.

Syntaxe

```
<item ...>
   <menu>
     <item ...>
     ...
   </menu>
</item>
```

Exemple

```
<xml version="1.0" encoding="utf-8">
<menu xmlns:android="http://schemas.android.com/apk/res/android">
   <item android:id="@+id/menu_principal_option1"
         android:icon="@drawable/menu_principal_option1"
         android:title="@string/menu_principal_option1">
     <menu>
```

```
        <item android:id="@+id/menu_secondaire_option1"
              android:icon="@drawable/menu_secondaire_option1"
              android:title="@string/menu_secondaire_option1" />
    </menu>
    </item>
</menu>
```

Il est possible de grouper une partie des options d'un menu afin de leur appliquer les mêmes propriétés. Il est également possible d'ajouter des cases à cocher ou des boutons radio à tous les éléments d'un menu. Pour ces deux cas de figure, les options doivent être regroupées dans une même balise group. Le cas échéant, l'attribut android:checkableBehavior permet de spécifier le type de groupe.

Syntaxe

```
<group android:id="@[+][paquetage:]id/nom_ressource"
    android:checkableBehavior="all|none|single" >
    ...
</group>
```

Exemple

```
<xml version="1.0" encoding="utf-8">
<menu xmlns:android="http://schemas.android.com/apk/res/
android">
    <group android:id="@+id/group"
           android:checkableBehavior="single">
      <item android:id="@+id/menu_contextuel_option1"
          android:icon="@drawable/icon"
          android:title="@string/menu_config"
          android:checked="true" />
      <item android:id="@+id/menu_contextuel_option2"
          android:icon="@drawable/icon"
          android:title="@string/menu_config" />
    </group>
</menu>
```

Au lieu de créer entièrement manuellement les menus, Android Studio propose un formulaire pour la création des menus. Pour activer ce formulaire, il faut ouvrir un fichier de menu (fichier XML) en mode Design.

3.2 Utilisation

Quel que soit le type de menu, la transformation de la description du menu depuis le format XML en instance d'objet de type `Menu` se fait depuis l'activité concernée en utilisant un objet de type `MenuInflater`.

Celui-ci est retourné par la méthode `getMenuInflater` de l'activité.

Syntaxe

```
public MenuInflater getMenuInflater ()
```

Exemple

```
MenuInflater convertisseurMenu = getMenuInflater();
```

La méthode `inflate` de cet objet permet de lire le fichier menu XML renseigné en paramètre par son identifiant et d'ajouter les éléments et sous-menus à l'objet de type `Menu` fourni en paramètre.

Syntaxe

```
public void inflate (int menuRes, Menu menu)
```

Exemple

```
Menu menu = new Menu();
convertisseurMenu.inflate(R.menu.principal, menu);
```

3.3 Menu d'activité

Le menu d'activité est un menu proposant un choix dépendant de l'écran actuellement affiché.

À l'origine accessible via la touche **Menu** du terminal – pour les versions antérieures à la version 3.0 d'Android –, le menu d'activité est depuis disponible via la barre d'action (élément étudié en détail dans la section suivante) : les éléments du menu sont soit directement intégrés à la barre d'action, soit disponibles après un clic sur l'icône du menu (trois points ou rond alignés verticalement), normalement située à droite de la barre d'action.

La présence ou non d'un élément de menu directement dans la barre d'action est gérée par l'attribut showAsAction, qui peut prendre les valeurs suivantes :

– never : l'item n'est jamais présent dans la barre d'action.

– ifRoom : l'item est présent si l'espace disponible dans la barre d'action est suffisant.

– allways : l'item est toujours affiché dans la barre d'action.

– withText : option permettant de préciser si le texte défini dans l'attribut title de l'item est affiché dans la barre d'action. Cette option est combinable avec les autres, en utilisant le caractère | (le « pipe »).

Exemple

```
<?xml version="1.0" encoding="utf-8"?>
<menu
    xmlns:android="http://schemas.android.com/apk/res/android">

    <item
        android:id="@+id/option_menu_option1"
        android:title="Option 1"
        android:showAsAction="always"/>
    <item
```

```
        android:id="@+id/option_menu_option2"
        android:title="Option 2" />
    <item
        android:id="@+id/option_menu_option3"
        android:title="Option 3"/>

</menu>
```

Il faut cependant noter quelques restrictions dans l'utilisation de l'attribut `showAsAction` :

– Par défaut, si une icône est définie pour une option du menu qui valorise `showAsAction` à vrai, le texte de cette option ne sera pas affiché.

– Même dans le cas où cette option précise que le texte doit être affiché (avec l'option `withText`), il revient en dernier lieu au système de déterminer s'il affiche ou pas le texte de l'option, selon la place disponible !

Si l'activité portant le menu n'est pas directement définie avec la classe `Activity`, mais avec l'une des classes fournies par la bibliothèque AppCompat, il faut, au lieu d'utiliser le namespace `android` défini pour l'attribut `showAsAction`, utiliser le namespace de l'application, qui est `http://schemas.android.com/apk/res-auto`.

<u>Exemple</u>

```
<?xml version="1.0" encoding="utf-8"?>
<menu
    xmlns:android="http://schemas.android.com/apk/res/android"
    xmlns:app="http://schemas.android.com/apk/res-auto">

    <item
        android:id="@+id/option_menu_option1"
        android:title="Option 1"
        app:showAsAction="always"/>
    <item
        android:id="@+id/option_menu_option2"
        android:title="Option 2" />
    <item
        android:id="@+id/option_menu_option3"
        android:title="Option 3"/>

</menu>
```

3.3.1 Création

Le menu d'activité doit être défini par l'activité dans sa méthode onCreateOptionsMenu. Cette méthode reçoit en paramètre l'objet de type Menu à construire. Elle doit retourner true pour permettre l'affichage de ce menu.

Syntaxe

```
public boolean onCreateOptionsMenu (Menu menu)
```

Exemple

```
@Override
public boolean onCreateOptionsMenu(Menu menu) {
    MenuInflater convertisseurMenu = getMenuInflater();
    convertisseurMenu.inflate(R.menu.principal, menu);
    return true;
}
```

3.3.2 Utilisation

Depuis Android 3.0 (API 11), l'attribut android:onClick de la balise item permet de spécifier directement le nom de la méthode à exécuter lorsque l'utilisateur choisit l'option correspondante. Cette méthode doit être définie dans l'activité concernée, être déclarée publique et recevoir en paramètre l'objet de type MenuItem sélectionné.

Syntaxe

```
public void nomMethode(MenuItem item)
```

Exemple

```
//Définition du menu :
<?xml version="1.0" encoding="utf-8"?>
<menu
    xmlns:android="http://schemas.android.com/apk/res/android"
    xmlns:app="http://schemas.android.com/apk/res-auto">

    <item
        android:id="@+id/option_menu_option1"
        android:title="Option 1"
        app:showAsAction="always"
        android:onClick="onMenuOption1"/>
    <item
```

```
        android:id="@+id/option_menu_option2"
        android:title="Option 2" />
    <item
        android:id="@+id/option_menu_option3"
        android:title="Option 3"/>

</menu>

//Traitement dans l'activité :

public void onMenuOption1(MenuItem item) {
   traitement1();
}
```

L'objet de type `MenuItem` contient les informations de l'élément sélectionné récupérables via ses différents accesseurs. L'un d'eux, la méthode `getItemId`, permet de récupérer l'identifiant de l'option sélectionnée par l'utilisateur.

Syntaxe

```
public int getItemId ()
```

Exemple

```
int id = item.getItemId();
```

Il existe une autre façon de répondre à la sélection d'une option d'un menu par l'utilisateur et qui est la seule disponible pour les versions inférieures à Android 3.0 (API 11). Il s'agit d'implémenter la méthode `onOptionsItem-Selected` dans l'activité ou le fragment concerné. Elle reçoit en paramètre l'objet de type `MenuItem` sélectionné. Elle doit retourner `true` si elle traite l'option sélectionnée, `false` sinon.

Syntaxe

```
public boolean onOptionsItemSelected (MenuItem item)
```

Exemple

```
@Override
public boolean onOptionsItemSelected(MenuItem item) {
   switch (item.getItemId()) {
   case R.id.menu_option1 :
     traitement1();
     return true;
     [...]
```

```
    }
    return super.onOptionsItemSelected(item);
}
```

Remarque

Dans cet exemple, à la fin de la méthode `onOptionsItemSelected`*, celle-ci appelle sa méthode mère dans le cas où cette dernière a défini des options de menus supplémentaires. C'est le cas lorsque des activités souhaitent partager des menus communs. Elles héritent d'une même classe mère qui spécifie les options de menus communs et les actions correspondantes.*

Remarque

Afin de modifier dynamiquement le menu une fois créé, il faut surcharger la méthode `onPrepareOptionsMenu`*. À partir d'Android 3.0 (API 11), il faut également explicitement appeler la méthode* `invalidateOptionsMenu` *afin de forcer la reconstruction du menu.*

Remarque

Une autre méthode de gestion des éléments de menu est proposée au chapitre Réseaux sociaux, section Intégration standard, qui utilise les attributs ActionProvider.

3.4 Menu contextuel

Un menu contextuel est un menu dépendant du contexte dans lequel il est activé. L'utilisateur affiche un tel menu en effectuant une pression longue sur la vue à laquelle il est rattaché. Le menu apparaît sous la forme d'une fenêtre en premier plan. Un tel menu ne peut contenir d'icônes.

Les options du menu sont affichées sous forme de liste dans une pop-up. Ce menu contextuel disparaît lorsque l'utilisateur sélectionne une option ou lorsqu'il presse la touche **Retour**.

3.4.1 Création

Dans un premier temps, il faut permettre à la vue qui porte le menu contextuel de gérer les appuis longs. Pour cela, il faut utiliser la méthode `register-ForContextMenu` de la classe `Activity` en lui passant en paramètre la vue.

Syntaxe

```
public void registerForContextMenu (View view)
```

Exemple

```
View vue = findViewById(R.id.vue_support_popup);
registerForContextMenu(vue);
```

Le menu contextuel doit être construit (avec le `MenuInflater`) dans la méthode `onCreateContextMenu` de l'activité. Celle-ci reçoit en paramètres l'objet menu de type `ContextMenu` à construire, la vue concernée par le menu contextuel et un objet de type `ContextMenuInfo` comprenant des données supplémentaires selon le type de vue utilisée.

Syntaxe

```
public void onCreateContextMenu (ContextMenu menu, View v,
  ContextMenu.ContextMenuInfo menuInfo)
```

Exemple

```
@Override
public void onCreateContextMenu(ContextMenu menu, View v,
        ContextMenuInfo menuInfo) {
    super.onCreateContextMenu(menu, v, menuInfo);
    switch (v.getId()) {
    case R.id.layout_principal:
      MenuInflater inflater = getMenuInflater();
      inflater.inflate(R.menu.contextuel, menu);
      break;
  }
}
```

3.4.2 Utilisation

La méthode `onContextItemSelected` doit être surchargée pour traiter le choix de l'utilisateur parmi les options du menu contextuel. Cette méthode reçoit en paramètre l'objet de type `MenuItem` sélectionné. Elle doit retourner `true` si elle traite l'option sélectionnée, `false` sinon.

Syntaxe

```
public boolean onContextItemSelected (MenuItem item)
```

Exemple

```
@Override
public boolean onContextItemSelected(MenuItem item) {
    switch (item.getItemId()) {
    case R.id.menu_contextuel_option1 :
      traitementContextuel1();
      return true;
    }
    return super.onContextItemSelected(item);
}
```

3.5 Menus pop-up

Les menus pop-up sont très proches des menus contextuels, visuellement comme fonctionnellement. La principale différence se situe dans la façon dont ils sont construits : si les menus contextuels sont nécessairement construits dans la méthode onCreateContextMenu de la classe Activity, les menus pop-up, eux, ne sont rattachés à aucune méthode pour leur construction. C'est au développeur de déterminer à quel moment doit être invoquée la construction du menu.

Comme pour les menus d'activité et les menus contextuels, c'est la méthode inflate de l'objet MenuInflater qui se charge de la construction du menu. La seule différence avec les autres menus est qu'il faut instancier manuellement un objet de type Menu, nécessaire pour l'invocation de la méthode inflate.

Pour obtenir un objet de type Menu, il faut procéder en deux étapes : instancier un objet de type PopupMenu, et invoquer ensuite la méthode getMenu de cet objet.

La classe PopupMenu propose un constructeur prenant en paramètre le contexte d'exécution, typiquement l'activité hôte, et la vue qui porte le menu pop-up.

Exemple

```
PopupMenu popupMenu = new PopupMenu(this, viewFrom);
```

Comme pour les autres menus, il faut un objet `MenuInflater` pour construire le menu. La classe `PopupMenu` présente pour cela la méthode `get-MenuInflater`.

Exemple

```
MenuInflater menuInflater = popupMenu.getMenuInflater();
```

La construction du menu, classiquement, se fait en invoquant la méthode `inflate`. Le paramètre de type `Menu` attendu est fourni par la méthode `getMenu` de la classe `PopupMenu` :

Exemple

```
menuInflater.inflate(R.menu.mon_popup_menu, popupMenu.getMenu());
```

Enfin, il reste à invoquer la méthode `show` de la classe `PopupMenu` pour déclencher l'affichage du menu pop-up.

En résumé, le code permettant l'affichage d'un menu pop-up est le suivant :

Exemple

```
void showPopupMenu(View viewFrom) {
    PopupMenu popupMenu = new PopupMenu(this, viewFrom);
    MenuInflater menuInflater = popupMenu.getMenuInflater();
    menuInflater
      .inflate(R.menu.mon_popup_menu, popupMenu.getMenu());
    popupMenu.show();
}
```

Dans la grande majorité des cas, c'est un clic (ou un clic long) qui doit déclencher l'affichage d'un menu pop-up. Il suffit donc de prévoir l'appel à la méthode déclenchant cet affichage dans la méthode `onClick` (ou `onLongClick`) de l'objet `OnClickListener` (`OnLongClickListener` pour un clic long) attaché à la vue portant le menu pop-up.

Exemple

```
findViewById(R.id.vue_choisir_une_option)
  .setOnClickListener(new View.OnClickListener() {
      @Override
      public void onClick(View v) {
        showPopupMenu(v);
      }
});
```

4. Barre d'action

Apparue avec la version 3.0 d'Android via le thème Holographic, la barre d'action (*action bar*, également appelée *app bar*) s'est progressivement imposée, en remplacement de la barre de titre et du menu d'activité tels qu'ils apparaissaient dans les versions inférieures.

La barre d'action était, à l'origine, relativement figée : dépendant entièrement du thème de l'application, sa présentation était directement liée à la version d'Android, et son interprétation par chaque constructeur. Pour résoudre ce problème, Google a proposé une nouvelle version de cet élément essentiel au design d'une application, nouvelle version nommée ToolBar.

Contrairement aux anciennes versions de l'ActionBar, la ToolBar, apparue sous l'API 21 d'Android (Android Lollipop), est un composant widget au même titre que les composants TextView, Button, etc., et doit, à ce titre, être déclarée dans le layout de l'activité concernée.

Enfin, pour offrir une compatibilité totale avec les versions antérieures d'Android, un objet ToolBar a été intégré à la bibliothèque de support AndroidSupport v7. C'est naturellement cette version de ToolBar qui doit être utilisée, pour maintenir la compatibilité avec un maximum de terminaux Android.

Par défaut, de gauche à droite, cette barre comprend l'icône de l'activité ou par défaut de l'application, son titre ainsi que les options du menu d'activité affichées soit directement dans la barre, soit dans un sous-menu représenté par une icône située le plus à droite.

Il est également possible d'insérer directement dans la barre d'action des widgets, comme une barre de recherche, des onglets de fragments ou une liste de navigation. L'apparence de la barre d'action peut également être modifiée et l'icône remplacée par une image.

4.1 Intégration

La définition d'une barre d'action se fait en deux étapes : la première concerne le fichier de layout de l'activité, la seconde est réalisée, pour une intégration complète, dans le code Java de l'activité.

4.1.1 Dans le fichier de layout

Pour intégrer une ActionBar de type ToolBar dans le layout d'une activité, il faut utiliser le tag `Toolbar`. Selon que le développeur souhaite faire appel ou pas à la bibliothèque de support, le tag complet est `android.support.v7.widget.Toolbar` ou `android.widget.Toolbar`.

Exemples

```
<android.widget.Toolbar
    android:id="@+id/mon_actionBar"
    android:layout_width="match_parent"
    android:layout_height="?attr/actionBarSize"
    android:background="?attr/colorPrimary"
    android:elevation="4dp"/>

<android.support.v7.widget.Toolbar
    android:id="@+id/mon_actionBar"
    android:layout_width="match_parent"
    android:layout_height="?attr/actionBarSize"
    android:background="?attr/colorPrimary"
    android:elevation="4dp"/>
```

Les attributs communs des composants sont repris pour le widget `ToolBar` : `layout_width`, `layout_height`, etc.

Dans les exemples ci-dessus, un attribut non abordé jusqu'ici est utilisé : `elevation`. Cet attribut, typique du concept de *Material Design*, permet de préciser l'élévation (la hauteur simulée par rapport au niveau zéro de la page, qui est représenté par le contenu) du widget. La valeur de l'élévation détermine l'importance de l'ombre portée qui sera ajoutée à l'écran pour le composant concerné.

▪Remarque

Google préconise une élévation de 4 dp pour le composant ToolBar.

■Remarque

Pareillement, Google recommande une hauteur précise pour la barre d'action. La valeur suggérée est stockée dans la constante `actionBarSize`, constante définie par la plateforme.

Même dans le cas où la version « Support » de la barre d'action est utilisée, il est nécessaire de tenir compte des versions antérieures d'Android. En effet, nous l'avons brièvement évoqué plus haut, les versions antérieures à l'API 21 d'Android se basaient sur le thème utilisé par l'application (ou l'activité) pour afficher ou non une barre d'action. Cette particularité est toujours active, par souci de compatibilité. Ainsi, si le thème choisi intègre une barre d'action, l'activité affichera deux barres d'action : la première correspondant à celle du thème, la seconde à la balise `ToolBar`.

Il faut donc, pour éviter ce doublon, baser le thème de l'application sur un thème n'ajoutant pas de barre d'action : ces thèmes sont identifiables par leur nom, qui intègre l'élément `NoActionBar`.

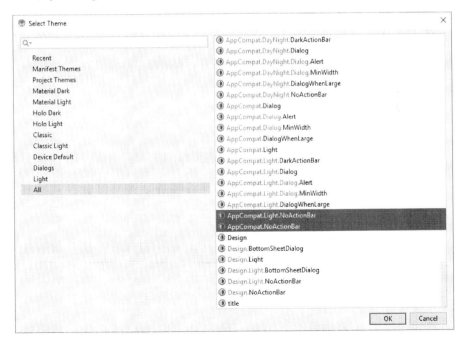

Dans le cas où un tel thème ne peut pas être utilisé, il faut ajouter l'item `windowActionBar` dans la définition du style de l'application, en lui attribuant la valeur `false`.

Exemple

```
<style name="AppTheme" parent="Theme.AppCompat.Light">
    <item name="colorPrimary">@color/primaryColor</item>
    <item name="colorPrimaryDark">@color/primaryDarkColor</item>
    <item name="colorAccent">@color/primaryLightColor</item>
    <item name="android:textViewStyle">@style/text</item>
    <item name="android:buttonStyle">@style/LargeButton</item>
    <item name="android:windowActionBar">false</item>
</style>
```

4.1.2 Dans l'activité

La barre d'action étant déclarée dans le layout de l'activité, il faut préciser à l'activité quel élément de layout fait office d'ActionBar.

La classe `Activity` ne prend pas directement en charge le composant ToolBar disponible avec la bibliothèque de support : il faut, en lieu et place de la classe `Activity`, utiliser la classe `AppCompatActivity`. Cette classe, en effet, reprend tous les éléments d'une activité et apporte un support complet des éléments définis dans la bibliothèque de support.

Exemple

```
import android.support.v7.app.AppCompatActivity;
import android.support.v7.widget.Toolbar;
[...]

public class MainActivity extends AppCompatActivity {
  [...]
}
```

La classe `AppCompatActivity` expose la méthode `setSupportActionBar`, qui permet de préciser quel widget représente la barre d'action. L'appel à cette méthode doit être fait au plus tôt dans le code de l'activité, soit après l'appel à la méthode `setContentView` (qui, rappelons-le, définit quel layout doit être utilisé pour le rendu de l'activité).

La référence sur la barre d'action, demandée en paramètre de setSupport ActionBar, s'obtient classiquement avec la méthode findViewById.

Exemple

```
@Override
protected void onCreate(Bundle savedInstanceState) {
    super.onCreate(savedInstanceState);
    setContentView(R.layout.activity_main);

    Toolbar monActionBar  =
       (Toolbar)findViewById(R.id.mon_actionBar);
    setSupportActionBar(monActionBar);

}
```

4.2 Personnalisation de la barre d'action

4.2.1 Images et titre

L'un des plus gros problèmes de la barre d'action originale (pré-API 21) était la difficulté rencontrée par les développeurs pour personnaliser la barre d'action. Le composant ToolBar simplifie grandement la tâche du développeur : c'est en fait un conteneur de vue, au même titre qu'un composant LinearLayout, par exemple.

Ainsi, pour ajouter un logo, il suffit d'intégrer un composant ImageView dans le composant ToolBar.

Exemple

```
<android.support.v7.widget.Toolbar
    android:id="@+id/mon_actionBar"
    android:layout_width="match_parent"
    android:layout_height="?attr/actionBarSize"
    android:background="?attr/colorPrimary"
    android:elevation="4dp">
    <ImageView
      android:layout_width="wrap_content"
      android:layout_height="wrap_content"
      android:layout_gravity="center"
      android:src="@drawable/logo_eni"/>
</android.support.v7.widget.Toolbar>
```

Par défaut, le composant ToolBar affiche le titre de l'activité, ce titre correspondant à l'attribut `label` du tag `activity` représentant l'activité dans le fichier de manifeste.

Pour ne pas afficher ce titre, s'il est possible de valoriser cet attribut `label` avec une chaîne vide, une solution plus élégante existe, dans le code Java de l'activité.

Il faut, pour contrôler l'affichage du titre dans la barre d'action, invoquer la méthode `setDisplayShowTitleEnabled` de la classe `android.support.v7.widget.ActionBar`, en passant en paramètre un booléen indiquant si le titre doit apparaître (valeur `true`) ou pas (valeur `false`).

Il faut bien noter que la méthode `setDisplayShowTitleEnabled` n'est disponible que pour une instance de type `android.support.V7.widget.ActionBar`. Or, lors de la définition de la barre d'action, c'est un objet de type `ToolBar` qui a été utilisé.

La classe `AppCompatActivity` expose la méthode `getSupportActionBar`, inverse de la méthode `setSupportActionBar` utilisée plus haut, qui renvoie une instance de `ActionBar` : c'est cette instance qui doit invoquer la méthode permettant de contrôler l'affichage du titre.

Exemple

```java
public class MainActivity extends AppCompatActivity {

    @Override
    protected void onCreate(Bundle savedInstanceState) {
        super.onCreate(savedInstanceState);
        setContentView(R.layout.activity_main);

        Toolbar monActionBar =
            (Toolbar)findViewById(R.id.mon_actionBar);
        setSupportActionBar(monActionBar);

        getSupportActionBar().setDisplayShowTitleEnabled(false);
    }
}
```

4.2.2 Icône de l'application

Bien que cela soit découragé par Google dans les règles établies par le style *Material Design*, il est commun d'afficher l'icône de l'application ou de l'activité dans la barre d'action. S'il est possible d'utiliser pour cela un composant `ImageView`, il est préférable d'utiliser les méthodes fournies par la plateforme. L'objet `ActionBar` vu ci-dessus expose la méthode `setLogo`, qui permet de réaliser cette tâche.

Syntaxe

```
monActionBar.setLogo([drawable])
```

Exemple

```
getSupportActionBar().setLogo(R.mipmap.ic_launcher);
```

De la même façon, il est souvent demandé d'intégrer, pour les activités, un bouton permettant un retour en arrière. La classe `ActionBar` propose pour cela la méthode `setDisplayHomeAsUpEnabled`, qui prend en paramètre un booléen précisant si ce bouton retour doit être affiché ou non.

Syntaxe

```
public abstract void setDisplayHomeAsUpEnabled(boolean showHomeAsUp)
```

Exemple

```
getSupportActionBar().setDisplayHomeAsUpEnabled(true);
```

Pour gérer le clic sur ce bouton, le développeur a la possibilité d'utiliser le traitement par défaut de la plateforme, et, pour plus de souplesse, d'implémenter un traitement spécifique.

Par défaut, la plateforme considère qu'un clic sur l'icône « Retour » doit fermer l'activité courante et réafficher l'activité précédente. Pour valider ce comportement, il est nécessaire d'indiquer à la plateforme l'activité précédente (soit l'activité parente), et de permettre à la plateforme de prendre en charge le traitement.

Pour indiquer à la plateforme l'activité parente, il faut déclarer l'attribut `parentActivityName` dans le tag de l'activité du fichier de manifeste de l'application.

Exemple

```
<activity
    android:name=".MainActivity"
    android:label="Activité Principale"
    android:parentActivityName=".WelcomeActivity">
```

L'attribut `parentActivityName` ayant été introduit avec l'API 16 (Android 4.1), il est nécessaire d'ajouter, pour permettre le traitement par les terminaux équipés de versions antérieures, un tag `meta-data` pour préciser l'activité parente :

Syntaxe

```
<meta-data
            android:name="android.support.PARENT_ACTIVITY"
            android:value="[nom de l'activité parente]" />
```

La syntaxe globale est donc la suivante :

```
<activity
  android:name=".MainActivity"
  android:label="Activité Principale"
  android:parentActivityName=".WelcomeActivity">
    <meta-data
      android:name="android.support.PARENT_ACTIVITY"
      android:value=".WelcomeActivity" />
</activity>
```

La gestion du clic sur le bouton « Retour » est faite, comme pour tous les éléments de la barre d'action, dans la méthode `onOptionsItemSelected`. Pour que la plateforme traite le clic, il suffit d'invoquer la méthode `onOptionsItemSelected` de la classe mère de l'activité.

Exemple

```
@Override
public boolean onOptionsItemSelected(MenuItem item) {
    return super.onOptionsItemSelected(item);
}
```

Si l'appel à la méthode de la classe mère n'est pas possible (ce qui n'est a priori pas envisageable), ou si le développeur souhaite réaliser un prétraitement avant cet appel, il faut utiliser l'identifiant donné par la plateforme au bouton « Retour » : `android.R.id.home`.

Exemple

```
@Override
public boolean onOptionsItemSelected(MenuItem item) {
    int id = item.getItemId();
    switch (id) {
        case android.R.id.home:
            preTraitement() ;
            break;
    }
        return super.onOptionsItemSelected(item);
}
```

5. Notifications

Une application peut avoir besoin d'avertir l'utilisateur. Pour cela, Android fournit plusieurs solutions selon que l'application est affichée en premier plan ou est exécutée en tâche de fond. Ces trois solutions sont : le toast (message temporaire), la boîte de dialogue et la barre de statut.

5.1 Toast

Sous Android, le toast est un message qui s'affiche pendant quelques secondes en premier plan dans une fenêtre dépouillée taillée à la mesure du message.

Cette fenêtre n'accepte pas d'interaction utilisateur. Android se charge de la faire apparaître puis disparaître.

C'est le système de notification parfait pour des messages à caractère purement informatif.

■Remarque

L'utilisateur peut ne pas voir les messages toast s'il détourne le regard pendant les quelques secondes d'affichage. L'importance de ces messages doit donc être très faible et n'avoir aucune incidence sur la suite.

Pour créer un objet de type Toast très simple, il suffit d'utiliser l'une des méthodes statiques makeText de la classe Toast. Cette méthode prend en paramètres le contexte applicatif, l'identifiant unique du message à afficher ou directement le message sous forme de chaîne de caractères et enfin la durée d'affichage de ce message à l'écran. Cette durée peut être la constante Toast.LENGTH_SHORT pour indiquer une durée très courte de l'ordre de quelques secondes ou la constante Toast.LENGTH_LONG pour une durée un peu plus longue. La méthode makeText retourne l'objet Toast créé.

Syntaxe

```
public static Toast makeText (Context context, int resId,
    int duration)
public static Toast makeText (Context context, CharSequence text,
    int duration)
```

Exemple

```
Toast toast = Toast.makeText(this, "Le message",
    Toast.LENGTH_SHORT);
Toast toast = Toast.makeText(this, R.string.message,
    Toast.LENGTH_LONG);
```

Pour afficher le message, il suffit ensuite d'invoquer sa méthode show.

Syntaxe

```
public void show ()
```

Exemple

```
toast.show();
```

Afin d'éviter d'avoir à déclarer l'objet toast, il est de coutume de chaîner directement l'appel à la méthode show à l'appel de la méthode makeText.

Exemple

```
Toast.makeText(this, "Le message", Toast.LENGTH_SHORT).show();
```

Il est également possible de personnaliser la fenêtre affichant le message toast. Il faut, pour cela, définir un layout intégrant un composant textView, affecter le message au composant TextView, construire ce layout à l'aide d'un LayoutInflater, et enfin, instancier un objet Toast et demander son affichage.

Le layout est défini, classiquement, dans un fichier XML de layout.

Exemple

```xml
<?xml version="1.0" encoding="utf-8"?>
<LinearLayout
    xmlns:android="http://schemas.android.com/apk/res/android"
    android:layout_width="match_parent"
    android:layout_height="match_parent"
    android:background="#000000"
    android:orientation="vertical">

    <TextView
        android:layout_width="match_parent"
        android:layout_height="wrap_content"
        android:gravity="center"
        android:text="Message informatif :"
        android:textColor="#ffffff"
        android:textStyle="bold"/>
    <TextView
        android:id="@+id/text"
        android:layout_width="match_parent"
        android:layout_height="wrap_content"
        android:textColor="#ffffff"/>
</LinearLayout>
```

Dans l'activité qui porte le message toast, il faut en premier lieu construire la vue correspondant au layout. Cela se fait à l'aide d'un objet de type `LayoutInflater`. L'objet retourné par la méthode `inflate` de l'objet `layoutInflater` doit être de type `View`.

Exemple

```java
View toastLayout =
    getLayoutInflater().inflate(R.layout.toast_custom, null);
```

L'obtention d'une référence sur le composant `TextView` qui affichera le message se fait simplement en invoquant la méthode `findViewById`. Le texte affiché par ce composant est celui du message.

Exemple

```java
TextView text = toastLayout.findViewById(R.id.text);
text.setText("Voici un message toast personnalisé");
```

Il faut ensuite instancier un objet de type `Toast` – le constructeur prend en paramètre le contexte d'exécution, soit l'activité hôte – puis affecter la vue construite précédemment à cet objet, en invoquant la méthode `setView` de l'objet `Toast`.

Exemple

```
Toast toast = new Toast(this);
toast.setView(toastLayout);
```

Enfin, avant d'afficher le message, il ne reste plus qu'à préciser la durée d'affichage, en invoquant la méthode `setDuration` de l'objet `Toast`.

Exemple

```
toast.setDuration(Toast.LENGTH_LONG);
toast.show();
```

À noter que, par défaut, le message est affiché dans le quart inférieur de l'écran du terminal. Que ce soit pour un message toast standard ou dans le cas d'un message personnalisé, il est possible de modifier l'emplacement de l'affichage du message, à l'aide de la méthode `setGravity` de la classe `Toast`.

Syntaxe

```
void     setGravity(int gravity, int xOffset, int yOffset)
```

Le premier paramètre permet de spécifier la « gravité » du message toast, c'est-à-dire son alignement dans l'écran : les valeurs possibles sont les constantes définies par la classe `Gravity` : `Gravity.CENTER`, `Gravity.LEFT`, `Gravity.BOTTOM`, etc.

Les paramètres suivants permettent de préciser un décalage (*offset*) par rapport au positionnement exprimé par le paramètre `gravity`. Le décalage en x représente un décalage dans la largeur de l'écran, y représentant la hauteur de l'écran. Les deux valeurs `xOffset` et `yOffset` s'expriment en dp.

Exemple

```
View toastLayout =
   getLayoutInflater().inflate(R.layout.toast_custom,null );
TextView text = toastLayout.findViewById(R.id.text);
text.setText("Voici un message toast personnalisé");

Toast toast = new Toast(this);
```

```
toast.setView(toastLayout);

toast.setGravity(Gravity.CENTER,-50,0);// léger décalage à gauche
toast.setDuration(Toast.LENGTH_LONG);

toast.show();
```

5.2 Boîte de dialogue

Une boîte de dialogue est une fenêtre flottante modale, c'est-à-dire qu'elle apparaît en premier plan et empêche toute interaction avec les fenêtres en arrière-plan. L'utilisateur ne peut interagir qu'avec la boîte de dialogue via par exemple l'emploi de boutons **OK** et **Annuler**.

En matière de notification, une telle boîte de dialogue peut être utilisée par exemple pour faire patienter l'utilisateur en affichant une barre de progression. Elle peut être également utilisée pour questionner l'utilisateur et lui demander son approbation (**OK**) ou non (**Annuler**).

5.2.1 Tour d'horizon

Il est possible de créer toutes sortes de boîtes de dialogue en fournissant un layout personnalisé à la classe `Dialog`. Cependant, la plupart des applications ont quasiment les mêmes besoins en matière de boîtes de dialogue. C'est pourquoi Android fournit des boîtes de dialogue préformatées, simplifiant le travail du développeur. Celles-ci héritent de la classe `Dialog`.

La boîte de dialogue la plus répandue est la boîte de dialogue d'alerte que nous allons étudier ici. Une autre est la boîte de dialogue de progression représentée par la classe `ProgressDialog`, permettant d'informer l'utilisateur qu'un traitement est en cours et lui permettant éventuellement de suivre le niveau de progression.

D'autres boîtes de dialogue permettent à l'utilisateur de saisir une date ou une heure. Elles sont respectivement représentées par les classes `DatePicker-Dialog` et `TimePickerDialog`.

■Remarque

À noter que sur certains appareils et sur certaines versions d'Android, la date initiale d'une boîte de dialogue de type `DatePickerDialog` *affichée à l'utilisateur ne peut être inférieure à l'an 2000 (même si le développeur en précise une antérieure dans l'attribut* `android:startYear` *et que la compilation se fait sans soucis).*

5.2.2 Boîte de dialogue d'alerte

Comme son nom l'indique, la boîte de dialogue d'alerte permet d'alerter l'utilisateur. Pour cela, elle peut afficher un titre, une icône, de zéro à trois boutons ainsi qu'un message ou une liste d'éléments comportant éventuellement des cases à cocher ou des boutons radio.

Une boîte de dialogue d'alerte est une instance de type `AlertDialog`. Pour aider à sa construction, Android fournit la classe `AlertDialog.Builder`.

La création d'une instance de type `AlertDialog.Builder` est réalisée par l'un de ses constructeurs. Ceux-ci prennent en paramètres le contexte applicatif et pour l'un d'eux le thème graphique.

Syntaxe

```
public AlertDialog.Builder (Context context)
public AlertDialog.Builder (Context context, int theme)
```

Exemple

```
AlertDialog.Builder builder = new AlertDialog.Builder(this);
```

Les différentes méthodes de la classe `AlertDialog.Builder` permettent ensuite de composer la boîte de dialogue. Par exemple, les méthodes `setTitle` et `setMessage` permettent de spécifier respectivement le titre et le message soit en fournissant en paramètre une séquence de caractères, soit en indiquant l'identifiant de la ressource à afficher. Ces méthodes retournent la même instance de type `AlertDialog.Builder` de façon à pouvoir chaîner les appels de méthodes.

Syntaxe

```
public AlertDialog.Builder setTitle (CharSequence title)
public AlertDialog.Builder setTitle (int titleId)
public AlertDialog.Builder setMessage (CharSequence message)
public AlertDialog.Builder setMessage (int messageId)
```

Exemple

```
builder.setTitle(R.string.title).setMessage(R.string.message);
```

Les méthodes `setIcon` permettent de spécifier l'icône à afficher. Elles prennent en paramètre soit un objet de type `Drawable`, soit l'identifiant de la ressource. Elles retournent l'objet de type `AlertDialog.Builder`.

Syntaxe

```
public AlertDialog.Builder setIcon (Drawable icon)
public AlertDialog.Builder setIcon (int iconId)
```

Exemple

```
builder.setIcon(android.R.drawable.ic_dialog_alert);
```

L'ajout de boutons dans une boîte de dialogue permet d'interagir avec l'utilisateur en lui proposant par exemple d'annuler ou de confirmer une action. La classe `AlertDialog.Builder` définit trois boutons, tous optionnels. Ils correspondent à une réponse négative, neutre ou positive de l'utilisateur.

Ces boutons sont ajoutés à la boîte de dialogue en utilisant respectivement les méthodes `setNegativeButton`, `setNeutralButton` et `setPositive Button`. Ces méthodes prennent en premier paramètre le texte qui s'affiche sur le bouton qu'elles représentent soit en séquence de caractères, soit en identifiant de ressource. Leur second paramètre est un objet de type `Dialog Interface.OnClickListener` dont la méthode `onClick` est invoquée lorsque l'utilisateur clique sur le bouton correspondant. Ces méthodes retournent, là encore, l'objet de type `AlertDialog.Builder`.

▩ Remarque

Les termes négatifs, neutres ou positifs sont uniquement là pour aider le développeur. Ils n'imposent aucune contrainte. Bien que ce ne soit pas recommandé, il est tout à fait possible d'annuler une action dans un bouton positif et de valider une action dans un négatif...

Syntaxe

```
public AlertDialog.Builder setNegativeButton (CharSequence text,
    DialogInterface.OnClickListener listener)
public AlertDialog.Builder setNegativeButton (int textId,
    DialogInterface.OnClickListener listener)
public AlertDialog.Builder setNeutralButton (int textId,
```

```
    DialogInterface.OnClickListener listener)
public AlertDialog.Builder setNeutralButton (CharSequence text,
    DialogInterface.OnClickListener listener)
public AlertDialog.Builder setPositiveButton (int textId,
    DialogInterface.OnClickListener listener)
public AlertDialog.Builder setPositiveButton (CharSequence text,
    DialogInterface.OnClickListener listener)
```

Exemple

```
builder.setPositiveButton(android.R.string.yes,
    new DialogInterface.OnClickListener() {
      public void onClick(DialogInterface dialog, int id) {
        finish();
      }
    })
.setNegativeButton(android.R.string.no,
    new DialogInterface.OnClickListener() {
      public void onClick(DialogInterface dialog, int id) {
        dialog.cancel();
      }
    }
);
```

En lieu et place d'un message, il est possible de proposer une liste d'éléments comportant éventuellement des cases à cocher ou des boutons radio. Cela se fait en utilisant l'une des méthodes setItems. Elles prennent en premier paramètre soit l'identifiant d'une ressource de type tableau, soit un tableau de séquences de caractères. Leur second paramètre est un objet de type DialogInterface.OnClickListener dont la méthode onClick est invoquée lorsque l'utilisateur appuie sur le bouton correspondant. Ces méthodes retournent l'objet de type AlertDialog.Builder.

■Remarque

Cette liste peut également comporter des boutons radio ou des cases à cocher sur chacun des éléments pour en faire une liste à sélection unique ou multiple. Pour cela, en lieu et place de la méthode setItems, on utilisera respectivement les méthodes setSingleChoiceItems et setMultiChoiceItems.

Syntaxe

```
public AlertDialog.Builder setItems (int itemsId,
   DialogInterface.OnClickListener listener)
public AlertDialog.Builder setItems (CharSequence[] items,
   DialogInterface.OnClickListener listener)
```

Exemple

```
final String[] choix = { "Choix 1", "Choix 2", "Choix 3" };

builder.setItems(choix, new DialogInterface.OnClickListener() {
    public void onClick(DialogInterface dialog, int item) {
      Toast.makeText(MonActivitePrincipale.this, choix[item],
        Toast.LENGTH_SHORT).show();
    }
});
```

Une fois les différents éléments composant la boîte de dialogue définis, il faut générer l'instance de type `AlertDialog` correspondante en invoquant la méthode `create` de l'objet de type `AlertDialog.Builder` concerné. Cette méthode retourne une instance de type `AlertDialog` qui pourra être exploitée par l'activité ou le fragment concerné.

Syntaxe

```
public AlertDialog create ()
```

Exemple

```
AlertDialog dialogue = builder.create();
```

L'affichage de la boîte de dialogue, enfin, est réalisé par l'appel à la méthode `show` de l'objet `AlertDialog` obtenu.

Exemple

```
AlertDialog dialogue = builder.create();
dialogue.show();
```

■ Remarque

Par défaut, un clic sur l'un des boutons de la boîte de dialogue ferme automatiquement celle-ci, même si aucun `DialogInterface.OnClickListener` n'est défini pour le bouton. Il est également possible de forcer la fermeture d'une boîte de dialogue en invoquant la méthode `dismiss` de l'objet `AlertDialog`.

Comme pour les messages toast, la plateforme offre la possibilité au développeur de définir une boîte de dialogue personnalisée ; l'implémentation est en tous points semblable à ce qui a été décrit pour les messages toast.

Il faut donc commencer par définir un layout dans un fichier XML de layout, le construire à l'aide d'un `LayoutInflater`, puis affecter la vue obtenue à l'instance de `builder` en invoquant la méthode `setView`.

Le fonctionnement d'une boîte de dialogue personnalisée est identique à celui d'une boîte de dialogue classique : la plateforme prend en charge la création des boutons positifs, neutres et négatifs.

Exemple

```
AlertDialog.Builder builder = new AlertDialog.Builder(this);
View view =
  getLayoutInflater().inflate(R.layout.dialog_custom,null);
builder.setView(view);
builder.setPositiveButton("Oui",
   new DialogInterface.OnClickListener() {
     @Override
     public void onClick(DialogInterface dialog, int which) {
       traitement();
     }
   });
builder.setNegativeButton("Non", null);
builder.setNeutralButton("Annuler", null);
builder.create().show();
```

Si la boîte de dialogue personnalisée contient un champ de saisie (un mot de passe, par exemple), c'est à la charge du développeur de s'assurer d'avoir une référence sur le champ de saisie pour traiter la réponse de l'utilisateur : la méthode `findViewById` est, encore ici, la meilleure solution.

Exemple

```
AlertDialog.Builder builder = new AlertDialog.Builder(this);
View view =
  getLayoutInflater().inflate(R.layout.dialog_custom,null);
final EditText editText =
  view.findViewById(R.id.dialog_editText);
builder.setView(view);
builder.setPositiveButton("Oui",
  new DialogInterface.OnClickListener() {
```

```
    @Override
    public void onClick(DialogInterface dialog, int which) {
      Toast.makeText(MainActivity.this, "Message :" +
editText.getText(),Toast.LENGTH_LONG).show();
    }
  });
builder.setNegativeButton("Non", null);
builder.setNeutralButton("Annuler", null);
builder.create().show();
```

5.3 Barre de notification

La barre de notification ou barre de statut est le système fourni par Android pour permettre aux applications tournant en tâche de fond d'avertir l'utilisateur sans perturber son utilisation actuelle de l'appareil. Cette barre reçoit et emmagasine les notifications qui lui sont envoyées par les applications.

Les notifications ont sensiblement évoluées depuis les premières versions d'Android. À l'origine prévues pour afficher une unique icône, un titre, et un texte court, elles peuvent maintenant afficher des images, présenter des textes longs, des boutons actifs et même permettre de saisir des informations textes.

Ces évolutions multiples, si elles offrent de plus en plus de possibilité, ont un inconvénient pour les développeurs : il faut tenir compte des spécificités de chaque version d'Android. Nous verrons que, si les bibliothèques de support aident à produire un code universel et homogène, certaines fonctionnalités nécessitent de tenir explicitement compte de la version du système d'exploitation.

5.3.1 Création d'une notification basique

Afin d'aider le développeur à gérer les spécificités des différentes versions d'Android – et des notifications –, Google a mis à disposition un ensemble de classes pour la manipulation des notifications. La classe Notification.Builder, depuis l'API 11 d'Android (Android 3.0), est ainsi remplacée par une version « bibliothèque de support », nommée NotificationCompat.Builder. C'est cette version qui sera utilisée ici.

La première étape pour la création d'une notification est donc l'instanciation de la classe `NotificationCompat.Builder`. La classe présente deux constructeurs :

Syntaxe

```
NotificationCompat.Builder(Context context)
NotificationCompat.Builder(Context context, String channelId)
```

Le premier constructeur, prenant en paramètre le contexte d'exécution, a été déprécié avec la version 26 de l'API Android (Android Oreo) : il ne permet plus de créer des notifications pour les systèmes Android à partir d'Android 8.

Le second constructeur prend en paramètre, outre le contexte d'exécution (en général, l'activité hôte), une chaîne de caractères représentant l'identifiant du canal (*channel* en anglais) de notification ; la notion de canal de notification a été ajoutée avec Oreo et permet à l'utilisateur de gérer les notifications non plus par application, mais par canal.

■Remarque

Les versions antérieures à Android Oreo ne tiennent pas compte de la notion de canal, mais la classe `NotificationCompat.Builder` se charge de gérer cette différence.

L'appel au constructeur doit donc prendre la forme suivante :

Exemple

```
final String NOTIFICATION_CHANNEL = "CANAL_ENI";
[...]
NotificationCompat.Builder builder =
  new NotificationCompat.Builder(this,NOTIFICATION_CHANNEL);
```

Les versions 26 et supérieures d'Android nécessitent que l'identifiant du canal de notification passé en paramètre représente un canal existant. Il faut donc, pour ces versions uniquement, définir un canal de notification.

Pour obtenir la version d'API utilisée par le terminal hôte, la plateforme expose la constante `Build.VERSION.SDK_INT`. Le système liste par ailleurs toutes les versions existantes d'Android dans la classe statique `Build.VERSION_CODES`. Chaque version d'Android y est listée sous forme d'entier, correspondant à la version d'API.

Exemple

```
if(Build.VERSION.SDK_INT>=Build.VERSION_CODES.O){
// Système sous Oreo ou plus
} else {
// Système sous Nougat ou moins
}
```

Pour créer un canal de notification, il faut utiliser la classe `Notification-Channel` – il n'y a pas de version « bibliothèque de support ». Le constructeur de cette classe présente la signature suivante :

Syntaxe

```
NotificationChannel(String channelId, CharSequence name, int importance)
```

Le premier paramètre représente l'identifiant du canal de notification, sous forme de chaîne de caractères.

Le second paramètre permet de spécifier un nom pour le canal, nom qui est présenté à l'utilisateur (sous Android Oreo) lorsqu'il souhaite consulter les informations et autorisations des notifications d'une application.

Le troisième paramètre, enfin, indique l'importance des notifications utilisant ce canal. La notion d'importance est utilisée par le système pour déterminer dans quelle mesure il peut déranger l'utilisateur pour lui afficher une notification donnée. Les valeurs possibles sont les constantes suivantes définies dans la classe `NotificationManager` (du moins au plus important) : `IMPORTANCE_UNSPECIFIED`, `IMPORTANCE_NONE`, `IMPORTANCE_MIN`, `IMPORTANCE_LOW`, `IMPORTANCE_DEFAULT` et `IMPORTANCE_HIGH`. À noter, le niveau `IMPORTANCE_DEFAULT` correspond, pour les systèmes antérieurs à la version 8, à une importance haute, `IMPORTANCE_HIGH` représentant une urgence.

Exemple

```
final String NOTIFICATION_CHANNEL = "CANAL_ENI";

NotificationChannel notificationChannel =
    new NotificationChannel(NOTIFICATION_CHANNEL,
        "Notifications du groupe ENI",
        NotificationManager.IMPORTANCE_DEFAULT);
```

Pour que l'utilisateur identifie clairement le canal de notification, il est recommandé d'indiquer une description du canal. La classe `NotificationChannel` expose, pour cela, la méthode `setDescription`.

Exemple

```
notificationChannel.setDescription("Ce canal de notification est
le canal utilisé pour les notifications de ENI Editions");
```

Ces informations basiques fournies, la création du canal de notification doit être réalisée en instanciant la classe `NotificationManager` et en invoquant la méthode `createNotificationChannel` de cette instance.

Pour obtenir une instance `NotificationManager`, il faut invoquer la méthode `getSystemService` de la classe `Context`. Le paramètre à fournir est la constante `Context.NOTIFICATION_SERVICE`.

Exemple

```
NotificationManager notifManager = (NotificationManager)
   getSystemService(Context.NOTIFICATION_SERVICE);

notifManager.createNotificationChannel(notificationChannel);
```

Ainsi, la création du canal de notification pour les versions égales ou supérieures à Oreo est réalisée avec le code suivant :

Exemple

```
final String NOTIFICATION_CHANNEL="CANAL_ENI";
if(Build.VERSION.SDK_INT>=Build.VERSION_CODES.O) {
  // Création du canal de notification pour Oreo et +

  NotificationChannel notificationChannel =
      new NotificationChannel(NOTIFICATION_CHANNEL,
          "Notifications du groupe ENI",
          NotificationManager.IMPORTANCE_DEFAULT);

  notificationChannel
      .setDescription("Ce canal de notification est le canal
utilisé pour les notifications de ENI Editions");

  NotificationManager notifManager =
    (NotificationManager)
      getSystemService(Context.NOTIFICATION_SERVICE);
```

```
notifManager.createNotificationChannel(notificationChannel);
}
```

Il faut noter qu'aucun test sur l'existence préalable du canal de notification n'est fait avant la création : si le canal de notification existe déjà, il ne sera pas recréé par le système.

Les spécificités d'Oreo étant prises en charge, la définition de la notification est maintenant réalisable.

L'instance de `NotificationCompat.Builder` permet la construction de la notification.

Au minimum, une notification doit comporter une icône (qui est affichée dans la barre de statut), un titre, un contenu (une ligne de texte est affichée uniquement), et un niveau d'importance.

Pour affecter une icône à la notification, il faut invoquer la méthode `setSmallIcon` de la classe `NotificationCompat.Builder`. Elle prend en paramètre l'identifiant de la ressource de type `drawable` qui doit être utilisée comme icône.

Exemple

```
NotificationCompat.Builder builder =
   new NotificationCompat.Builder(this,NOTIFICATION_CHANNEL);

builder.setSmallIcon(R.drawable.eni_notification);
```

L'icône affichée dans la barre de statut doit respecter des contraintes fortes :

– Le fond doit être transparent.

– La seule couleur acceptée est le blanc.

– Les dimensions doivent être les suivantes, selon la densité de l'écran :

ldpi	mdpi	hdpi	xhdpi
18x18	24x24	36x36	48x48

Les dimensions sont exprimées en pixels.

Il faut également noter que le système peut modifier la teinte de l'icône (la rendre moins brillante notamment), selon ses règles propres (règles qui dépendent de chaque version d'Android) : ces traitements sont prévus pour garantir l'homogénéité du design de la barre de statut.

Pour renseigner le titre de la notification, il faut invoquer la méthode `setContentTitle` présentée par `NotificationCompat.Builder`, qui prend en paramètre soit une chaîne de caractères, soit l'identifiant d'une ressource de type `string`.

Exemple

```
NotificationCompat.Builder builder =
  new NotificationCompat.Builder(this,NOTIFICATION_CHANNEL);

builder.setSmallIcon(R.drawable.eni_notification);
builder.setContentTitle("Notification ENI") ;
```

Le contenu est valorisé en invoquant la méthode `setContentText`, qui prend elle aussi en paramètre soit une chaîne de caractères, soit un identifiant de ressource de type `string`.

Le contenu sera affiché sur une seule ligne, et éventuellement tronqué automatiquement.

Exemple

```
NotificationCompat.Builder builder =
  new NotificationCompat.Builder(this,NOTIFICATION_CHANNEL);

builder.setSmallIcon(R.drawable.eni_notification);
builder.setContentTitle("Notification ENI") ;
builder.setContentText("Modifier la section 'Notifications' pour
les nouveautés d'Oreo.") ;
```

Il faut enfin préciser la priorité que la notification doit avoir, en invoquant la méthode `setPriority`, qui prend en paramètre une constante représentant la priorité voulue. Pour les systèmes antérieurs à l'API 26, ces constantes sont définies dans la classe `NotificationCompat`, et commencent par le préfixe `PRIORITY`. Pour les systèmes d'API 26 et plus, ces constantes ont été dépréciées, il faut utiliser les constantes équivalentes de la classe `Notification-Manager` (préfixe `IMPORTANCE`) : ce sont les mêmes constantes que celles utilisées pour définir l'importance du canal de notification.

Nous avons vu que l'importance des notifications était déjà définie via la définition du canal de notification. Cependant, la notion de canal de notification n'existant pas avant Android Oreo, il faut renseigner ce paramètre pour les systèmes antérieurs, via cette méthode setPriority.

Exemple

```
NotificationCompat.Builder builder =
  new NotificationCompat.Builder(this,NOTIFICATION_CHANNEL);

builder.setSmallIcon(R.drawable.eni_notification);
builder.setContentTitle("Notification ENI") ;
builder.setContentText("Modifier la section 'Notifications' pour
les nouveautés d'Oreo.") ;

builder.setPriority(NotificationManager.IMPORTANCE_HIGH);
```

Les éléments obligatoires ayant été définis, la notification peut être finalisée et fournie au système pour qu'il la traite.

Les méthodes setSmallIcon, setContentTitle, setContentText, *etc. renvoient toutes l'objet* builder *en cours d'utilisation, ce qui permet de chaîner les appels (cf. exemple ci-dessous).*

Pour inscrire la notification, il faut instancier un objet de type NotificationManagerCompat et invoquer sa méthode notify.

La classe NotificationManagerCompat expose une méthode statique from qui renvoie une instance de la classe. La méthode from prend en unique paramètre le contexte d'exécution : en général, l'activité hôte.

Exemple

```
NotificationManagerCompat notificationManagerCompat =
  NotificationManagerCompat.from(this);
```

La méthode notify, qui permet donc l'inscription de la notification, présente la signature suivante :

Syntaxe

```
void notify (int idNotification, Notification notification)
```

Le premier paramètre est un entier représentant l'identifiant de la notification, le second paramètre est la notification à déclarer.

L'identifiant doit être propre à la notification : il sera utilisé éventuellement pour modifier ou annuler la notification.

Pour obtenir un objet `Notification` à partir de l'instance de `NotificationCompat.Builder`, il faut invoquer la méthode `build` de l'instance.

Exemple

```
Notification notification = builder.build()
```

Le code pour la génération d'une notification la plus simple possible est, au final, le suivant :

Exemple

```
final String NOTIFICATION_CHANNEL="CANAL_ENI";
int idNotif = 1 ;

if(Build.VERSION.SDK_INT>=Build.VERSION_CODES.O) {
  // Création du canal de notification pour Oreo et +
  NotificationChannel notificationChannel =
    new NotificationChannel(NOTIFICATION_CHANNEL,
                  "Notifications du groupe ENI",
                  NotificationManager.IMPORTANCE_DEFAULT);
  notificationChannel.setDescription("Ce canal de notification
est le canal utilisé pour les notifications d'ENI Editions");

  NotificationManager notifManager = (NotificationManager)
    getSystemService(Context.NOTIFICATION_SERVICE);

  notifManager.createNotificationChannel(notificationChannel);
}

NotificationCompat.Builder builder =
  new NotificationCompat.Builder(this,NOTIFICATION_CHANNEL);
  builder.setSmallIcon(R.drawable.eni_notification)
         .setContentTitle("Notification ENI")
         .setContentText("Modifier la section 'Notifications'
pour prendre en charge les nouveautés d'Oreo.")
         .setPriority(NotificationManager.IMPORTANCE_HIGH);

NotificationManagerCompat notificationManagerCompat =
```

```
    NotificationManagerCompat.from(this);

  notificationManagerCompat.notify(idNotif, builder.build());
```

5.3.2 Compléter une notification

La classe `NotificationCompat.Builder` permet de créer tous les types de notifications supportés par le système. Selon la version d'Android, certaines caractéristiques des notifications ne sont pas prises en charge : dans ce cas, ces caractéristiques sont simplement ignorées sur les versions concernées.

Outre les éléments basiques intégrés dans la section précédente, les notifications supportent les ajouts suivants :

– Un texte long, affiché lorsque l'utilisateur étend la notification dans le panneau de notifications.

– Une icône de « grande » dimension, qui est affichée à droite du corps de la notification.

– Une image, au ratio 2x1 (deux fois plus large que haute).

Pour ajouter un texte long (de 10 à 12 lignes) ou une image, il faut utiliser la méthode `setStyle` de la classe `NotificationCompat.Builder`. Cette méthode prend en paramètre une instance de la classe `NotificationCompat.Style` ; deux classes héritent de cette classe abstraite : `NotificationCompat.BigTextStyle` (qui prend en charge les textes longs) et `NotificationCompat.BigPictureStyle` (pour les images).

Ainsi, pour ajouter un texte long, il faut instancier un objet de type `NotificationCompat.BigTextStyle` et invoquer la méthode `bigText` pour affecter le texte à afficher.

Exemple

```
  String texteLong=... ;//Texte Long;

  NotificationCompat.BigTextStyle bigTextStyle =
    new NotificationCompat.BigTextStyle() ;
  bigTextStyle.bigText(texteLong);

  NotificationCompat.Builder builder =
```

```
  new NotificationCompat.Builder(this,NOTIFICATION_CHANNEL_TEST);

builder.setSmallIcon(R.drawable.eni_notification)
  .setContentTitle("Notification ENI")
  .setContentText("Modifier le chapitre...")
  .setPriority(NotificationCompat.PRIORITY_DEFAULT)
  .setStyle(bigTextStyle);
```

Pour ajouter une image, la classe `NotificationCompat.BigPictureStyle` doit être utilisée ; le principe de fonctionnement est identique à celui utilisé pour ajouter un texte long.

La méthode `bigPicture` – de la classe `<eBigPictureStyle` – permet de préciser l'image qui sera affichée, et prend en paramètre un objet de type `Bitmap`. La plateforme fournit la classe `BitmapFactory` qui présente la méthode `decodeResource` permettant d'obtenir un objet bitmap à partir d'une ressource de type `drawable`.

Exemple

```
Bitmap bigImage = BitmapFactory
            .decodeResource(getResources(),R.drawable.image_big);
```

La création d'une notification comportant une image est donc, au final, relativement simple :

```
Bitmap bigImage = BitmapFactory
            .decodeResource(getResources(),R.drawable.image_big);

NotificationCompat.BigPictureStyle bigPictureStyle =
  new NotificationCompat.BigPictureStyle().bigPicture(bigImage);

NotificationCompat.Builder builder =
  new NotificationCompat.Builder(this,NOTIFICATION_CHANNEL_TEST);

builder.setSmallIcon(R.drawable.eni_notification)
   .setContentTitle("Notification ENI")
   .setContentText("Valider la couverture...")
   .setPriority(NotificationCompat.PRIORITY_DEFAULT)
   .setStyle(bigPictureStyle);

NotificationManagerCompat notificationManagerCompat =
  NotificationManagerCompat.from(this);
notificationManagerCompat
   .notify(notificationId, builder.build());
```

Pour ajouter une « grande » icône, qui s'affiche à droite de la notification, il faut utiliser la méthode `setLargeIcon`. Cette méthode prend en paramètre l'objet de type `Bitmap` à afficher et retourne l'objet `Builder` courant.

Syntaxe

```
public Notification.Builder setLargeIcon (Bitmap icon)
```

Exemple

```
builder.setSmallIcon(R.drawable.eni_notification)
    .setContentTitle("Notification ENI")
    .setContentText("Valider la couverture...")
    .setPriority(NotificationCompat.PRIORITY_DEFAULT)
    .setLargeIcon(bitmap);
```

Pour améliorer la visibilité des notifications, il est possible de préciser au système que la notification doit être accompagnée de vibrations, d'un son et d'un signalement lumineux.

Pour définir les vibrations qui accompagneront l'émission de la notification, il faut invoquer la méthode `setVibrate` de `NotificationCompat.Builder`. Cette méthode prend en paramètre un tableau de long, qui définit le modèle des vibrations : ce modèle prend la forme d'une succession de durée de vibrations et de durée de pause, exprimées en millisecondes.

Exemple

```
// Le téléphone va vibrer pendant 500ms, ne pas vibrer durant
200ms, vibrer durant 600ms et ne pas vibrer durant 300ms
builder.setVibrate(new long[] {500,200,600,300);
```

■Remarque

La définition du modèle de vibration impose que chaque durée de vibration soit suivie d'une durée de pause, même si la dernière durée de pause n'est théoriquement pas nécessaire.

Pour définir un signalement lumineux, il faut utiliser la méthode `setLights`, qui présente la signature suivante :

Syntaxe

```
Builder setLights (int argb, int onMs, int offMs)
```

Le premier paramètre définit la couleur de la lumière qui sera émise, le second précise la durée durant laquelle la lumière est émise (en millisecondes), le dernier indiquant la durée de pause.

La couleur doit être définie en utilisant la classe `Color`, qui présente la méthode statique `argb` (ce qui correspond à *alpha*, *red*, *green*, *blue*). Cette méthode requiert quatre paramètres de type `int`, qui définissent, dans l'ordre, la valeur du canal alpha (0 : transparent, 255 : entièrement opaque), celle de la composante rouge (0 : pas de rouge, 255 : valeur maximale), puis verte et enfin bleue.

Exemple

```
int violet = Color.argb(255,255,0,255);
builder.setLights(violet,75,75 );
```

Pour que la notification soit accompagnée d'un son, il faut invoquer la méthode `setSound`.

Syntaxe

```
Builder setSound (Uri sound)
```

Le paramètre représente l'URI du son qui sera joué. Pour sélectionner le son par défaut du terminal, la plateforme expose la classe `RingManager`, qui permet d'obtenir l'URI du son de notification par défaut, en utilisant la méthode `getDefaultUri`.

Exemple

```
Uri soundUri=
RingtoneManager.getDefaultUri(RingtoneManager.TYPE_NOTIFICATION)
[..]
builder.setSound(soundUri) ;
[..]
```

Il est également possible d'utiliser un son personnalisé, qui doit être stocké comme ressource dans un sous-répertoire nommé `/raw` du répertoire de ressource `/res`. L'URI de ce fichier est la suivante :

```
Uri soundUri =Uri.parse("android.resource://" + getPackageName() +
"/raw/[Nom_du_fichier.extension] ");
```

■Remarque

Attention, cette dernière fonctionnalité n'est pas valide sur tous les terminaux Android.

5.3.3 Interagir avec une notification

La notification affichée à l'utilisateur peut, outre présenter une information, lui permettre d'ouvrir directement l'application (ou toute autre application, en réalité) lorsqu'il clique sur la notification.

Pour mettre en place ce mécanisme, il faut invoquer la méthode `setContent Intent` de la classe `NotificationCompat.Builder`.

Syntaxe

```
Builder setContentIntent (PendingIntent intent)
```

Le paramètre à fournir est un objet de type `PendingIntent` ; *Pending Intent* peut être traduit par "intention en attente". On peut décrire une intention comme une action à réaliser, telle qu'ouvrir une activité, par exemple (cf. chapitre Les bases de l'interface utilisateur). Une intention en attente permet de faire réaliser une intention par le système, plus tard dans le temps (ici, lorsque l'utilisateur clique sur la notification), et en ayant le contexte d'exécution de l'application. Les intentions et intentions en attente sont étudiées en détail au chapitre Intentions, récepteurs d'événements et services.

La création d'un objet `PendingIntent` nécessite, en premier lieu, une intention (l'action qui sera réalisée). Cette intention doit, ici, ouvrir une activité de l'application. L'intention correspondante, nous l'avons vu dans les chapitres précédents, est définie de la façon suivante :

Exemple

```
Intent intent = new Intent(this, MainActivity.class);
```

Le mot-clé `this` représente ici l'activité hôte (celle qui envoie la notification), le paramètre `MainActivity.class` représentant l'activité qui devra être ouverte au clic.

L'état de l'application étant inconnu lorsque l'utilisateur cliquera sur la notification (elle peut être fermée, déjà ouverte, en pause, etc.), il est indispensable de préciser deux paramètres, qui vont permettre d'indiquer que si l'activité existe, il faut l'utiliser et qu'il ne faut pas tenir compte de l'historique des activités (l'utilisateur ne pourra pas dépiler d'autres activités en cliquant sur **Retour**).

Ces paramètres prennent la forme suivante :

Exemple

```
intent.setFlags(Intent.FLAG_ACTIVITY_NEW_TASK |
Intent.FLAG_ACTIVITY_CLEAR_TASK);
```

L'intention étant définie, il est possible d'instancier un objet de type PendingIntent.

Exemple

```
PendingIntent pendingIntent =
    PendingIntent.getActivity(this, 0, intent, 0);
```

this représente le contexte d'exécution, et intent est l'intention définie ci-dessus.

La méthode setContentIntent peut maintenant être invoquée, en utilisant l'objet PendingIntent défini.

Exemple

```
Intent intent = new Intent(this, MainActivity.class);
intent.setFlags(Intent.FLAG_ACTIVITY_NEW_TASK |
Intent.FLAG_ACTIVITY_CLEAR_TASK);

PendingIntent pendingIntent =
    PendingIntent.getActivity(this, 0, intent, 0);

NotificationCompat.Builder builder =
  new NotificationCompat.Builder(this,NOTIFICATION_CHANNEL_TEST);

builder.setSmallIcon(R.drawable.eni_notification)
    .setContentTitle("Notification ENI")
    .setContentText("Modifier le chapitre...")
    .setStyle(bigTextStyle)
    .setContentIntent(pendingIntent)
    .setPriority(NotificationCompat.PRIORITY_DEFAULT);
```

Il faut noter que le fait de cliquer sur la notification ne la supprime pas automatiquement. Pour cela, la classe `NotificationCompat.Builder` expose la méthode `setAutoCancel`, qui permet d'indiquer si la notification doit être supprimée ou pas lorsque l'utilisateur clique dessus.

Exemple

```
builder.setSmallIcon(R.drawable.eni_notification)
    .setContentTitle("Notification ENI")
    .setContentText("Modifier le chapitre...")
    .setStyle(bigTextStyle)
    .setContentIntent(pendingIntent)
    .setAutoCancel(true) // la notification s'autodétruit
    .setPriority(NotificationCompat.PRIORITY_DEFAULT);
```

À noter, il est également possible de supprimer une notification à l'aide de la classe `NotificationManagerCompat`, en invoquant la méthode `cancel` :

Syntaxe

```
void cancel(int idNotification)
```

Le paramètre à fournir est l'identifiant de la notification, tel qu'il a été précisé à la création.

Il est également possible, pour rendre une notification plus interactive, d'ajouter un ou plusieurs boutons. Chacun de ces boutons pourra réaliser une action propre, action définie par une intention et portée par une intention en attente, comme pour la gestion du clic sur la notification.

Pour ajouter un bouton, il faut invoquer la méthode `addAction` de `NotificationCompat.Builder`.

Syntaxe

```
addAction (int icon, CharSequence title, PendingIntent intent)
```

- `int icon` : représente la ressource de type `drawable` qui est utilisée comme icône pour l'action.

- `CharSequence title` : libellé de l'action.

- `PendingIntent intent` : intention en attente qui sera réalisée au clic sur le bouton.

■Remarque

*Si la notion d'intention en attente peut paraître complexe à appréhender ici,
c'est un outil très puissant de la plateforme Android, comme nous le verrons
dans le chapitre Intentions, récepteurs d'événements et services.*

Chapitre 6
Interface utilisateur avancée

1. Introduction

Dans un contexte professionnel, l'interface d'une application Android est un élément qu'il ne faut pas négliger : dans un premier temps, c'est bien le design de l'application qui va donner aux utilisateurs du Play Store une première impression et leur permettre de préjuger de la qualité de votre application.

De fait, la conception de l'interface graphique est une charge de travail conséquente : outre les contraintes liées aux multiples tailles d'écrans et aux différentes versions du système Android, les normes ergonomiques ainsi que les contraintes imposées par les équipes d'infographistes (en général responsables de l'intégralité du design de l'application) apportent leur lot de difficultés pour le développeur.

Nous allons voir dans ce chapitre quelques astuces pour réaliser des mises en page complexes, puis nous verrons comment mettre en place les éléments de navigation suggérés par Google. Nous terminerons enfin ce chapitre en exposant comment, en utilisant des éléments graphiques créés en XML et les images redimensionnables, limiter les déclinaisons graphiques pour les pictogrammes, boutons et fonds d'écran.

2. Mise en page complexe

Pour commencer ce chapitre, nous allons passer en revue quelques notions qui simplifient la mise en page des écrans.

En effet, il peut être un peu frustrant, pour le développeur se retrouvant en situation de concevoir une application professionnelle, de s'apercevoir que, s'il maîtrise globalement bien toutes les notions de programmation, il n'arrive pas à réaliser simplement le design attendu par le client ou, plus directement, par l'équipe qui a conçu son design.

Bien évidemment, il n'existe pas de règle absolue en matière de conception d'écran : chaque développeur acquiert sa propre technique, basée sur sa propre expérience et ses propres aspirations. Certains préfèrent concevoir un écran spécifique pour chaque résolution, d'autres travaillent principalement par manipulation de vues au travers du code Java. Nous avons fait le choix de privilégier la conception de vues uniques, qui s'appliquent pour toutes les configurations d'écrans, et entièrement définies en XML (le fameux fichier de layout d'une activité).

2.1 Choix du layout

Le premier point à déterminer, lorsque l'on conçoit un écran, est la nature du layout sur lequel sera basé le design. Typiquement, la question se pose d'utiliser un `linearLayout`, un `relativeLayout` ou son lointain cousin, le `constraintLayout`. Si le premier a pour avantage une réelle simplicité de mise en œuvre, il ne permet que rarement la conception d'interfaces qui vont correctement s'adapter à chaque taille d'écran.

Le layout relatif, lui, est plus long à mettre en place : le positionnement relatif de chaque élément de l'écran demande plus de travail que le fait de simplement énumérer une liste de contrôles dans un ordre défini.

L'expérience montre que l'on n'a que très rarement un écran qui affiche une liste de contrôles, tous positionnés les uns en dessous des autres. Pour cette raison, une interface complexe est, dans la grande majorité des cas, synonyme de `relativeLayout`, et ce, pour deux raisons essentielles : la possibilité de placer une vue relativement à son parent, et la capacité du `relativeLayout` à permettre le chevauchement des vues (le terme "vue" faisant référence ici à l'objet `view`, duquel héritent tous les composants visuels d'Android).

Le `constraintLayout`, quant à lui, est intéressant pour construire visuellement une interface à l'aide de l'éditeur d'Android Studio : il reprend les principes de design du layout relatif en les adaptant à la conception à la souris. Les évolutions par rapport au layout relatif sont cependant tellement importantes qu'il apparaît rapidement illusoire de pouvoir intervenir directement dans le code XML du layout.

2.2 Positionnement relatif

Nous l'avons très rapidement évoqué, la caractéristique du `relativeLayout` est de placer les vues les unes par rapport aux autres. Voyons en détail son utilisation.

Lorsque l'on place dans un `relativeLayout` une vue, que ce soit un `TextView`, une `ImageView`, ou des vues plus complexes comme une `listView` ou même un `relativeLayout`, il est indispensable d'indiquer son positionnement par rapport à une autre vue, ou par rapport à son parent. Les principaux attributs permettant de spécifier cette caractéristique sont les suivants :

`layout_toLeftOf="[id]"`	La vue est positionnée à gauche de l'objet dont l'identifiant est [id].
`layout_toRightOf="[id]"`	La vue est positionnée à droite de l'objet dont l'identifiant est [id].
`layout_below="[id]"`	La vue est positionnée sous l'objet dont l'identifiant est [id].
`layout_above="[id]"`	La vue est positionnée au-dessus de l'objet dont l'identifiant est [id].

layout_alignParentLeft	Indique si la vue doit être alignée sur la gauche de la vue parente (true|false).
layout_alignParentRight	Indique si la vue doit être alignée sur la droite de la vue parente (true|false).
layout_alignParentBottom	Indique si la vue doit être positionnée en bas de la vue parente (true|false).
layout_alignParentTop	Indique si la vue doit être positionnée en haut de la vue parente (true|false).

À noter : si aucun de ces attributs de positionnement n'est renseigné, la vue se place en haut à gauche de la vue parente (l'objet qui contient cette vue).

L'illustration la plus simple de ces caractéristiques est un classique des formulaires de saisie : un nom de champ (un textView) suivi d'une zone de saisie (un EditText). Par exemple :

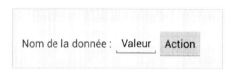

Le fichier de layout correspondant est le suivant :

```
<?xml version="1.0" encoding="utf-8"?>
<RelativeLayout
xmlns:android="http://schemas.android.com/apk/res/android"
    android:layout_width="match_parent"
    android:layout_height="match_parent"
    android:layout_margin="16dp" >
  <TextView
      android:id="@+id/label"
      android:layout_width="wrap_content"
      android:layout_height="wrap_content"
      android:layout_alignParentLeft="true"
      android:layout_centerVertical="true"
      android:text="Nom de la donnée : "
      android:textSize="18sp"/>

  <EditText
      android:id="@+id/edit"
```

```
            android:layout_width="wrap_content"
            android:layout_height="wrap_content"
            android:layout_toRightOf="@+id/label"
            android:layout_centerVertical="true"
            android:text="Valeur"/>

    <Button
        android:id="@+id/bouton"
        android:layout_width="wrap_content"
        android:layout_height="wrap_content"
        android:text="Action"
        android:layout_toRightOf="@+id/edit"
        android:layout_centerVertical="true"/>

</RelativeLayout>
```

On le voit, le contrôle `EditText` est positionné à droite du contrôle `TextView`, et le contrôle `Button` est également à droite du contrôle `EditText`. Le contrôle `TextView` est, lui, positionné relativement au contrôle parent, ici le `relativeLayout`.

■Remarque

Cet exemple de mise en œuvre vaut surtout pour son caractère d'illustration. Dans la réalité, il est déconseillé d'appliquer ce type de mise en page, qui est une transposition simpliste des formulaires d'applications bureautiques !

2.3 Utiliser les poids

Si les conteneurs de vue type `LinearLayout` n'autorisent pas la même souplesse que le positionnement relatif, ils proposent cependant une propriété très intéressante : il est possible d'attribuer un poids aux éléments qu'ils contiennent.

Le cas d'utilisation le plus simple est également le plus répandu : l'interface utilisateur doit présenter deux boutons juxtaposés de dimensions égales, qui doivent occuper la largeur totale de l'écran.

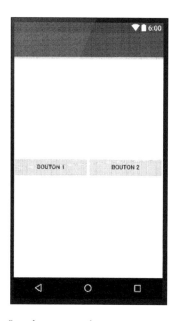

Les boutons doivent se partager la largeur de l'écran. Il serait fastidieux, et source d'erreur, de spécifier une largeur absolue à chacun des boutons : pour cela, il faudrait définir autant de dimensions qu'il existe de largeurs possibles d'écrans de terminal Android.

La notion de poids proposée par les conteneurs `LinearLayout` permet de résoudre ce problème très simplement, en offrant la possibilité d'affecter un pourcentage de place, ou plus exactement un rapport de grandeur, alloué à chaque composant. Le poids d'un composant est porté par l'attribut `layout_weight`.

Exemple

```
<Button
    android:layout_width="0dp"
    android:layout_height="wrap_content"
    android:layout_weight="1"
    android:text="Bouton 1"/>
```

Les règles d'utilisation de l'attribut `layout_weight` sont les suivantes :

- Seul le conteneur de vue `LinearLayout` prend en compte le paramètre `layout_weight`.
- La dimension pouvant être spécifiée en poids dépend de l'orientation du conteneur de vue : largeur (`layout_width`) si le conteneur de vue est défini avec une orientation horizontale, et hauteur (`layout_height`) pour un conteneur imposant une orientation verticale aux vues enfants.
- La dimension concernée doit être définie à 0 dp.
- Le poids indiqué est défini par un entier.
- Le poids total est la somme des poids définis par les vues enfants du conteneur.

Ces règles ainsi appliquées, la définition du layout exposé ci-avant est la suivante :

```
<LinearLayout
        android:layout_width="match_parent"
        android:layout_height="50dp"
        android:orientation="horizontal">
        <Button
            android:layout_width="0dp"
            android:layout_height="wrap_content"
            android:layout_weight="1"
            android:text="Bouton 1"/>
        <Button
            android:layout_width="0dp"
            android:layout_height="wrap_content"
            android:layout_weight="1"
            android:text="Bouton 2"/>
    </LinearLayout>
```

Cette notion de poids est en fait très puissante : le système ne se contente pas de calculer quelle dimension correspond au poids indiqué selon la dimension de l'écran, mais il le fait en fonction de l'espace restant disponible. Par exemple, si le cas d'utilisation illustré comportait, en plus des deux boutons, une autre vue de dimension précisée (imaginons un visuel de 40 dp de large), le calcul de la largeur de chacun des boutons se ferait non pas sur la largeur de l'écran, mais sur cette largeur moins la largeur du visuel.

Cette caractéristique peut être détournée pour répondre à une problématique souvent rencontrée : une vue doit occuper la totalité de l'écran, exception faite d'une zone, en général en bas de l'écran, qui est réservée pour un panel de boutons d'action.

Ce design, s'il n'est pas dans les recommandations de Google en matière d'ergonomie, est typique du portage à l'identique d'une application iPhone : en effet, les iPhones ne possédant pas de touche "Menu", les actions les plus communes sont souvent placées dans une zone qui couvre le bas de l'écran.

L'image ci-dessous illustre ce type de mise en page.

Le problème est le suivant : la hauteur de l'écran n'étant pas connue à l'avance, il est impossible de donner une dimension fixe au composant ListView. La barre d'action, elle, possède une hauteur fixée par le design.

Dans un tel cas, il suffit de définir un conteneur de vue de type `Linear-Layout`, en orientation verticale, d'y intégrer les contrôles `ListView` et, par exemple, un composant personnalisé définissant entre autres une hauteur fixe pour la barre d'action. En configurant un poids de 1 pour la seule `ListView`, le système déterminera lui-même la hauteur de la liste selon l'espace disponible restant.

Le code correspondant serait le suivant :

```xml
<?xml version="1.0" encoding="utf-8"?>
<LinearLayout
    xmlns:android="http://schemas.android.com/apk/res/android"
    android:layout_width="match_parent"
    android:layout_height="match_parent"
    android:orientation="vertical">

    <ListView
        android:id="@+id/list"
        android:layout_width="match_parent"
        android:layout_height="0dp"
        android:layout_weight="1"/>

    <!-- Définition de la barre d'action-->
    <LinearLayout
        android:id="@+id/panel_Action"
        android:layout_width="match_parent"
        android:layout_height="50dp"
        android:gravity="center_horizontal"
        android:layout_alignParentBottom="true"
        android:orientation="horizontal"
        android:background="#88888888">
        <Button
            android:layout_width="wrap_content"
            android:layout_height="wrap_content"
            android:textSize="14sp"
            android:text="Action 1"/>
        <Button
            android:layout_width="wrap_content"
            android:layout_height="wrap_content"
            android:textSize="14sp"
            android:text="Action 2"/>
        <Button
            android:layout_width="wrap_content"
```

```
                android:layout_height="wrap_content"
                android:textSize="14sp"
                android:text="Action 3"/>
        </LinearLayout>

</LinearLayout>
```

2.4 Utiliser les ressources « dimension »

Les puristes pourraient trouver un défaut dans le dernier exemple de la section précédente : la dimension de la barre d'action est directement valorisée dans le code du layout.

Cela peut en effet poser un problème ! Imaginons que, pour les appareils ayant un écran de largeur faible, l'ensemble des boutons ne tienne pas sur une "ligne". Il faudra, dans ce cas, prévoir deux lignes de boutons, et augmenter d'autant la hauteur de la barre d'action. Il serait cependant fastidieux, et contraignant pour la maintenance de l'application, de définir un layout pour chaque taille d'écran !

Pour cette raison, entre autres, il est fortement recommandé de ne pas directement mettre de dimensions "en dur" dans le layout et de passer par des valeurs définies par un fichier de ressources de type <dimen>, qui définira les dimensions utilisées par l'application (notion abordée dans la section Structure d'un projet Android - Les ressources du chapitre Premiers pas).

Ci-dessous, un extrait de fichier de définition de dimensions :

```
<?xml version="1.0" encoding="utf-8"?>
<resources>
    <dimen name="hauteur_barreAction">50dp</dimen>
</resources>
```

L'utilisation de cette dimension dans le layout présenté dans le dernier exemple de la section précédente sera la suivante :

```
<?xml version="1.0" encoding="utf-8"?>
<LinearLayout
    xmlns:android="http://schemas.android.com/apk/res/android"
    android:layout_width="match_parent"
    android:layout_height="match_parent"
```

```
        android:orientation="vertical">

    <ListView
        android:id="@+id/list"
        android:layout_width="match_parent"
        android:layout_height="0dp"
        android:layout_weight="1"/>

    <!-- Définition de la barre d'action-->
    <LinearLayout
        android:id="@+id/panel_Action"
        android:layout_width="match_parent"
        android:layout_height="="@dimen/hauteur_barreAction "
        android:gravity="center_horizontal"
        android:layout_alignParentBottom="true"
        android:orientation="horizontal"
        android:background="#88888888">
        <Button
            android:layout_width="wrap_content"
            android:layout_height="wrap_content"
            android:textSize="14sp"
            android:text="Action 1"/>
        <Button
            android:layout_width="wrap_content"
            android:layout_height="wrap_content"
            android:textSize="14sp"
            android:text="Action 2"/>
        <Button
            android:layout_width="wrap_content"
            android:layout_height="wrap_content"
            android:textSize="14sp"
            android:text="Action 3"/>
    </LinearLayout>

</LinearLayout>
```

Ainsi, grâce au mécanisme de ressources spécifiques pour chaque taille d'écran, il suffit de créer, pour chaque taille d'écran nécessitant un traitement particulier, un fichier de ressources avec les valeurs de dimensions adéquates.

2.5 Travailler avec le constraintLayout

Le `constraintLayout`, présenté pour la première fois lors de l'événement Google I/O 2016, peut être vu comme une généralisation des conteneurs de vues `relativeLayout` : en effet, les éléments sont tous positionnés les uns par rapport aux autres, et selon leur parent.

La grande différence se situe dans l'utilisation qu'il faut en avoir. Si les conteneurs de vues type `relativeLayout` peuvent être mis en place en mode Design, ces manipulations apparaissent rapidement peu pratiques : les contraintes de positionnement ne sont accessibles qu'en tant qu'attributs (invisibles dans la vue Design), et le positionnement n'étant pas guidé, il est fastidieux d'aligner convenablement les différents widgets sur l'écran.

Le `constraintLayout`, à l'inverse, est prévu pour être utilisé en mode Design : les contraintes de positionnement sont visibles, définies et manipulables à la souris. Un ensemble de guides facilitent un alignement homogène, et un assistant indique à chaque instant les erreurs de construction éventuelles.

Une autre différence, moins visible au développeur de prime abord, mais ayant un impact significatif, doit être notée : un `constraintLayout` ne nécessite en général aucun autre conteneur de vue, contrairement au `relative-Layout`, et, plus encore, au `linearLayout`, qui obligent souvent à imbriquer plusieurs layouts. Ainsi, en évitant les hiérarchies de conteneurs de vues, la charge de calcul d'un écran est moindre, le rendu est plus rapide et moins consommateur de ressources.

Comme son nom le laisse supposer, le `constraintLayout` fonctionne sur un principe simple : chaque widget est positionné selon les contraintes définies par le développeur. Le mécanisme de positionnement impose en outre que chaque élément de l'interface soit soumis à au moins une contrainte horizontale et une contrainte verticale.

Pour établir ces contraintes, l'éditeur (visuel) d'Android Studio affiche, pour chaque widget ajouté à l'écran, quatre points (haut, bas, droite, gauche) qui font office d'ancrage pour les contraintes. Le développeur, pour établir une contrainte, doit faire un glisser-déplacer d'un point d'ancrage du widget vers un bord de l'écran ou vers un point de contrainte d'un autre widget.

Ainsi, dans la copie d'écran ci-dessous, le bouton « Bouton 1 » a été contraint verticalement par le haut de l'écran, et horizontalement à gauche : les points de contrainte correspondants sont affichés par un cercle bleu rempli, les points de contrainte non utilisés sont symbolisés par un cercle bleu vide.

Le bouton nommé « Bouton 2 » est également contraint (mais non sélectionné sur la copie d'écran) : il est positionné horizontalement à droite du bouton 1. La contrainte verticale est également visible, qui fixe que le haut du bouton 2 doit être aligné avec le haut du bouton 1.

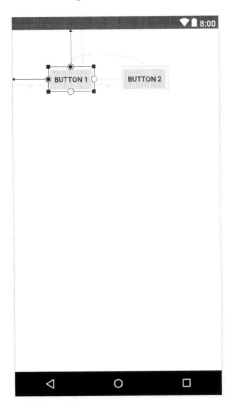

Il est également possible de définir deux contraintes pour une même direction. Dans ce cas, les contraintes sont visualisées par des ressorts : dans le visuel ci-après, le bouton est contraint à la fois à gauche et à droite. Il sera ainsi par défaut centré dans l'écran.

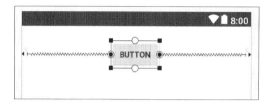

En mode Design, Android Studio présente, par défaut à droite de l'écran principal, un panneau reprenant les principaux attributs entrant en jeu pour la mise en page. En utilisant ce panneau, il est possible de modifier finement le positionnement des widgets.

Comme illustré dans la copie d'écran ci-dessous, ce panneau permet de définir exactement le positionnement d'un bouton ayant deux contraintes, en utilisant le schéma de positionnement situé en haut. Il est ainsi possible de préciser si le bouton doit être décalé par rapport à un positionnement au centre : cette notion de décalage (de 30 dans la copie d'écran) est appelée biais (*bias*, en anglais).

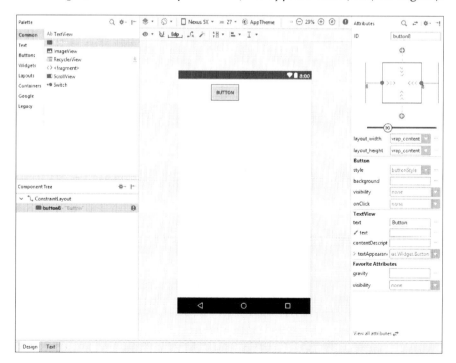

Il faut noter que les valeurs des attributs définissant la largeur et la hauteur des composants widgets sont différentes de ce qui a été vu pour les conteneurs de vues classiques : les valeurs possibles, outre une donnée numérique indiquant précisément la dimension, sont `wrap_content` et `match_cons-traint`. Si la valeur `wrap_content` est connue (le widget adapte la dimension à son contenu), la valeur `match_constraint` est nouvelle : elle précise que la dimension est entièrement dictée par les contraintes définies.

Par exemple, si un bouton est contraint à gauche et à droite, deux options sont possibles : soit la largeur est définie avec `wrap_content` (exemple ci-dessus), soit elle est définie avec une valeur égale à `match_constraint`, et seules les contraintes définissent la largeur du composant.

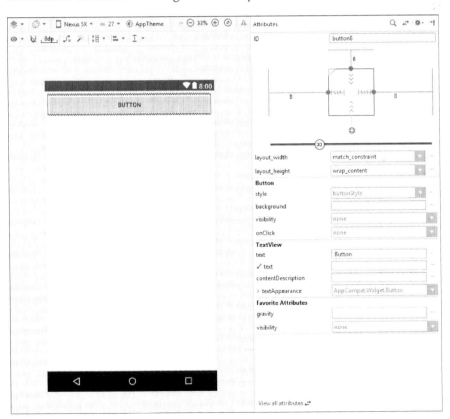

Les marges des composants ont également une grande importance pour le positionnement. Android Studio simule un comportement d'aimant pour le positionnement (principe du *snapping*, très utilisé dans les logiciels de retouche d'images et de dessin assisté par ordinateur), en présumant que les marges sont normalisées, la valeur par défaut étant 8 dp.

Android Studio met également à disposition des développeurs un composant spécial, nommé `Guideline` (ligne directrice) qui a pour but d'aider au positionnement des widgets sur l'écran.

Les guidelines, classées avec les layouts dans la palette des composants de l'éditeur visuel, ne sont pas visibles à l'exécution, mais peuvent être utilisées comme support d'ancrage pour les autres composants.

Android Studio propose deux guidelines : une horizontale et une verticale. Lorsque le développeur pose une guideline sur l'écran, il a la possibilité de définir exactement sa position (en horizontal pour une guideline verticale et en vertical pour une guideline horizontale). Les autres composants peuvent ensuite être ancrés à cette guideline. Cela permet, par exemple, de définir un référent commun à plusieurs composants pour l'alignement : dans la copie d'écran ci-dessous, une ligne directrice positionnée de telle façon qu'elle sépare l'écran en deux zones de 40 et 60% de large permet d'assurer l'ancrage des composants `TextView` et `Button` de l'écran.

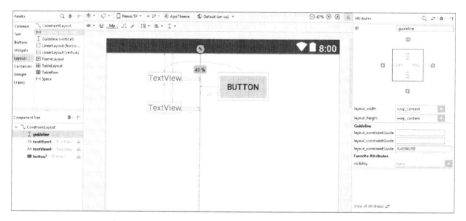

Pour aider le développeur, l'éditeur visuel d'Android Studio vérifie en temps réel la validité des contraintes et signale toute erreur par un point d'exclamation – blanc sur fond rouge – en haut à droite de la barre de menu de l'éditeur (icône mise en avant par une flèche dans la figure ci-dessous).

Un clic sur cette icône ouvre le panneau **Message**, qui donne, pour chaque erreur, une explication complète sur la cause de l'erreur.

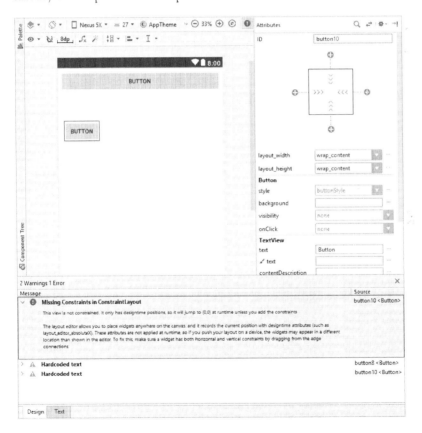

3. Utiliser le Navigation Drawer

Apparu progressivement avec la version 4 d'Android, le Navigation Drawer s'est imposé comme un élément incontournable de l'interface des applications Android. Ce composant, littéralement "le tiroir de navigation", est en fait un panneau contenant des accès aux différents écrans d'une application – nous le nommerons *panneau de navigation* dans la suite de la section. Ce panneau vient se positionner par-dessus l'écran principal, sans le recouvrir en totalité, lorsque l'utilisateur opère un mouvement de balayage de l'écran (de gauche à droite) ou lorsqu'il clique sur l'icône située en haut à gauche de la barre d'action.

Le rôle du panneau de navigation est de présenter à l'utilisateur l'ensemble des écrans d'une application accessibles sans contexte particulier, lorsque celle-ci en comporte plusieurs : en effet, si une application possède deux ou trois écrans de premier niveau, le recours aux onglets est plus efficace.

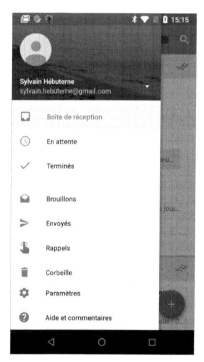

Panneau de navigation dans l'application Inbox (Google)

La notion d'écran sans contexte est essentielle pour correctement intégrer ce composant dans une application : le panneau de navigation étant en général accessible depuis tous les écrans de l'application, son contenu ne peut, et ne doit, être dépendant du contenu de l'écran affiché, ou de quelque élément sélectionné par l'utilisateur. Pour rappel, les éléments de navigation contextuels doivent être affichés dans la barre d'action rapide, ou dans le menu contextuel accessible depuis cette barre.

3.1 Mettre en place le panneau de navigation

Le composant permettant l'affichage d'un panneau de navigation n'est pas natif à la plateforme Android, il est intégré dans la bibliothèque android-support-v4 : il faut donc, avant tout, intégrer cette bibliothèque au projet, en déclarant les dépendances suivantes dans le fichier `build.gradle` du module principal.

```
dependencies {
    implementation 'com.android.support:appcompat-v7:27.1.1'
    implementation 'com.android.support:design:27.1.1'
}
```

Le composant est typiquement déclaré dans le fichier de layout principal (étant entendu qu'il va en général de pair avec l'utilisation des fragments), en employant la balise `<DrawerLayout>`.

Le premier point à noter est que cet objet `DrawerLayout` est en fait un conteneur (qui étend `ViewGroup`, au même titre qu'un composant `LinearLayout` ou `ScrollView`).

```
<?xml version="1.0" encoding="utf-8"?>
<android.support.v4.widget.DrawerLayout
    xmlns:android="http://schemas.android.com/apk/res/android"
    android:id="@+id/drawer_layout"
    android:layout_width="match_parent"
    android:layout_height="match_parent">
...
</android.support.v4.widget.DrawerLayout>
```

Le `DrawerLayout` doit contenir deux vues : la vue qui est utilisée pour le contenu du panneau de navigation, et la vue qui contient les éléments de la page/écran. Quelques règles doivent être respectées, sans quoi le composant ne fonctionnera pas :

Il faut déclarer la vue qui accueille le contenu de la page en premier : les composants déclarés en premier sont positionnés "sous" les composants déclarés ensuite.

Il faut que la vue qui porte le contenu du panneau de navigation déclare la propriété `layout_gravity`, sans quoi elle ne sera pas considérée comme panneau de navigation. En théorie, cette propriété doit avoir la valeur `"left"`, mais, pour être compatible avec toutes les formes d'écriture, il est recommandé d'utiliser la valeur `"start"` : si l'appareil de l'utilisateur est configuré pour écrire de droite à gauche, le panneau de navigation sera ainsi à droite de l'écran.

■Remarque

Le système se basant sur la présence de la propriété `layout_gravity` *pour identifier le panneau de navigation, il est obligatoire que seule la vue formant ce panneau dispose de cette propriété* `layout_gravity`.

Même si tout type de conteneur de vue peut être utilisé pour le contenu du panneau de navigation, Google a publié en 2015 un composant spécialement conçu pour tenir ce rôle : le `NavigationView`. Ce composant, étudié plus en avant dans ce chapitre, permet l'affichage d'un menu (avant la publication de ce composant, il était d'usage d'implémenter une `listView` pour les éléments du menu).

Le squelette du fichier XML de layout a donc la forme suivante :

```
<?xml version="1.0" encoding="utf-8"?>
<android.support.v4.widget.DrawerLayout
    xmlns:android="http://schemas.android.com/apk/res/android"
    xmlns:app="http://schemas.android.com/apk/res-auto"
    android:id="@+id/drawer_layout"
    android:layout_width="match_parent"
    android:layout_height="match_parent"
    android:fitsSystemWindows="true">

    <FrameLayout
        android:id="@+id/content_layout"
```

```
        android:layout_width="match_parent"
        android:layout_height="match_parent"
        android:orientation="vertical"/>

    <android.support.design.widget.NavigationView
        android:id="@+id/nav_view"
        android:layout_width="wrap_content"
        android:layout_height="match_parent"
        android:layout_gravity="start"
        android:fitsSystemWindows="true"/>

</android.support.v4.widget.DrawerLayout>
```

À noter, Google fournit un ensemble d'icônes standards pour l'habillage du panneau de navigation à l'adresse suivante : https://material.io/tools/icons/

Les icônes concernant le panneau de navigation sont disponibles dans la catégorie **Navigation**.

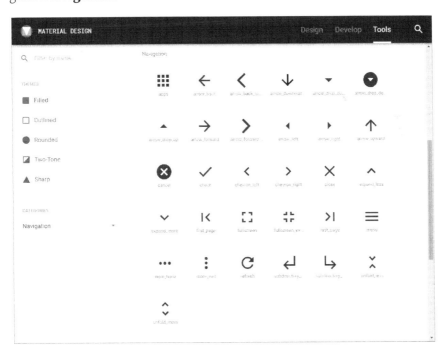

3.2 Utiliser le panneau de navigation

L'obtention d'une référence sur l'objet `DrawerLayout` au niveau du code de l'activité ne diffère pas des autres widgets classiques de la plateforme et se fait tout naturellement avec la méthode `findViewById()`.

L'ouverture et la fermeture du panneau de navigation sont entièrement prises en charge par la bibliothèque android-support, et ne nécessitent pas de code spécifique.

3.2.1 Détecter les événements d'ouverture/fermeture

L'API propose une interface `DrawerListener` qui permet de détecter les événements d'ouverture et de fermeture du panneau de navigation.

```
DrawerListener drawerListener = new DrawerListener() {
    @Override
    public void onDrawerStateChanged(int arg0) {
    }

    @Override
    public void onDrawerSlide(View arg0, float arg1) {
    }

    @Override
    public void onDrawerOpened(View arg0) {
    }

    @Override
    public void onDrawerClosed(View arg0) {
    }
};
```

L'affectation d'un objet de type `DrawerListener` est réalisée en appelant la méthode `addDrawerListener()` de l'objet `DrawerLayout`.

```
DrawerLayout drawerLayout;
[...]
drawerLayout.addDrawerListener(drawerListener);
```

La classe `DrawerLayout` expose également la méthode `removeDrawerListener`, qui permet de supprimer un `DrawerListener` préalablement affecté à l'objet `drawerLayout`.

Exemple

```
drawerLayout.removeDrawerListener(drawerListener);
```

3.2.2 Navigation Drawer et ActionBar

En règle générale, ces deux éléments de navigation que sont le panneau de navigation et la barre d'action sont utilisés conjointement. Google, au travers ses propres applications et dans les conseils de design proposés, donne quelques indications sur la façon de gérer efficacement ces deux composants :

– L'utilisateur doit pouvoir ouvrir le panneau de navigation en cliquant sur l'icône correspondant, placé en haut à gauche dans la barre d'action.

– Le panneau de navigation est au-dessus de la barre d'action, et doit donc la recouvrir partiellement lorsqu'il est ouvert.

Pour respecter ces règles, il faut ajouter la barre d'action dans le conteneur chargé du contenu de la page – le composant FrameLayout, si l'on reprend le squelette de layout présenté plus haut.

Exemple

```xml
<?xml version="1.0" encoding="utf-8"?>
<android.support.v4.widget.DrawerLayout
    xmlns:android="http://schemas.android.com/apk/res/android"
    xmlns:app="http://schemas.android.com/apk/res-auto"
    android:id="@+id/drawer_layout"
    android:layout_width="match_parent"
    android:layout_height="match_parent"
    android:fitsSystemWindows="true">

    <FrameLayout
      android:id="@+id/content_layout"
      android:layout_width="match_parent"
      android:layout_height="match_parent"
      android:orientation="vertical">

    <android.support.v7.widget.Toolbar
      android:id="@+id/toolbar"
      android:layout_width="match_parent"
      android:layout_height="?attr/actionBarSize"
      android:background="?attr/colorPrimary"
      android:theme="@style/ThemeOverlay.AppCompat.ActionBar" />
```

```
  </FrameLayout>

   <android.support.design.widget.NavigationView
      android:id="@+id/nav_view"
      android:layout_width="wrap_content"
      android:layout_height="match_parent"
      android:layout_gravity="start"
      android:fitsSystemWindows="true"/>

</android.support.v4.widget.DrawerLayout>
```

Comme vu dans le chapitre Styles, navigation et notifications - section Barre d'action, pour spécifier que l'on souhaite afficher le bouton d'ouverture/fermeture du panneau, il faut affecter la valeur true à la propriété DisplayHomeAsUpEnabled.

```
@Override
public void onCreate(Bundle savedInstanceState) {
    [...]
    getSupportActionBar().setDisplayHomeAsUpEnabled(true);
    [...]
}
```

Pour préciser quelle icône utiliser, il faut invoquer la méthode setHomeAsUpIndicator de la classe ActionBar en indiquant en paramètre l'identifiant de la ressource représentant l'icône voulue.

Exemple

```
ActionBar actionBar=getSupportActionBar();
actionBar.setDisplayHomeAsUpEnabled(true);
actionBar.setHomeAsUpIndicator(R.drawable.ic_menu);
```

3.2.3 Forcer l'ouverture du panneau au lancement de l'activité

Dans certains cas, il peut être intéressant d'ouvrir le panneau de navigation au premier lancement de l'activité. Pour cela, il suffit d'appeler la méthode openDrawer(int gravity) de l'objet DrawerLayout.

De la même façon, la méthode closeDrawer(int gravity) permet de forcer la fermeture du panneau de navigation.

Dans les deux cas, le paramètre, un entier, indique, comme dans le fichier XML de layout, le sens d'ouverture et de fermeture du panneau. Typiquement, c'est la valeur constante `Gravity.START` qui est utilisée.

```
[...]
drawerLayout = (DrawerLayout)findViewById(R.id.drawer_layout);

drawerLayout.openDrawer(Gravity.START);
[...]
```

3.3 Remplir le panneau de navigation

Selon les règles de design établies par Google, le panneau de navigation peut afficher des éléments distincts :

– Un menu de navigation, permettant à l'utilisateur de choisir la page qu'il veut consulter.

– Un en-tête, qui présente un visuel de l'application, un titre, etc. Cet élément est optionnel.

Nous l'avons brièvement évoqué en début de section, le composant `NavigationView` a été spécifiquement conçu pour la construction de menu de navigation. Son utilisation est très simple et reprend les concepts de menu vus dans le chapitre Styles, navigation et notifications.

Les éléments du menu sont ainsi définis, comme pour un menu d'activité, dans un fichier de ressources de type menu.

Exemple

```xml
<?xml version="1.0" encoding="utf-8"?>
<menu xmlns:android="http://schemas.android.com/apk/res/android">
    <item android:id="@+id/drawer_menuitem_1"
        android:title="Rubrique 1"
        android:icon="@drawable/car"/>
    <item android:id="@+id/drawer_menuitem_2"
        android:title="Rubrique 2"
        android:icon="@drawable/bus"/>
    <item android:id="@+id/drawer_menuitem_3"
        android:title="Rubrique 3"
        android:icon="@drawable/shuttle"/>
    <item android:id="@+id/drawer_menuitem_4"
```

```
        android:title="Rubrique 4"
        android:icon="@drawable/plane"/>
    <item android:id="@+id/drawer_menuitem_5"
        android:title="Rubrique 5"
        android:icon="@drawable/boat"/>
</menu>
```

Pour affecter le menu défini au composant `NavigationView`, il faut utiliser l'attribut menu (défini par la bibliothèque de support), qui permet d'indiquer quel menu le système doit afficher.

Exemple

```
<android.support.design.widget.NavigationView
    android:id="@+id/nav_view"
    android:layout_width="wrap_content"
    android:layout_height="match_parent"
    android:layout_gravity="start"
    android:fitsSystemWindows="true"
    app:menu="@menu/menu_drawer"/>
```

La gestion du clic sur un élément du menu est faite par un objet de type `NavigationView.OnNavigationItemSelectedListener`, interface qui déclare la méthode `onNavigationItemSelected`.

Syntaxe

```
abstract boolean    onNavigationItemSelected(MenuItem item)
```

L'affectation de l'objet `OnNavigationItemSelectedListener` à l'objet `NavigationView` se fait en utilisant la méthode `setNavigationItem-SelectedListener`.

Exemple

```
navigationView.setNavigationItemSelectedListener(
  new NavigationView.OnNavigationItemSelectedListener() {
    @Override
    public boolean onNavigationItemSelected(MenuItem menuItem) {
      switch (menuItem.getItemId()) {
        case R.id.drawer_menuitem_1:
          [...]// traitement
          break;
        case R.id.drawer_menuitem_1:
          [...]// traitement
          break;
```

```
    }
    return true;
  }
});
```

Lorsque l'utilisateur a sélectionné un élément dans le menu, le menu doit certainement se refermer. Pour cela, il faut invoquer la méthode `closeDrawers` de la classe `DrawerLayout`.

Exemple

```
navigationView.setNavigationItemSelectedListener(
  new NavigationView.OnNavigationItemSelectedListener() {
    @Override
    public boolean onNavigationItemSelected(MenuItem menuItem) {
      switch (menuItem.getItemId()) {
        case R.id.drawer_menuitem_1:
          [...]// traitement
          break;
        case R.id.drawer_menuitem_1:
          [...]// traitement
          break;
      }
      drawerLayout.closeDrawers();
      return true;
    }
});
```

■Remarque

La classe `DrawerLayout` *présente également la méthode* `closeDrawer` *(au singulier), qui propose plusieurs signatures permettant de préciser le sens de fermeture (typiquement* `Gravity.START`*), et si la fermeture doit s'accompagner d'une animation. La méthode* `closeDrawers` *ferme le panneau dans le sens* `Gravity.START` *et la fermeture est accompagnée d'une animation.*

Outre le menu de navigation, le composant `NavigationView` prend également en charge l'affichage optionnel d'un en-tête. Cet en-tête doit être défini dans un fichier de layout classique et l'attribut `headerLayout` (défini par la bibliothèque de support) de la balise `navigationView` permet de préciser le nom du fichier de layout à utiliser.

Exemple

```
<android.support.design.widget.NavigationView
    android:id="@+id/nav_view"
    android:layout_width="wrap_content"
    android:layout_height="match_parent"
    android:layout_gravity="start"
    android:fitsSystemWindows="true"
    app:menu="@menu/menu_drawer"
    app:headerLayout="@layout/header_nav_view"/>
```

4. Créer des images redimensionnables

Régulièrement, le développeur d'application Android est confronté au problème des visuels redimensionnables, que ce soit pour les fonds d'écrans, les
pictogrammes ou les arrière-plans de widgets (boutons et zones de texte, principalement). La problématique est toujours la même : concilier efficacité – ne
pas multiplier inutilement les déclinaisons de graphiques, et esthétisme – ne
pas afficher des visuels anamorphosés.

La plateforme Android propose deux solutions pour produire des images qui
s'adaptent automatiquement aux dimensions des contrôles auxquels elles
sont rattachées. Nous allons, dans cette section, passer en revue ces deux
techniques, l'une orientée graphisme et l'autre plus spécifiquement adressée
aux développeurs.

4.1 Les images 9-patch

4.1.1 Présentation

Les images nine-patch (le plus souvent notées 9-patch) sont des visuels au format PNG qui contiennent, en plus, des informations sur les zones qui peuvent
être étirées par le système. Ces images portent pour extension de fichier le
suffixe ".9.png".

Le principe de fonctionnement des images 9-patch est le suivant : sont définies
dans l'image les zones horizontales et verticales qui peuvent être étirées pour
s'adapter aux dimensions souhaitées, ainsi que les zones qui peuvent être remplies - dans le cas d'un bouton ou d'une zone de texte, par exemple.

La définition des différentes zones se fait en intégrant un espace supplémentaire de 1 pixel de chaque côté de l'image source, et en indiquant dans cet espace, par un pixel noir, que la zone est agrandissable ou peut être remplie. Les marges de 1 pixel à gauche et en haut de l'image permettent de définir les zones étirables, les marges à droite et en bas indiquant les zones qui peuvent être remplies (par du texte ou d'autres visuels).

Le schéma ci-dessous présente ces zones, pour un projet d'arrière-plan de zone de texte :

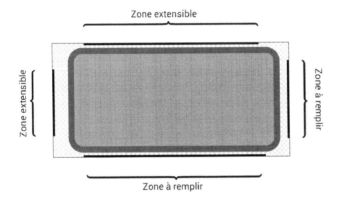

Comme on le voit sur le schéma, nous avons définis une zone extensible, que ce soit à gauche ou en haut, qui n'intègre pas les arrondis du bord du rectangle : ces zones ne seront pas impactées par le redimensionnement, et ne seront donc pas étirées.

L'agrandissement aura pour résultat un visuel du type suivant :

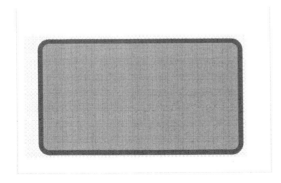

Le rendu sur Android montre de façon flagrante la différence de traitement d'un arrière-plan au format 9-patch, par rapport à un simple fichier PNG.

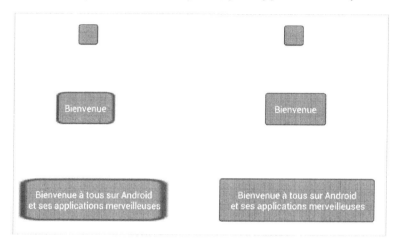

Les zones de texte ayant un arrière-plan en PNG sont à gauche, celles bénéficiant d'un arrière-plan défini en 9-patch sont à droite.

4.1.2 Créer des images 9-patch

La création des images 9-patch ne présente a priori aucune difficulté : à partir d'une image au format PNG, il faut agrandir l'image de deux pixels en largeur et en hauteur, et ensuite, positionner les pixels noirs selon sa convenance.

Cependant, en pratique, utiliser un logiciel classique de retouche d'image ne fournit pas de bons résultats : la plupart des logiciels effectuent, en effet, des traitements sur l'image qui la rendent inutilisable en 9-patch : modification (imperceptible) de la couleur des pixels servant à indiquer les zones, application de filtres antialiasing, etc. Le format 9-patch impose en effet que les pixels marquant les zones soient exactement de couleur noire ((0,0,0) en RGB), et exactement sur le bord de l'image.

Pour produire des images 9-patch, il est donc préférable d'utiliser un outil spécifique, disponible gratuitement, Draw 9-patch, inclus dans Android Studio.

L'utilisation de Draw 9-patch est très simple :

▶Dans le panneau présentant l'arborescence du projet, sélectionnez l'image qui doit être transformée en 9-patch.

▶Faites un clic droit et choisissez l'option **Create 9-Patch file**.

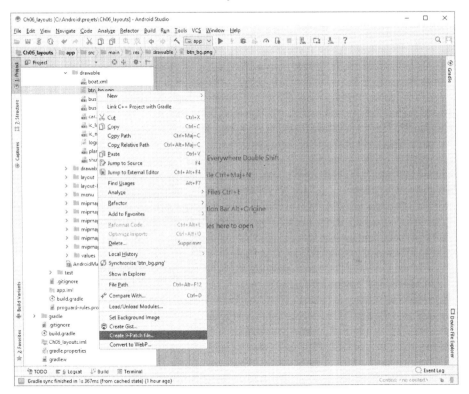

▶Une fenêtre s'ouvre et demande la saisie du nom du fichier qui sera produit. Ce peut être le même nom de fichier, en ajoutant l'extension `.9.png`, mais il faudra alors supprimer l'image originale (si les deux images ont le même nom, le système utilisera la version non 9-patch). Cliquez sur le bouton **OK** pour valider le choix

Un nouveau fichier est ajouté dans le dossier `drawable`, qui porte l'extension `.9.png`.

Un double clic sur ce fichier ouvre l'éditeur **9-patch** dans Android Studio.

La fenêtre de l'application présente deux zones distinctes : la zone de gauche est la zone de travail, dans laquelle vous allez tracer les zones d'étirement et de remplissage, la zone de droite présente une prévisualisation.

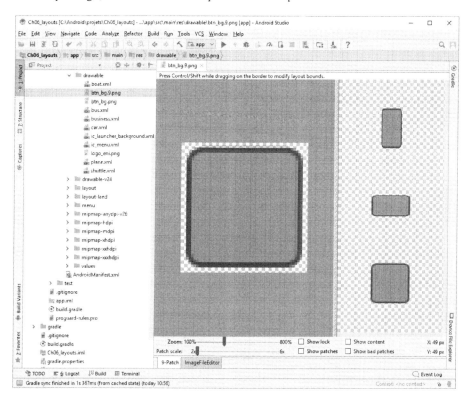

▶ En cochant la case **Show content**, vous pouvez visualiser, en violet dans la partie droite de l'application, la zone qui est dévolue au contenu.

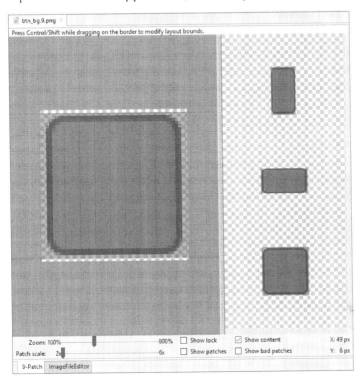

▶ Pour définir les zones, il faut déplacer, à l'aide de la souris, les lignes horizontales et verticales qui s'affichent à l'écran : lorsque le pointeur de la souris est positionné à gauche de l'image, deux lignes horizontales apparaissent et permettent de définir les marges de la bordure de gauche (qui correspond à la définition de l'étirement en hauteur de l'image).

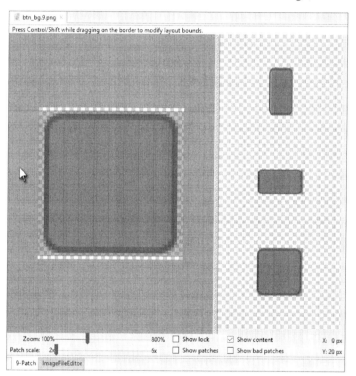

▶De la même façon, positionner le curseur en haut de l'image permet d'afficher deux lignes verticales : ces lignes aident à la définition de l'étirement en longueur. Dans la copie d'écran ci-dessous, la zone d'étirement est entièrement définie.

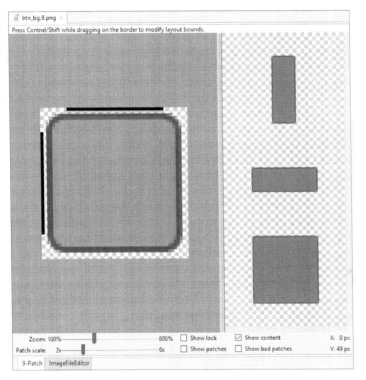

▶Positionner le curseur à droite permet de définir les frontières haute et basse de la zone de texte. Le curseur placé en bas permet de définir les frontières gauche et droite de la zone de remplissage.

▶La réglette nommée **Patch scale**, en bas de la zone de travail, permet de faire varier l'étirement pour visualiser le comportement de l'image 9-patch.

▶Les modifications sont sauvegardées en temps réel. Il suffit de fermer la fenêtre une fois la définition des zones terminées.

4.2 Les drawables XML

Pour les visuels simples, tels que celui utilisé dans la section précédente, il existe une autre technique, que l'on pourrait qualifier "d'orientée développeur", permettant de générer des graphismes redimensionnables : les ressources drawable définies en XML.

En effet, outre les fichiers graphiques classiques (JPG, PNG, etc.), une ressource drawable peut également être définie à l'aide du langage XML. La plateforme Android permet la création de formes simples (rectangles, ovales, lignes et anneaux) qui peuvent être colorées de différentes façons (remplissage uniforme ou en dégradé).

Dans cette section, nous verrons comment définir une forme simple, puis nous passerons en revue les différentes options disponibles pour les formes, et ensuite, nous verrons comment combiner plusieurs formes entre elles.

4.2.1 Définir une forme en XML

Le fichier de définition de la forme est un fichier XML, stocké dans le répertoire drawable - comme toute autre ressource de type image.

L'élément racine du fichier est la balise <shape>. La syntaxe est la suivante :

```
<shape
    xmlns:android=http://schemas.android.com/apk/res/android
    android:shape="rectangle | oval | line | ring">
</shape>
```

Afin de visualiser les différentes formes, il est indispensable de définir une couleur de remplissage : par défaut, les formes sont transparentes. Comme tous les modificateurs de formes, que nous verrons dans la section suivante, la définition de la couleur se fait à l'aide d'une balise enfant de la balise <shape>.

Dans un premier temps, nous définissons une couleur unie, à l'aide de la balise <solid>. La propriété color de cette balise permet de spécifier une couleur.

```
<?xml version="1.0" encoding="utf-8"?>
<shape xmlns:android="http://schemas.android.com/apk/res/android"
    android:shape="rectangle">
    <solid
            android:color="#888888"/>
</shape>
```

Dans ce premier exemple, nous ne définissons pas de dimension pour la forme : ce sont les dimensions spécifiées par la balise `<ImageView>` du fichier de `layout` utilisant le visuel qui donnent les dimensions du rectangle.

À noter : deux formes demandent des paramètres spécifiques, sans quoi elles ne s'afficheront pas correctement :

– La forme "line". Il est obligatoire de renseigner une balise `<stroke>` (trait) pour cette forme. Son absence lèvera une exception à l'exécution. La couleur, si elle est unie, est spécifiée directement comme propriété de cette balise au lieu d'être encapsulée dans une balise `<solid>`.

– Dans le cas où la forme choisie est un anneau (`ring`), des paramètres supplémentaires sont disponibles pour définir les dimensions de l'anneau. Ces paramètres permettent de définir la largeur de l'anneau (thickness) et le rayon du cercle intérieur (inner radius). Ces deux paramètres peuvent être exprimés sous la forme d'un ratio de la dimension du visuel, ou en valeur absolue :

  – `android:innerRadiusRatio` : permet de spécifier le rayon du cercle intérieur par rapport à la dimension de l'image. Par exemple, pour une image de 120 dp de large, un anneau dont la propriété `innerRadiusRatio` vaut 6 aura un cercle intérieur de 20dp (120 / 6).

  – `android:innerRadius` : permet de spécifier le rayon du cercle intérieur en valeur absolue.

  – `android:thicknessRatio` : permet de spécifier la largeur de l'anneau par rapport à la dimension de l'image. Par exemple, pour une image de 120dp de large, un anneau dont la propriété `thicknessRatio` est 4 aura une largeur de 40dp.

  – `android:thickness` : permet de spécifier la largeur de l'anneau en valeur absolue.

■Remarque

Attention : dans le cas d'un anneau, la documentation recommande de positionner une propriété supplémentaire, `useLevel`*, à* `false`*, sans quoi la forme ne sera pas affichée. Aucune explication satisfaisante n'est donnée à cette spécificité !*

Avant de voir plus en détail les différentes possibilités de modification d'une forme, passons en revue quelques exemples, avec les paramètres les plus basiques.

```
<shape
    xmlns:android="[...]"
    android:shape="line">
    <stroke
        android:width="2dp"
        android:color="#888888"/>
</shape>
```

```
<shape
    xmlns:android="[...]"
    android:shape="rectangle">
    <solid
        android:color="#888888"/>
</shape>
```

```
<shape
    xmlns:android="[...]"
    android:shape="oval">
    <solid
        android:color="#888888"/>
</shape>
```

```
<shape
    xmlns:android="[...]"
    android:shape="oval">
    <solid
        android:color="#888888"/>
</shape>
```

Il n'y a aucune différence de forme avec la forme du dessus : ce sont les dimensions de la vue qui déterminent si la forme est un ovale ou un cercle.

```
<shape
    xmlns:android="[...]"
    android:shape="ring"
    android:innerRadiusRatio="9"
    android:thicknessRatio="3"
    android:useLevel="false">
    <solid
        android:color="#888888"/>
</shape>
```

```
<shape
    xmlns:android="[...]"
    android:shape="ring"
    android:innerRadiusRatio="6"
    android:thicknessRatio="3"
    android:useLevel="false">
    <solid
        android:color="#888888"/>
</shape>
```

```
<shape
    xmlns:android="[...]"
    android:shape="ring"
    android:innerRadiusRatio="4"
    android:thicknessRatio="4"
    android:useLevel="false">
    <solid
        android:color="#888888"/>
</shape>
```

■Remarque

Pour une meilleure lisibilité, la balise XML *ainsi que la définition du* namespace *ont été omises dans la transcription des fichiers XML de forme. Elles doivent bien évidemment être présentes dans les fichiers XML.*

4.2.2 Modifier la forme initiale

La balise <shape> accepte, en balise enfant, les balises suivantes :

– <corners> : spécifie la forme des coins (uniquement pour la forme "rectangle").

– <gradient> : spécifie un remplissage par dégradé.

– <padding> : spécifie les marges intérieures de la vue, pour positionner la forme.

– <size> : permet de spécifier les dimensions de la forme.

– <solid>, que nous avons déjà vue, qui permet d'indiquer une couleur unie pour le remplissage.

– <stroke>, que nous avons déjà vue, qui permet de stipuler que la forme possède un contour.

Nous allons passer en revue les attributs de chacune de ces balises, et voir quelques exemples de mise en application.

Balise <corners>

La balise <corners> permet donc de spécifier, pour un rectangle, l'arrondi qui sera appliqué aux coins.

L'attribut android:radius indique, en dimension, le rayon de l'arrondi pour l'ensemble des coins du rectangle. La valeur mentionnée ici doit être supérieure à 0. Un ensemble d'attributs "android:topLefRadius", "android:bottomLeftRadius", "android:bottomLeftRadius" et "android:bottomRightRadius" permettent de surcharger cette valeur globale pour chacun des coins du rectangle. Ces derniers attributs sont des dimensions, et acceptent la valeur 0 (qui correspond à un angle droit pour le coin concerné).

Le visuel ci-dessous montre un rectangle dont la propriété android:radius est définie à 8dp, et surchargé à 0dp pour les coins inférieurs gauche et droit. L'ImageView affichant la forme possède une largeur de 100dp et une hauteur de 60dp.

Balise <gradient>

La balise <gradient>, en remplacement de <solid>, indique que le remplissage doit être un dégradé. La plateforme Android autorise trois types de dégradés . linéaire, radial et sweep (balayage circulaire), et donne la possibilité de définir deux ou trois couleurs pour le dégradé (couleur de début - startColor, de fin - endColor, et de transition - centerColor).

Selon le type de dégradé, plusieurs options sont disponibles :

- `android:angle` : dégradé linéaire uniquement. Définit l'angle pris pour le dégradé. La valeur donnée doit être un multiple de 45. Un angle défini de – valeur par défaut – indique un dégradé qui va de la gauche de la forme vers la droite (`startColor` sera à gauche, `endColor` à droite). Avec une valeur de 45, le dégradé se fera du coin inférieur gauche de la forme au coin supérieur droit. Une valeur de 90 donne un dégradé du bas vers le haut.

- `android:gradientRadius` : dégradé radial uniquement. Définit le rayon du dégradé.

- `android:centerX` et `android.centerY` : dégradé radial et sweep. Définit le centre du dégradé, en position relative (0 : origine, 1 : fin). Les valeurs par défaut sont 0.5 pour les deux attributs, ce qui correspond au centre de la forme.

Le visuel ci-dessous utilise un gradient de type sweep, dont la couleur de début est "noir", et la couleur de fin "transparent".

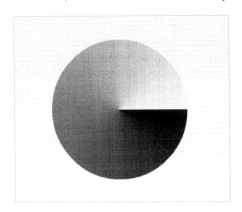

Balise <padding>

La balise `<padding>` est particulière dans le sens où elle ne s'applique pas directement à la forme, mais au contenu de la vue (dans le cas où le visuel défini en XML est utilisé en image de fond, par exemple). Les attributs de cette balise sont, classiquement, `android:left`, `android:right`, `android:top` et `android:bottom`, et permettent de spécifier l'espacement entre le contenu et le bord de la vue.

Balise \<size\>

Cette balise permet de spécifier les dimensions de la forme. Les deux attributs sont donc `android:width` et `android:height`.

Il faut cependant bien garder à l'esprit que, par défaut, le visuel défini est adapté aux dimensions de la vue qui le porte : les dimensions indiquées dans la balise size servent donc plus précisément d'indication sur le rapport longueur/hauteur de la forme. Si vous souhaitez, dans le cadre d'une vue `ImageView`, que les dimensions spécifiées dans la forme soient strictement utilisées, il faut déclarer l'attribut `scaleType` à la valeur `"center"` dans la balise de l'`imageView`.

Balise \<solid\>

Nous avons déjà évoqué la balise `<solid>`, qui ne propose qu'un attribut, `android:color`, permettant d'indiquer la couleur de remplissage de la forme.

Balise \<stroke\>

La balise `<stroke>` permet d'indiquer que la forme verra ses contours dessinés. Outre deux attributs, `android:width` et `android:color`, qui permettent respectivement d'indiquer la largeur et la couleur du contour, elle possède deux attributs qui permettent des effets difficilement réalisables d'une autre façon : `android:dashWidth`, qui permet de spécifier que le contour sera en pointillé (`dashWidth` donne la longueur de chaque pointillé) et `android:dashGap`, qui donne la distance entre deux pointillés.

Le visuel ci-dessous montre un composant `TextView` déclaré avec un arrière-plan formé par un rectangle ayant un contour en pointillé (et un remplissage `"solid"` transparent). Une balise `<padding>` est également utilisée, pour laisser de l'espace entre le texte et le contour.

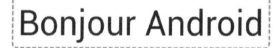

Le fichier XML de l'arrière-plan est le suivant :

```xml
<?xml version="1.0" encoding="utf-8"?>
<shape
    xmlns:android="http://schemas.android.com/apk/res/android"
    android:shape="rectangle">
    <padding
        android:left="8dp"
        android:right="8dp"
        android:top="4dp"
        android:bottom="4dp"/>
    <corners
        android:radius="6dp"/>
    <solid
            android:color="@android:color/transparent"/>
    <stroke
        android:width="2dp"
        android:color="#888888"
        android:dashWidth="5dp"
        android:dashGap="2dp"/>
</shape>
```

L'intérêt ici est immédiat : un arrière-plan défini en 9-patch ne pourrait pas s'adapter correctement aux dimensions de la vue, et les pointillés ne seraient pas rendus correctement.

4.2.3 Combiner plusieurs formes

Pour combiner plusieurs formes dans un seul visuel, nous allons utiliser un objet `LayerDrawable`, qui se définit lui aussi dans un fichier XML. La balise XML correspondante est `<layer-list>`, la syntaxe étant la suivante :

```xml
<?xml version="1.0" encoding="utf-8"?>
<layer-list
    xmlns:android="http://schemas.android.com/apk/res/android" >
    <item>
      [...]
    </item>
    <item>
      [...]
    </item>
    <item>
      [...]
    </item>
</layer-list>
```

Chaque balise <item> enfant de <layer-list> représente une ressource drawable, que ce soit un drawable XML ou tout autre drawable (dont les ressources PNG).

Les éléments item sont dessinés les uns après les autres, dans l'ordre : le premier élément item sera dessiné en premier, et donc en dessous du second, et ainsi de suite.

Pour définir finement chaque couche, la balise item possède les attributs android:left, android:right, android:top et android:bottom. Ces attributs n'acceptent que des valeurs absolues, typiquement définies en dp, et définissent, selon la documentation officielle, le décalage ("offset") de l'item par rapport aux bords de l'ensemble du visuel.

Cependant, cette notion de décalage est trompeuse : en théorie, un décalage ne modifie pas la forme. Or, dans le cas présent, le décalage induit une modification de la forme, celle-ci adaptant ses dimensions à l'espace restant disponible. Il est donc plus juste de voir ces attributs left, right, top et bottom comme permettant de définir la zone rectangulaire dans lequel la forme sera dessinée.

Deux autres attributs sont disponibles : android:drawable, pour indiquer quelle ressource drawable utiliser (mais, dans le cas d'une forme XML, il est tout à fait possible de la définir en balise enfant de <item>), et android:id, pour définir un identifiant spécifique pour chaque item (qui pourra ainsi être manipulé dans le code java indépendamment des autres).

Chapitre 7
La persistance des données

1. Introduction

Ce chapitre a pour but de présenter la persistance des données sous Android.

Les données persistantes d'une application sont les données sauvegardées avant la fermeture de l'application de telle sorte qu'elles puissent être restaurées ultérieurement.

Android propose plusieurs mécanismes permettant de gérer la persistance de données, selon la nature de ces données. Nous découvrirons les fichiers de préférences, les fichiers standards et les bases de données.

Nous terminerons par les fournisseurs de contenus qui, au-delà de la persistance des données, proposent un mécanisme de partage de données entre les applications.

2. Fichiers de préférences

Android fournit un framework simple pour sauvegarder et restaurer des données de types primitifs. Ces données sont sauvegardées dans des fichiers au format XML sous la forme d'associations clés-valeurs. Ces fichiers sont appelés fichiers de préférences.

Nous allons étudier dans un premier temps comment cibler un fichier de préférences, puis comment le lire et y écrire des données. Nous terminerons par décrire comment supprimer toutes ou partie des données de ces fichiers.

■Remarque

Le système Android permet d'afficher et de sauvegarder les préférences générales de l'utilisateur. Toute application peut adopter la même fonctionnalité et le même affichage. La hiérarchie des préférences proposées peut être réalisée directement dans un fichier XML. L'implémentation d'un tel écran de préférences est réalisée en dérivant de la classe `PreferenceActivity`. *Depuis Android 3.0 (API 11), cette classe fonctionne de concert avec les fragments de type* `PreferenceFragment` *afin de pouvoir, entre autres, afficher côte à côte les titres des sections et les préférences qu'elles proposent.*

2.1 Cibler le fichier

Par défaut, un fichier de préférences est associé à l'activité qui le crée. Ce fichier porte automatiquement le nom qualifié entier de l'activité concernée, par exemple `fr.mondomaine.android.monappli.prefsFic1.xml`.

La création et la gestion du fichier de préférences sont réalisées au travers d'un objet de type `SharedPreferences` retourné par la méthode `getPreferences` de la classe `Activity`.

<u>Syntaxe</u>

```
public SharedPreferences getPreferences (int mode)
```

Cette méthode prend en paramètre le mode d'accès à assigner au fichier lors de sa création. Les valeurs possibles pour ce paramètre sont :

– `Context.MODE_PRIVATE` : mode privé. C'est le mode par défaut. Le fichier ne peut être lu et écrit que par l'application courante, ou une application partageant le même identifiant utilisateur.

– `Context.MODE_WORLD_READABLE` : les autres applications peuvent lire le fichier.

– `Context.MODE_WORLD_WRITEABLE` : les autres applications peuvent modifier le fichier.

Exemple

```
SharedPreferences prefs = getPreferences(Context.MODE_PRIVATE);
```

Il est également possible de spécifier explicitement un autre nom de fichier. Cela permet de créer plusieurs fichiers de préférences. Pour cela, il faut utiliser la méthode `getSharedPreferences` en spécifiant le nom du fichier en premier paramètre.

Syntaxe

```
public abstract SharedPreferences getSharedPreferences (String
name, int mode)
```

Exemple

```
SharedPreferences prefs =
   getSharedPreferences("nomFichierPrefs1.xml",
     Context.MODE_PRIVATE);
```

2.2 Lecture

Les données contenues dans un fichier de préférences sont enregistrées sous forme d'associations clés-valeurs. Une telle association est composée :

– D'une clé qui est une chaîne de caractères de type `String`.

– D'une valeur de type primitif : `boolean` (booléen), `float` (nombre à virgule flottante), `int` ou `long` (entiers) ou `String` (chaîne de caractères).

Pour lire les données contenues dans un fichier de préférences, on utilise l'objet de type `SharedPreferences` récupéré précédemment. On invoque ensuite certains de ses accesseurs permettant de lire individuellement une donnée selon son type.

Syntaxe

```
public abstract boolean getBoolean (String key, boolean defValue)
public abstract float getFloat (String key, float defValue)
public abstract int getInt (String key, int defValue)
public abstract long getLong (String key, long defValue)
public abstract String getString (String key, String defValue)
```

Le premier paramètre est le nom de la clé. Le second paramètre est la valeur par défaut à retourner si la clé n'existe pas.

Exemple

```
boolean modeWifi = prefs.getBoolean("modeWifi", false);
int compteur = prefs.getInt("compteur", 0);
String commentaire = prefs.getString("commentaire", "");
```

On peut aussi récupérer toutes les données d'un seul coup en utilisant la méthode getAll.

Syntaxe

```
public abstract Map<String, ?> getAll ()
```

Exemple

```
Map<String, ?> valeurs = prefs.getAll();
Boolean modeWifi = (Boolean)valeurs.get("modeWifi");
```

La méthode contains de l'objet SharedPreferences permet de vérifier la présence d'une clé donnée qu'on lui spécifie en paramètre.

Syntaxe

```
public abstract boolean contains (String key)
```

Exemple

```
if (prefs.contains("modeWifi")) {
    traitement();
}
```

2.3 Écriture

L'écriture de données dans un fichier de préférences se fait via un objet de type SharedPreferences.Editor. Cet objet est retourné par la méthode edit appelée sur l'objet de type SharedPreferences récupéré précédemment.

Syntaxe

```
public abstract SharedPreferences.Editor edit ()
```

Exemple

```
SharedPreferences.Editor editeur = prefs.edit();
```

L'objet `Editor` ci-dessus permet de spécifier les nouvelles données ou de modifier les données existantes en les écrasant avec les nouvelles. On invoque ses méthodes permettant d'écrire individuellement une association clé-valeur. À l'instar des méthodes de lecture, il existe une méthode d'écriture par type primitif. Ces méthodes prennent en paramètres le nom de la clé ainsi que la valeur de la donnée.

Syntaxe

```
public abstract SharedPreferences.Editor putBoolean (String key,
  boolean value)
public abstract SharedPreferences.Editor putFloat (String key,
  float value)
public abstract SharedPreferences.Editor putInt (String key,
  int value)
public abstract SharedPreferences.Editor putLong (String key,
  long value)
public abstract SharedPreferences.Editor putString (String key,
  String value)
```

Exemple

```
editeur.putBoolean("modeWifi", true);
editeur.putInt("compteur", 42);
editeur.putString("commentaire", "Ceci est un commentaire");
```

L'écriture des données ne sera effectivement réalisée dans le fichier qu'une fois la méthode `commit` de l'objet `Editor` appelée.

Syntaxe

```
public abstract boolean commit ()
```

Exemple

```
editeur.commit();
```

■Remarque

Attention à ne pas oublier d'appeler la méthode `commit`. *Car sans cet appel, l'objet* `Editor` *ne sert à rien ; les modifications qu'il contient n'étant pas enregistrées.*

2.4 Suppression

La suppression des données contenues dans un fichier de préférences se fait en utilisant l'objet `Editor` de type `SharedPreferences.Editor` comme pour l'écriture des données.

La méthode `remove` de l'objet `Editor` permet de supprimer une association clé-valeur. On spécifie le nom de la clé en paramètre.

Syntaxe

```
public abstract SharedPreferences.Editor remove (String key)
```

Exemple

```
editeur.remove("modeWifi");
```

La méthode `clear` permet de supprimer toutes les données, c'est-à-dire toutes les associations clés-valeurs.

Syntaxe

```
public abstract SharedPreferences.Editor clear ()
```

Exemple

```
editeur.clear();
```

Comme pour l'écriture, il faut appeler la méthode `commit` pour enregistrer les modifications.

Il est également possible d'enchaîner les modifications puisque les méthodes de l'objet `Editor` retournent cet objet.

Exemple

```
editeur.clear().putBoolean("modeWifi", modeWifi).commit();
```

Remarque

Lors de l'appel à la méthode `commit`, *la méthode* `clear` *est exécutée en premier quelle que soit la position de son appel.*

On peut donc par exemple réécrire la ligne précédente sans en modifier le résultat.

Exemple

Exemple

```
editeur.putBoolean("modeWifi", modeWifi).clear().commit();
```

3. Fichiers

Comme nous venons de le voir dans la section précédente, les fichiers de préférences sont la solution idéale pour sauvegarder des valeurs de types primitifs de manière simple. Mais si l'on veut stocker des données plus complexes ou des données brutes sans reformatage du fichier au format XML, comme par exemple la sauvegarde d'une image au format PNG, cette solution n'est plus du tout envisageable.

Il faut alors pouvoir créer, écrire et lire directement des fichiers.

Android permet d'enregistrer des fichiers sur le stockage interne de l'appareil ou sur un stockage externe comme par exemple une carte SD. Il fournit également les API pour enregistrer des fichiers temporaires ou fichiers de cache dans des emplacements bien définis.

Nous allons donc découvrir dans un premier temps la gestion des fichiers sur le stockage interne, puis dans un second temps sur le stockage externe. Enfin, nous terminerons par la gestion des fichiers temporaires.

3.1 Stockage interne

Par défaut, les fichiers sont enregistrés sur le stockage interne de l'appareil. L'accès à ces fichiers est restreint à l'application. Ni l'utilisateur ni les autres applications ne peuvent y accéder.

Nous allons voir comment créer un fichier sur le stockage interne, comment le lire et enfin comment le supprimer.

3.1.1 Écriture

La création d'un fichier se fait en invoquant la méthode `openFileOutput` de la classe `Context`. Cette méthode attend deux paramètres : le nom du fichier sans arborescence et le mode d'accès à assigner à ce fichier. La méthode retourne un flux de type `FileOutputStream`.

Syntaxe

```
public abstract FileOutputStream openFileOutput (String name,
    int mode)
```

Exemple

```
FileOutputStream flux = openFileOutput("nomFichier.png",
    Context.MODE_PRIVATE);
```

Le flux retourné permet d'écrire les données brutes dans le fichier en utilisant les différentes méthodes `write`.

Syntaxe

```
public void write (byte[] buffer)
public void write (int oneByte)
public void write (byte[] buffer, int offset, int count)
```

Exemple

```
flux.write(contenu.getBytes());
```

Il reste à fermer le flux afin d'écrire complètement le fichier sur le support en invoquant la méthode `close`.

Syntaxe

```
public void close ()
```

Exemple

```
flux.close();
```

3.1.2 Lecture

Pour pouvoir lire les données contenues dans un fichier, il faut l'ouvrir en mode lecture. Pour cela, nous utilisons la méthode `openFileInput` de la classe `Context`. Cette méthode prend en paramètre le nom du fichier sans arborescence et retourne un flux de type `FileInputStream`.

Syntaxe

```
public abstract FileInputStream openFileInput (String name)
```

Exemple

```
FileInputStream flux = openFileInput("nomFichier.png");
```

Le flux retourné permet de lire les données du fichier en utilisant les différentes méthodes `read`. Celles-ci retournent le nombre d'octets lus ou -1 si la fin du fichier est atteinte.

Syntaxe

```
public int read ()
public int read (byte[] buffer)
public int read (byte[] buffer, int offset, int count)
```

Exemple

▌ `flux.read();`

Il reste à fermer le flux en invoquant la méthode `close`.

Syntaxe

```
public void close()
```

Exemple

▌ `flux.close();`

3.1.3 Supprimer un fichier

La méthode `deleteFile` de la classe `Context` permet de supprimer un fichier. Il faut lui passer le nom du fichier en paramètre. Elle retourne `true` si le fichier a été correctement supprimé, `false` sinon.

Syntaxe

```
public abstract boolean deleteFile (String name)
```

Exemple

▌ `boolean succes = deleteFile("nomFichier.png");`

3.2 Stockage externe

En plus du stockage interne, les appareils Android fournissent un stockage externe. Les fichiers stockés sur ce support sont publics. L'utilisateur et toutes les autres applications peuvent donc les lire, les modifier et les supprimer à tout instant.

Contrairement à ce que laisse supposer son nom, le stockage externe peut être interne à l'appareil. Mais il peut également être amovible, comme une carte SD par exemple. Dans ce cas, l'utilisateur peut donc le retirer à tout moment. L'application doit donc en tenir compte lors de sa conception notamment en gérant l'absence du support lors de chaque tentative d'écriture ou de lecture.

Nous allons donc découvrir dans un premier temps comment vérifier la présence et la disponibilité du support de stockage externe. Puis nous verrons où sont stockés ces fichiers. Enfin nous découvrirons l'existence d'une arborescence commune à toutes les applications permettant de partager les fichiers qu'elle contient.

3.2.1 Disponibilité du support

Pour s'assurer de la disponibilité du support de stockage externe, il faut appeler la méthode getExternalStorageState de la classe Environment.

Syntaxe

```
public static String getExternalStorageState ()
```

Exemple

```
String etatSupportExterne = Environment.getExternalStorageState();
```

Cette méthode retourne une chaîne de caractères indiquant la disponibilité du support de stockage qu'il faut alors comparer avec les états prédéfinis.

Exemple

```
if (Environment.MEDIA_MOUNTED.equals(etatSupportExterne)) {
    traitement();
}
```

Le tableau suivant fournit les constantes déclarées dans la classe Environment représentant les différents états de disponibilité.

État	Description
MEDIA_BAD_REMOVAL	Le support a été retiré avant d'être correctement démonté.
MEDIA_CHECKING	Le support est présent et est en train d'être vérifié.

État	Description
MEDIA_MOUNTED	Le support est présent et est monté avec les droits d'accès en lecture/écriture.
MEDIA_MOUNTED_READ_ONLY	Le support est présent et est monté avec les droits en lecture seule.
MEDIA_NOFS	Le support est présent mais le format du système de fichier n'est pas supporté.
MEDIA_REMOVED	Le support n'est pas présent.
MEDIA_SHARED	Le support est présent, non monté et partagé en tant que périphérique de stockage USB.
MEDIA_UNMOUNTABLE	Le support est présent mais il ne peut pas être monté.
MEDIA_UNMOUNTED	Le support est présent mais il n'est pas monté.

3.2.2 Accès et emplacements

Un répertoire est affecté à chaque application sur le support externe. Le chemin est :

```
/Android/data/paquetage_application/files/
```

Les fichiers de données sont ensuite répartis dans divers sous-répertoires selon leur type. Voici la liste de ces sous-répertoires :

Répertoire	Constante	Description
Music/	DIRECTORY_MUSIC	Contient les fichiers de musique.
Podcasts/	DIRECTORY_PODCASTS	Contient les podcasts.
Ringtones/	DIRECTORY_RINGTONES	Contient les sonneries.
Alarms/	DIRECTORY_ALARMS	Contient les sons d'alarmes.

Répertoire	Constante	Description
Notifications/	DIRECTORY_NOTIFICATIONS	Contient les sons de notifications.
Pictures/	DIRECTORY_PICTURES	Contient les photos.
Movies/	DIRECTORY_MOVIES	Contient les films.
Download/	DIRECTORY_DOWNLOADS	Contient les autres types de fichiers.

La méthode `getExternalFilesDir` permet d'obtenir un objet de type `File` représentant le sous-répertoire correspondant au type de données à sauvegarder.

Cette méthode, et plus globalement toutes les opérations d'écriture sur le stockage externe, requièrent la permission d'écriture sur ce stockage. Pour l'obtenir, il faut inclure la ligne suivante dans le fichier manifeste (cf. chapitre Concurrence, sécurité et réseau - Sécurité et droits) :

```
<uses-permission
  android:name="android.permission.WRITE_EXTERNAL_STORAGE"/>
```

Syntaxe

```
public abstract File getExternalFilesDir(String type)
```

Le paramètre indique le type de donnée à sauvegarder. Par exemple, pour un fichier de musique, on indiquera :

```
Environment.DIRECTORY_MUSIC
```

Remarque

Pour obtenir le répertoire racine, il faut passer `null` *en paramètre.*

Le répertoire racine ainsi que tous les sous-répertoires et leurs données seront supprimés lors de la désinstallation de l'application.

3.2.3 Fichiers communs

Android met à disposition une arborescence commune à toutes les applications sur le stockage externe. Cette arborescence permet de partager des fichiers entre toutes les applications. Les fichiers créés dans cette arborescence ne seront pas supprimés lors de la désinstallation de l'application qui les aura créés.

L'arborescence des sous-répertoires est similaire à l'arborescence privée de chaque application. Le répertoire racine est le répertoire racine du support de stockage externe.

La méthode `Environment.getExternalStoragePublicDirectory` permet d'accéder à ces sous-répertoires.

Syntaxe

```
public static File getExternalStoragePublicDirectory(String type)
```

Le paramètre indique le type de donnée à sauvegarder. Par exemple, pour un fichier de musique, on indiquera :

```
Environment.DIRECTORY_MUSIC
```

3.3 Fichiers temporaires

Une application peut avoir besoin de fichiers temporaires ou de fichiers de cache. Un emplacement spécifique est réservé à chaque application pour stocker ces fichiers à la fois sur le stockage interne et sur le stockage externe s'il est présent. L'utilisation de l'un ou l'autre dépendra principalement de la taille de ces fichiers ; la capacité de stockage externe étant généralement plus conséquente que celle du stockage interne.

Nous allons donc voir comment récupérer ces répertoires tant sur le stockage interne que sur le stockage externe.

3.3.1 Stockage interne

L'appel à la méthode `getCacheDir` de la classe `Context` retourne le répertoire dans lequel l'application doit stocker ses fichiers temporaires sur le stockage interne.

Syntaxe

```
public abstract File getCacheDir()
```

Le système peut supprimer ces fichiers à tout instant notamment lorsqu'il n'y a plus beaucoup de place sur le stockage. Mais ce n'est pas obligatoire. De ce fait, l'application doit veiller à ce que ces fichiers n'occupent pas trop d'espace, pas plus d'un mégaoctet au total. Et elle doit les supprimer dès qu'ils ne lui sont plus nécessaires.

Si l'application a besoin de plus d'espace pour ses fichiers temporaires, elle pourra utiliser le stockage externe.

Tout le contenu du répertoire de cache de l'application sera supprimé lors de la désinstallation de l'application.

3.3.2 Stockage externe

Outre l'emplacement de cache spécifique à l'application sur le stockage interne, le système propose également un emplacement de cache spécifique à chaque application sur le stockage externe.

Cet emplacement permet à une application d'y créer des fichiers temporaires de plus grande taille.

L'appel à la méthode `getExternalCacheDir` de la classe `Context` retourne ce répertoire.

■Remarque

À l'instar de la méthode `getExternalFilesDir`, *cette méthode requiert la permission d'écriture sur le stockage externe* `android.permission.WRITE_EXTERNAL_STORAGE`.

Syntaxe

```
public abstract File getExternalCacheDir()
```

L'application doit supprimer ses fichiers de cache dès qu'ils ne lui sont plus nécessaires afin de libérer de l'espace.

Tout le contenu du répertoire de cache de l'application sera supprimé lors de la désinstallation de l'application.

4. Bases de données SQLite

Une application peut avoir besoin d'une base de données pour stocker et effectuer des requêtes sur ses données. Android permet de créer des bases de données au format SQLite.

Une application peut créer plusieurs bases de données. Ces bases sont privées à l'application ; elle seule y a accès.

Dans cette section, nous allons découvrir comment créer une base de données et y ajouter une table. Puis nous verrons comment exécuter des requêtes. Enfin, nous terminerons par la modification d'une base de données existante.

4.1 Création d'une base de données

Android fournit la classe abstraite SQLiteOpenHelper permettant de gérer la création et la mise à jour des bases de données.

Cette classe étant abstraite, il faut créer une classe fille qui en hérite. Cette classe fille doit appeler le constructeur parent et lui passer le nom et la version de la base de données en paramètres. Le numéro de version est utilisé lors de la mise à jour de la base dans une nouvelle version comme nous le verrons plus loin.

En héritant de la classe parente SQLiteOpenHelper, la classe fille doit surcharger, entre autres, la méthode onCreate. Celle-ci permet de spécifier les requêtes de création des tables de la base.

Syntaxe

```
public abstract void onCreate (SQLiteDatabase db)
```

Exemple

```
public class BDDAssistant extends SQLiteOpenHelper {
    private static final int VERSION_BDD = 1;
    private static final String NOM_BDD = "maBDD";

    public BDDAssistant(Context context) {
      super(context, NOM_BDD, null, VERSION_BDD);
    }
```

```
    @Override
    public void onCreate(SQLiteDatabase db) {
      db.execSQL("CREATE TABLE maTable ( _id INTEGER PRIMARY KEY
AUTOINCREMENT, nom TEXT );");
    }
}
```

La classe `SQLiteOpenHelper` fournit la méthode `getWritableDatabase` pour créer et ouvrir la base de données. Elle retourne un objet de type `SQLiteDatabase` accessible en écriture permettant de modifier la base de données.

Syntaxe

```
public synchronized SQLiteDatabase getWritableDatabase ()
```

Une fois la création et l'utilisation de la base terminées, il faut la fermer en invoquant les méthodes `close` sur l'objet de type `SQLiteDatabase` puis sur l'objet de type `SQLiteOpenHelper`.

Syntaxe

```
public void close ()
```

Exemple

```
BDDAssistant bddAss = new BDDAssistant(this);
SQLiteDatabase bdd = bddAss.getWritableDatabase();
traitement(bdd);
bdd.close();
bddAss.close();
```

■Remarque

L'appel à `getWritableDatabase` peut retourner un objet en lecture seule s'il existe un problème, comme par exemple un disque plein. Une fois le problème corrigé, un nouvel appel de la méthode `getWritableDatabase` fermera l'objet en lecture seule et retournera un objet accessible en lecture/écriture.

■Remarque

C'est lors du premier appel à la méthode `getWritableDatabase` *que la base de données est réellement créée. Cette méthode exécutera successivement les méthodes* `onCreate,onUpgrade` *et* `onOpen` *de l'instance* `bddAss`. *Une fois la base de données ouverte, elle est mise en cache de sorte que les appels successifs à cette méthode retournent directement la base de données sans appeler de nouveau les méthodes précédentes.*

Pour ouvrir une base de données en lecture seule, on remplacera l'appel à la méthode `getWritableDatabase` par la méthode `getReadableDatabase`.

Syntaxe

```
public synchronized SQLiteDatabase getReadableDatabase ()
```

Exemple

```
SQLiteDatabase bdd = bddAss.getReadableDatabase();
```

4.2 Traitements et requêtes SQL

L'objet de type `SQLiteDatabase` récupéré dans la section précédente permet l'exécution de traitements et requêtes SQL : CREATE TABLE, DELETE, INSERT… L'exécution de traitements SQL est réalisée par les méthodes `execSQL`.

Syntaxe

```
public void execSQL (String sql)
public void execSQL (String sql, Object[] bindArgs)
```

Exemple

```
bdd.execSQL("DROP TABLE IF EXISTS maTable");
```

Il n'est autorisé qu'un traitement par appel à ces méthodes. L'utilisation de ';' pour séparer les traitements est donc prohibée.

Les requêtes SQL peuvent être exécutées avec les différentes méthodes `query` qui prennent divers paramètres en entrée comme le nom de la table, les noms de champs…

Chacune de ces méthodes retourne un objet de type `Cursor` qui permet de naviguer dans les résultats de la requête et d'en extraire les données. Le curseur retourné par la méthode `query` est positionné **avant** le premier enregistrement.

Syntaxe

```
public Cursor query (String table, String[] columns,
    String selection, String[] selectionArgs,String groupBy,
    String having, String orderBy)

public Cursor query (String table, String[] columns,
    String selection, String[] selectionArgs,String groupBy,
    String having, String orderBy, String limit)

public Cursor query (boolean distinct, String table,
    String[] columns, String selection,String[] selectionArgs,
    String groupBy, String having, String orderBy, String limit)
```

Exemple

```
Cursor curseur = bdd.query("maTable", new String[] { "_id", "nom" },
null, null, null, null, "_id desc", 10);
```

4.2.1 Navigation dans les résultats

L'interface `Cursor` fournit toutes les méthodes permettant de naviguer dans le jeu de résultat d'une requête. L'accès aux enregistrements peut se faire de manière séquentielle (méthode `moveToNext`) ou directement en indiquant un numéro d'enregistrement (méthode `moveToPosition`).

À noter : il ne faut pas oublier d'invoquer la méthode `moveToFirst` avant le parcours séquentiel d'un lot d'enregistrements, la méthode `query` positionnant le curseur avant le premier enregistrement.

Les principales méthodes utilisées pour parcourir un jeu d'enregistrements sont listées dans le tableau ci-dessous.

Nom de la méthode	Action
`int getCount()`	Retourne le nombre d'enregistrements dans le curseur.
`boolean moveToFirst()`	Positionne le curseur sur le premier enregistrement.
`boolean moveToNext()`	Positionne le curseur sur l'enregistrement suivant. Si le curseur est déjà positionné sur le dernier enregistrement, la méthode renverra `false`.
`boolean isLast()`	Renvoie `true` si l'enregistrement courant est le dernier, `false` dans le cas contraire.
`boolean isFirst()`	Renvoie `true` si l'enregistrement courant est le premier, `false` sinon.
`boolean moveToPosition (int position)`	Positionne le curseur à la position passée en paramètre. Le premier enregistrement est à la position 0. Les valeurs acceptées pour le paramètre `position` sont -1<= position <= count, soit de la position `isBeforeFirst()` à la position `isAfterLast()`.

4.2.2 Lecture de données

Pour lire les données d'un enregistrement – les colonnes du résultat d'une requête SQL, l'interface `Cursor` expose autant de méthodes qu'il y a de types de données possibles dans une base SQLite.

Dans ces méthodes, la colonne à lire est indiquée en paramètre, par son index. La première colonne porte l'index 0, et la dernière colonne porte l'index `getColumnCount() - 1`.

Le récapitulatif des méthodes les plus usitées pour la lecture d'un enregistrement est donné dans le tableau ci-après.

Nom de la méthode	Action
`int getColumnCount()`	Retourne le nombre de colonnes pour l'enregistrement.
`int getColumnIndex (String nomColonne)`	Retourne l'index de la colonne dont le nom est passé en paramètre.

`double getDouble (int indexColonne)`
`float getFloat (int indexColonne)`
`long getLong (int indexColonne)`
`int getInt (int indexColonne)`
`short getShort (int indexColonne)`
`String getString (int indexColonne)`
`byte[] getBlob (int indexColonne)`
	Retourne la valeur de la colonne dont l'index est passé en paramètre. Lève une exception si la donnée n'est pas du type indiqué, ou si la valeur est null.

`boolean isNull (int indexColonne)`	Retourne `true` si la valeur de la colonne est null.

4.3 Mises à jour

Lors de la réalisation d'une nouvelle version d'une application, il se peut que la base de données ait besoin d'évoluer, par exemple pour créer de nouvelles tables, ou modifier des tables existantes. Il faut donc faire une mise à jour de la base de données.

Android intègre un mécanisme spécifique qui aide à la mise à jour des bases de données : au premier appel à l'une des méthodes `getReadableDataBase` et `getWritableDataBase`, le système compare le numéro de version courant (passé en paramètre à l'appel du constructeur parent `SQLiteOpenHelper`) à la valeur retournée par la méthode `getVersion`. Si les numéros de version diffèrent, la méthode `onUpgrade` est invoquée.

Il faut donc surcharger la méthode `onUpgrade`, dont la syntaxe est la suivante :

Syntaxe

```
public abstract void onUpgrade (SQLiteDatabase db, int oldVersion,
   int newVersion)
```

Exemple

```
public class BDDAssistant extends SQLiteOpenHelper {
   private static final int VERSION_BDD = 2;
   ...
   public BDDAssistant(Context context) {
     super(context, NOM_BDD, null, VERSION_BDD);
   }

   @Override
   public void onUpgrade(SQLiteDatabase db, int oldVersion,
       int newVersion) {
       ...
   }
}
```

Les utilisateurs ne mettant pas nécessairement à jour les applications installées sur leur terminal à chaque nouvelle publication, il est important de gérer, dans la méthode `onUpgrade`, les mises à jour depuis n'importe quel numéro de version.

L'une des façons de gérer ces mises à jour incrémentales est d'écrire une boucle for qui va de `oldVersion` à `newVersion`, et de gérer chaque étape à l'aide d'une instruction `switch`.

Un schéma de la méthode onUpgrade pourrait donc être le suivant :

```
@Override
public void onUpgrade(SQLiteDatabase db, int oldVersion, int newVersion) {
    for(int indexVersion =oldVersion ; indexVersion <newVersion;
indexVersion ++) {
        int nextVersion = indexVersion+1;
        switch(nextVersion) {
            case 2 :
                // mise à jour pour version 2
                break;
            case 3 :
                // mise à jour pour version 3
                break;
            ...
        }
    }
}
```

Enfin, pour s'assurer que la base de données reste dans un état connu en cas d'erreur de mise à jour, il est recommandé d'exécuter l'ensemble des instructions de mise à jour dans une transaction.

Une transaction est initiée par la méthode beginTransaction de l'objet SQLiteDatabase. En cas de succès, un appel à la méthode setTransactionSuccessful du même objet permettra d'indiquer au système que les transactions peuvent être appliquées. La méthode endTransaction termine la transaction : si setTransactionSuccessful a été appelé précédemment, les changements sont appliqués (action de commit). Dans le cas contraire, aucun changement ne sera appliqué à la base de données (action de rollback).

■Remarque

L'appel à la méthode onUpgrade est effectué lors de l'exécution des méthodes getReadableDatase et getWritableDatabase. Le temps de réalisation de la mise à jour de la base de données peut être long. Dans ce cas, il faut réaliser cette opération dans un autre thread que le thread principal (cf. chapitre Concurrence, sécurité et réseau - Programmation concurrente).

4.4 Optimisation pour la recherche textuelle

Si SQLite accepte, comme la plupart des moteurs de base de données, l'opérateur `like` pour faire des recherches textuelles, celui-ci ne permet pas d'obtenir des résultats optimaux, que ce soit du point de vue des performances ou de la pertinence des résultats.

L'implémentation sur Android du moteur SQLite intègre, pour résoudre cette problématique, le module d'extension FTS (pour *Full Text Search*, recherche plein texte).

Le module FTS permet de créer des tables virtuelles qui gèrent un index spécifique pour les recherches plein texte, accélérant et améliorant ainsi la recherche.

Les versions 3 et 4 du module sont intégrées à SQLite. La version 4 du module est plus performante, mais la taille de l'index est potentiellement plus grande qu'avec la version 3, et son occupation disque est par conséquent plus importante.

4.4.1 Création et peuplement de la table

Comme pour les tables « classiques » d'une base de données, la création d'une table de recherche plein texte se fait en invoquant les commandes SQL correspondantes. Ainsi il faut invoquer la commande SQL `Create Virtual Table` pour créer la table virtuelle, en spécifiant, à l'aide du mot-clé SQL `Using`, le module choisi (`FTS3` ou `FTS4`) pour la création.

Syntaxe

```
Create virtual table [Nom de la table] using [nom du module] ;
```

Exemple

```
Create virtual table recherche_plein_text using fts3() ;
```

Si, comme dans l'exemple ci-dessus, aucune colonne n'est spécifiée dans la commande de création, une colonne nommée `content` sera créée par défaut par le système.

Pour spécifier une ou plusieurs colonnes, il suffit d'utiliser la syntaxe classique SQL.

Exemple

```
Create virtual table recherche_plein_texte using fts3(titre text,
contenu text)
```

À noter, bien qu'il soit possible de spécifier un type de données pour chacune des colonnes déclarées dans la table virtuelle, ce type sera ignoré par le moteur de base de données : toutes les colonnes d'une table FTS sont au format texte.

La table ainsi créée intègre par défaut une colonne servant de clé primaire. Cette colonne a pour nom `rowid`, et peut également être adressée en utilisant son alias `docid`.

Le peuplement de la table est à la charge du développeur, il n'est pas géré par le système. Les commandes SQL d'insertion, de mise à jour et de suppression d'enregistrement sont en tous points identiques aux commandes utilisées pour les tables classiques `SQLite`.

Si, lors de la commande d'insertion de données, aucune valeur n'est spécifiée pour la colonne `rowid`, celle-ci prendra automatiquement la valeur existante la plus élevée et l'incrémentera de 1.

Exemple

```
Insert into recherche_plein_texte (titre, contenu) values
('Mon titre','Mon contenu') ;
```

```
Insert into recherche_plein_texte (rowid, titre, contenu) values
(12, 'Mon titre','Mon contenu') ;
```

4.4.2 Interrogation

Pour effectuer une recherche plein texte dans la table définie ci-avant, il faut, au lieu d'utiliser le mot-clé `like`, invoquer la commande `match` dans la clause `where` de la requête.

Syntaxe

```
Where [nom de la colonne] match [texte recherche]
```

Exemple

```
Select * from recherche_plein_texte where contenu match 'contenu'
```

Par ailleurs, SQLite maintient, pour les tables de recherche plein texte, une colonne masquée qui intègre le contenu de toutes les colonnes pour chaque enregistrement. Cette colonne porte automatiquement le nom de la table, et peut être utilisée pour la recherche.

Exemple

```
// La recherche sera effectuée sur toutes les colonnes de la table
Select * from recherche_plein_texte where recherche_plein_texte
match 'contenu'
```

Dans le cas d'une recherche portant sur plusieurs termes, il est possible de préciser la recherche en utilisant les mots-clés suivants :

– AND : indique que tous les termes de la recherche doivent être présents pour que l'enregistrement soit sélectionné.

– OR : indique que l'un des termes de la recherche doit être présent pour que l'enregistrement soit sélectionné.

– NEAR : précise que les termes recherchés doivent être proches les uns des autres pour que l'enregistrement soit sélectionné. Il est possible de préciser le degré de proximité (qui est de 10 par défaut), en utilisant la syntaxe NEAR/n, où n représente le degré souhaité. NEAR est donc l'équivalent de NEAR/10.

– NOT : permet de préciser que le terme suivant le mot-clé NOT ne doit pas être présent dans l'enregistrement pour que celui-ci soit sélectionné.

Exemple

```
Select * from recherche_plein_texte where contenu match 'Android
AND Developpement'

Select * from recherche_plein_texte where contenu match 'Android
OR Smartphone'

Select * from recherche_plein_texte where contenu match 'Android
NEAR/5 Smartphone'

Select * from recherche_plein_texte where contenu match 'Android
NOT Robot'
```

5. Fournisseur de contenus

Les fournisseurs de contenus permettent de partager publiquement des données entre toutes les applications. C'est le cas par exemple des données concernant les contacts personnels qui peuvent être partagées entre toutes les applications. Chaque application peut, si elle en a obtenu les droits, lire, ajouter et modifier les contacts personnels.

Il existe par défaut plusieurs fournisseurs de contenus pour les données audio, vidéo, les images, les contacts personnels… Ils peuvent être utilisés tels quels pour y stocker de nouveaux enregistrements. Cela permet de ne pas avoir à en créer de nouveaux.

Nous allons décrire l'interface commune aux fournisseurs de contenus, puis voir comment effectuer des requêtes et des modifications sur ces fournisseurs de contenus. Enfin, nous verrons comment supprimer des enregistrements des fournisseurs de contenus.

5.1 Interface et URI

Tous les fournisseurs de contenus exposent la même interface. En interne cependant, chacun est libre de sauvegarder ses données en utilisant la ou les solutions de stockage qu'il souhaite.

Quel que soit le mode de stockage interne, les fournisseurs de contenus retournent leurs données sous forme de tables de base de données. Chaque ligne est un enregistrement et chaque colonne une valeur correspondant au champ concerné.

Chaque enregistrement possède un champ numérique _ID qui identifie de façon unique l'enregistrement dans la table.

Chaque fournisseur de contenus fournit une URI unique qui correspond à une table de ses données. Il y aura donc autant d'URI que de tables de données.

Syntaxe de l'URI

```
content://fr.domaine.nomProvider
content://fr.domaine.nomProvider/id
content://fr.domaine.nomProvider/sous-chemins
content://fr.domaine.nomProvider/sous-chemins/id
```

Partie	Description
`content://`	Indique que les données sont contrôlées par un fournisseur de contenus.
`fr.domaine.nomProvider`	Partie autorité de l'URI.
`sous-chemins`	Permet au fournisseur de contenus de déterminer le type de donnée. Vide s'il ne gère qu'un seul type de données.
`id`	L'identifiant unique de l'enregistrement demandé, soit la valeur du champ `_ID`. Vide si la requête concerne plus d'un enregistrement.

Android fournit des URI pour les fournisseurs de contenus inclus dans le système.

Exemple de l'URI pour obtenir les données des contacts

`ContactsContract.Contacts.CONTENT_URI`

■Remarque

L'accès à certaines données nécessite certains droits. Ici, la permission `android.permission.READ_CONTACTS` *est requise pour pouvoir accéder aux données des contacts.*
De même, la permission `android.permission.WRITE_CONTACTS` *est requise pour pouvoir ajouter, modifier ou supprimer les données des contacts.*

5.2 Requêtes

La classe `ContentResolver` contient les méthodes permettant d'effectuer des requêtes et de récupérer les données stockées dans les fournisseurs de contenus. La méthode `getContentResolver` de la classe `Context` permet de récupérer une instance de type `ContentResolver`.

Syntaxe

```
public abstract ContentResolver getContentResolver ()
```

Exemple

```
ContentResolver resolveur = getContentResolver();
```

La méthode `query` de la classe `ContentResolver` permet d'exécuter une requête en spécifiant l'URI en paramètre. Les autres paramètres permettent de préciser les noms des champs souhaités, une clause SQL `WHERE`, les arguments de la clause `WHERE` et une clause SQL `ORDER BY`.

Syntaxe

```
public final Cursor query (Uri uri, String[] projection,
   String selection, String[] selectionArgs, String sortOrder)
```

Exemple

```
Cursor curseur = resolveur.query(
   ContactsContract.Contacts.CONTENT_URI, null, null, null, null);
```

Pour plus de facilité, sur les versions d'Android inférieures à la 3.0 (API 11), on peut utiliser la méthode `managedQuery` de la classe `Activity` qui contrairement à la méthode précédente gère le cycle de vie du curseur automatiquement en fonction de l'état de l'activité qui la contient. Par exemple, lorsque l'activité est en pause, le curseur libère sa mémoire utilisée et se recharge automatiquement lorsque l'activité reprend.

Syntaxe

```
public final Cursor managedQuery (Uri uri, String[] projection,
   String selection, String[] selectionArgs, String sortOrder)
```

Exemple

```
Cursor curseur = managedQuery(
   ContactsContract.Contacts.CONTENT_URI, null, null, null, null);
```

■Remarque

Depuis la version 3.0 (API 11), la méthode `managedQuery` est dépréciée au profit de la nouvelle classe `CursorLoader` permettant d'exécuter facilement des requêtes de façon asynchrone.

Ces appels retournent un curseur pointant sur tous les enregistrements du résultat. Pour ne retourner qu'un seul enregistrement, il faut ajouter l'identifiant unique de l'enregistrement souhaité à l'URI. Pour ce faire, on utilise la méthode `withAppendedId` de la classe `ContentUris` qui retourne l'URI ainsi formée.

Syntaxe

```
public static Uri withAppendedId (Uri contentUri, long id)
```

Exemple

```
Uri uri = ContentUris.withAppendedId(
    ContactsContract.Contacts.CONTENT_URI, 42);
Cursor curseur = resolveur.query(uri, null, null, null, null);
```

Le curseur obtenu permet de lire les valeurs des enregistrements. Pour cela, la classe `Cursor` fournit, entre autres, la méthode `getColumnIndex`. Cette méthode prend en paramètre le nom du champ souhaité et retourne l'index correspondant.

Syntaxe

```
public abstract int getColumnIndex (String columnName)
```

Connaissant le type de la valeur du champ, on récupère la valeur en utilisant la méthode correspondante parmi les méthodes `getInt`, `getFloat`... Par exemple, pour récupérer une valeur de type `String`, on utilise la méthode `getString`.

Syntaxe

```
public abstract String getString (int columnIndex)
```

Exemple

```
int indexCol =
curseur.getColumnIndex(ContactsContract.Contacts.DISPLAY_NAME);
String nom = curseur.getString(indexCol);
```

5.3 Ajout d'un enregistrement

Pour ajouter de nouveaux enregistrements à un fournisseur de contenus, il faut créer un objet de type `ContentValues` qui contiendra les données de l'enregistrement sous forme d'associations clé-valeur. L'ajout de données dans cet objet se fait en utilisant l'une de ses méthodes `put` qui prend en premier paramètre le nom de la clé et en second paramètre la valeur. Par exemple, la méthode `put` correspondant à une valeur de type `String` possède la syntaxe suivante.

Syntaxe

```
public void put (String key, String value)
```

Exemple

```
ContentValues enregistrement = new ContentValues();
enregistrement.put(Phone.RAW_CONTACT_ID, 42);
enregistrement.put(Phone.NUMBER, "000-000");
enregistrement.put(Phone.TYPE, Phone.TYPE_MOBILE);
```

Pour ajouter l'enregistrement dans les données du fournisseur de contenus, il suffit ensuite d'appeler la méthode `insert` de l'objet de type `ContentResolver` et lui fournir en paramètre l'URI et l'enregistrement. Cette méthode retourne l'URI correspondant à l'enregistrement.

Syntaxe

```
public final Uri insert (Uri url, ContentValues values)
```

Exemple

```
Uri uri = resolveur.insert(Phone.CONTENT_URI, enregistrement);
```

5.4 Suppression d'enregistrements

La suppression d'un ou plusieurs enregistrements se fait via l'utilisation de la méthode `delete` de la classe `ContentResolver`.

Syntaxe

```
public final int delete (Uri url, String where,
    String[] selectionArgs)
```

Si le paramètre `url` contient l'identifiant d'un enregistrement alors seul cet enregistrement sera supprimé.

Si au contraire, le paramètre `url` ne contient pas d'identifiant alors les paramètres `where` et `selectionArgs` seront utilisés pour spécifier respectivement la clause SQL `WHERE` et ses arguments.

Exemple

```
Uri uri = ContentUris.withAppendedId(
    ContactsContract.Contacts.CONTENT_URI, 42);
resolveur.delete(uri, null, null);
```

6. Sauvegarde dans les nuages

Depuis la version 2.2 (API 8), Android propose la sauvegarde des données persistantes de l'application dans un nuage, c'est-à-dire en ligne, sur un serveur. C'est un service complémentaire à celui de la sauvegarde des données en local.

Lorsque l'utilisateur réinitialise l'appareil Android, lorsqu'il change d'appareil ou utilise un nouvel appareil supplémentaire, comme une tablette en complément d'un smartphone, il peut souhaiter (ré)installer une même application. Le fait de devoir reconfigurer l'application et y réinsérer certaines données de façon manuelle sont des tâches qui peuvent paraître rébarbatives pour l'utilisateur.

C'est là que la sauvegarde en ligne entre en jeu. Celle-ci permet d'éviter ces tâches de configuration longues et fastidieuses. Les données préalablement sauvegardées en ligne peuvent être téléchargées et insérées lors d'une nouvelle installation de l'application. L'utilisateur retrouvera alors automatiquement l'application et les données l'accompagnant sans action de sa part.

■Remarque

Les données sont associées au compte utilisateur Google principal configuré sur l'appareil. L'utilisateur devra donc avoir configuré le même compte principal sur ses différents appareils pour profiter pleinement de cette fonctionnalité.

À noter que bien que cette fonctionnalité soit présente dans la majorité des appareils Android, certains ne la proposent pas. L'utilisateur peut également désactiver cette fonctionnalité dans les paramètres généraux du système. Dans de tels cas, l'application fonctionnera normalement ; les données persistantes ne seront simplement pas sauvegardées ni restaurées. Charge à l'utilisateur de les réinsérer manuellement.

L'application n'envoie pas elle même ses données persistantes sur le serveur. Elle communique avec le Gestionnaire de sauvegarde sur le système Android. Celui-ci se charge de préparer les données à envoyer, de communiquer avec le serveur en ligne et de lui transmettre les données. Il est également chargé de recevoir les données depuis le serveur dans le cas d'une nouvelle installation de l'application.

L'application doit indiquer au Gestionnaire de sauvegarde quel est le service de sauvegarde en ligne à utiliser, le système autorisant l'utilisation de différents services de sauvegarde en ligne. Nous étudierons ici le service de sauvegarde en ligne proposé par Google : l'Android Backup Service.

◼ Remarque

Il appartient aux responsables de l'application, particuliers, sociétés ou autres de vérifier s'ils doivent déclarer la sauvegarde des données sur leurs serveurs, selon le type de données concerné et notamment si ce sont des données personnelles, auprès de la CNIL (Commission nationale de l'informatique et des libertés - http://www.cnil.fr/). S'il utilise le service Android Backup Service de Google, le responsable devra sans doute compléter sa déclaration en indiquant un possible transfert de ces données hors de l'Union européenne.

6.1 Souscrire à l'Android Backup Service

L'inscription de l'application auprès du service Android Backup Service est une étape obligatoire pour que celle-ci puisse y sauvegarder et restaurer des données. L'inscription est gratuite.

À l'issue de l'inscription, une clé unique est générée. C'est cette clé qui permet d'identifier l'application auprès du service lors des phases de sauvegarde et de restauration.

■Remarque

Le service requiert que chaque application possède sa propre clé. Il faudra donc inscrire chaque application, chaque paquetage, afin de générer autant de clés qu'il y a d'applications qui souhaitent utiliser le service.

▶Rendez-vous à l'adresse suivante :
https://developer.android.com/google/backup/signup.html

▶Lisez les conditions d'utilisation du service Android Backup Service décrivant notamment les conditions et restrictions d'utilisation du service. Validez la case à cocher **I have read and agree with the Android Backup Service Terms of Service**.

▶Entrez le nom du paquetage de l'application souhaitant utiliser le service dans le champ **Application package name**.

▶Cliquez sur le bouton **Register**.

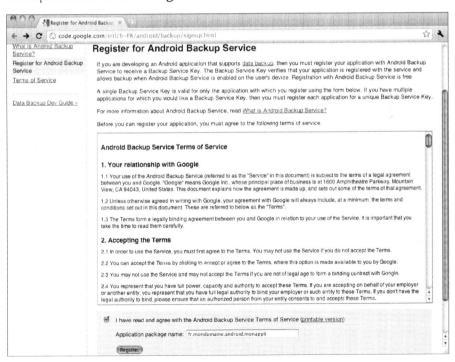

L'écran suivant s'affiche alors, comportant la clé unique générée et associée au nom de paquetage fourni.

▶ Sauvegardez la page web ou a minima la clé en notant à quel paquetage elle est associée. Si nécessaire, la même clé peut être générée plusieurs fois.

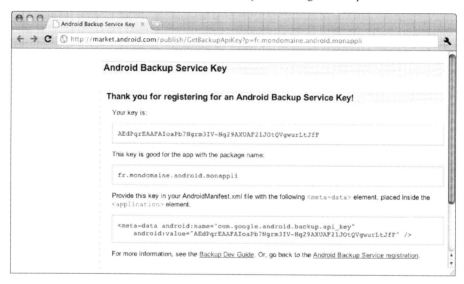

6.2 Configuration de la clé

La clé étant générée, il faut l'ajouter dans le manifeste en insérant une balise `meta-data` sous la balise `application`. Cette balise `meta-data` doit comporter l'attribut `android:name` identifiant la donnée, ici `com.google.android.backup.api_key`, et l'attribut `android:value` comportant la valeur de la clé générée.

Syntaxe

```
<meta-data android:name="com.google.android.backup.api_key"
           android:value="chaîne de caractères" />
```

Exemple

```xml
<?xml version="1.0" encoding="utf-8"?>
<manifest ...>
   <application ...>
     ...
   <meta-data android:name="com.google.android.backup.api_key"
     android:value="AEdPqrEAAFAIoa...Hq29AXUAFOtQVgwurLtJfF" />
   </application>
</manifest>
```

6.3 Agent de sauvegarde

L'application doit fournir un agent de sauvegarde chargé de transmettre les informations à sauvegarder et à restaurer au Gestionnaire de sauvegarde.

Pour cela, il faut créer une classe héritant de la classe BackupAgent. La classe créée communique avec le Gestionnaire de sauvegarde et doit notamment implémenter les méthodes onBackup et onRestore pour réaliser respectivement les opérations de sauvegarde et de restauration.

Android fournit la classe BackupAgentHelper héritant de la classe BackupAgent. Celle-ci utilise des assistants capables de sauvegarder aisément certains types de données et notamment les fichiers de préférences et les fichiers binaires stockés en local. De ce fait, il n'est pas nécessaire d'implémenter les méthodes onBackup et onRestore. Par contre, hériter de la classe BackupAgentHelper entraîne certaines restrictions comme par exemple l'impossibilité de sauvegarder des données stockées dans une base de données SQLite. Pour cela, il faudra hériter directement de la classe BackupAgent.

Nous ne traiterons ici que de l'héritage de la classe BackupAgentHelper plutôt que de la classe de base BackupAgent afin de profiter des services qu'elle offre.

6.3.1 Configuration

Une fois le nom de la classe choisi, il faut l'indiquer dans le manifeste en utilisant l'attribut `android:backupAgent` de la balise `application`. Cela permet au Gestionnaire de sauvegarde d'en avoir connaissance et de pouvoir communiquer avec l'agent correspondant.

Syntaxe

```
android:backupAgent="chaîne de caractères"
```

À l'instar des autres composants, ce nom peut commencer par un point signifiant que le nom du paquetage indiqué par l'attribut `package` de la balise `manifest` sera utilisé pour composer le nom complet.

Exemple

```
<?xml version="1.0" encoding="utf-8"?>
<manifest ...>
    <application android:backupAgent=".MonAgentDeSauvegarde" >
        ...
    </application>
</manifest>
```

6.3.2 BackupAgentHelper

La classe `BackupAgentHelper` utilise des assistants de sauvegarde, chacun spécialisé dans la sauvegarde d'un type de donnée. Android fournit deux assistants représentés par les classes `SharedPreferencesBackupHelper` et `FileBackupHelper`.

La classe `SharedPreferencesBackupHelper` est spécialisée dans la sauvegarde et la restauration de fichiers de préférences. Il suffit d'instancier cette classe pour obtenir l'assistant correspondant. Le constructeur prend en paramètres le contexte applicatif ainsi qu'un nombre indéfini de noms de fichiers de préférences à sauvegarder.

Syntaxe

```
public SharedPreferencesBackupHelper (Context context,  String... prefGroups)
```

Exemple

```
SharedPreferencesBackupHelper assistantFichiersPrefs =
    new SharedPreferencesBackupHelper(this, "nomFichierPrefs1",
      "nomFichierPrefs2");
```

La classe `FileBackupHelper` est spécialisée dans la sauvegarde et la restauration de fichiers binaires de petite taille. Là encore, il suffit d'instancier cette classe pour obtenir l'assistant correspondant. Le constructeur prend en paramètres le contexte applicatif ainsi qu'un nombre indéfini de noms de fichiers binaires du stockage interne à sauvegarder.

Syntaxe

```
public FileBackupHelper (Context context, String... files)
```

Exemple

```
FileBackupHelper assistantFichiersBin =
    new FileBackupHelper(this, "nomFichierBin1", "nomFichierBin2");
```

Comme indiqué plus haut, la classe `MonAgentDeSauvegarde` est créée en surchargeant la classe `BackupAgentHelper`. Celle-ci doit indiquer les assistants qu'elle utilise, c'est-à-dire les instances des objets `SharedPreferencesBackupHelper` et `FileBackupHelper`. Pour cela, elle doit utiliser sa méthode `addHelper`. Celle-ci prend en paramètres une clé sous forme de chaîne de caractères ainsi que l'objet assistant associé.

Syntaxe

```
public void addHelper (String keyPrefix, BackupHelper helper)
```

Exemple

```
addHelper("fichiersPrefs", assistantFichiersPrefs);
```

Cette déclaration d'assistants doit se réaliser dans la méthode `onCreate` de la classe `MonAgentDeSauvegarde`. Cette méthode est appelée avant de réaliser la sauvegarde ou la restauration. Elle permet donc d'initialiser le processus.

Syntaxe

```
public void onCreate ()
```

Exemple

```
public class MonAgentDeSauvegarde extends BackupAgentHelper {

  @Override
  public void onCreate() {
    SharedPreferencesBackupHelper assistantFichiersPrefs =
      new SharedPreferencesBackupHelper(this,
        "nomFichierPrefs1", "nomFichierPrefs2");
    addHelper("fichiersPrefs", assistantFichiersPrefs);

    FileBackupHelper assistantFichiersBin =
      new FileBackupHelper(this, "nomFichierBin1",
        "nomFichierBin2");
    addHelper("fichiersBin", assistantFichiersBin);
  }

}
```

Puisque la sauvegarde des données peut avoir lieu à tout instant, il faut s'assurer qu'elle n'ait pas lieu pendant une mise à jour de ces données en local par l'application elle-même. Sinon, les données sauvegardées en ligne pourraient être corrompues.

Une des solutions proposées pour répondre à cela est de rendre atomiques les phases d'écriture et de lecture des données dans les fichiers. Concrètement, cela consiste à synchroniser les accès à ces données via l'utilisation d'un verrou par exemple.

L'accès aux fichiers de préférences via une interface de type `SharedPreferences` est d'ores et déjà thread-safe. C'est-à-dire que cette interface assure l'atomicité des opérations d'écriture et de lecture. Il n'y a donc rien à faire pour ces fichiers.

Par contre, ce n'est pas le cas pour les fichiers binaires. Il faut donc instaurer un tel mécanisme lors de l'utilisation de ces fichiers par les composants de l'application et par l'agent de sauvegarde. La mise en place de ce mécanisme par l'agent de sauvegarde doit se faire dans les méthodes `onBackup` et `onRestore` qu'il faut donc implémenter.

Syntaxe

```
public abstract void onBackup (ParcelFileDescriptor oldState,
  BackupDataOutput data, ParcelFileDescriptor newState)

public abstract void onRestore (BackupDataInput data,
  int appVersionCode, ParcelFileDescriptor newState)
```

Exemple

```
public static final Object sVerrou = null;

@Override
public void onBackup(ParcelFileDescriptor oldState,
    BackupDataOutput data, ParcelFileDescriptor newState)
    throws IOException {
  synchronized (sVerrou) {
    super.onBackup(oldState, data, newState);
  }
}

@Override
public void onRestore(BackupDataInput data, int appVersionCode,
    ParcelFileDescriptor newState) throws IOException {
  synchronized (sVerrou) {
    super.onRestore(data, appVersionCode, newState);
  }
}
```

Tous les accès en écriture aux fichiers sauvegardés devront se faire en utilisant ce verrou dans l'ensemble de l'application.

6.4 Gestionnaire de sauvegarde

Il appartient à l'application d'avertir le Gestionnaire de sauvegarde que ses données ont été modifiées et doivent donc être sauvegardées en ligne. Le Gestionnaire de sauvegarde décide ensuite à quel moment sera réellement effectuée cette sauvegarde en ligne. Même si entre-temps l'application a renouvelé sa demande à de multiples reprises, le Gestionnaire mutualisera ces demandes pour n'effectuer la sauvegarde en ligne qu'une seule fois. Il utilisera alors l'Agent de sauvegarde spécifié par l'application.

6.4.1 Demander une sauvegarde

Pour faire une demande de sauvegarde, l'application doit d'abord créer une instance du Gestionnaire de sauvegarde. Pour cela, elle doit simplement utiliser le constructeur de la classe `BackupManager`.

Syntaxe

```
public BackupManager (Context context)
```

Exemple

```
BackupManager backupManager = new BackupManager(this);
```

L'application doit ensuite appeler la méthode `dataChanged` du Gestionnaire de sauvegarde pour l'informer que ses données ont été modifiées et qu'il peut donc les sauvegarder en ligne.

Syntaxe

```
public void dataChanged ()
```

Exemple

```
backupManager.dataChanged();
```

Les données sauvegardées en ligne sont restaurées automatiquement sur l'appareil Android par le système après l'installation de l'application et donc avant la première exécution de celle-ci. Il faut pour cela que le système dispose de cette fonctionnalité, que l'utilisateur ne l'ait pas désactivée et que le service en ligne soit joignable.

> ■Remarque
>
> *L'application peut cependant forcer une restauration des données à tout instant en invoquant la méthode* `requestRestore` *du Gestionnaire de sauvegarde.*

6.4.2 Tester le service

Afin de tester aisément la mise en place du système de sauvegarde en ligne par l'application, il est possible de forcer manuellement les différentes étapes de sauvegarde et de restauration.

Cela se passe depuis une console. L'outil `adb` permet d'ouvrir un shell sur l'appareil Android ou l'émulateur. Depuis ce shell, il faut utiliser la commande `bmgr` et lui fournir les options souhaitées. Les options les plus utilisées sont `backup`, `run` et `restore` correspondant respectivement à la demande de sauvegarde, à la réalisation effective de la sauvegarde en ligne et à la restauration. Il suffit de ne spécifier aucune option pour obtenir la liste complète des options disponibles.

Syntaxe

```
adb shell bmgr options
```

Exemple

```
$ adb shell bmgr enable true
$ adb shell bmgr backup fr.mondomaine.android.monappli
$ adb shell bmgr run
$ adb uninstall fr.mondomaine.android.monappli
```

Dans cet exemple, on active le service de sauvegarde sur l'émulateur ou l'appareil. Puis on demande et on force le lancement de la sauvegarde. On supprime ensuite l'application.

Reste à réinstaller l'application pour vérifier que les données sont bien restaurées.

7. Prise en charge du JSON

La fin de ce chapitre sur les données est consacrée, bien que cela ne soit pas à proprement parler un support pour la persistance des données, à la prise en charge du format JSON par la plateforme Android.

7.1 Présentation du format JSON

Le format JSON (pour *JavaScript Object Notation*) est en effet un format de données qui tend à se généraliser pour la transmission de données via le réseau : simple à mettre en œuvre, facilement interprétable, il a également pour avantage d'être peu verbeux – comparé au format XML, par exemple. La bibliothèque réseau Volley, présentée au chapitre Concurrence, sécurité et réseau, prend, par exemple, entièrement en charge ce format.

En JSON, les données sont écrites au format texte, sous la forme d'ensembles de listes de couple nom de la donnée/valeur de la donnée.

Les données peuvent être de plusieurs types différents : chaîne de caractères, nombre, booléen, objet, ou le type spécial `null`. Les tableaux de données sont également pris en charge.

Exemple

```
{"contacts" :
    [
        {
            "id" : 1,
            "nom" : "Martin",
            "prenom" : "Pierre",
            "telephone" : "0102030405",
            "disponible" : true,
            "email" : null
        },
        {
            "id" : 2,
            "nom" : "Michel",
            "prenom" : "Dominique",
            "telephone" : "0504050709",
            "disponible" : true,
            "email" :
                    ["d.michel@monemail.com",
                     "dominique.michel@mailpro.fr"]
        }
    ]
}
```

■Remarque

Les tableaux sont définis par les crochets [et].

7.2 Interprétation du format JSON

Android propose, pour interpréter le format JSON, deux principales classes : `JSONObject` et `JSONArray`, appartenant au package `org.json`. Naturellement, la classe `JSONObject` permet la prise en charge des objets JSON, la classe `JSONArray` se chargeant des tableaux d'objets – objet étant ici pris au sens large.

Les principaux constructeurs de la classe `JSONObject` sont les suivants :

Syntaxe

```
public JSONObject()
public JSONObject(String json)
```

Le premier constructeur permet de définir un objet `JSONObject` vide, le second permettant de définir un objet `JSONObject` à partir de la chaîne de caractères passée en paramètre. C'est en général ce constructeur qui est utilisé.

Exemple

```
String jsonSource ="{\"contacts\" :
    [{ \"id\" : 1,
       \"nom\" : \"Martin\",
       \"prenom\" : \"Pierre\",
       \"telephone\" : \"0102030405\",
       \"disponible\" : true,
       \"email\" : null},
    { \"id\" : 2,
       \"nom\" : \"Michel\",
       \"prenom\" : \"Dominique\",
       \"telephone\" : \"0504050709\",
       \"disponible\" : true,
       \"email\" :
          [\"d.michel@monemail.com\",
           \"dominique.michel@mailpro.fr\"]
    }]}";

JSONObject root = new JSONObject(jsonSource);
```

> ◼ Remarque
>
> *Les caractères \ présents dans l'exemple ci-dessus sont les caractères d'échappement, nécessaires pour spécifier des guillemets dans une chaîne de caractères.*

Pour chaque type de données possibles (nombre, chaîne de caractères, booléen, objet, tableau), deux méthodes sont exposées par la classe `JSONObject` : les méthodes `getXXX` et `optXXX`. Toutes prennent en paramètre le nom de la propriété qui doit être évaluée.

Syntaxe

```
Object          get(String name)
int          getInt(String name)
boolean      getBoolean(String name)
double          getDouble(String name)
long         getLong(String name)
String          getString(String name)
JSONObject      getJSONObject(String name)
JSONArray       getJSONArray(String name)

Object          opt(String name)
int          optInt(String name)
boolean      optBoolean(String name)
double          optDouble(String name)
long         optLong(String name)
String          optString(String name)
JSONObject      optJSONObject(String name)
JSONArray       optJSONArray(String name)
```

Les méthodes `getXXX` lèveront une exception de type `JSONException` si la propriété n'est pas présente dans la chaîne de données JSON. Les méthodes `optXXX` ne lèvent pas d'exception si la propriété est manquante. La méthode `has(String name)` permet de tester si une propriété est présente dans la chaîne JSON.

Exemple

```
JSONArray jsonEmails = null;
if(jsonContact.has("email"))
    jsonEmails =jsonContact.optJSONArray("email");
```

De la même façon, la classe `JSONArray` présente, pour chaque type de données, les méthodes `getXXX` et `optXXX`. Ces méthodes prennent en paramètre l'index de la donnée à évaluer dans le tableau. La méthode `length()` de la classe `JSONArray` retourne le nombre d'éléments que contient l'objet `JSONArray`.

Exemple

```
JSONArray jsonEmails=[...]

for(int j = 0;j<jsonEmails.length();j++)
    emails[j] = jsonEmails.getString(j);
```

L'essentiel de la difficulté, lorsque l'on travaille avec le format JSON, est d'interpréter correctement la nature de chaque couple nom/valeur, pour appliquer la méthode adéquate. Ainsi, en prenant en exemple la chaîne de caractères JSON présentée en début de section, il faut veiller à correctement interpréter en tant que tableaux les données `contacts` et `email`. L'exemple ci-dessous donne un possible schéma d'interprétation pour l'exemple JSON présenté.

Exemple

```
String jsonSource =
    "{\"contacts\" :
        [{\"id\" : 1,\"nom\" : \"Martin\",
          \"prenom\" : \"Pierre\",
          \"telephone\" : \"0102030405\",
          \"disponible\" : true,
          \"email\" : null},
        {\"id\" : 2,\"nom\" : \"Michel\",
         \"prenom\" : \"Dominique\",
         \"telephone\" : \"0504050709\",
         \"disponible\" : true,
         \"email\" : [\"d.michel@monemail.com\",
                    \"dominique.michel@mailpro.fr\"]}]}";
try {

    JSONObject root = new JSONObject(jsonSource);
    JSONArray jsonContacts = root.optJSONArray("contacts");

    for(int i =0;i<jsonContacts.length();i++) {

        JSONObject jsonContact =
```

```
            jsonContacts.getJSONObject(i);
      int id = jsonContact.getInt("id");
      String nom = jsonContact.getString("nom");
          String prenom = jsonContact.getString("prenom");
          String telephone = jsonContact.getString("telephone");
      String[] emails = null ;

      JSONArray jsonEmails =
            jsonContact.optJSONArray("email");

      if(jsonEmails!=null) {
         emails = new String[jsonEmails.length()];
         for(int j = 0;j<jsonEmails.length();j++)
            emails[j] = jsonEmails.getString(j);
      }
      boolean disponible =
            jsonContact.getBoolean("disponible");

   }
}
catch (JSONException e) {
   Log.e("JSON", e.getMessage());
}
```

Chapitre 8
Intentions, récepteurs
d'événements et services

1. Introduction

Ce chapitre aborde trois notions étroitement liées : les intentions, les récepteurs d'événement et les services.

Les intentions ont déjà été utilisées dans les chapitres précédents, notamment pour lancer une activité ou pour préciser une action. La première section expose en détail le fonctionnement des intentions ainsi que les notions de filtre d'intention et d'intention en attente.

Ensuite, nous verrons comment les récepteurs d'événements s'appuient sur la notion d'intention et de filtre d'intention pour permettre aux applications de s'intégrer au système.

La dernière section, enfin, présente les services, briques applicatives ne possédant pas d'interface graphique.

2. Intention

L'une des grandes forces d'Android est de permettre de ne pas lier statiquement les composants applicatifs les uns aux autres et de les rendre de ce fait les plus indépendants possible. Ce principe est poussé si loin qu'il permet même d'utiliser des composants applicatifs d'une application depuis une autre application sans les connaître lors de l'écriture du code. Ils seront choisis lors de l'exécution de l'application, soit par le système, soit par l'utilisateur.

Pour pouvoir réaliser cela et faire communiquer dynamiquement ces composants entre eux, Android fournit les objets de type `Intent` (intention). Comme son nom l'indique, une intention désigne une action à réaliser. Mais une intention peut également décrire un événement qui vient de se produire, comme c'est le cas pour les récepteurs d'événements, abordés dans la section suivante.

Il faut distinguer deux types d'intentions, selon que la classe qui doit réaliser l'action est connue ou pas. Lorsque la classe est réputée connue par le développeur, l'intention est qualifiée d'**intention explicite**. Dans le cas contraire, lorsque le développeur précise uniquement l'action à réaliser, l'intention est définie comme étant une **intention implicite**.

2.1 Intention explicite

Une intention explicite désigne précisément le composant cible auquel elle est destinée. De fait, elle choisit aussi l'action à réaliser. L'intention peut également contenir explicitement l'action à réaliser, dans le cas où le composant peut en réaliser plusieurs.

Un des usages les plus courants des intentions explicites est le lancement de composants applicatifs, notamment d'activités, à l'intérieur d'une même application.

■Remarque

Le composant destinataire est recherché parmi les composants déclarés dans le manifeste. En conséquence, si le composant n'apparaît pas dans le fichier, il ne pourra pas être invoqué.

Concrètement, pour créer une intention explicite, il faut créer un objet de type `Intent` et lui fournir la classe destinataire. La classe `Intent` présente, pour cela, un constructeur prenant en paramètres le contexte applicatif et le nom de la classe destinataire. Un autre constructeur permet en plus de spécifier explicitement l'action et la donnée.

Syntaxe

```
public Intent (Context packageContext, Class<> cls)
public Intent (String action, Uri data, Context packageContext,
  Class<> cls)
```

Exemple

▌ `Intent intent = new Intent(this, MonActiviteDestinataire.class);`

2.2 Intention implicite

Contrairement à l'intention explicite qui désigne le composant destinataire, l'intention implicite indique, quant à elle, l'action à réaliser. Charge au système de trouver le composant applicatif destinataire le plus à même de pouvoir réaliser cette action, généralement issu d'une autre application. S'il en existe plusieurs de même niveau, le système demandera à l'utilisateur d'en choisir un. Si le système n'en a trouvé aucun, une exception sera générée.

Découvrons d'abord comment créer une intention implicite puis comment les composants applicatifs déclarent les intentions implicites auxquelles ils peuvent répondre.

2.2.1 Création

Concrètement, pour créer une intention implicite, il faut créer un objet de type `Intent` et lui fournir l'action à réaliser. La classe `Intent` propose un constructeur qui prend directement en paramètre l'action. Un autre constructeur permet de spécifier en plus la donnée associée.

Syntaxe

```
public Intent (String action)
public Intent (String action, Uri uri)
```

Exemple

```
Intent intent = new Intent(Intent.ACTION_DIAL,
    Uri.parse("tel:01020304"));
```

Le système recherchera alors le meilleur composant parmi ceux ayant déclaré la capacité de réaliser l'action demandée et répondant aux critères requis. Il utilise pour cela les valeurs `action`, `category` et `data` de l'objet `intent`.

Android fournit des noms d'actions génériques utilisables tels quels (par exemple, `android.intent.action.DIAL` pour lancer un appel téléphonique). Il serait fastidieux de lister ici toutes les actions présentées par le système. La documentation Android présente chacune d'entre elles à l'adresse suivante :
https://developer.android.com/reference/android/content/
Intent#constants_1

Les actions utilisables pour définir une intention implicite sont appelées, dans la documentation Android, les actions d'activité (*Standard Activity Actions*, en anglais).

Le développeur peut également créer ses propres actions. Puisque ces actions peuvent avoir une portée globale dans le système, il est demandé de nommer les actions créées en les précédant du nom du paquetage de l'application qui les crée.

L'action d'un objet de type `Intent` peut être spécifiée et récupérée en utilisant les méthodes `setAction` et `getAction`.

Syntaxe

```
public Intent setAction (String action)
public String getAction ()
```

■Remarque

La méthode `setAction` retourne le même objet de type `Intent` afin de pouvoir chaîner les appels de méthodes.

Pour être réalisée, l'action spécifiée dans l'intention peut avoir besoin de don-nées. Elle peut également avoir besoin d'informations précisant les données qui doivent être utilisées ou modifiées par l'action. Toutes ces informations peuvent être fournies à l'objet de type `Intent` sous la forme de catégories, de données ou d'extras.

La catégorie est utilisée pour déterminer le type de composants qui doit réali-ser l'action. Il existe plusieurs catégories par défaut. Le développeur peut, là encore, en définir de nouvelles. Pour ajouter une catégorie à un intent, il suffit d'appeler sa méthode `addCategory` et de lui fournir une chaîne de caractères en paramètre nommant la catégorie.

Syntaxe

```
public Intent addCategory (String category)
```

Les données regroupent l'URI et le type MIME de la donnée cible. Le format et le sens de ces données sont dépendants de l'action spécifiée dans l'intent. En général, le type MIME peut être déduit de l'URI. Voici les principales mé-thodes disponibles pour spécifier et récupérer ces informations :

Syntaxe

```
public Intent setData (Uri data)
public Uri getData ()
public Intent setType (String type)
public String getType ()
```

■Remarque

> *L'utilisation de* `setData` *et celle de* `setType` *sont concurrentes. Elles écrasent leurs données respectives.*

Les extras sont d'autres données applicatives pouvant être incluses dans l'intent en utilisant la méthode `putExtras`, et la méthode `getExtras` pour les récu-pérer. Ces données doivent être fournies sous forme d'objets de type `Bundle`.

La fonction de la classe `Bundle` est similaire à celle de la classe `Map`, c'est-à-dire qu'elle stocke des données, associées sous forme de clés-valeurs. À une clé correspond une seule et unique valeur qui peut néanmoins être un tableau de valeurs de même type. La classe `Bundle` n'accepte que des chaînes de carac-tères comme clés. Les valeurs devront implémenter l'interface `Parcelable`, mécanisme de sérialisation léger spécifique à Android.

Attention, l'interface Parcelable *et le type* Parcel *associé ne doivent pas être utilisés pour sérialiser des données persistantes, la représentation interne des données pouvant être modifiée à chaque nouvelle version du SDK.*

Syntaxe

```
public Intent putExtras (Bundle extras)
public Bundle getExtras ()
```

Pour plus de facilité, la classe Intent fournit une multitude de méthodes directes pour spécifier les données extras sans passer explicitement par l'objet Bundle.

Syntaxe

```
public Intent putExtra (String name, int value)
public int getIntExtra (String name, int defaultValue)
public Intent putExtra (String name, String value)
public Intent putExtra (String name, Parcelable value)
public String getStringExtra (String name)
...
```

Enfin, la méthode addFlags permet d'ajouter des drapeaux à un objet de type Intent, comme nous le verrons plus loin.

Syntaxe

```
public Intent addFlags (int flags)
```

2.2.2 Filtre d'intention

Un filtre d'intention permet à un composant applicatif de déclarer au système le type d'intention implicite auquel il peut répondre. Seules les intentions implicites prises en compte par le filtre peuvent être traitées par le composant concerné.

■Remarque

Les filtres d'intention n'ont aucune incidence sur les intentions explicites, puisque la classe devant réaliser l'action est déjà précisée par le développeur.

La déclaration des capacités d'un composant applicatif à traiter une intention implicite se fait en utilisant la balise `intent-filter` dans le manifeste. Un composant applicatif peut avoir plusieurs filtres d'intention différents. S'il n'en a aucun, le composant ne peut être lancé que par des intentions explicites.

Lorsqu'une intention implicite doit être traitée, le système analyse ses données et les compare aux filtres des composants disponibles. L'objet de type `Intent` doit alors satisfaire aux critères d'un des filtres pour être traité. Les critères sont l'action, la catégorie et les données.

De ce fait, les balises `intent-filter` peuvent inclure les balises `action`, `category` et `data` pour les décrire sur chacun de ces points.

Syntaxe

```
<intent-filter android:icon="ressource drawable"
               android:label="ressource texte"
               android:priority="entier" >
   ...
</intent-filter>
```

Les attributs `android:icon` et `android:label` peuvent être affichés à l'utilisateur selon les besoins. S'ils ne sont pas spécifiés, ce sont ceux du composant parent qui seront utilisés par défaut.

Si une intention correspond à plusieurs filtres d'activités ou de récepteurs d'événements différents, l'attribut `android:priority` permet de choisir celui qui sera utilisé par le système. La valeur de cet attribut doit être un entier. Priorité est donnée à la valeur la plus grande.

La balise `action` d'un filtre d'intention désigne le nom complet de l'action que le composant peut traiter, via l'attribut `android:name`. Le nom complet est composé du paquetage de l'application suivi du nom de l'action en majuscules liés par un point. Plusieurs actions peuvent être indiquées dans la même balise `intent-filter`.

■Remarque

Il suffit que l'action de l'objet intent *corresponde à une seule des actions du filtre pour que le critère de l'action soit satisfait.*

Syntaxe

```
<action android:name="chaîne de caractères" />
```

Exemple

```
<intent-filter>
    <action android:name="android.intent.action.VIEW" />
    <action android:name="fr.mondomaine.android.monappli.ACTION1" />
</intent-filter>
```

La balise `category` d'un filtre d'intention désigne le nom complet de la catégorie caractérisant le composant. Le nom complet est composé du paquetage de l'application suivi du nom de la catégorie en majuscules liés par un point. Plusieurs catégories peuvent être indiquées dans le même filtre d'intention.

■Remarque

Il faut obligatoirement que toutes les catégories de l'objet intent *soient incluses dans le même filtre pour que le critère de la catégorie soit satisfait. Peu importe si le filtre fournit plus de catégories que celles demandées par l'intent.*

Syntaxe

```
<category android:name="chaîne de caractères" />
```

Exemple

```
<intent-filter ...>
    <category android:name="android.intent.category.DEFAULT" />
    <category
      android:name="fr.mondomaine.android.monappli.CATEGORIE1"/>
</intent-filter>
```

La balise `data` d'un filtre d'intention permet de spécifier une URI et/ou un type MIME. Les attributs de cette balise sont nombreux et, pour certains d'entre eux, dépendants les uns des autres. De ce fait, nous découvrirons l'utilisation de cette balise et de certains de ses attributs au fur et à mesure de cet ouvrage.

■Remarque

Les données, data et type MIME fournis par l'intention et ceux du filtre doivent correspondre parfaitement pour que le critère des données soit satisfait.

Syntaxe

```
<data android:host="chaîne de caractères"
      android:mimeType="chaîne de caractères"
      android:path="chaîne de caractères"
      android:pathPattern="chaîne de caractères"
      android:pathPrefix="chaîne de caractères"
      android:port="chaîne de caractères"
      android:scheme="chaîne de caractères" />
```

■Remarque

Les valeurs des attributs android:host, android:mimeType *et* android:scheme *doivent être écrites en minuscules.*

■Remarque

Android considère que si seul le type MIME est indiqué, alors le filtre, et donc le composant, accepte les données content: *et* file: *que nous découvrirons plus tard.*

Exemple

```
<intent-filter>
  <data android:mimeType="video/*" />
</intent-filter>
```

2.3 Intention en attente

Une intention en attente désigne un objet de type PendingIntent. Celui-ci contient un objet de type Intent décrivant une action à réaliser. Cette action peut être réalisée à une date ultérieure par une autre application en se faisant passer pour l'application qui a créé l'objet de type PendingIntent et en recevant ses droits pour l'occasion.

Les méthodes statiques getActivity, getService et getBroadcast de la classe PendingIntent créent un objet de type PendingIntent permettant respectivement de lancer une activité, un service ou de diffuser un événement. Ces méthodes prennent en paramètres le contexte applicatif, un code non utilisé, l'intention à réaliser ainsi que des drapeaux.

Syntaxe

```
public static PendingIntent getActivity (Context context, int
requestCode, Intent intent, int flags)
public static PendingIntent getService (Context context, int
requestCode, Intent intent, int flags)
public static PendingIntent getBroadcast (Context context, int
requestCode, Intent intent, int flags)
```

Exemple

```
Intent intent = new Intent(this, MonActiviteDestinataire.class);
intent.addFlags(Intent.FLAG_ACTIVITY_NEW_TASK);
PendingIntent pendingIntent = PendingIntent.getActivity(this, 0,
   intent, PendingIntent.FLAG_UPDATE_CURRENT);
```

Cet exemple crée ou met à jour (du fait de l'utilisation du drapeau `Pending Intent.FLAG_UPDATE_CURRENT`) un objet de type `PendingIntent` chargé de lancer l'activité `MonActiviteDestinataire` à une date ultérieure.

> **Remarque**
>
> L'ajout du drapeau `Intent.FLAG_ACTIVITY_NEW_TASK` est requis pour démarrer l'activité dans une nouvelle tâche (cf. Les bases de l'interface utilisateur - section Activité).

3. Récepteur d'événements

Un récepteur d'événements est un composant applicatif indépendant dont le rôle consiste uniquement à réceptionner des événements et à les traiter comme il l'entend.

À l'instar d'un service, un récepteur d'événements ne possède pas d'interface graphique. Lorsqu'il reçoit un message et souhaite en informer l'utilisateur, il peut, par exemple, utiliser la barre de notifications ou lancer une activité.

Comme pour l'activité et le service, l'exécution d'un récepteur d'événements s'opère dans le thread principal du processus de l'application dont il fait partie.

■Remarque

Un récepteur d'événements ne doit donc pas bloquer le thread principal plus de dix secondes (cf. chapitre Concurrence, sécurité et réseau - Programmation concurrente).

Pour définir un récepteur d'événements, il faut créer une classe qui hérite de la classe `BroadcastReceiver` et implémenter uniquement la méthode `onReceive`. Il faut ensuite spécifier quels sont les événements auxquels le récepteur d'événements doit réagir.

Syntaxe

```
@Override
    public void onReceive(Context context, Intent intent)
```

Exemple

```
BroadcastReceiver monBroadcastReceiver = new BroadcastReceiver() {
    @Override
    public void onReceive(Context context, Intent intent) {

    }
};
```

3.1 Événement

Les événements sont produits soit par le système, soit par les applications elles-mêmes. Ils sont envoyés à destination de tous les récepteurs d'événements filtrant l'événement donné.

Concrètement, ces événements sont des objets de type `Intent` désignant l'action qui vient d'être réalisée ou l'événement qui vient de se produire.

Pour envoyer un tel événement, le composant émetteur dispose de plusieurs méthodes dont la plus simple est la méthode `sendBroadcast`. Celle-ci prend en paramètre l'objet `intent` qui sera diffusé aux récepteurs.

L'envoi de l'intention est réalisé de manière asynchrone de façon à ne pas bloquer le composant qui envoie l'événement.

Syntaxe

```
public abstract void sendBroadcast (Intent intent)
```

Exemple

```
Intent intent = new Intent("fr.mondomaine.monappli.monEvenement");
sendBroadcast(intent);
```

En invoquant cette méthode, la propagation de l'intention vers tous les composants destinataires se fait de façon simultanée, ou presque. Il est cependant possible de propager l'intention récepteur après récepteur, un à la fois, et ce, de façon ordonnée ou non. Le récepteur d'événements peut alors décider de passer un résultat au récepteur d'événements suivant et même d'arrêter la propagation de l'intent.

Pour cela, il faut utiliser la méthode `sendOrderedBroadcast`. Celle-ci prend en paramètres l'objet `intent` à diffuser aux récepteurs d'événements et une permission optionnelle que doit posséder le récepteur, `null` si aucune.

L'ordre d'appel des récepteurs d'événements sera déterminé selon l'attribut `android:priority` de leur `intent-filter` (cf. chapitre Intentions, récepteurs d'événements et services - Intention).

Syntaxe

```
public abstract void sendOrderedBroadcast (Intent intent,
    String receiverPermission)
```

Exemple

```
Intent intent = new Intent(fr.mondomaine.android.monappli.EVT_1);
sendOrderedBroadcast(intent, null);
```

3.2 Déclaration

Pour qu'un récepteur d'événements puisse réagir à un événement, il faut que celui-ci soit abonné à l'événement. Cet abonnement peut être soit statique, soit dynamique.

Pour être créé de façon statique, un récepteur d'événements doit être déclaré au système via la balise `receiver` dans le fichier de manifeste de l'application.

Un récepteur d'événements ainsi déclaré sera actif à tout moment, même si l'application n'est pas en cours d'exécution.

La balise `receiver` contient les informations propres à un récepteur d'événements. Comme la plupart des balises, cette balise propose plusieurs attributs. Nous en découvrirons certains au fur et à mesure de l'étude des fonctionnalités concernées. Voici, en attendant, la syntaxe de cette balise et de ses trois principaux attributs :

Syntaxe

```
<receiver android:icon="ressource drawable"
          android:label="ressource texte"
          android:name="chaîne de caractères"
          ... >
    ...
</receiver>
```

Les attributs `android:icon` et `android:label` ont les mêmes fonctions que ceux de la balise `application` mais limitées au récepteur d'événements. S'ils ne sont pas spécifiés, ce sont ceux de l'application qui seront utilisés par défaut.

L'attribut `android:name` permet de spécifier le nom de l'événement concerné, c'est-à-dire son nom de classe Java précédé du paquetage entier. À l'instar de l'activité, ce nom peut commencer par un point signifiant qu'il sera ajouté au paquetage indiqué par l'attribut `package` de la balise `manifest` pour composer le nom complet.

Pour spécifier le ou les événements auxquels le récepteur d'événements doit réagir, il faut ensuite définir, dans la balise `receiver`, un ou plusieurs filtres d'intention.

Exemple

```
<receiver android:name="monReceiver" >
  <intent-filter>
    <action android:name="fr.mondomaine.monappli.monEvenement" />
  </intent-filter>
</receiver>
```

Si le récepteur d'événements n'a pas de raison d'être actif à tout moment, il peut être déclaré de manière dynamique, par la méthode `registerReceiver` de la classe `Context`.

Syntaxe

```
Intent registerReceiver (BroadcastReceiver receiver, IntentFilter
filter)
```

La méthode prend en paramètre l'instance du récepteur d'événements concerné et un objet de type `IntentFilter`, qui permet de spécifier l'intention à laquelle le récepteur d'événements doit réagir.

Exemple

```
IntentFilter intentFilter =
    new IntentFilter("fr.mondomaine.monappli.monEvenement");
registerReceiver(monBroadcastReceiver, intentFilter);
```

3.3 Cycle de vie

Le cycle de vie du composant récepteur d'événements est très simple.

Avant de recevoir son premier événement, le composant est inactif. Il devient actif dès qu'il reçoit un événement en paramètre de sa méthode `onReceive`. Dès la sortie de cette méthode, le composant redevient inactif.

En effet, pour le système, le fait de quitter la méthode `onReceive` signifie que le composant a terminé le traitement de l'événement, et ce, même s'il a lancé un thread asynchrone (les threads asynchrones sont abordés dans le chapitre suivant) qui est toujours en exécution après la fin de la méthode `onReceive`.

Dans ce cas et si aucun autre composant de l'application n'est actif, le système peut décider de tuer le processus de l'application, et donc le thread en cours.

Aussi, pour éviter ce problème, il est conseillé de lancer l'exécution du thread depuis un service. Le système détectera alors le service comme composant actif et ne tuera donc pas le processus, sauf dans des cas extrêmes de besoin de ressources.

Le système gère de façon automatique la création et la destruction de l'instanciation du récepteur d'événements.

La méthode `onReceive` est appelée automatiquement lors de la réception d'un événement. Elle reçoit en paramètres le contexte applicatif et l'événement de type `Intent` reçu.

Syntaxe

```
public abstract void onReceive (Context context, Intent intent)
```

Exemple

```
public class RecepteurEvenements extends BroadcastReceiver {
    @Override
    public void onReceive(Context context, Intent intent) {
    }
}
```

Si le récepteur d'événements a été enregistré dynamiquement, il est indispensable, avant la destruction du composant l'ayant enregistré (typiquement, une activité), de désinscrire le récepteur d'événements, en invoquant la méthode `unregisterReceiver` de la classe `Context`.

Syntaxe

```
void unregisterReceiver (BroadcastReceiver receiver)
```

Exemple

```
unregisterReceiver(monBroadcastReceiver);
```

4. Service

Un service est un composant applicatif indépendant qui ne possède pas d'interface graphique et qui s'exécute en arrière-plan. Comme son nom l'indique, ce composant applicatif peut représenter un service, au premier sens du terme. Celui-ci peut être proposé à l'application qui le contient et/ou à d'autres applications.

Un service fournit une interface permettant aux autres composants applicatifs de communiquer avec lui.

Pour définir un service, il faut créer une classe qui hérite de la classe `Service` et implémenter la méthode abstraite `onBind`.

Comme pour l'activité, l'exécution d'un service s'opère dans le thread principal du processus de l'application dont il fait partie.

■Remarque

Un service ne s'exécute pas dans un processus séparé, ni dans un thread concurrent du thread principal. Il ne doit donc pas bloquer le thread principal plus de dix secondes, tout comme pour une activité. Dans le cas de traitements longs, le service peut créer un thread concurrent pour cela (cf. chapitre Concurrence, sécurité et réseau - Programmation concurrente). Ou, pour plus de commodité, le service peut hériter de la classe `IntentService` *qui facilite la gestion de traitements asynchrones.*

Il est possible d'utiliser un service de multiples façons : soit directement, soit en établissant une connexion avec lui, soit en combinant ces deux modes.

4.1 Déclaration

Pour être utilisé, un service doit être déclaré au système dans le manifeste via la balise `service`.

Syntaxe

```
<service android:icon="ressource drawable"
         android:label="ressource texte"
         android:name="chaîne de caractères"
         ... >
   ...
</service>
```

Les attributs `android:icon` et `android:label` ont les mêmes fonctions que ceux de la balise `application` mais limitées au service. S'ils ne sont pas spécifiés, ce sont ceux de l'application qui seront utilisés par défaut.

L'attribut `android:name` permet de spécifier le nom du service concerné, c'est-à-dire son nom de classe Java précédé du nom du paquetage entier ou d'un point signifiant que le nom du paquetage indiqué par l'attribut `package` de la balise `manifest` sera repris pour composer le nom complet.

Exemple

```
<service android:name=".MonService"/>
```

4.2 Utilisation directe

Un service peut être lancé en appelant la méthode `startService` et en lui spécifiant en paramètre un objet `intent`, implicite ou explicite, permettant d'identifier le service à lancer.

Si le service n'existe pas, la méthode retourne `null` sinon elle retourne un objet de type `ComponentName`, objet permettant simplement d'identifier un composant applicatif via son paquetage et le nom de sa classe.

Syntaxe

```
public abstract ComponentName startService (Intent service)
```

Exemple

```
Intent intent = new Intent(this, MonService.class);
startService(intent);
```

Remarque

Une fois lancé, ce même service peut recevoir de nouveaux intent, *et donc de nouvelles instructions à traiter, en appelant de nouveau la méthode* startService. *Le service traitera alors ces intentions comme s'il s'agissait du premier* intent *reçu lors du démarrage du service. Cette astuce permet, lorsque la communication ne doit se faire que dans le sens Activité-Service, d'éviter à établir une connexion avec le service comme décrit plus loin.*

Un service peut être stoppé à tout instant. Quel que soit le nombre d'appels à la méthode `startService` effectués, un seul appel à la méthode `stopService` arrête le service indiqué en paramètre. Cette méthode retourne `true` si un service en cours de fonctionnement a été trouvé et arrêté, `false` sinon.

Syntaxe

```
public abstract boolean stopService (Intent service)
```

Exemple

```
Intent intent = new Intent(this, MonService.class);
stopService(intent);
```

Le service peut également s'arrêter lui-même en invoquant les méthodes `stopSelf` ou `stopSelfResult`. Cette dernière méthode prend en paramètre un identifiant unique désignant la dernière requête reçue par la méthode `onStartCommand`. Cela permet de s'assurer qu'il n'y a pas d'autres requêtes à traiter avant d'autoriser la fermeture du service. La méthode `stopSelfResult` retourne `true` si le service est arrêté, `false` dans le cas contraire - notamment s'il reste des requêtes à traiter. La méthode `onStartCommand` est détaillée plus loin.

Syntaxe

```
public final void stopSelf ()
public final boolean stopSelfResult (int startId)
```

Exemple

```
public void erreurDuTraitement() {
    stopSelf();
}
```

4.3 Utilisation en établissant une connexion

Un composant applicatif peut également établir une connexion avec un service, s'il le permet, sans passer par l'utilisation directe décrite précédemment.

Pour ce faire, le service propose une interface aux autres composants, qui peuvent l'utiliser pour établir un lien et communiquer avec le service.

Concrètement, la connexion s'effectue en appelant la méthode `bindService`. Cette méthode prend en paramètres un objet `intent` désignant le service à lancer, un objet implémentant l'interface `ServiceConnection` et des drapeaux. Au besoin, le service est lancé s'il n'est pas déjà en cours d'exécution lors de l'appel de la méthode `bindService`.

▊Remarque

Depuis Android 5.0 (Lollipop, API 21), le système interdit d'invoquer la méthode `bindService` si l'intention utilisée est implicite, ceci pour des raisons de sécurité. Il faut donc nécessairement que l'intention utilisée soit une intention explicite.

La méthode `bindService` retourne `true` si la connexion au service a été établie avec succès, `false` dans le cas contraire.

Syntaxe

```
public abstract boolean bindService (Intent service,
  ServiceConnection conn, int flags)
```

Exemple

```
Intent intent = new Intent(this, MonService.class);
boolean connexionOK =
    bindService(intent, serviceConnection, Context.BIND_AUTO_CREATE);
```

L'interface `ServiceConnection` fournit deux méthodes : `onService-Connected` et `onServiceDisconnected` qui sont appelées respectivement lorsque la connexion au service est établie et lorsqu'elle est perdue.

Syntaxe

```
void onServiceConnected(ComponentName name, IBinder service)
void onServiceDisconnected(ComponentName name)
```

L'objet `IBinder` fourni par la méthode `onServiceConnected` est retourné par la méthode `onBind` de la classe `Service`.

Exemple

```
public class MonService extends Service {

    @Override
    public IBinder onBind(Intent intent) {
      ...
    }
}
```

Il faut donc, dans la classe représentant le service, définir un objet `IBinder`. Pour cela, le plus simple est de surcharger la classe `Binder` et y intégrer une méthode retournant une référence sur le service. Cette référence permet ainsi d'interagir avec le service.

Exemple

```
public class MonService extends Service {

    public class MonBinder extends Binder {
        MonService getService() {
                return MonService.this;
        }
    }

    private MonBinder monBinder = new MonBinder();

    @Override
    public IBinder onBind(Intent intent) {
        return monBinder;
    }

}
```

Les drapeaux passés en paramètre de la méthode bindService permettent de spécifier comment le service est exécuté. Les valeurs possibles sont : 0 (aucun paramètre), Context.BIND_AUTO_CREATE (le service est automatiquement créé lorsque la liaison est définie), Context.BIND_DEBUG_UNBIND (des informations de débogages sont fournies au développeur), ainsi que les valeurs BIND_NOT_FOREGROUND, BIND_ABOVE_CLIENT, BIND_WAIVE_PRIORITY qui permettent de spécifier l'importance du service, c'est-à-dire la priorité d'exécution du thread correspondant.

La déconnexion avec le service se fait en appelant la méthode unbindService qui prend en paramètre le même objet ServiceConnection fourni lors de l'établissement de la connexion via la méthode bindService.

Syntaxe

```
public abstract void unbindService (ServiceConnection conn)
```

Exemple

```
unbindService(serviceConnection);
```

4.4 Cycle de vie

Le cycle de vie d'un service décrit les états dans lesquels le service peut se trouver entre sa création, l'instanciation et sa mort (la destruction de cette instance). Ce cycle de vie dépend du choix de l'utilisation du service.

Comme dit précédemment, il est tout à fait possible de combiner l'utilisation directe du service et la mise en place d'une connexion avec le service. Dans ce cas, l'appel à la méthode `stopService` peut ne pas avoir d'effet si une connexion avec le service est mise en place depuis le lancement de l'activité via la méthode `startService`.

À chaque changement d'état correspond une méthode pouvant être surchargée dans la classe du service.

■Remarque

Chacune de ces méthodes doit appeler sa méthode parente, sans quoi une exception sera générée.

4.4.1 onCreate

La méthode `onCreate` est appelée automatiquement lors de la création du service, que ce soit via la méthode `startService` ou la méthode `bindService`.

Syntaxe

```
public void onCreate ()
```

Exemple

```
@Override
public void onCreate() {
   super.onCreate();
   init();
}
```

4.4.2 onStartCommand

La méthode `onStartCommand` est appelée automatiquement à chaque fois qu'un client lance le service en utilisant la méthode `startService`.

Cette méthode reçoit en paramètre l'intent fourni à la méthode Start-Service, des drapeaux et un identifiant unique désignant le traitement de cet intent. C'est cet identifiant qui pourra être fourni à la méthode stop-SelfResult le cas échéant. La méthode onStartCommand retourne une valeur indiquant comment redémarrer le service s'il a été tué prématurément.

Syntaxe

```
public int onStartCommand (Intent intent, int flags, int startId)
```

Exemple

```
@Override
public int onStartCommand(Intent intent, int flags, int startId) {
    mStartId = startId;
    return super.onStartCommand(intent, flags, startId);
}
```

4.4.3 onBind

La méthode onBind est appelée automatiquement à chaque demande d'établissement d'une connexion. Cette méthode reçoit en paramètre l'objet intent fourni à la méthode bindService et retourne un objet implémentant l'interface IBinder permettant la communication avec le service.

▓Remarque

Attention, l'intention reçue ici est débarrassée des données Extras *qui auraient pu lui être fournies.*

Syntaxe

```
public abstract IBinder onBind (Intent intent)
```

Exemple

```
private final IBinder mBinder = new LocalBinder();

@Override
public IBinder onBind(Intent intent) {
    return mBinder;
}
```

4.4.4 onUnbind

La méthode onUnbind est appelée automatiquement à chaque fermeture d'une connexion. Cette méthode reçoit en paramètre l'objet intent fourni à la méthode bindService. Par défaut, elle retourne false. Retourner true permet à la méthode onRebind d'être appelée lors des prochaines reconnexions.

Syntaxe

```
public boolean onUnbind (Intent intent)
```

Exemple

```
@Override
public boolean onUnbind(Intent intent) {
    traitement(intent);
    return super.onUnbind(intent);
}
```

La méthode onRebind est appelée uniquement si la méthode onUnbind retourne true. Cette méthode est similaire à la méthode onBind.

Syntaxe

```
public void onRebind (Intent intent)
```

Exemple

```
@Override
public void onRebind(Intent intent) {
    traitement(intent);
    super.onRebind(intent);
}
```

4.4.5 onDestroy

La méthode onDestroy est le pendant de la méthode onCreate. Elle est appelée automatiquement par le système avant la suppression du service. C'est la dernière méthode mise à la disposition du développeur à être appelée avant la destruction effective et irréversible du service.

Cette méthode permet de libérer des ressources liées au service, par exemple un thread.

Syntaxe

```
public void onDestroy ()
```

Exemple

```
@Override
public void onDestroy() {
    supprimeThread();
    super.onDestroy();
}
```

4.5 IntentService

L'un des cas d'utilisation les plus répandus d'un service est l'exécution en tâche de fond d'une action longue : téléchargement d'un fichier via Internet, calculs complexes, etc. Ce cas d'utilisation implique que le service qui va exécuter la tâche le fasse dans un thread séparé, pour ne pas bloquer le thread principal (et obtenir une erreur ANR, *Application Not Responding*).

La plateforme présente, pour traiter cette situation, une classe `IntentService`, qui hérite de la classe `Service`, allégeant considérablement la charge de travail à fournir.

La classe `IntentService` implémente en effet nativement la création d'un thread pour l'exécution d'une tâche longue, et gère l'arrêt du service. Elle prend également en charge l'exécution séquencée de plusieurs tâches.

En contrepartie, la communication entre un `IntentService` et la brique applicative qui l'a lancé est réduite à son minimum, et ne permet pas directement de mettre à jour l'interface utilisateur à partir du service.

Pour définir un `IntentService`, il faut déclarer une classe qui hérite de `IntentService`.

Exemple

```
public class MonIntentService extends IntentService {
}
```

Cette classe doit implémenter la méthode abstraite `onHandleIntent`, qui sera invoquée par le système pour le lancement de la tâche.

Syntaxe

```
abstract void onHandleIntent(Intent intent)
```

Le paramètre de type `Intent` est l'intention définie pour le lancement du service par la méthode `startService`.

Exemple

```
Intent intent  = new Intent(this, MonIntentService.class);
intent.putExtra("info","Ceci est le message ");
startService(intent);
```

Il faut également fournir un constructeur ne prenant aucun paramètre et invoquant le constructeur de la classe parente ; constructeur qui prend en paramètre une chaîne de caractères représentant le nom du service.

Exemple

```
public class MonIntentService extends IntentService {

  public MonIntentService() {
    super("MonIntentService");
  }


  @Override
  protected void onHandleIntent(@Nullable Intent intent) {
    String message = intent.getStringExtra("info ");
    [...] // traitement long
  }
}
```

La classe `IntentService` prenant en charge la gestion du cycle de vie du service et intégrant une pile interne, il est immédiatement possible de lancer plusieurs tâches, sans avoir à se soucier de l'ordonnancement des tâches.

Exemple

```
Intent intent1  = new Intent(this, MonIntentService.class);
intent1.putExtra("info","Info tache 1");
startService(intent1);
[...]
Intent intent2  = new Intent(this, MonIntentService.class);
intent2.putExtra("info","Info tache 2");
startService(intent2);
```

Comme les services, les `IntentService` doivent être déclarés dans le fichier de manifeste.

L'`IntentService` ne pouvant pas interagir avec l'interface utilisateur – la méthode `onHandleIntent` ne s'exécute pas dans le thread principal –, il faut utiliser un autre canal de communication pour informer l'utilisateur de l'avancement de la tâche. Cela peut être une notification, qui est mise à jour régulièrement par le service, ou une communication basée sur l'utilisation d'un `BroadcastReceiver`, comme vu en début de chapitre.

Chapitre 9

Concurrence, sécurité et réseau

1. Introduction

Android est basé sur le système Linux. Il en reprend donc les principales caractéristiques et notamment son fonctionnement.

Dans ce chapitre, nous allons découvrir la notion de processus appliquée aux applications Android. Puis nous détaillerons comment créer et exécuter des threads secondaires dédiés aux longs traitements. Nous verrons comment ils peuvent communiquer avec le thread principal pour mettre à jour l'interface utilisateur. Ensuite, nous évoquerons la mise en place de la sécurité sur Android et notamment l'usage des droits des applications et composants. La fin du chapitre sera consacrée à l'accès au réseau, ainsi qu'à l'utilisation de la bibliothèque spécialisée Volley.

2. Processus

Par défaut, toute application Android est lancée dans son propre processus Linux. Pour être plus précis, dès que le système doit exécuter pour la première fois un composant d'une application, il crée un nouveau processus Linux. Il lance, dans ce processus, une machine virtuelle – Dalvik pour Android 4.3 et antérieur, ART à partir de Android 4.4, y charge l'application et lance le composant souhaité dans un seul et unique thread, le thread principal.

Comme indiqué déjà à plusieurs reprises dans cet ouvrage, le système peut décider, à tout instant, de tuer un processus entier afin de libérer des ressources système pour les autres applications. La fin du processus engendre donc la fin de l'application, c'est-à-dire de tous ses composants sans distinction. Un nouveau processus sera lancé de nouveau dès que l'un des composants de l'application devra être utilisé.

Le nom de l'utilisateur Linux créé pour lancer ce processus est du style `app_id` où `id` est un numéro unique par application. Par défaut, le système crée un utilisateur par processus et donc par application.

2.1 android:process

Le processus prend le nom du paquetage de l'application. Son nom peut être modifié en spécifiant l'attribut `android:process` de la balise `application` du manifeste. Il est recommandé de respecter le format utilisé pour le nommage des paquetages.

Syntaxe

```
<application
    android:process="[:]chaîne de caractères"
    ... >
    ...
</application>
```

Exemple

```
<application
    android:icon="@drawable/icon"
    android:label="@string/app_name"
    android:process="fr.mondomaine.android.monappli.monprocessus">
</application>
```

Par défaut, tous les composants de la même application s'exécuteront dans ce même processus, sous ce même nom, et dans le même thread principal. Cependant, chaque composant peut facilement déroger à cette règle. Il lui suffit d'utiliser l'attribut `android:process` dans sa balise pour indiquer le nom du nouveau processus dans lequel exécuter le composant. Si ce nom est précédé d'un signe deux-points, le processus sera privé à l'application. C'est-à-dire que son nom sera précédé du nom du paquetage de l'application suivi du nom spécifié.

Exemple

```
<activity android:name=".MonActiviteSecondaire"
          android:process=":autreProcessus" />
```

Dans cet exemple, l'activité secondaire s'exécute dans son propre processus nommé `fr.mondomaine.android.monappli:autreProcessus`.

Puisqu'Android est basé sur le système Linux, il est possible d'accéder à un shell en utilisant l'outil `adb`. Celui-ci permet d'exécuter diverses commandes.

Syntaxe

```
adb shell [commande]
```

Exemple

```
$ adb shell
$ ps
USER    PID   PPID   VSIZE   RSS    WCHAN     PC        NAME
root    1     0      224     208    ffffffff  00000000  S /init
root    2     0      0       0      ffffffff  00000000  S kthreadd
root    3     2      0       0      ffffffff  00000000  S ksoftirqd/0
...
app_76  2009  58     129020  20156  ffffffff  00000000  S
fr.mondomaine.android.monappli
app_76  2017  58     136976  20112  ffffffff  00000000  S
fr.mondomaine.android.monappli:autreProcessus
```

Dans cet exemple, une fois connectée sous le shell, la commande `ps` permet de lister les processus actuels, et notamment ceux correspondant à une application, ou plus spécifiquement un composant d'une application. C'est le cas ici avec le processus `2009` correspondant à l'application et à l'activité principale, `fr.mondomaine.android.monappli` et avec le processus `2017` correspondant à l'activité secondaire seule.

2.2 Partage de processus

L'un des intérêts de spécifier le nom du processus à créer et à utiliser est de pouvoir le partager, non seulement entre différents composants d'une même application, mais aussi et surtout entre différentes applications. C'est-à-dire que plusieurs applications spécifiant le même nom de processus s'exécutent dans ce même processus, leur permettant facilement d'accéder et de partager les mêmes ressources : mémoire, fichiers, préférences…

Pour cela, ces applications doivent non seulement spécifier le même nom de processus via l'attribut `android:process` mais elles doivent également partager le même identifiant utilisateur Linux et être signées avec le même certificat numérique (cf. chapitre Publier une application - Signature de l'application).

L'identifiant utilisateur Linux est un identifiant unique attribué par le système à chaque application. Il est cependant possible d'en spécifier un de sorte que plusieurs applications utilisent le même. Pour cela, il faut utiliser l'attribut `android:sharedUserId`. Le nom spécifié en valeur doit contenir au moins un point.

Syntaxe

```
<manifest
    android:sharedUserId="chaîne de caractères"
    ... >
...
</manifest>
```

Exemples

Ci-dessous le fichier AndroidManifest.xml de l'application MonAppli.

```
<?xml version="1.0" encoding="utf-8"?>
<manifest
    xmlns:android="http://schemas.android.com/apk/res/android"
    package="fr.mondomaine.android.monappli"
    android:sharedUserId="fr.mondomaine.android.utilisateur1" >
  <application android:icon="@drawable/icon"
    android:label="@string/app_name"
    android:process="fr.mondomaine.android.processus.partage" >
  </application>
</manifest>
```

Et voici le fichier AndroidManifest.xml de l'application MonAppli2.

```
<?xml version="1.0" encoding="utf-8"?>
<manifest
    xmlns:android="http://schemas.android.com/apk/res/android"
    package="fr.mondomaine.android.monappli2"
    android:sharedUserId="fr.mondomaine.android.utilisateur1" >
  <application android:icon="@drawable/icon"
    android:label="@string/app_name"
    android:process="fr.mondomaine.android.processus.partage" >
  </application>
</manifest>
```

Dans cet exemple, les deux applications partagent le même identifiant utilisateur `fr.mondomaine.android.utilisateur1` et le même processus `fr.mondomaine.android.processus.partage`. Elles s'exécutent alors dans le même processus système et peuvent pleinement partager leurs ressources comme si elles ne formaient qu'une seule et même application.

Une vérification depuis le shell nous confirme que les deux applications tournent sous le même processus.

Exemple

```
$ ./adb shell ps
USER      PID    PPID    VSIZE    RSS     WCHAN      PC         NAME
root      1      0       224      208     ffffffff 00000000 S /init
root      2      0       0        0       ffffffff 00000000 S kthreadd
...
app_85    2470   58      142400 20608 ffffffff 00000000 S
fr.mondomaine.android.processus.partage
```

3. Programmation concurrente

Par défaut, un processus ne comprend qu'un seul thread, le thread principal. Tous les composants applicatifs s'exécutent dans ce thread. Afin de préserver l'expérience utilisateur, Android considère qu'une application est bloquée dès qu'elle ne répond plus pendant plus de dix secondes. L'utilisateur peut alors la détruire.

Pour éviter un tel blocage de l'application, tout traitement long, comme par exemple un téléchargement web ou un calcul intensif, doit s'effectuer dans un thread secondaire dédié, libérant le thread principal. Ce dernier peut donc se consacrer au fonctionnement global de l'application et à l'affichage de celle-ci, cette tâche s'effectuant obligatoirement dans le thread principal.

Il est possible de créer autant de threads secondaires que souhaité. Il est fortement conseillé de créer des threads plutôt que des processus, ces derniers étant de plus gros consommateurs de ressources.

Bien que non obligatoire, dans de nombreux cas, il peut être judicieux de créer des services pour y lancer des threads secondaires. En effet, le cas échéant, le système tuera prioritairement les processus comprenant des activités qui ne sont pas affichées à l'utilisateur ou des récepteurs d'événements sans activité plutôt que des services. La classe IntentService peut être d'une grande aide dans cette démarche. En effet, elle permet de créer rapidement des services intégrant un thread secondaire, et de les gérer facilement. C'est donc une solution supplémentaire à envisager en plus de celles détaillées dans ce chapitre.

Il est courant de vouloir exécuter des traitements longs et d'afficher leurs résultats une fois finis. Or, le traitement long doit s'effectuer dans un thread secondaire et l'affichage via l'interface utilisateur dans le thread principal. Il faut donc que ces threads puissent communiquer ensemble.

Pour cela, il existe différentes techniques à notre disposition.

3.1 AsyncTask

Comme le suggère son nom, la classe AsyncTask permet de réaliser une tâche de façon asynchrone. C'est sans doute la façon la plus simple de créer et d'exécuter un thread secondaire, puis d'afficher le résultat depuis le thread principal.

Cette classe permet de faire abstraction de la manipulation des threads, et de n'avoir à s'occuper que du traitement à réaliser en arrière-plan et de la gestion des résultats. La création du thread secondaire est réalisée en interne et l'affichage des résultats est réalisé dans le thread principal. Le développeur n'a pas à se soucier de la création du thread secondaire, de la gestion de ces threads et de la communication entre ces threads.

La classe AsyncTask fournit des méthodes qui seront appelées automatiquement à chaque étape clé de la tâche : l'initialisation, l'exécution du traitement, la progression et la finalisation. Le développeur n'a pas à appeler ces méthodes directement.

Il faut donc créer une classe qui hérite de la classe `AsyncTask` et implémenter les méthodes souhaitées. La classe `AsyncTask` attend trois types génériques :

– `Params` : type des paramètres fournis en entrée à la tâche.

– `Progress` : type de l'unité de progression du traitement.

– `Result` : type du résultat du traitement.

Syntaxe

```
class MaTache extends AsyncTask<Params, Progress, Result> {
   ...
}
```

Exemple

```
public class MonActivitePrincipale extends Activity {
   private class NombresPremiers extends
      AsyncTask<Integer, Integer, Integer> {
   ...
   }
}
```

La déclaration de la classe héritant de la classe `AsyncTask` se fait générale-ment comme classe privée interne au composant l'utilisant comme c'est le cas dans cet exemple.

La première étape de la réalisation de la tâche est son initialisation, réalisée en implémentant la méthode `onPreExecute`. Cette méthode est appelée depuis le thread principal et peut donc modifier l'interface utilisateur.

Syntaxe

```
protected void onPreExecute ()
```

Exemple

```
@Override
protected void onPreExecute() {
   super.onPreExecute();
   Toast.makeText(MonActivitePrincipale.this,
     "Calcul des nombres premiers lancé !",
     Toast.LENGTH_SHORT)
   .show();
}
```

Est ensuite appelée la méthode doInBackground qui a en charge de réaliser le traitement de la tâche. Cette méthode est appelée depuis le thread secondaire. Cela permet d'exécuter le traitement long et de ne pas bloquer le thread principal, mais interdit de manipuler des objets de l'interface utilisateur. Cette méthode retourne le résultat du traitement.

Syntaxe

```
protected abstract Result doInBackground (Params... params)
```

Exemple

```java
@Override
protected Integer doInBackground(Integer... arg0) {
    int n = 0;
    int niveau=0;
    int step = (arg0[1] - arg0[0]) / 10;
    for (int i = arg0[0]; i <= arg0[1]; i++) {
      if (isPrime(i)) {
        n++;
      }
      if ((i > arg0[0]) && (i % step == 0))
        publishProgress(++niveau);
    }
    return n;
}
```

Le traitement contenu dans la méthode doInBackground peut appeler à tout instant la méthode publishProgress pour mettre à jour l'interface utilisateur selon l'avancement actuel du traitement. Cet appel provoquera l'invocation de la méthode onProgressUpdate depuis le thread principal.

Syntaxe

```
protected void onProgressUpdate (Progress... values)
```

Exemple

```java
@Override
protected void onProgressUpdate(Integer... values) {
    super.onProgressUpdate(values);
    Toast.makeText(MonActivitePrincipale.this,
      values[0]+"0% accompli", Toast.LENGTH_SHORT).show();
}
```

Une fois le traitement effectué, la méthode `onPostExecute` est invoquée pour traiter le résultat. Cette méthode est appelée depuis le thread principal et peut donc modifier l'interface utilisateur.

Syntaxe

```
protected void onPostExecute (Result result)
```

Exemple

```
@Override
protected void onPostExecute(Integer result) {
    super.onPostExecute(result);
    Toast.makeText(MonActivitePrincipale.this,
      result + " nombres premiers trouvés au total !",
      Toast.LENGTH_SHORT).show();
}
```

■ Remarque

Il est possible d'arrêter la tâche en invoquant sa méthode cancel*. Pour prendre en compte cette annulation au plus vite, le traitement contenu dans la méthode* doInBackground *devra vérifier régulièrement la valeur de retour de la méthode* isCancelled*. Dans un tel cas, la méthode* onCancelled *sera appelée en lieu et place de la méthode* onPostExecute*.*

Reste à utiliser cette classe afin d'exécuter le traitement. Pour cela, il faut instancier la classe et appeler la méthode `execute` pour lancer la tâche. Celle-ci accepte en entrée un ou plusieurs paramètres du type générique `Params`.

■ Remarque

Une tâche ne peut être traitée qu'une seule et unique fois. Il faut créer une nouvelle instance pour lancer un nouveau traitement.

Syntaxe

```
public final AsyncTask<Params, Progress, Result>
   execute (Params... params)
public final boolean cancel (boolean mayInterruptIfRunning)
```

Exemple

```
public class MonActivitePrincipale extends Activity {

    @Override
```

```
public void onCreate(Bundle savedInstanceState) {
  super.onCreate(savedInstanceState);
  setContentView(R.layout.main);

  NombresPremiers tache = new NombresPremiers();
  tache.execute(0, 10000000);
}
}
```

Dans cet exemple, la tâche est créée et exécutée dès la création de l'activité.

3.2 Thread

Bien que pratique, la classe AsyncTask peut ne pas convenir dans certains cas. Une autre solution consiste à utiliser la classe Thread. Celle-ci permet de définir et exécuter un traitement. Il est possible de lancer plusieurs threads concurrents et de les synchroniser entre eux.

La communication entre ce thread et le thread principal peut être réalisée via l'utilisation d'objets de classe Handler.

3.2.1 Création

Il existe deux façons de créer un thread.

La première façon de créer un thread est d'instancier la classe Thread et de passer en paramètre un objet de type Runnable, ce dernier permettant de spécifier le traitement dans sa méthode run.

<u>Syntaxe</u>

```
public Thread (Runnable runnable)
```

<u>Syntaxe de la méthode run de la classe Runnable</u>

```
public abstract void run ()
```

<u>Exemple</u>

```
Thread thread = new Thread(new Runnable() {
   @Override
   public void run() {
     Log.d(TAG, "Exécution du thread");
   }
});
```

L'autre façon de créer un thread est d'instancier une classe héritant de la classe `Thread` et implémentant la méthode run.

Syntaxe

```
public void run ()
```

Exemple

```
public class MonThread extends Thread {
    private static final String TAG = "MonThread";

    @Override
    public void run() {
      super.run();
      Log.d(TAG, "Exécution du traitement");
    }
}
```

Dans ces deux cas de création de thread, le lancement du traitement se fait en invoquant la méthode `start` de l'objet de type `Thread`.

Syntaxe

```
public synchronized void start ()
```

Exemple

```
MonThread thread = new MonThread();
thread.start();
```

3.2.2 runOnUIThread

Si un thread secondaire souhaite exécuter du code sur le thread principal, par exemple pour mettre à jour directement l'interface utilisateur, il peut le faire en utilisant la méthode `runOnUIThread`.

Celle-ci prend en paramètre un objet de type `Runnable` contenant le code à exécuter dans le thread principal. Cela évite d'avoir à mettre en place un système de communication entre ces threads lorsqu'il s'agit juste de modifier l'interface utilisateur.

Syntaxe

```
public final void runOnUiThread (Runnable action)
```

Exemple

```
runOnUiThread(new Runnable() {
   public void run() {
     Toast.makeText(MonActivitePrincipale.this, "blabla",
     Toast.LENGTH_SHORT)
     .show();
   }
};
```

3.2.3 Communication interthreads

La classe `Handler` permet à différents threads de communiquer entre eux. Concrètement, un objet de type `Handler` peut envoyer des messages au thread depuis lequel il a été créé.

■Remarque

La classe `Handler` est également un moyen simple pour envoyer des messages depuis et vers un même thread. Cela permet de planifier le traitement de certains messages ou traitements dans le temps sans avoir besoin de recourir à un système d'alarme ou équivalent plus conséquent.

Ces messages sont soit des objets de type `Message`, soit des objets de type `Runnable`. Un objet de type `Message` peut, entre autres, convoyer les données suivantes : le sujet ou type du message via un entier, deux entiers et un objet de type `Object`.

La création d'un objet de type `Handler` se fait en instanciant directement la classe `Handler` en utilisant le constructeur par défaut. Cet `handler` est associé au thread qui le crée. De ce fait, si l'instanciation a lieu directement dans la classe d'un composant applicatif, le thread du handler est le thread principal. Dans ce cas, cela permet à un thread secondaire de communiquer avec le thread principal qui peut modifier l'interface utilisateur.

La réception des messages envoyés à l'objet de type `Handler` se fait en implémentant la méthode `handleMessage`. Celle-ci fournit en paramètre l'objet de type `Message` reçu.

Syntaxe

```
public Handler ()
public void handleMessage (Message msg)
```

Exemple

```
public class MonActivitePrincipale extends Activity {
    private Handler handler = new Handler() {
      @Override
      public void handleMessage(Message msg) {
        switch (msg.what) {
        case MSG_TRAITEMENT_A:
          traitementA();
          break;
        case MSG_TRAITEMENT_B:
          traitementB();
          break;
        }
      }
    };
}
```

La création d'un objet de type `Message` se fait indirectement via l'objet de type `Handler` en utilisant l'une de ses méthodes `obtainMessage`. Celles-ci permettent de spécifier en paramètres une partie ou toutes les données.

Syntaxe

```
public final Message obtainMessage ()
public final Message obtainMessage (int what)
public final Message obtainMessage (int what, Object obj)
public final Message obtainMessage (int what, int arg1, int arg2)
public final Message obtainMessage (int what, int arg1, int arg2,  Object obj)
```

Exemple

```
Message msg = handler.obtainMessage(what, obj);
```

Une fois le message créé, il suffit de l'envoyer au handler.

Là encore, plusieurs méthodes sont fournies. La première, `sendMessage`, envoie le message et le traite immédiatement.

La seconde, `sendMessageAtTime`, envoie le message et le traitera à l'instant indiqué en millisecondes depuis le démarrage du système. Et enfin, la troisième méthode, `sendMessageDelayed`, envoie le message et le traitera dans un délai indiqué en millisecondes à partir de la réception du message.

Syntaxe

```
public final boolean sendMessage (Message msg)
public boolean sendMessageAtTime (Message msg, long uptimeMillis)
public final boolean sendMessageDelayed (Message msg, long delayMillis)
```

Exemple

```
Message msg = handler.obtainMessage(what, obj);
handler.sendMessage(msg);
```

Dans cet exemple, le message est envoyé et reçu immédiatement par la méthode `handleMessage` du handler.

Si les messages à envoyer sont simples et ne contiennent que le sujet, alors la classe `Handler` propose des méthodes prenant à leur charge les créations de ces messages. La variante des méthodes proposées est du même type que celle des méthodes `sendMessage`.

Syntaxe

```
public final boolean sendEmptyMessage (int what)
public final boolean sendEmptyMessageAtTime (int what, long uptimeMillis)
public final boolean sendEmptyMessageDelayed (int what, long delayMillis)
```

Exemple

```
Message msg = handler.obtainMessage(what, obj);
handler.sendEmptyMessageDelayed(msg, 5000);
```

Dans cet exemple, le message sera reçu par la méthode `handleMessage` du handler dans cinq secondes.

Enfin, comme indiqué plus tôt, la classe `Handler` permet également d'envoyer des objets de type `Runnable` comme message. La variante des méthodes proposées est du même type que celle des méthodes `sendMessage`.

Syntaxe

```
public final boolean post (Runnable r)
public final boolean postDelayed (Runnable r, long delayMillis)
public final boolean postAtTime (Runnable r, long uptimeMillis)
```

Exemple

```
handler.post(new Runnable() {
  public void run() {
    Log.d(TAG, "Code envoyé au handler");
    Toast.makeText(MonActivitePrincipale.this,  "Ce code a été
envoyé au handler pour exécution dans son thread.",
    Toast.LENGTH_SHORT).show();
  }
});
```

Dans cet exemple, on suppose que le handler a été créé dans le thread principal. Il peut donc afficher directement un message de type Toast.

4. Sécurité et droits

Par défaut, Android assigne un identifiant utilisateur Linux unique à chaque application lors de son installation sur le système.

C'est donc le système de droits standard à Linux qui est utilisé pour contrôler l'accès à l'espace de stockage, et donc aux applications et leurs données. Chacune des applications dispose de son propre espace privé : processus et espace de stockage. Elle peut cependant partager certaines données et fichiers en le spécifiant explicitement (cf. chapitre La persistance des données - Fournisseur de contenus).

Par défaut, une application ne possède aucun droit qui pourrait, entre autres, altérer les autres applications ou le système Android ou qui permettrait d'accéder aux données privées de l'utilisateur.

■Remarque

Si une application tente de réaliser une action qui lui est interdite, un message d'erreur est écrit dans les logs. Une exception de sécurité Java peut également être levée selon les cas.

L'accès à certaines données sensibles, l'utilisation des composants matériels de l'appareil Android, l'accès au réseau, la position GPS de l'utilisateur et bien d'autres fonctionnalités nécessitent obligatoirement que l'application déclare explicitement chacun des droits qu'elle convoite.

4.1 Les droits avant Android MarshMallow

Pour tout terminal exécutant une version d'Android inférieure à la version 6 (Android MarshMallow, API 23), la liste des droits est présentée à l'utilisateur préalablement au téléchargement de l'application, depuis le Play Store par exemple. L'utilisateur peut alors la consulter et décider, en toute connaissance de cause, d'installer l'application ou non selon les droits demandés.

■Remarque

L'utilisateur doit accepter tous les droits demandés par l'application pour l'installer. Il faut donc éviter de demander plus de droits que nécessaire au bon fonctionnement de l'application. Sans quoi les utilisateurs pourraient ne pas installer l'application, ne comprenant pas les demandes injustifiées de certains droits au regard des fonctionnalités de l'application.

Une fois installée, l'application dispose des droits demandés une fois pour toutes jusqu'à la prochaine mise à jour de l'application comportant la liste des droits éventuellement mise à jour.

4.2 Les droits sous Android MarshMallow

Depuis Android MarshMallow, les droits sont classés en deux catégories : les droits dits normaux et les droits catégorisés comme dangereux. Si les droits normaux sont accordés automatiquement par le système, chaque droit classé dangereux doit être explicitement demandé lors de son utilisation. L'utilisateur pouvant accepter ou refuser d'accorder ce droit, il faut en tenir compte pour l'exécution de chaque parcelle de code nécessitant un droit dangereux.

La liste des droits définis comme dangereux est disponible à l'adresse suivante : https://developer.android.com/guide/topics/permissions/overview#normal-dangerous. Ces droits concernent principalement l'accès aux contacts, au calendrier, aux SMS et aux fonctions téléphoniques, à la localisation du terminal, ainsi que la lecture et l'écriture sur le support de stockage externe.

Android 6 propose un ensemble de méthodes pour tester et éventuellement demander un droit à l'exécution d'une application.

La méthode `checkSelfPermission` de la classe `ContextCompat` permet de tester si un droit est alloué :

Syntaxe

```
static int checkSelfPermission (Context c, String permission)
```

Le paramètre `Context c` représente le contexte d'exécution (typiquement l'activité courante), le second paramètre, de type `String`, représente le droit demandé. La classe `Manifest.permission` expose sous forme de constantes la liste des droits existants. Cette liste est consultable à l'adresse suivante :

http://developer.android.com/reference/android/Manifest.permission.html

La méthode `checkSelfPermission` retourne `PackageManager.PER-MISSION_GRANTED` si le droit est alloué, et `PackageManager.PERMIS-SION_DENIED` dans le cas contraire.

Si le droit demandé n'est pas alloué, il faut dans un premier temps vérifier s'il est nécessaire de demander le droit, et le cas échéant, faire la demande auprès de l'utilisateur.

La méthode `ActivityCompat.shouldShowRequestPermissionRationale` permet de vérifier s'il est nécessaire de demander une autorisation pour le droit convoité. La syntaxe est la suivante :

Syntaxe

```
static boolean shouldShowRequestPermissionRationale (Activity a,
String permission)
```

La méthode renvoie `true` s'il est nécessaire de faire une demande.

Remarque

Le système détermine qu'il est nécessaire de faire une demande si l'utilisateur a déjà refusé le droit mais n'a pas précisé que la demande ne devait plus lui être présentée (en cochant la case « Ne plus me demander »).

La demande de droit est gérée par le système : elle se manifeste pour l'utilisateur par une fenêtre de dialogue expliquant la permission demandée. L'utilisateur peut alors accorder ou refuser l'autorisation.

Pour faire la demande, il faut invoquer la méthode `ActivityCompat.re-questPermissions`.

Syntaxe

```
static void requestPermissions (Activity activity,
    String[] permissions, int requestCode)
```

Les paramètres de la méthode sont les suivants :

– `Activity activity` : l'activité courante.

– `String[] permissions` : tableau de chaînes de caractère représentant les droits demandés.

– `int requestCode` : code de la requête.

L'activité courante doit implémenter l'interface `ActivityCompat.onRe-questPermissionsResultCallback` pour prendre en charge l'appel retour de la méthode `requestPermissions`. La méthode `onRequestPermissionsResult` doit être implémentée.

Syntaxe

```
onRequestPermissionsResult (int requestCode,
    String[] permissions, int[] grantResults)
```

Les paramètres de la méthode sont les suivants :

– `int requestCode` : code de la requête, transmit lors de l'appel à `requestPermissions`.

– `String[] permissions` : tableau de chaînes de caractères représentant les droits demandés.

– `int[] grantResults` : tableau des résultats de demande de droit.
  Les valeurs possibles pour chaque élément du tableau sont `PacketMana-ger.PERMISSION_GRANTED` et `Packet Manager.PERMISSION_DENIED`.

Exemple

```
public class MonActivity extends Activity implements
ActivityCompat.OnRequestPermissionsResultCallback{

    [...]
```

```
@Override
public void onRequestPermissionsResult(int requestCode,
        String[] permissions, int[] results) {


}

}
```

4.3 Déclaration de droits

La déclaration des droits se fait dans le manifeste. La balise uses-permission permet de spécifier un droit requis. Elle s'utilise depuis la balise manifest. Il faut donc insérer autant de balises uses-permission que de droits demandés.

Syntaxe

```
<uses-permission android:name="chaîne de caractères">
```

Exemple

```
<?xml version="1.0" encoding="utf-8"?>
<manifest ...>
  <uses-permission android:name="android.permission.VIBRATE" />
  <uses-permission android:name="android.permission.SEND_SMS" />
</manifest>
```

Dans cet exemple, l'application demande deux droits : celui de pouvoir faire vibrer l'appareil et celui de pouvoir envoyer des SMS.

■Remarque

La liste complète des permissions fournies par le système peut être consultée à l'adresse suivante :
http://developer.android.com/reference/android/Manifest.permission.html

■Remarque

À noter qu'une application peut également créer ses propres permissions en utilisant la balise permission dans le manifeste.

4.4 Restriction d'utilisation

Chaque composant d'une application peut demander à ce qu'il ne soit utilisé que par les composants possédant certains droits.

■Remarque

À partir d'Android 3.0 (API 11), il existe une exception. Même si un composant requiert une permission spécifique pour être exécuté, un autre composant de la même application et donc plus généralement l'application peut l'utiliser sans posséder elle-même le droit que ce composant requiert.

Pour cela, l'attribut `android:permission` doit être spécifié dans la balise du composant qui souhaite contrôler son accès.

À noter que le composant de type `ContentProvider` permet de spécifier plus finement l'accès en proposant deux autres attributs `android:readPermission` et `android:writePermission`. Ils permettent respectivement d'indiquer qui peut lire et qui peut écrire les informations dans le fournisseur de contenus.

Une exception Java de sécurité est levée si un composant client utilise un composant pour lequel il ne possède pas les droits sauf dans le cas du récepteur d'événements.

■Remarque

Dans le cas d'un envoi non autorisé d'un événement à un récepteur d'événements, aucune exception ne sera générée mais ce récepteur d'événements ne recevra pas cet événement.

Syntaxe

```
<activity android:permission="chaîne de caractères" ...>
<service android:permission="chaîne de caractères" ...>
<receiver android:permission="chaîne de caractères" ...>
<provider android:permission="chaîne de caractères" ...>
<provider android:readPermission="chaîne de caractères" ...>
<provider android:writePermission="chaîne de caractères" ...>
```

Exemple

```xml
<?xml version="1.0" encoding="utf-8"?>
<manifest ...>
   <application ...>
     <activity android:name=".MonActivitePrincipale"
               android:permission="android.permission.VIBRATE" >
       <intent-filter>
          <action android:name="android.intent.action.MAIN" />
          <category
            android:name="android.intent.category.LAUNCHER" />
       </intent-filter>
     </activity>
   </application>
</manifest>
```

5. Réseau

Une des fonctionnalités courantes dont souhaite disposer une application est la capacité d'échanger des informations avec un serveur distant, qu'il soit sur un réseau privé ou sur Internet.

> ■Remarque
>
> *Selon qu'il agisse en tant que particulier, professionnel..., il appartient au responsable de vérifier et, le cas échéant, déclarer à la CNIL l'utilisation des données personnelles des utilisateurs collectées sur les serveurs (comme par exemple leurs coordonnées géographiques).*
> *Plus d'infos sur : http://www.cnil.fr/*

La durée d'un échange avec un serveur, c'est-à-dire le temps entre la construction/l'envoi du message et le retour/l'analyse de la réponse dépend de nombreux facteurs :

– La construction et l'envoi de la requête qui peuvent prendre plus ou moins de temps selon la puissance de l'appareil Android et la complexité de la requête.

– La qualité du réseau et sa vitesse, notamment lorsque la connexion s'établit via le réseau cellulaire.

– Le temps de réponse du serveur lui-même qui peut mettre plusieurs secondes, voire dizaines de secondes avant de fournir la réponse.

Le développeur est totalement dépendant de facteurs dont il ne contrôle pas la durée. Il doit en tenir compte lors du développement de la communication avec le serveur. Concrètement, la tâche de communication pouvant être longue, celle-ci devra être réalisée dans un thread secondaire afin de ne pas bloquer l'application.

Afin de pouvoir communiquer avec un serveur distant, la première étape est de doter l'application du droit d'ouvrir des sockets réseau. Pour cela, il faut rajouter la permission `android.permission.Internet` dans le manifeste.

Exemple

```
<?xml version="1.0" encoding="utf-8"?>
<manifest ...>
  <uses-permission android:name="android.permission.INTERNET" />
</manifest>
```

Android inclut la bibliothèque HTTP Apache permettant d'utiliser le protocole HTTP aisément. Cette bibliothèque contient de nombreuses classes et méthodes. N'étant pas spécifique à Android, nous ne détaillerons que quelques-unes de ses classes et méthodes.

Depuis la version 2.2 (API 8), Android fournit également la classe `Android-HttpClient` implémentant l'interface `HttpClient` et configurée spécialement pour Android. Celle-ci interdit notamment l'envoi de requêtes HTTP depuis le thread principal en levant une exception.

Exemple

```
java.lang.RuntimeException: This thread forbids HTTP requests
```

_____

█Remarque

Pour les versions inférieures à Android 2.2 (API 8), il est possible de remplacer la classe `AndroidHttpClient` par la classe `DefaultHttpClient`. Le garde-fou empêchant son utilisation sur le thread principal n'existant pas pour cette classe, il faudra bien veiller à l'exécuter sur un thread secondaire.

Voyons comment utiliser les classes et méthodes les plus utilisées de ces bibliothèques pour envoyer une requête à un serveur distant et récupérer la réponse.

■Remarque

Dans la grande majorité des cas, il est préférable d'utiliser la bibliothèque Volley pour les communications Internet, cette bibliothèque allégeant la charge de travail du développeur. Volley est étudié dans la section Utilisation de la bibliothèque Volley.

5.1 Agent utilisateur

Le user-agent (l'agent utilisateur) est une chaîne de caractères incluse dans l'en-tête d'une requête HTTP envoyée par un client à un serveur. Elle permet d'identifier le système du client en indiquant par exemple le nom de l'application cliente, sa version…

Le serveur peut alors utiliser ces informations pour adapter au mieux sa réponse. Par exemple, un serveur web pourra détecter que le client est un navigateur d'un appareil mobile. Il pourra alors le rediriger automatiquement vers la version mobile du site web.

Dans le cas où le développeur Android gère également la partie serveur, il peut être intéressant pour lui de construire un agent utilisateur fournissant un maximum d'informations sur l'appareil, le système et l'application Android. Cela lui permettra de voir dans le détail quels appareils, quels systèmes et versions du système, et quelles versions des applications possèdent les utilisateurs.

Pour obtenir les informations concernant le système, nous pouvons utiliser quelques-unes des constantes fournies par la classe `android.os.Build`. Les valeurs de ces constantes sont des chaînes de caractères.

La constante `Build.MODEL` fournit le modèle de l'appareil Android sous forme de chaîne de caractères. Les valeurs retournées par cette constante peuvent être par exemple : DROID2, Nexus One, GT-I9000, T-Mobile G2, X10i, ZTE-RACER, MB525, GT-I5700…

Syntaxe

```
Build.MODEL
```

Exemple

```
String modele = Build.MODEL;
```

La constante `Build.VERSION.RELEASE` fournit le numéro de version du système sous forme de chaîne de caractères. Les valeurs retournées par cette constante peuvent être par exemple : `3.0`, `2.3.3`, `2.2.2`, `2.1-update1`, `1.5`...

Syntaxe

```
Build.VERSION.RELEASE
```

Exemple

```
String versionSysteme = Build.VERSION.RELEASE;
```

La constante `Build.DISPLAY` fournit le nom de code du système sous forme de chaîne de caractères. Les valeurs retournées par cette constante peuvent être par exemple : `VZW`, `FRG83G`, `ECLAIR`, `FRF91`...

Syntaxe

```
Build.DISPLAY
```

Exemple

```
String codeSysteme = Build.DISPLAY;
```

Le code de la langue ainsi que le code régional configuré par l'utilisateur sur le système Android peuvent également être récupérés. Pour cela, il faut utiliser la classe `Locale` et sa méthode `getDefault`. Cette méthode retourne une instance de type `Locale`. L'utilisation de la méthode `toString` permet de récupérer le code de la langue ainsi que le code régional concaténés sous forme d'une chaîne de caractères. Les valeurs retournées peuvent être par exemple : `en_US`, `fr_FR`, `fr_CH`, `bg_BG`, `zh_TW`...

Syntaxe

```
public static Locale getDefault ()
```

Exemple

```
String paramsReg = Locale.getDefault().toString();
```

Android permet d'obtenir des informations sur les applications. Dans notre cas, cela permet de récupérer ces informations de façon dynamique plutôt que de les inclure directement dans le code. Le code n'aura pas à être modifié lors de la mise à jour de l'application et il pourra également être réutilisé tel quel pour d'autres applications.

L'identification d'une application se fait via le nom de son paquetage. Ce nom sera utilisé dans les méthodes détaillées un peu plus loin. Pour récupérer dynamiquement le nom du paquetage courant, il faut utiliser la méthode `Context.getPackageName`.

Syntaxe

```
public abstract String getPackageName()
```

Exemple

```
String nomPaquetage = context.getPackageName()
```

La classe `PackageManager` permet de récupérer des informations concernant les applications installées sur le système. On récupère une instance de cette classe en invoquant la méthode statique `getPackageManager`.

Syntaxe

```
public abstract PackageManager getPackageManager()
```

Exemple

```
PackageManager manager = context.getPackageManager();
```

La méthode `getPackageInfo` permet d'obtenir toutes les informations contenues dans le manifeste. Cette méthode prend en paramètres le nom de l'application identifiée par son paquetage et un drapeau optionnel non utilisé ici. Elle retourne un objet de type `PackageInfo`. Elle peut lever une exception `NameNotFoundException` si le nom de paquetage fourni n'est pas trouvé parmi les applications installées.

Syntaxe

```
public abstract PackageInfo getPackageInfo (String packageName, int flags)
```

Exemple

```
PackageInfo info = null;
try {
  info = manager.getPackageInfo(context.getPackageName(), 0);
} catch (NameNotFoundException e1) {
}
```

Reste à récupérer les informations de l'objet de type `PackageInfo` en accédant directement à ses variables membres `packageName` et `versionName` fournissant respectivement le nom du paquetage et le numéro de version de l'application.

<u>Exemple</u>

```
String nomPaquetage = info.packageName;
String nomVersion = info.versionName;
```

La chaîne de caractères agent utilisateur peut ainsi être constituée de toutes ces informations.

<u>Exemple</u>

```
final String AGENT_UTILISATEUR = "%s/%s (Android/%s/%s/%s/%s)";
String agentUtilisateur = String.format(AGENT_UTILISATEUR,
    info.nomPaquetage, nomVersion, modele, versionSysteme,
    codeSysteme, paramsReg);
```

5.2 AndroidHttpClient

Pour décrire l'envoi d'une requête et la réception de la réponse du serveur, on supposera que le serveur distant accepte une requête HTTP GET et renvoie une réponse sous forme de chaîne de caractères comme par exemple une réponse au format JSON.

■Remarque

Android inclut la bibliothèque `org.json` *contenant le nécessaire pour lire les réponses au format JSON. La section Prise en charge du JSON du chapitre La persistance des données présente son utilisation.*

■Remarque

Depuis Android 3.0 (API 11), la bibliothèque `org.json` *propose les nouvelles classes* `JsonReader` *et* `JsonWriter` *permettant respectivement de lire et écrire aisément un flux JSON.*

La requête GET est facilement créée avec la classe HttpGet et l'un de ses constructeurs qui prend en paramètre l'adresse complète du site.

<u>Syntaxe</u>

```
public HttpGet (String uri)
```

<u>Exemple</u>

```
HttpGet httpGet = new HttpGet("http://...");
```

La classe `AndroidHttpClient` permet d'utiliser un client HTTP spécifiquement adapté à Android. Pour l'utiliser, il ne faut pas l'instancier directement mais invoquer sa méthode statique `newInstance` qui retourne une instance. Cette méthode prend en paramètre une chaîne de caractères décrivant l'agent utilisateur.

Syntaxe

```
public static AndroidHttpClient newInstance (String userAgent)
```

Exemple

```
AndroidHttpClient httpClient =
    AndroidHttpClient.newInstance(agentUtilisateur);
```

L'envoi de la requête et la réception de la réponse sont réalisés en appelant la méthode `execute` du client HTTP. Cette méthode est déclinée sous différentes formes. L'une d'elles, notamment, prend en paramètres la requête et un objet implémentant l'interface `ResponseHandler`. Elle peut lever des exceptions de type `IOException` s'il y a eu un problème ou que la connexion a été annulée et des exceptions de type `ClientProtocolException` s'il y a eu une erreur dans le protocole HTTP.

> ■ Remarque
>
> *Il faut évidemment que l'appareil Android soit connecté au réseau via Wi-Fi ou réseau cellulaire, par exemple, sans quoi une exception de type* `java.net.UnknownHostException`, *descendant du type* `IOException`, *sera levée.*

La classe `BasicResponseHandler` implémente l'interface `Response-Handler` et notamment sa méthode `handleResponse`. Cette méthode reçoit en entrée la réponse du serveur sous la forme d'un objet de type `HttpResponse`, en extrait le contenu de la réponse et le retourne sous forme de chaîne de caractères.

Une exception de type `HttpResponseException` est levée si le code de retour du serveur est supérieur ou égal à 300.

Syntaxe

```
public String handleResponse (HttpResponse response)
```

Ainsi, la méthode `execute` retourne la réponse du serveur sous forme de chaîne de caractères si elle reçoit en paramètre un objet de type `BasicResponseHandler` et remonte les exceptions le cas échéant.

Syntaxe

```
public abstract T execute (HttpUriRequest request,
    ResponseHandler<? extends T> responseHandler)
```

Exemple

```
String reponse = null;
try {
  reponse = httpClient.execute(httpGet,
                               new BasicResponseHandler());
} catch (HttpResponseException e1) {
  int errno = e1.getStatusCode();
  traitementException(e1);
} catch (ClientProtocolException e2) {
  traitementException(e2);
} catch (IOException e3) {
  traitementException(e3);
}
```

Une fois la communication terminée, le client doit fermer les connexions et libérer les ressources allouées en appelant sa méthode `close`.

Syntaxe

```
public void close ()
```

Exemple

```
try {
  ...
} finally {
  httpClient.close();
}
```

■Remarque

L'appel à cette méthode peut notamment être réalisé dans le bloc `finally` *de la gestion des exceptions. De cette façon, elle sera toujours appelée et les ressources libérées qu'une exception soit levée ou non.*

5.3 Utilisation de la bibliothèque Volley

À l'occasion de l'édition 2013 du rassemblement Google I/O, Google a présenté une nouvelle bibliothèque destinée à faciliter les développements réseaux sur Android : la bibliothèque Volley.

Intégrant nativement la gestion asynchrone des appels réseaux, cette bibliothèque apporte en plus une gestion de pile d'appels réseau et un mécanisme de gestion de cache.

Volley prend par ailleurs en charge plusieurs formats de données pour un traitement facilité des réponses serveur : chaînes de caractères, données au format JSON, et images.

5.3.1 Intégration de Volley

La bibliothèque Volley est distribuée sous forme de projet qui doit être intégré au projet principal.

Il faut commencer par télécharger les sources, distribuées à partir d'un dépôt de code source Git. Pour les lecteurs familiers de Git, il suffit donc de cloner le dépôt, disponible à l'adresse :
https://android.googlesource.com/platform/frameworks/volley

Exemple

```
git clone https://android.googlesource.com/platform/frameworks/volley
```

Alternativement, il est possible de télécharger une archive de la dernière version du projet. Pour cela, il faut se rendre à l'adresse du dépôt (mentionnée ci-dessus), puis sélectionner la branche Master, et enfin cliquer sur le lien [tgz] pour télécharger le dépôt compressé. Décompressez ensuite ce fichier téléchargé dans un dossier de votre choix.

Pour importer le projet dans une solution Android Studio, il faut procéder de la façon suivante :

► Ouvrez la solution qui doit intégrer Volley sous Android Studio.

► Dans Android Studio, faites un clic droit dans l'explorateur de projet, à la racine de la solution.

▶Sélectionnez l'option **Open Module Settings**. Une nouvelle fenêtre s'ouvre, nommée **Project Structure**.

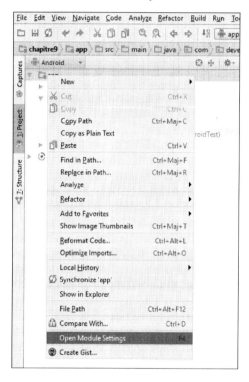

▶Cliquez sur le bouton **+**, en haut à gauche de la fenêtre : ce bouton permet d'ajouter un nouveau module.

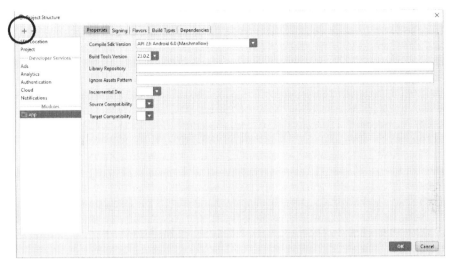

▶️ Un assistant s'ouvre, permettant de créer un nouveau module, ou d'importer un module existant, sous différents formats. Sélectionnez l'entrée **Import Gradle Project**, et cliquez sur **Next**.

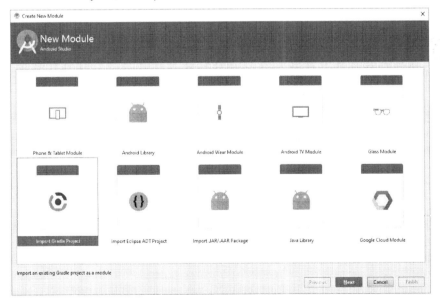

▶Sélectionnez ensuite la racine du répertoire créé lors de la décompression du fichier archive téléchargé précédemment et cliquez sur **Finish**.

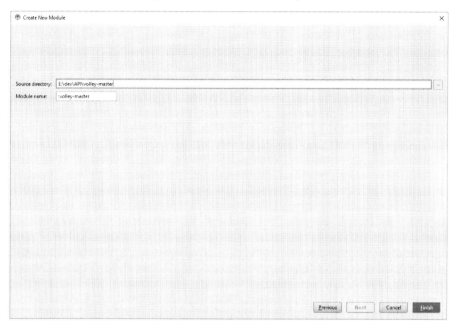

▶Android Studio lance une compilation du projet. Dans la fenêtre **Project Structure**, sélectionnez le module **app**, dans la liste de gauche.

▶Ouvrez, dans la partie droite, l'onglet listant les dépendances : l'onglet **dependencies**. Cliquez sur le bouton **+**, en haut à droite de la fenêtre, et sélectionnez l'entrée **Module dependency** du menu contextuel qui apparaît.

▶ Une fenêtre pop-up s'ouvre, listant les modules disponibles : sélectionnez le module **Volley**, et cliquez sur **OK**.

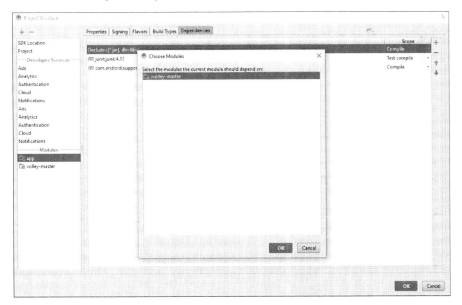

➤ Cliquez ensuite sur **OK** dans la fenêtre **Project Structure** : Android Studio lance une compilation ; le module est ajouté à la solution.

5.3.2 Requêtes de type chaîne de caractères

L'envoi, et la réception, de données via Internet sont régis, avec Volley, par un mécanisme de queue (*Request Queue*). Ce mécanisme intègre nativement un système de cache (cache disque), qu'il est possible de surcharger pour gérer des cas particuliers.

La classe chargée de gérer cette queue est la classe RequestQueue, contenue dans le package com.android.volley.

S'il est possible d'instancier un objet de type RequestQueue, Volley donne la possibilité d'obtenir une instance de RequestQueue en invoquant la méthode statique newRequestQueue de la classe Volley.

Syntaxe

```
static RequestQueue newRequestQueue(Context context)
```

Exemple

```
// Dans le corps d'une activité
RequestQueue queue = Volley.newRequestQueue(this);
```

Il faut veiller à ne pas instancier plusieurs objets de type RequestQueue. Google recommande, pour cela, de créer une classe intégrant un mécanisme de singleton, et d'utiliser ce singleton pour obtenir une référence sur l'objet RequestQueue.

Exemple

```
public class SingleRequestQueue {
    private static SingleRequestQueue instance;
    private RequestQueue requestQueue;
    private Context context;

    private SingleRequestQueue(Context context) {
        this.context = context;
    }

    public static synchronized SingleRequestQueue

            getInstance(Context context) {
```

```
        if(instance==null)
            instance = new SingleRequestQueue(context);
        return instance;
    }

    public RequestQueue getRequestQueue() {
        if(requestQueue==null)
            requestQueue = Volley.newRequestQueue(context);
        return requestQueue;
    }
}
```

Les requêtes réseau renvoyant des données de type chaîne de caractères sont prises en charge par la classe `StringRequest`, du `package com.android.volley.toolbox`.

Le constructeur principal de la classe expose la signature suivante :

```
public StringRequest(int method, String url,
                    Listener<String> listener,
                    Response.ErrorListener errorListener)
```

Les paramètres de la méthode `StringRequest` sont les suivants :

- `int method` : précise la méthode utilisée pour la requête.
  Les valeurs possibles sont définies par l'énumération `Request.Method`.
  (`Request. Method. GET`, `Request.Method.PUT`, par exemple).

- `String url` : URL de la requête.

- `Response.Listener<String>  listener` : objet chargé de l'appel retour en cas de succès de la requête.

- `Response.ErrorListener errorListener` : objet chargé de l'appel retour dans le cas d'une erreur.

Lorsque la requête est définie, que ce soit une requête de type `String Request` ou autres, il faut l'ajouter à l'instance de `RequestQueue` pour qu'elle soit prise en charge par le système. Pour cela, il faut invoquer la méthode `add` de la classe `RequestQueue`.

Exemple

```
    RequestQueue requestQueue = [...]
    StringRequest stringRequest = [...]
    requestQueue.add(stringRequest);
```

La requête ajoutée, le système se charge de l'ensemble des opérations nécessaires à son traitement. Si le serveur cible renvoie un message d'erreur, il sera pris en charge par l'objet `ErrorListener` passé en paramètre à la création de la requête. Si le message renvoyé est une réponse, c'est l'objet `Response.Listener<String>` fourni au constructeur de la requête qui sera invoqué.

`Response.ErrorListener` est une interface qui présente la méthode `onErrorResponse`.

Syntaxe

```
public interface ErrorListener {
        public void onErrorResponse(VolleyError error);
}
```

L'objet `VolleyError`, paramètre de la méthode `OnErrorResponse`, porte le message d'erreur retourné par le serveur.

De la même façon, l'objet de type `Reponse.Listener` qui prend en charge la réponse du serveur est une interface, qui présente la méthode `onResponse`. Le type de la réponse est un type générique, précisé par le constructeur de la requête.

Syntaxe

```
public interface Listener<T> {
     public void onResponse(T response);
}
```

Pour une requête de type `StringRequest`, le type de retour, paramètre de la méthode `onResponse`, est `String`. C'est cette instance qui contient l'ensemble du message retourné par le serveur.

Exemple

```
Response.Listener<String> responseListener =
    new Response.Listener<String>() {
            @Override
            public void onResponse(String response) {
                Log.d("Reponse Serveur",response);
            }
    };
```

5.3.3 Ajouter des paramètres

Dans le cadre d'une requête de type PUT ou POST, il est possible de rajouter des paramètres à la requête. Pour ce faire, il faut surcharger la méthode get-Params de la classe StringRequest.

Syntaxe

```
public Map<String, String> getParams()
```

S'il est possible d'étendre la classe StringRequest pour y surcharger la méthode getParams, il est en général plus simple de juste surcharger la méthode.

Exemple

```
StringRequest stringRequest =
    new StringRequest(Request.Method.GET, url,
    responseListener, errorListener) {

        @Override
        public Map<String, String> getParams() {
            Map<String, String> p = new HashMap<String, String>();
            p.put("param1","valeur1");
            p.put("param2","valeur2");
            return p;
        }
};
```

5.3.4 Requêtes au format JSON

Volley prend nativement en charge les réponses au format JSON, en exposant les objets JsonArrayRequest (la réponse est un tableau au format JSON) et JsonObjectRequest (la réponse est un objet au format JSON).

Le constructeur de la classe JsonObjectRequest présente la signature suivante :

Syntaxe

```
public JsonObjectRequest(int method, String url,
    JSONObject jsonRequest,
    Listener<JSONObject> listener,
    ErrorListener errorListener)
```

- `int method` : précise la méthode utilisée pour la requête. Les valeurs possibles sont définies par l'énumération `Request.Method.` (`Request.Method.GET`, `Request.Method.PUT`, par exemple).
- `String url` : URL de la requête.
- `JSONObject jsonRequest` : objet JSON à envoyer au serveur. Peut être `null`.
- `Response.Listener<JSONObject> listener` : objet chargé de l'appel retour en cas de succès de la requête.
- `Response.ErrorListener errorListener` : objet chargé de l'appel retour dans le cas d'une erreur.

Pour une requête de type `JsonArrayRequest`, il faut utiliser le constructeur suivant :

```
public JsonArrayRequest(String url, Listener<JSONArray> listener,
ErrorListener errorListener)
```

Notez que la méthode n'est pas spécifiée dans ce constructeur : elle est, par défaut, de type `Request.Method.GET`.

Les traitements à mettre en place dans le cas d'une réponse au format JSON – que ce soit un objet `JSONArray` ou `JSONObject`, sont en tous points similaires à ce qui a été évoqué pour les réponses au format `String`.

Ici, au lieu d'utiliser un objet de type `Response.Listener<String>`, il faut utiliser une instance de `Response.Listener<JSONArray>` ou de `Response.Listener<JSONObject>`.

Exemple

```
JsonObjectRequest jsonObjectRequest =
    new JsonObjectRequest(Request.Method.POST, url,null,
        new Response.Listener<JSONObject>() {

            @Override
            public void onResponse(JSONObject response) {
                // Traitement de l'objet JSONObject
            }
        },
        new Response.ErrorListener() {
            @Override
```

```
        public void onErrorResponse(VolleyError error) {
            // Traitement de l'erreur
    }
});
```

5.3.5 Requêtes au format Image

De la même façon que pour les requêtes serveur renvoyant des données au format JSON, Volley fournit une classe `ImageRequest`, qui permet de traiter les requêtes ayant pour réponse une image.

Le constructeur de la classe `ImageRequest` est le suivant :

```
public ImageRequest(String url,
    Response.Listener<Bitmap> listener,
    int maxWidth, int maxHeight,
    ScaleType scaleType, Config decodeConfig,
    Response.ErrorListener errorListener)
```

Les paramètres de la méthode `ImageRequest` sont les suivants :

- `String url` : URL de la requête.

- `Response.Listener<Bitmap>` : objet chargé du traitement de l'image retournée par le serveur.

- `int maxWidth` : largeur maximale possible pour l'image. Mettre 0 pour ne fournir aucune largeur maximale.

- `int MaxHeight` : hauteur maximale possible pour l'image. Mettre 0 pour ne fournir aucune hauteur maximale.

- `ScaleType scaleType` : permet de spécifier comment sera traitée la mise à l'échelle de l'image. Les valeurs possibles sont fournies par l'énumération `ImageView.ScaleType`.

- `Config decodeConfig` : précise la configuration à utiliser pour le bitmap, c'est-à-dire comment les pixels composants l'image sont encodés. Les valeurs possibles sont celles de l'énumération `android.graphics.Bitmap.Config.` et permettent d'indiquer que chaque pixel sera encodé, par exemple, sur 4 octets (`Bitmap.Config.ARGB_8888`).

- `Response.ErrorListener errorListener` : l'objet invoqué si le serveur renvoie une erreur.

5.3.6 Autres requêtes

Si aucune des classes présentées par Volley ne satisfait le type de réponse attendues par une requête, il est possible d'étendre directement la classe `Request<T>`, en substituant au type générique `T` le type de réponse souhaité : `StringRequest`, par exemple, étend `Request<String>`.

Dans ce cadre, il faut surcharger les méthodes abstraites `parseNetwork Response` et `deliverResponse` de la classe abstraite `Request<T>`.

Syntaxe

```
abstract protected
    Response<T> parseNetworkResponse(NetworkResponse response);

abstract protected void deliverResponse(T response);
```

La méthode `parseNetworkResponse` doit, à partir d'un objet de type `NetworkResponse`, effectuer les traitements nécessaires pour retourner un objet de type T. L'objet de type `NetworkResponse` contient les données au format `byte[]`, les données de header de la réponse, et le statut.

La méthode `deliverResponse` est chargée de fournir la réponse passée en paramètre à l'objet `Response.Listener<T>` qui traite la réponse du serveur.

■Remarque

Il est vivement conseillé, dans le cas où il est nécessaire d'étendre `Request<T>`, *de prendre exemple sur les classes* `StringRequest` *et* `Json-ObjectRequest`. *La bibliothèque Volley étant distribuée sous forme de code source, ces classes sont directement accessibles dans la solution Android Studio.*

Chapitre 10
Réseaux sociaux

1. Introduction

L'intégration des réseaux sociaux est une fonctionnalité indispensable pour toute application Android : cela permet aux utilisateurs de partager leur expérience avec leurs amis, et, pour le développeur, cela apporte une visibilité supplémentaire non négligeable pour l'application.

Nous allons voir dans ce chapitre deux démarches permettant d'intégrer le fameux bouton Partager (*share*, en anglais) à une application Android.

La première méthode peut être qualifiée d'intégration standard : très rapide à mettre en place, elle fournit l'essentiel, tout en étant très fortement dépendante de l'environnement dans lequel elle est exécutée.

La seconde méthode, qui propose une intégration complète avec les principaux réseaux sociaux, utilise une bibliothèque externe, open source, qui simplifie le travail en prenant en charge les spécificités de chaque réseau social.

2. Intégration standard

Cette première méthode proposée pour intégrer le partage sur les réseaux sociaux repose sur une philosophie simple : l'utilisateur possède sur son mobile les applications de réseaux sociaux qu'il affectionne. Dès lors, le partage d'informations doit se faire via ces applications, et non en développant une brique logicielle spécifique, qui ne sera qu'une version dégradée de ce que propose chaque application de réseau social.

La problématique est donc la suivante : exposer l'information à partager, et laisser le système et l'utilisateur choisir la meilleure solution pour finaliser ce partage.

2.1 Sous Android 2.x et 3.x

Les objets permettant de partager une information sur un appareil Android sont déjà connus et ont été étudiés dans le chapitre Intentions, récepteurs d'événements et services, section Intention : ce sont les intents.

Pour rappel, le fonctionnement des intentions est le suivant : il faut créer une intention en spécifiant l'action qui doit être effectuée, et éventuellement, rajouter des données sous forme d'extra.

Ici, l'action qui nous intéresse est l'action `ACTION_SEND` : elle stipule que l'application souhaite envoyer des informations. La cible de l'envoi n'est pas spécifiée, c'est le principe de fonctionnement des intentions, mais choisie par l'utilisateur à l'exécution, parmi les applications capables de prendre en charge la demande.

Le contenu à partager, dans le cadre de l'action choisie, doit être soit du texte, soit un fichier, envoyé sous format binaire.

Dans le premier cas (texte), le contenu sera placé dans l'extra `Intent.EXTRA_TEXT`, et le type MIME sera `text/plain`.

Dans le second cas (fichier binaire), c'est l'extra `Intent.EXTRA_STREAM` qui sera utilisé, le type MIME étant dans ce cas dépendant du type du fichier binaire (`image/jpeg` pour un fichier image au format JPEG, par exemple, ou plus généralement `image/*`).

Des extras supplémentaires peuvent être également renseignés, mais sans certitude qu'ils seront pris en compte par chaque application : EXTRA_EMAIL, EXTRA_CC, EXTRA_BCC, EXTRA_HTML_TEXT et EXTRA_SUBJECT.

Une fois l'intention créée et les données "extra" valorisées, il ne reste plus qu'à lancer l'activité qui va porter l'Intent.

Dans le cadre d'une fonction de partage de contenu, la meilleure solution est d'encapsuler l'appel dans un objet de type Chooser (sélectionneur), qui présente une interface spécifique pour le choix de l'application. L'objet Chooser n'est pas utilisé directement, mais au travers de la méthode Intent.createChooser.

Syntaxe

```
Static Intent.createChooser(Intent cible, CharSequence titre)
```

Exemple

```
Intent shareIntent=
    new Intent(android.content.Intent.ACTION_SEND);

shareIntent.setType("text/plain");

shareIntent.putExtra(android.content.Intent.EXTRA_SUBJECT,
    "Exemple de partage");

shareIntent.putExtra(android.content.Intent.EXTRA_TEXT,
    "Texte du message partagé");

startActivity(
    Intent.createChooser(shareIntent, "Partager sur..."));
```

2.2 Sous Android 4.x

Avec la version 14 (Android 4.0.1, Ice Cream Sandwich), le partage sur les réseaux sociaux est normalement directement intégré à la barre d'action. Depuis Android Lollipop (API 21), ces fonctionnalités sont portées par la bibliothèque de support AndroidSupport v7.

Pour intégrer dans cette barre d'action l'icône spécifique de partage et les traitements associés, il suffit, dans le fichier XML de déclaration du menu, de rajouter un item de menu, en lui spécifiant un attribut de type `actionProviderClass` spécifique.

L'attribut `ActionProviderClass`, à l'origine introduit par l'API 14, permet d'affecter une classe qui sera chargée de gérer l'action à mener lorsque l'item de menu sera sélectionné.

La classe qui sera spécifiée en attribut de type `ActionProviderClass` doit hériter de la classe abstraite `ActionProvider`.

Le système Android fournit, depuis l'API 14, un `ActionProvider` spécifique au partage sur les réseaux sociaux : la classe `ShareActionProvider` (paquetage `android.widget`). C'est cette classe qui sera chargée de créer le sous-menu présentant une liste de réseaux sociaux et les méthodes sous-jacentes.

Il faut donc affecter cette classe comme valeur pour l'attribut `actionProviderClass` de l'item de menu.

Ci-dessous, un exemple de déclaration de menu pour l'affichage d'une icône "partage" dans la barre d'action. Ce fichier de menu doit être stocké dans le répertoire `/res/menu` du projet.

```
<menu
  xmlns:android="http://schemas.android.com/apk/res/android"
  xmlns:app="http://schemas.android.com/apk/res-auto">
  <item
    android:id="@+id/menu_item_partage"
    android:title="Partager"
    app:showAsAction="ifRoom"
    app:actionProviderClass=
      "android.support.v7.widget.ShareActionProvider" />
</menu>
```

■Remarque

Il faut noter que l'attribut `actionProviderClass` *utilisé est celui de la bibliothèque de support, d'où le prefixe* `app` *correspondant au namespace de l'application.*

Pour faire le lien entre le menu et son activité, il faut, comme vu dans le chapitre Styles, navigation et notifications, section Menus, surcharger la méthode `onCreateOptionMenu` de la classe `Activity`.

```
@Override
public boolean onCreateOptionsMenu(Menu menu) {
    getMenuInflater().inflate(R.menu.menu_partage, menu);
    [...]
}
```

Ensuite, dans la méthode `onCreateOptionsMenu`, il faut récupérer l'`ActionProvider` de l'item de menu déclaré dans le fichier XML de menu, et l'affecter à un objet de type `ShareActionProvider`. Pour cela, la classe `MenuItem` dispose de la méthode `getActionProvider`, qui renvoie l'`ActionProvider` spécifié en attribut.

```
ShareActionProvider shareActionProvider =
    (ShareActionProvider) item.getActionProvider();
```

Il ne reste plus qu'à définir, comme vu précédemment, une intention qui sera ensuite affectée à l'objet de type `ShareActionProvider`, en invoquant la méthode `setShareIntent` de la classe `ShareActionProvider`.

Syntaxe

```
void setShareIntent (Intent shareIntent)
```

Exemple

```
@Override
public boolean onCreateOptionsMenu(Menu menu) {
    getMenuInflater().inflate(R.menu.menu_chap10, menu);
    MenuItem item = menu.findItem(R.id.menu_item_share);

    ShareActionProvider shareActionProvider =
        (ShareActionProvider) item.getActionProvider();

    shareActionProvider.setShareIntent(createShareIntent());

    return true;
}

private Intent createShareIntent() {
    Intent shareIntent=
        new Intent(android.content.Intent.ACTION_SEND);
```

```
shareIntent.setType("text/plain");
shareIntent.putExtra(android.content.Intent.EXTRA_SUBJECT,
   "Exemple de partage");
shareIntent.putExtra(android.content.Intent.EXTRA_TEXT,
   "Texte du message partagé");
return shareIntent;
}
```

À l'exécution de l'activité, le bouton partage est automatiquement rajouté en haut à droite dans la barre d'action. En cliquant sur le bouton, le menu "Partager" est créé.

Au final, cette méthode de partage de contenu possède de nombreux avantages :

– Elle est très simple à mettre en œuvre.

– Elle ne demande ni clé d'API ni processus d'authentification.

– Elle n'utilise que des éléments propres à la plateforme.

– Il n'y a aucun risque de dépendre d'une API externe (type API fournie par un réseau social), ce qui limite la maintenance.

– Tous les réseaux sociaux présents sur l'appareil de l'utilisateur, et seulement ceux-là, seront présentés en choix.

Cependant, certaines limitations peuvent être frustrantes : d'une part, le message envoyé reste assez simple dans sa mise en forme, et d'autre part, les applications de réseaux sociaux peuvent ne pas prendre en charge correctement l'intention.

3. Intégration complète

La plupart des médias sociaux, si ce n'est tous, proposent une API pour Android qui permet de partager du contenu. Cependant, il serait fastidieux d'intégrer séparément chacune de ces API et d'assurer la maintenance pour chaque évolution de l'API. Une solution alternative, étudiée dans cette section, est de recourir à une API externe, qui prend en charge la plupart des traitements.

Plusieurs API de ce type existent sur le marché ; certaines sont payantes mais, la plupart sont gratuites. Le choix de l'API doit se faire sur plusieurs critères, qui ne doivent pas être négligés :

– L'API doit être performante, et offrir toutes les fonctionnalités de partage propres à chaque média social.

– L'API doit être régulièrement mise à jour par son ou ses auteurs, pour suivre les évolutions de chaque média.

– Et enfin, le travail d'intégration doit être le plus léger possible.

Notre choix s'est porté, au regard de ces critères, sur l'API `socialauth-android`, version Android d'une célèbre API Java. Cette section présente toutes les étapes nécessaires à l'intégration de l'API, ainsi que les démarches à effectuer auprès des médias sociaux concernés.

3.1 Récupérer les clés d'API

Même si chaque média social fonctionne d'une façon qui lui est propre, certains schémas d'utilisation sont partagés par tous ; c'est le cas de la connexion avec les applications tierces. Tous les médias demandent, pour autoriser la publication de données dans leurs flux, à ce que l'application qui envoie la demande soit référencée auprès du média.

La première étape consiste donc à référencer son application auprès de chaque média social. Ceux-ci, en retour, fournissent un couple (clé API/clé secrète) qui permet d'identifier l'application qui envoie le contenu.

Nous allons voir comment procéder pour Facebook, sachant que la démarche est en général identique pour tous les médias. À noter qu'il faut posséder un compte utilisateur sur chaque média social que vous souhaitez intégrer.

3.1.1 Créer une application Facebook

Pour pouvoir créer une application Facebook, il faut se connecter sur le site https://developers.facebook.com, et s'identifier avec un compte utilisateur Facebook.

◗Dans la barre de menus, sélectionnez **Applications - Créez une application**.

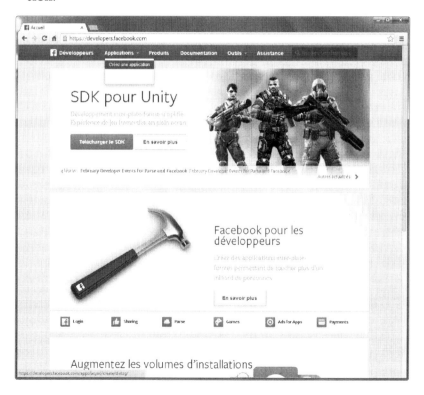

Un formulaire s'affiche en fenêtre pop-up, et vous demande de saisir un nom pour votre application et de renseigner un nom de namespace (qui peut être laissé vide, ne s'appliquant qu'aux applications web).

◼Une fois le formulaire renseigné, cliquez sur le bouton **Créer une application**.

Après un petit instant (ce n'est pas forcément immédiat), la page web est actualisée et vous présente le tableau de bord de votre application.

Les informations intéressantes pour l'instant se situent en haut de la page : l'identifiant de l'application (c'est la clé API) ainsi que la clé secrète (masquée par défaut, il faut cliquer sur le bouton **Afficher** pour la voir). Ces informations sont à conserver, elles seront ajoutées dans un fichier de configuration ultérieurement.

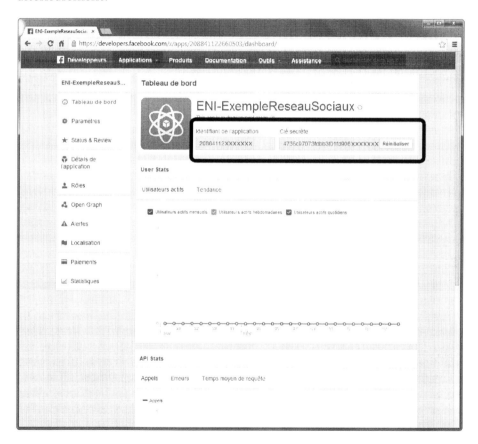

La création de l'application sur Facebook est terminée : vous pouvez explorer les paramètres proposés par Facebook pour personnaliser l'affichage des messages dans le fil d'actualité des utilisateurs.

■Remarque

Comme la plupart des réseaux sociaux, Facebook ne propose pas de mode "développement" ou "débogage" pour les applications : tous les messages que vous postez sont directement intégrés au fil d'actualité de l'utilisateur que vous utilisez pour les tests. Ces messages peuvent néanmoins être supprimés.

3.1.2 Autres réseaux sociaux

Le mécanisme de création de comptes développeurs étant propre à chaque site (et, pour certains de ces médias, étant très souvent modifié), nous ne détaille- rons pas ici la procédure pour chacun des médias sociaux. Le tableau ci-dessous donne les adresses des points d'entrée de la création de comptes développeurs pour les principaux médias sociaux.

Facebook	https://developers.facebook.com/
Foursquare	https://developer.foursquare.com/
Google+	https://developers.google.com/+/api/oauth#apikey
LinkedIn	http://developer.linkedin.com/
Twitter	https://dev.twitter.com/

3.2 Installer le SDK SocialAuth-Android

Notre choix s'est porté sur l'API `SocialAuth-Android`, projet open source initié par la société 3Pillar Labs (https://www.3pillarglobal.com/), qui permet de gérer plusieurs médias sociaux de manière globale.

La première étape consiste à télécharger le SDK (*Software Development Kit*) de SocialAuth-Android, à l'adresse http://sourceforge.net/projects/socialauth-android/, puis à décompresser l'archive zip obtenue. Les répertoires `assets`, `dist`, `examples`, `javadoc`, `libs` et `src` sont créés.

3.2.1 Intégration des bibliothèques dans le projet

Afin d'utiliser les bibliothèques d'une API dans une application, il est nécessaire d'ajouter les fichiers de la bibliothèque dans le projet Android Studio.

Ici, nous avons besoin de deux bibliothèques : `socialauth` et `socialauth-android`. Les bibliothèques sont fournies au format Java .jar. Le fichier `socialauth-4.4.jar` se trouve dans le répertoire `/libs` du fichier décompressé, le fichier `socialauth-android-3.1.jar` étant dans le répertoire `/dist` (les numéros de versions sont donnés à titre indicatif, ils sont susceptibles de changer régulièrement).

Pour intégrer les deux fichiers en tant que bibliothèque, il faut créer un dossier `libs` dans le projet Android Studio. Positionnez pour cela le curseur de la souris à la racine du projet dans l'explorateur d'Android Studio, et faites un clic droit. Sélectionnez l'option **New**, puis **Directory** : une fenêtre pop-up s'affiche et vous permet de saisir le nom du dossier que vous voulez créer. Saisissez ici le nom `libs`, et cliquez sur **OK.** Placez ensuite les fichiers jar dans ce dossier.

Pour que les fichiers jar soient pris en charge en tant que bibliothèque, il faut ensuite, **pour chaque fichier**, le sélectionner, faire un clic droit pour afficher le menu contextuel. Là, sélectionnez l'option **Add as library**, puis, dans la fenêtre pop-up, sélectionnez l'option **App**. Cliquez sur **OK** pour terminer l'opération : une flèche grise doit apparaître à gauche de chaque fichier, pour illustrer qu'il est maintenant possible de parcourir le contenu de chaque bibliothèque.

Il faut ensuite ajouter dans le répertoire `/assets` du projet le fichier `oauth_consumer.properties`, qui se trouve dans le répertoire `/assets` du fichier décompressé. Ce fichier contient les clés d'API et les clés secrètes pour tous les réseaux sociaux supportés par l'API. Le répertoire `/assets` n'étant pas créé par défaut par Android Studio, il faut le définir manuellement. Ce dossier doit être positionné au même niveau que les dossiers `/java` et `/res` du projet principal de la solution : positionnez le curseur de la souris sur le dossier `main`, et faites un clic droit, puis sélectionnez l'option **New** puis **Directory**. Saisissez `assets` pour le nom du dossier, et copiez le fichier `oauth_consumer.properties` dans le dossier créé.

En éditant ce fichier avec l'éditeur d'Android Studio (ou tout autre éditeur de texte), vous pouvez mettre à jour les clés des médias sociaux que vous souhaitez intégrer à votre application.

Pour terminer l'intégration des bibliothèques SocialAuth-Android, il reste à ajouter les autorisations INTERNET et ACCESS_NETWORK_STATE dans le manifeste du projet : la bibliothèque nécessite en effet un accès à Internet sur l'appareil de l'utilisateur.

3.2.2 Utilisation de l'API

Une fois l'installation et la configuration de l'API effectuées, l'API est directement utilisable dans le projet.

Plusieurs options sont proposées par l'API pour intégrer un partage sur les réseaux sociaux : via un bouton "partager", via le menu de la barre d'action, etc. Nous allons étudier comment créer un bouton "partager" dans une application.

Le processus de partage se déroule en plusieurs étapes :

– Demande de partage de la part de l'utilisateur.

– Sélection du réseau social à utiliser pour le partage.

– Connexion par l'utilisateur sur le réseau social choisi.

– Publication du contenu à partager.

– Confirmation du partage.

Toutes ces étapes sont gérées par l'API SocialAuth-Android.

La classe SocialAuthAdapter fournit toutes les méthodes nécessaires à la réalisation du partage : il faut donc commencer par définir une instance de SocialAuthAdapter. Le constructeur de la classe prend en paramètre un objet de type DialogListener, défini par l'API, qui se charge de gérer le processus de callback (rappel) suite au traitement par une fenêtre de dialogue.

L'interface `DialogListener` demande l'implémentation des méthodes suivantes :

– `onBack` : appelée lorsque l'utilisateur ferme la fenêtre de dialogue en cliquant sur le bouton retour de son appareil.

– `onCancel` : appelée lorsque l'utilisateur annule l'action.

– `onComplete` : appelée lorsque l'utilisateur termine l'action de la boîte de dialogue.

– `onError` : appelée lorsqu'une erreur est levée par la fenêtre de dialogue.

Exemple

```
SocialAuthAdapter adapter =
    new SocialAuthAdapter(new DialogListener() {

    @Override
    public void onError(SocialAuthError arg0) {

    }

    @Override
    public void onComplete(Bundle arg0) {

    }

    @Override
    public void onCancel() {

    }

    @Override
    public void onBack() {

    }
});
```

L'instance de type `SocialAuthAdapter` permet de spécifier quels sont les réseaux sociaux qui apparaîtront dans la fenêtre de dialogue lorsque l'utilisateur cliquera sur le bouton "Partager".

Pour ajouter un réseau social, il faut utiliser la méthode `addProvider` de la classe `SocialAuthAdapter`.

Syntaxe

```
void addProvider(SocialAuthAdapter.Provider provider, int logo)
```

Le paramètre `provider` permet d'indiquer le réseau social. `SocialAuthAdapter.Provider` est une énumération contenant la liste des réseaux supportés par l'API.

Le paramètre `logo` permet d'indiquer l'identifiant de la ressource qui sera utilisée comme logo pour le média dans la liste.

Exemple

```
adapter.addProvider(SocialAuthAdapter.Provider.FACEBOOK,
R.drawable.facebook);

adapter.addProvider(SocialAuthAdapter.Provider.TWITTER,
R.drawable.twitter);
```

Enfin, pour déclencher l'action de partage lorsque l'utilisateur clique sur le bouton partage d'une activité, il faut déclarer ce bouton à l'objet `SocialAuthAdapter`, en utilisant la méthode `enable`.

Syntaxe

```
void enable(android.widget.Button boutonPartage)
```

Exemple

```
Button btnPartage = (Button)findViewById(R.id.button_partage);
adapter.enable(btnPartage);
```

À noter que, contrairement à ce que l'on fait pour un bouton classique, il n'est pas nécessaire d'invoquer la méthode `setOnClickListener` sur le bouton qui sert au partage : c'est la méthode `enable` qui se charge de configurer le bouton.

Lorsque l'utilisateur a sélectionné un réseau social et s'est connecté, la méthode `onComplete` de l'instance de `DialogListener` fourni au constructeur `SocialAuthAdapter` est invoquée : le message peut être publié.

Pour publier un message, il faut utiliser l'une des méthodes suivantes : `updateStatus`, `updateStory` (uniquement Facebook) ou `uploadImageAsync` (Facebook et Twitter). La liste de toutes les actions supportées par l'API est donnée plus en avant dans cette section.

Syntaxe

```
void updateStatus(java.lang.String message,
   SocialAuthListener<java.lang.Integer> listener,
   boolean shareOption)

void updateStory(java.lang.String message,
   java.lang.String name,
   java.lang.String caption,
   java.lang.String description,
   java.lang.String link,
   java.lang.String picture, SocialAuthListener<java.lang.Integer> listener)


void uploadImageAsync(java.lang.String message,
   java.lang.String fileName,
   android.graphics.Bitmap bitmap,
   int quality,
   SocialAuthListener<java.lang.Integer> listener)
```

Exemple

```
private class ResponseListener implements DialogListener {

   @Override
   public void onBack() {
   }

   @Override
   public void onCancel() {
   }

   @Override
   public void onComplete(Bundle arg0) {
      adapter.updateStatus("Message qui sera affiché dans le flux
d'actualité",new MessageListener(),false );
   }

   @Override
   public void onError(SocialAuthError arg0) {

   }

}
```

Les méthodes updateStatus, updateStory, etc., nécessitent un objet de type SocialAuthListener<java.lang.Integer> en paramètre : cet objet permet de gérer le retour après publication.

L'entier qui est passé en paramètre donne le code de retour de la publication, ce code étant en fait le code réponse http/1.1 renvoyé par le média social.

L'interface `SocialAuthListener<java.lang.Integer>` nécessite l'implémentation des méthodes `onError` et `onExecute` (la première étant invoquée en cas d'erreur, la seconde lorsque le serveur web du média renvoie un message).

Syntaxe

```
void onError(SocialAuthError e)
void onExecute(java.lang.String provider, T t)
```

Exemple

```java
class MessageListener implements SocialAuthListener<Integer> {
    @Override
    public void onExecute(String arg0,Integer t) {
        Integer status = t;
        if (status.intValue() == 200 ||
            status.intValue() == 201 ||
            status.intValue() == 204)
            Toast.makeText(getContext(),
            "Message posté",Toast.LENGTH_LONG).show();
        else
            Toast.makeText(getContext(),
             "Message non posté",Toast.LENGTH_LONG).show();
        finishActivity();
    }

    public void onError(SocialAuthError e) {

    }
}
```

Il peut être nécessaire de différencier l'action à effectuer selon le réseau social sélectionné par l'utilisateur : l'API gère les spécificités de chaque réseau social, et certaines fonctionnalités sont réservées à un média en particulier : c'est le cas, par exemple, de la méthode `updateStory` (uniquement disponible pour Facebook).

Pour faire la distinction, l'objet `SocialAuthAdapter` dispose de la méthode `getCurrentProvider`, qui renvoie un objet de type `org.brickred.socialauth.AuthProvider`, correspondant au réseau social sélectionné par l'utilisateur.

Pour facilement identifier un réseau, la méthode la plus simple est d'appeler la méthode getProviderId, qui retourne le nom du réseau social sous forme de chaîne de caractères.

Exemple

```
if (adapter.getCurrentProvider().getProviderId().equalsIgnore
Case("facebook")) {
// Traitement spécifique pour Facebook
}
else {
// traitement pour les autres médias sociaux
}
```

Le tableau ci-dessous présente la liste des méthodes supportées par l'API et les éventuelles restrictions.

Méthode	Fonction	Réseau social supporté
getAlbums	Obtenir les photos de l'utilisateur.	Facebook, Twitter
getCareerAsync	Obtenir des informations sur le poste, les études, etc.	Linkedin
getContactList	Obtenir la liste des contacts de l'utilisateur.	Tous
getFeeds	Obtenir le flux d'information.	Facebook, Twitter, Linkedin
getUserProfile	Obtenir le profil de l'utilisateur.	Tous
updateStatus	Mettre à jour le statut.	Facebook, Twitter, Linkedin, MySpace, etc.
updateStory	Partager un message et un lien avec prévisualisation du contenu.	Facebook
uploadImage	Uploader une image.	Facebook, Twitter

La liste ci-dessus est susceptible de changer, selon les évolutions de l'API. La liste mise à jour se trouve à l'adresse suivante (en anglais) : https://code.google.com/p/socialauth-android/, rubrique Existing Features

Chapitre 11
Tracer, déboguer et tester

1. Introduction

Même dans le cas des logiciels les plus simples, il est rare de pouvoir écrire du code ne comportant pas l'once d'une erreur technique ou fonctionnelle.

Il est donc important, pour le développeur, de disposer d'un ensemble d'outils pour analyser le fonctionnement de son application.

Ce chapitre passe en revue les principales fonctionnalités offertes par Android Studio dans ce domaine, en commençant par le plus évident d'entre eux, le fichier de log d'Android.

Ensuite, nous étudierons Android Profiler et Android Device Monitor, puissants outils permettant d'analyser en détail le fonctionnement de l'application en temps réel.

Enfin, nous verrons comment tirer parti des tests automatiques proposés par Android Studio pour limiter au maximum les régressions, véritable challenge du développeur.

Android

2. Journal d'événements

Un journal d'événements contient des logs (traces d'exécution d'un logiciel). Sous Android, il existe plusieurs journaux d'événements : un principal et plusieurs autres secondaires spécifiques à un domaine, par exemple les messages concernant la téléphonie. Ces journaux sont stockés sous la forme de tampons circulaires.

Chacun de ces événements est constitué des éléments suivants :

– Date et heure de l'apparition de l'événement.

– Catégorie de l'événement.

– Identifiant unique du processus, nommé PID (*Process IDentifier*), qui a généré l'événement.

– Une étiquette, nommée tag, qui permet de nommer la source de l'événement : noms du processus, du composant, de l'activité, de la classe...

– Un message détaillant l'événement.

Il existe plusieurs catégories permettant de classer les événements. Le tableau ci-dessous en présente les cinq principales, classées de la plus à la moins détaillée :

Catégorie	Niveau	Description
Verbeux	V	Catégorie la plus détaillée. Du fait de la quantité d'informations à afficher, cette catégorie peut ralentir sensiblement l'application. C'est pourquoi il est demandé de ne pas l'utiliser en dehors de la phase de développement.
Débogage	D	Normalement, les éléments de cette catégorie s'affichent si l'application est compilée en mode debug. En mode release, ces éléments sont ignorés et donc non affichés.
Information	I	Catégorie à caractère informatif. À utiliser avec parcimonie étant donné qu'elle est toujours affichée.

Catégorie	Niveau	Description
Avertissement	W	Catégorie regroupant des alertes, événements auxquels le lecteur doit porter attention et essayer de résoudre avant qu'ils n'engendrent une erreur.
Erreur	E	Niveau le plus élevé des cinq présentés. Caractérise généralement un événement qui a engendré une erreur grave et mis en péril le fonctionnement de l'application.

2.1 Consultation des événements

Sous Android Studio, l'historique des événements du journal par défaut ainsi constitué peut être consulté par le développeur en affichant la vue **LogCat**. Cette vue, normalement affichée automatiquement lorsque l'application est exécutée en mode débogage, peut également être ouverte en cliquant sur le bouton **Android Monitor**, en bas de la fenêtre principale de l'IDE.

Par défaut, la vue **LogCat** affiche tous les messages – donc, à partir du niveau Verbose. La liste déroulante au centre en haut de la fenêtre permet de sélectionner le niveau souhaité pour alléger l'affichage.

Situé à droite de cette liste déroulante, un champ de saisie permet de faire une recherche textuelle dans le fichier logcat.

Les messages affichés dans la vue **LogCat** étant potentiellement très nombreux, un mécanisme de filtres est proposé par Android Studio, pour aider le développeur à n'afficher que les informations pertinentes.

Les filtres sont accessibles en ouvrant la liste déroulante de droite, liste qui affiche normalement par défaut l'intitulé **Show only selected application**. En sélectionnant l'option **Edit Filter Configuration**, une fenêtre pop-up s'affiche, permettant de configurer un ou plusieurs filtres.

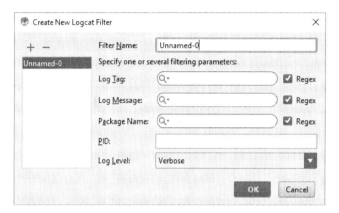

Il est ainsi possible de filtrer les messages affichés à partir du fichier logcat selon plusieurs critères : par tag (ce sont les étiquettes des logs, comme nous le verrons ci-après), par message, par nom du package, ou même par pid.

Il est également possible d'obtenir les logs directement sous la console en utilisant l'outil `adb` suivi de la commande `logcat`. De nombreuses options sont alors possibles, par exemple indiquer un autre format d'affichage des événements ou encore filtrer les événements à afficher selon leur étiquette et leur catégorie.

Syntaxe

```
adb logcat [option] ... [filtre] ...
```

■Remarque

Pour découvrir toutes les options et formats de filtres disponibles, spécifiez l'option `-help`.

Exemple

```
$ adb logcat
```

Cette commande produit l'affichage suivant :

```
⬤ ⬤ ⬤                      Terminal — adb — 101x11
E/Tethering(   85): active iface (usb0) reported as added, ignoring
D/SntpClient(   85): request time failed: java.net.UnknownHostException: north-america.pool.ntp.org
D/SntpClient(   85): request time failed: java.net.UnknownHostException: north-america.pool.ntp.org
D/SntpClient(   85): request time failed: java.net.UnknownHostException: north-america.pool.ntp.org
D/dalvikvm(  397): GC_EXPLICIT freed 94 objects / 5080 bytes in 64ms
E/Tethering(   85): active iface (usb0) reported as added, ignoring
E/Tethering(   85): active iface (usb0) reported as added, ignoring
I/EventLogService(  202): Aggregate from 1295269146223 (log), 1295269146223 (data)
D/dalvikvm(  202): GC_EXPLICIT freed 995 objects / 146288 bytes in 77ms
D/dalvikvm(  397): GC_EXPLICIT freed 94 objects / 5064 bytes in 64ms
```

Par défaut, l'affichage contient les mêmes informations que la vue **LogCat** d'Android Studio mais dans un format légèrement différent.

2.2 Écriture des événements

Les événements enregistrés dans le journal sont ceux du système mais aussi des applications. En effet, toute application peut générer de tels événements.

Pour cela, le SDK Android fournit la classe `Log` du paquetage `android.util`. Celle-ci contient au minimum deux méthodes pour chacune des catégories d'événements. Ces méthodes prennent en paramètres une étiquette et le message. L'une de ces méthodes prend en plus un troisième paramètre en entrée qui est un objet de type `Throwable` contenant un complément d'information, principalement un message et la pile d'appels des méthodes lors du déclenchement de l'événement.

La catégorie Avertissement propose une troisième méthode qui prend en paramètres une étiquette et un objet de type `Throwable`.

Syntaxe

```
public static int v (String tag, String msg)
public static int v (String tag, String msg, Throwable tr)
public static int d (String tag, String msg)
public static int d (String tag, String msg, Throwable tr)
public static int i (String tag, String msg)
public static int i (String tag, String msg, Throwable tr)
public static int w (String tag, String msg)
public static int w (String tag, Throwable tr)
public static int w (String tag, String msg, Throwable tr)
public static int e (String tag, String msg)
public static int e (String tag, String msg, Throwable tr)
```

Il est d'usage de définir une chaîne de caractères constante propre à chaque classe de type activité, service... afin de l'utiliser comme paramètre `tag` dans le reste de la classe. Cela permet de cibler plus rapidement les messages dans l'historique, de retrouver la provenance des messages plus facilement, et, comme vu plus haut, de filtrer les messages dans la fenêtre logcat.

Exemple

```
public class MonActivitePrincipale extends Activity {
    private static final String TAG = "MonActivitePrincipale";

    @Override
    public void onCreate(Bundle savedInstanceState) {
      super.onCreate(savedInstanceState);
      Log.d(TAG, "Depuis la méthode onCreate");
    }
}
```

3. Débogage

Le débogage est la phase consistant à rechercher et corriger des bogues. Pour aider le développeur dans cette tâche, Android Studio, et le SDK Android mettent à disposition un ensemble d'outils que nous allons découvrir dans les sections suivantes.

3.1 Débogage pas à pas

Le débogage pas à pas utilise un outil nommé débogueur qui exécute le programme dans un mode spécifique, ou l'exécution de chaque instruction est pilotée par le développeur. Cela permet de positionner des points d'arrêt dans le code source, d'analyser pas à pas le déroulement du programme et connaître, entre autres, la pile d'appels des méthodes et les valeurs des variables.

Pour positionner un point d'arrêt dans le code, il suffit de cliquer dans la marge de la fenêtre principale, au niveau souhaité pour le point d'arrêt : l'arrêt est matérialisé par un point rouge. Cliquer sur ce point permet de supprimer le point d'arrêt.

Pour lancer l'application en mode pas à pas, il faut soit utiliser le bouton représentant un bug (à droite du bouton classique d'exécution), ou directement utiliser le raccourci-clavier [Shift][F9].

Lorsque l'exécution du programme est interrompue par un point d'arrêt, plusieurs options sont possibles pour continuer l'exécution du programme :

– Pour continuer l'exécution normalement, il faut soit cliquer sur la flèche verte de la fenêtre **debugger**, soit utiliser la touche [F9].

– Pour continuer l'exécution pas à pas (*step into*), utiliser la touche [F7].

– Pour exécuter l'ensemble des instructions d'une méthode sans s'arrêter (*step over*), utiliser la touche [F8].

3.2 Android Profiler

Android Profiler, apparu avec la version 3 d'Android Studio, est un outil qui permet au développeur d'analyser finement le fonctionnement de son application selon différents points de vue :

– Une vue du taux d'occupation du processeur,

– Une vue de la mémoire allouée,

– Une vue du trafic réseau

Pour lancer Android Profiler, il faut, dans Android Studio, soit cliquer sur l'icône **Profile app** (icône représentant une jauge, comme montré dans la capture d'écran ci-dessous), soit sélectionner le menu **Run**, puis l'option **Profile app**.

La vue par défaut d'Android Profiler présente, sous forme de graphe, le taux d'occupation du processeur, la quantité de mémoire allouée ainsi que le volume du trafic réseau. Ces données sont actualisées en temps réel : un bouton, étiqueté **Live**, permet de suivre automatiquement l'évolution des valeurs mesurées.

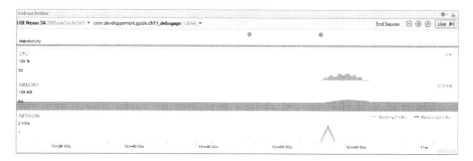

En cliquant sur l'un des graphes, une vue détaillée de la mesure est affichée. Les informations présentées dépendent du graphe sélectionné.

3.2.1 Analyse du CPU

Le premier graphe, qui présente le taux d'occupation du processeur, donne accès à une vue listant les processus en cours d'exécution sur le terminal.

Chaque processus est représenté sur une ligne. Le temps durant lequel le processus est en cours d'exécution (l'état est nommé « *running* ») est symbolisé en vert, la couleur grise signifiant que le processus est en pause (« *sleeping* »).

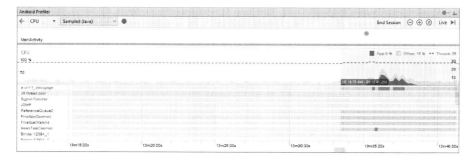

Pour obtenir une analyse plus fine, il faut passer par une étape d'enregistrement du déroulement du programme. Pour cela, il faut cliquer sur le rond rouge situé en haut du panneau et exécuter la partie de l'application qui doit être analysée. Un second clic sur ce bouton (qui prend la forme d'un carré noir lors de l'enregistrement) met un terme à l'enregistrement des informations et présente les résultats de l'analyse.

En cliquant sur un processus, typiquement celui qui exécute l'application à analyser, le développeur peut visualiser un ensemble de graphes :

– Le premier graphe, nommé *Call Chart*, permet de voir les appels de méthodes, sous forme de diagramme hiérarchisé. Ce diagramme affiche pour chaque méthode le temps d'exécution, sur une ligne. La ligne inférieure présente le temps d'exécution des méthodes appelées par la méthode de « rang » supérieur, et ce de manière récursive.

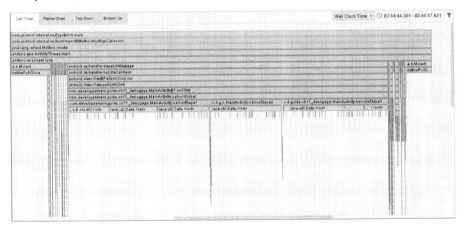

– Le second graphe, *Flame Chart*, présente également le temps d'exécution des méthodes de l'application, en agrégeant les appels successifs à une même méthode. Cela permet de visualiser rapidement le temps total d'activité d'une méthode, si celle-ci est appelée à plusieurs reprises.

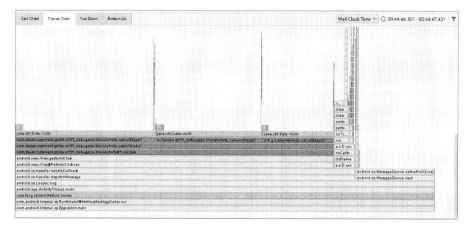

– Ensuite, Android Profiler fournit une vue « *Top Down* » des appels de méthodes. Cette vue hiérarchisée affiche, pour chaque méthode, la liste des sous-méthodes qu'elle invoque. Le temps d'utilisation du processeur est également présenté, en microsecondes et en pourcentage du temps total.

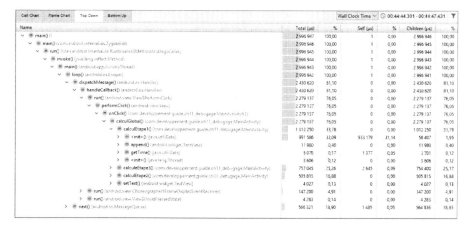

– Le dernier graphe, enfin, affiche une vue dite « *Bottom Up* » de l'exécution du programme. À l'inverse du graphe *Top Down*, cette vue présente, pour chaque méthode, la pile des appels ayant abouti à l'exécution de la méthode. Le temps d'utilisation du processeur est là aussi affiché en microsecondes et en pourcentage.

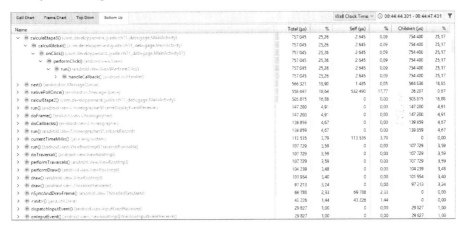

À noter que, quel que soit le graphe, un clic droit sur le nom d'une méthode permet d'afficher le code source de la méthode.

3.2.2 Analyse de la mémoire

Fonctionnant de la même façon que l'analyse CPU, l'analyse mémoire permet de visualiser en temps réel le montant de mémoire alloué à chaque processus. Le développeur peut ainsi voir quelle quantité de mémoire est allouée pour son application, les actions du ramasse-miettes (*garbage collector* en anglais) de la machine Java (symbolisé par l'icône d'une poubelle dans le graphe), et la quantité de mémoire allouée dans sa totalité.

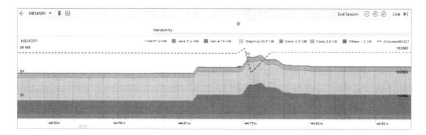

En cliquant sur le graphe, on affiche une vue détaillée des allocations mémoire, arrangées par classe, par package ou par pile d'appels.

Pour chaque classe, le nombre d'allocations et de désallocations est affiché, ainsi que le temps total durant lequel la mémoire a été allouée pour chaque instance.

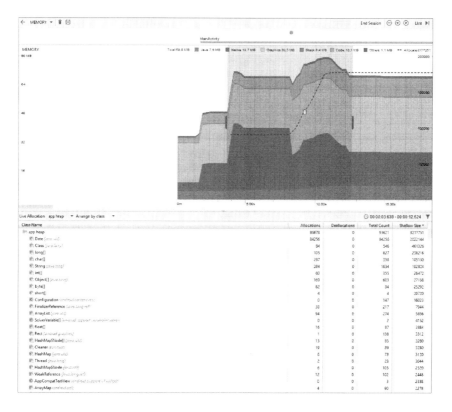

■Remarque

Déplacer les réglettes sur le graphe permet de modifier la période d'analyse.

3.2.3 Vue Network

La vue **Network** permet d'afficher le déroulé des communications réseau provoquées par l'application. Pour chaque connexion, le temps d'envoi, de réception, et le volume de données sont affichés. En cliquant sur une connexion, le développeur peut visualiser un ensemble très complet d'informations : URL demandée, méthode d'appel utilisée, statut de la requête, contenu de l'envoi et de la réponse, etc.

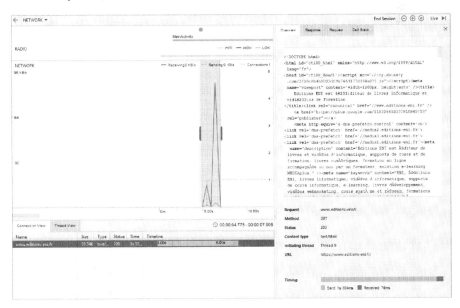

3.3 Android Device Monitor

Avant la publication de la version 3 intégrant Android Profiler, Android Studio proposait Android Device Monitor pour l'analyse et le débogage d'applications. Depuis Android Studio 3.0, cet outil est disponible en programme indépendant.

Pour afficher Android Device Monitor, il faut exécuter le programme `monitor`, situé dans le dossier `sdk/tools`.

◼Remarque

À noter qu'Android Device Monitor ne fonctionne pas en simultané avec Android Studio. Il faut quitter Android Studio et lancer l'application à analyser directement sur le terminal Android cible.

Plusieurs vues sont disponibles : **Devices**, **Emulator Control**, **Threads**, **Heap**, **Allocation Tracker** et **File Explorer**, que nous allons découvrir plus en détail.

3.3.1 Vue Devices

La vue **Devices**, placée par défaut en haut à gauche, fournit la liste des émulateurs et appareils connectés et, pour chacun, liste certains processus existants identifiés par le nom du paquetage de l'application qu'ils hébergent. Sont
ensuite indiqués dans les colonnes de droite, l'identifiant du processus et le
port de connexion pour le débogueur.

La sélection d'un processus de la liste active les boutons situés en haut à droite
correspondant aux fonctionnalités suivantes décrites de gauche à droite :

– **Debug the selected process** : met l'application en mode débogage.

– **Update Heap** : active les mises à jour des informations du tas de l'application. Ces informations sont indiquées dans la vue **Heap** décrite plus loin.

– **Dump HPROF file** : récupère un fichier au format HPROF. Ce fichier est
une image de la mémoire de la machine virtuelle. Il permet notamment de
rechercher les fuites de mémoire en l'étudiant avec certains outils spécialisés
tels que Mat, jmap, jhat.

– **Cause GC** : force le lancement du Garbage Collector (ramasse-miettes).

– **Update Threads** : active les mises à jour des informations sur les threads de l'application. Ces informations sont indiquées dans la vue **Threads** décrite plus loin.

– **Start Method Profiling** : le premier appui démarre l'enregistrement des informations concernant l'exécution des méthodes. Le second appui arrête l'enregistrement et affiche les résultats dans une fenêtre dédiée.

– **Stop Process** : détruit le processus, et donc la machine virtuelle, sélectionné.

– **Screen Capture** : ouvre une nouvelle fenêtre **Device Screen Capture** permettant de prendre des copies d'écran de l'application sélectionnée et de les sauvegarder. Un appui sur le bouton **Refresh** permet d'actualiser la copie d'écran.

3.3.2 Vue Emulator Control

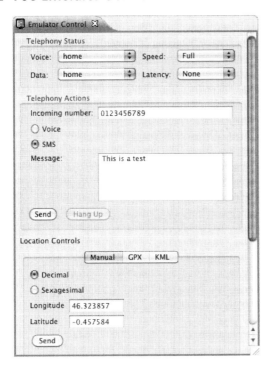

La vue **Emulator Control**, permet de simuler l'état du réseau téléphonique, des appels téléphoniques, l'envoi de SMS et des coordonnées géographiques sous divers formats : manuel, GPX (*GPS Exchange Format*) et KML (*Keyhole Markup Language*).

Les coordonnées géographiques émulées sont reçues comme provenant exclusivement du système GPS de l'appareil émulé. Il n'est pas possible d'émuler des positions provenant de réseaux cellulaires ou des réseaux Wi-Fi. La permission concernant le système GPS doit donc figurer dans l'application (cf. chapitre Capteurs et géolocalisation - Localisation géographique).

3.3.3 Vue Threads

ID	Tid	Status	utime	stime	Name
1	3067	native	6	32	main
*2	3069	vmwait	1	36	HeapWorker
*3	3070	vmwait	0	0	GC
*4	3073	vmwait	0	0	Signal Catcher
*5	3074	running	8	34	JDWP
*6	3075	vmwait	2	0	Compiler
7	3076	native	0	0	Binder Thread #1
8	3077	native	0	0	Binder Thread #2

(Refresh) Tue Jan 25 04:10:42 CET 2011

Class	Method	File	Line	Native
android.os.MessageQ	nativePollOnce	MessageQueue.java	~2	true
android.os.MessageQ	next	MessageQueue.java	119	false
android.os.Looper	loop	Looper.java	110	false
android.app.ActivityT	main	ActivityThread.java	3647	false
java.lang.reflect.Meth	invokeNative	Method.java	~2	true
java.lang.reflect.Meth	invoke	Method.java	507	false
com.android.internal.	run	ZygoteInit.java	839	false
com.android.internal.	main	ZygoteInit.java	597	false
dalvik.system.NativeS	main	NativeStart.java	~2	true

La vue **Threads**, comme les vues suivantes, est placée à droite.

Pour activer cette vue, sélectionnez une application dans la vue **Devices** et cliquez sur le bouton **Update threads**.

Dans la partie haute figure de gauche à droite : un identifiant unique (ID) du thread attribué par la machine virtuelle, l'identifiant Linux du thread, le statut du thread, le temps cumulé à exécuter du code utilisateur par unité de 10 ms, le temps cumulé à exécuter du code système par unité de 10 ms, et le nom du thread.

Dans la partie basse figure la pile d'appels des méthodes du thread sélectionné dans la partie haute.

3.3.4 Vue Heap

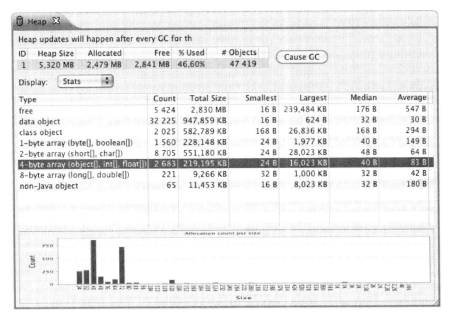

Placée à droite de la vue **Threads**, la vue **Heap** doit être activée pour être renseignée.

Pour cela, sélectionnez une application dans la vue **Devices** et cliquez sur le bouton **Update Heap** .

Une indication apparaît alors dans la vue nous informant que le rafraîchissement des informations aura lieu après chaque exécution du ramasse-miettes. Un clic sur le bouton **Cause GC** permet de forcer manuellement l'exécution du ramasse-miettes et donc le rafraîchissement des informations.

Dans la partie haute figurent les informations générales concernant le tas : sa taille totale, la taille allouée, la taille libre, la proportion de mémoire utilisée et le nombre d'objets alloués.

Dans la partie centrale sont fournies des informations et des statistiques réparties dans diverses catégories.

Dans la partie basse est dessiné un graphique représentant le nombre d'allocations par taille. Un clic droit sur celui-ci permet de modifier ses propriétés, de le sauvegarder et de l'imprimer.

3.3.5 Vue Allocation Tracker

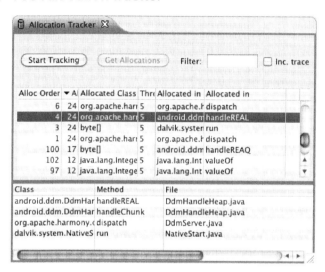

Placée à droite de la vue **Heap**, la vue **Allocation Tracker** fournit des informations sur les allocations mémoire.

Pour cela, sélectionnez une application dans la vue **Devices**, puis cliquez sur le bouton **Start Tracking** de la vue **Allocation Tracker**.

La collecte des données sur l'allocation de la mémoire débute alors. Chaque appui sur le bouton **Get Allocations** rafraîchit les données de la fenêtre.

Les données fournissent des informations sur les allocations réalisées depuis le démarrage de la collecte. Un appui sur le bouton **Stop Tracking** met fin à la collecte de données.

■Remarque

Les lignes du tableau peuvent être triées en cliquant sur le titre de la colonne souhaitée.

3.3.6 Vue File Explorer

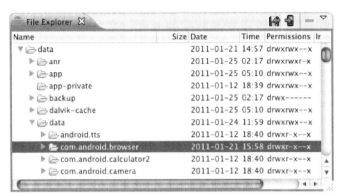

Placée à droite de la vue **Allocation Tracker**, la vue **File Explorer** est un explorateur du système de fichiers de l'émulateur ou de l'appareil Android.

Il est possible de transférer des fichiers depuis ou vers le système Android et de supprimer les fichiers sur le système Android en cliquant respectivement sur les icônes en haut à droite.

4. Tests unitaires et fonctionnels

Depuis 2015, les tests unitaires sous Android sont basés sur la bibliothèque JUnit 4. Ils en reprennent donc la même philosophie en l'adaptant à la plate-forme Android.

Selon qu'ils portent sur du code Java générique ou du code spécifique à la plateforme Android, les tests seront exécutés soit sur la machine virtuelle Java du poste développeur – on parle alors de tests unitaires locaux, soit sur un terminal Android – qu'il soit réel ou émulé. Il est important pour le développeur, dans un souci d'efficacité, de maximiser le pourcentage de tests locaux, ceux-ci étant beaucoup plus rapides que les tests exécutés sur un terminal.

4.1 Création d'un projet de tests

Par défaut, lorsqu'un projet est créé par l'assistant d'Android Studio, la structure complète nécessaire pour les tests est également intégrée par l'IDE : le dossier `test/java` est prévu pour les tests unitaires, le dossier `androidTest/java` étant dévolu aux tests spécifiques à la plateforme.

Dans le cas où ces dossiers n'existent pas – si le projet a été importé, par exemple, ou créé avec une ancienne version d'Android Studio, il faut les créer manuellement. La structure des dossiers devant être créés est présentée ci-dessous :

– `app/src/main` : dossier du projet principal.

– `app/src/test/java` : dossier où sont placés les tests unitaires.

– `app/src/androidTest/java` : dossier où sont placés les tests Android.

Ces dossiers peuvent être soit créés dans l'explorateur de fichiers du poste développeur, soit via Android Studio, en utilisant la vue **Projet** de l'IDE : il faut alors positionner le curseur de la souris sur le dossier `src`, et faire un clic droit pour sélectionner l'option **New** puis **Directory**.

Il faut également ajouter une référence au module JUnit dans le fichier `gradle` de build de l'application. Pour cela, il faut éditer le fichier `build.gradle` et ajouter la ligne `testCompile  'junit:junit:4.12'` dans la section `dependencies`.

Exemple

```
dependencies {
    compile fileTree(dir: 'libs', include: ['*.jar'])
    testCompile 'junit:junit:4.12'
    compile 'com.android.support:appcompat-v7:23.3.0'
}
```

4.2 Création d'une classe de tests unitaires locaux

Android Studio fournit un assistant qui aide à la création de classe de tests. Pour lancer cet assistant, il faut ouvrir la classe à tester dans l'éditeur de code d'Android Studio et faire un clic droit sur le nom de la classe, puis, dans le menu contextuel qui s'affiche, sélectionner l'option **Goto**, puis **test** : une liste déroulante s'affiche et propose de sélectionner la classe de test existante correspondante. Une option nommée **Create New Test**, en bas de la liste, permet de lancer l'assistant de création de classe de tests.

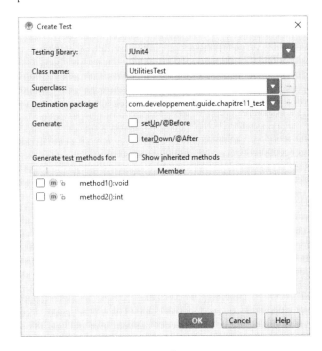

L'assistant présente les informations suivantes :

- **Testing library** : permet de spécifier la bibliothèque utilisée pour les tests. Ici, c'est JUnit4 qui est sélectionnée.
- **Class Name** : nom de la classe de tests qui sera générée par Android Studio. Par convention, il est recommandé de suffixer le nom de la classe testée par Test pour le nom de la classe de tests.

- **Superclass** : permet de spécifier une classe mère à la classe de tests.
- **Destination package** : permet de modifier le package dans lequel sera créée la classe de tests.
- **Generate setUp/@before** : précise à l'assistant de générer une méthode setup. Cette méthode est appelée avant chacun des tests de la classe. Elle permet d'initialiser les variables et l'environnement des tests et notamment de démarrer l'activité ou le service à tester par exemple. Cette méthode doit obligatoirement appeler sa méthode parente en utilisant super.setUp().
- **Generate tearDown/@After** : précise à l'assistant de générer une méthode tearDown. Cette méthode est le pendant de la méthode setUp. Elle est appelée après chacun des tests et permet de restaurer les paramètres de l'environnement.
- **Generate test methods for** : l'assistant présente la liste des méthodes de la classe à tester. Une méthode de test sera générée pour toute méthode cochée dans cette liste. Il est également possible, en cochant l'option **Show inherited methods**, d'inclure des méthodes héritées dans le jeu de test.

Lorsque toutes les options sont correctement configurées, il suffit de cliquer sur le bouton **OK** pour lancer la génération de la classe de tests et fermer l'assistant.

L'assistant crée, pour chaque méthode qui a été sélectionnée, une méthode de test dont le nom est le nom de la méthode cible, préfixé par test.

Exemple

```
public class UtilitiesTest {

    @Before
    public void setUp() throws Exception {

    }

    @After
    public void tearDown() throws Exception {

    }

    @Test
    public void testMethod1() throws Exception {
```

```
    }

    @Test
    public void testMethod2() throws Exception {

    }
}
```

Pour lancer l'exécution du test pour la classe cible, il suffit, dans l'explorateur de projet d'Android Studio, de sélectionner la classe de test correspondante, puis de faire un clic droit et de choisir l'option **Run**. Le test est exécuté directement sur le poste développeur.

4.3 Création d'un test pour une activité

Les activités sont des concepts propres à Android. De ce fait, il n'est pas possible d'en tester le fonctionnement sur le poste développeur, comme pour les tests unitaires. Google a intégré, pour mener les tests sur un environnement Android, la bibliothèque Espresso.

La version 2.0 d'Android Studio n'intègre pas d'assistant pour la création de classe de tests pour les activités ; de la même façon, la configuration du projet pour qu'il puisse lancer des tests doit être faite manuellement.

La première étape consiste à ajouter la dépendance à la bibliothèque Espresso dans le fichier de build. Pour cela, il faut rajouter la commande androidTestCompile 'com.android.support.test.espresso: espresso-core:2.2.1' à la section dependencies du fichier build.gradle.

Exemple

```
dependencies {
    compile fileTree(dir: 'libs', include: ['*.jar'])
    testCompile 'junit:junit:4.12'
    compile 'com.android.support:appcompat-v7:23.0.1'
    androidTestCompile 'com.android.support.test.espresso:espresso-core:2.2.1'
}
```

Il faut également ajouter, dans la section `defaultConfig`, l'attribut `testInstrumentationRunner` et lui attribuer la valeur `"android.support.test.runner.AndroidJUnitRunner"`.

Exemple

```
defaultConfig {
   applicationId "com.developpement.guide.chapitre11_test"
   minSdkVersion 15
   targetSdkVersion 23
   versionCode 1
   versionName "1.0"
   testInstrumentationRunner
"android.support.test.runner.AndroidJUnitRunner"
}
```

Le projet ainsi configuré, les classes de tests spécifiques à l'environnement Android peuvent être créées et exécutées sur un terminal Android.

Ces classes doivent être déclarées dans le dossier `androidTest/java/` créé en début de section.

Chaque classe de tests doit comporter l'annotation `@RunWith (Android-Junit4.class)` pour préciser que les tests doivent être exécutés avec JUnit.

Il faut également déclarer, dans le corps de la classe, l'annotation `@Rule` pour spécifier quelle activité doit être lancée avec l'exécution des tests. La syntaxe est la suivante :

Syntaxe

```
@Rule
public ActivityTestRule<MonActivite> mActivityRule =
    new ActivityTestRule<>( MonActivite.class);
```

Enfin, chaque méthode participant au test doit être annotée avec la balise `@Test`.

Exemple

```
package com.developpement.guide.chapitre11_test;

import android.support.test.rule.ActivityTestRule;
import android.support.test.runner.AndroidJUnit4;


import org.junit.Rule;
import org.junit.Test;
import org.junit.runner.RunWith;

import static android.support.test.espresso.Espresso.onView;
import static
android.support.test.espresso.action.ViewActions.click;
import static
android.support.test.espresso.matcher.ViewMatchers.withId;


@RunWith(AndroidJUnit4.class)

public class MainActivityUITest {

 @Rule
 public ActivityTestRule<MonActvity> mActivityRule =
    new ActivityTestRule<>( MonActvity.class);


 @Test
 public void testBtnClick() {
    onView(withId(R.id.monbouton)).perform(click());
 }


}
```

La bibliothèque Espresso expose un ensemble de méthodes permettant d'une part de simuler les interactions avec l'interface utilisateur de l'application, et d'autre part de tester le comportement de l'écran. Une description complète de la bibliothèque Espresso est disponible à l'adresse suivante : https://developer.android.com/testing/espresso/basics/

5. Test du singe

Comme nous l'avons vu précédemment, les tests unitaires permettent de réaliser des cas de tests précis renseignés par le développeur. Mais, quand bien même le développeur aura pris soin de décrire un maximum de cas de tests, en environnement réel, l'utilisateur pourra toujours interagir avec l'application d'une façon non prévue par le développeur. C'est là qu'intervient le test du singe pour aider le développeur à réduire le champ des interactions utilisateur non testées.

Le test du singe est un test aléatoire de l'application via l'interface graphique. Ce test simule une utilisation de l'interface utilisateur via la saisie de touches, de gestes tactiles, de clics et d'autres événements que tout utilisateur peut normalement réaliser mais de façon complètement aléatoire. Cela permet de tester de nombreuses utilisations auxquelles le développeur n'aurait pas pensé comme par exemple la validation d'un formulaire alors que des champs sont restés vides.

Android met à disposition l'outil Monkey (Singe) pour réaliser ce type de test. Cet outil se lance depuis le shell de la plateforme Android, émulateur ou périphérique.

Syntaxe

```
adb shell monkey [options] [nombre d'événements]
```

▇Remarque

Pour afficher la liste complète des options disponibles, spécifiez l'option `-help`.

Exemple

```
$ adb shell monkey -p fr.mondomaine.android.monappli -v 100
:Monkey: seed=0 count=100
:AllowPackage: fr.mondomaine.android.monappli
:IncludeCategory: android.intent.category.LAUNCHER
:IncludeCategory: android.intent.category.MONKEY
// Event percentages:
//    0: 15.0%
//    1: 10.0%
//    2: 15.0%
//    3: 25.0%
//    4: 15.0%
```

```
//    5: 2.0%
//    6: 2.0%
//    7: 1.0%
//    8: 15.0%
:Switch:
#Intent;action=android.intent.action.MAIN;category=android.intent.
category.LAUNCHER;launchFlags=0x10000000;component=fr.mondomaine.
android.monappli/.MonActivite;end
      // Allowing start of Intent { act=android.intent.action.MAIN
cat=[android.intent.category.LAUNCHER]
cmp=fr.mondomaine.android.monappli/.MonActivite } in package
fr.mondomaine.android.monappli
:Sending Pointer ACTION_MOVE x=-4.0 y=2.0
:Sending Pointer ACTION_UP x=0.0 y=0.0
:Sending Pointer ACTION_DOWN x=47.0 y=122.0
:Sending Pointer ACTION_UP x=29.0 y=129.0
:Sending Pointer ACTION_DOWN x=255.0 y=259.0
:Sending Pointer ACTION_UP x=255.0 y=259.0
:Sending Pointer ACTION_DOWN x=295.0 y=223.0
:Sending Pointer ACTION_UP x=290.0 y=213.0
:Sending Pointer ACTION_MOVE x=-5.0 y=3.0
:Sending Pointer ACTION_MOVE x=0.0 y=-5.0
      // Rejecting start of Intent { act=android.intent.action.MAIN
cat=[android.intent.category.HOME]
cmp=com.android.launcher/com.android.launcher2.Launcher } in
package com.android.launcher
:Sending Pointer ACTION_DOWN x=74.0 y=41.0
:Sending Pointer ACTION_UP x=74.0 y=41.0
:Sending Pointer ACTION_MOVE x=3.0 y=-2.0
:Sending Pointer ACTION_UP x=0.0 y=0.0
:Sending Pointer ACTION_MOVE x=-4.0 y=2.0
Events injected: 100
:Dropped: keys=0 pointers=0 trackballs=0 flips=0
## Network stats: elapsed time=1061ms (0ms mobile, 0ms wifi,
1061ms not connected)
// Monkey finished
```

Dans cet exemple, l'outil a exécuté l'application identifiée par le paquetage fr.mondomaine.android.monappli, lui a soumis 100 événements en affichant la progression et les résultats.

Sans indication contraire via l'utilisation d'options correspondantes, l'outil Monkey s'arrêtera dès l'apparition d'un problème tel qu'une exception non traitée, le blocage de l'application ou un crash.

■Remarque

L'outil Monkey permet de reproduire à l'identique plusieurs fois le même test, la même séquence d'événements, en lui fournissant le même nombre (seed) en entrée via l'option -s. *Ce qui permet de vérifier la correction d'une erreur découverte plus tôt par le même test.*

Chapitre 12
Publier une application

1. Introduction

La publication d'une application est sa mise à disposition à destination de tiers. Elle peut être à caractère privé, comme par exemple la publication d'une application interne à une entreprise à destination uniquement des smartphones et tablettes de ses employés. Ou elle peut être à caractère public.

Cette application peut être proposée gratuitement et, dans ce cas, tous les moyens pour la distribuer sont bons : les places de marché d'applications comme le Play Store de Google (anciennement Android Market) et les places de marché alternatives mises en place par certains opérateurs ou autres mais aussi les sites web en proposant directement le téléchargement du fichier apk.

L'application peut également être proposée à la vente à un tarif fixe. Là encore, il existe bon nombre de places de marché permettant de vendre des applications. Afin de se prémunir contre la copie illégale, l'application devra utiliser un système de protection (cf. chapitre Fonctionnalités avancées - Protéger les applications payantes).

Nous ne détaillerons dans ce chapitre que la publication sur le Play Store, la place de marché des applications Android. Le Play Store, côté client, est une application installée par défaut sur la majorité des systèmes Android et qui permet entre autres à l'utilisateur de télécharger et installer des applications gratuites et payantes.

La publication d'une application nécessite une préparation de celle-ci en amont. Il est nécessaire au préalable de :

– Spécifier un numéro de version.

– Ajouter, le cas échéant, un Contrat de Licence Utilisateur Final ou CLUF spécifique à l'application. Ce contrat définit précisément les responsabilités de chacun, éditeur et utilisateur. Il permet donc de protéger l'éditeur et ses droits d'auteur. Ce contrat est généralement affiché à l'utilisateur lors du premier lancement de l'application. Il doit lire et accepter les termes de ce contrat avant de pouvoir continuer à utiliser l'application.

– Utiliser, le cas échéant, le système de licence d'application fournie par le Play Store. Celui-ci permet, pour les applications payantes, de vérifier si l'application est une copie légale ou non, c'est-à-dire si elle a bien été achetée par l'utilisateur sur le Play Store. Si ce n'est pas le cas, le développeur peut modifier le comportement de l'application et notamment en interdire l'usage à l'utilisateur.

– Supprimer les logs de l'application lors de la compilation de la version finale et le cas échéant, supprimer, ou mettre à `false` s'il est explicitement mis à `true`, l'attribut `android:debuggable` de la balise `application` spécifié dans le manifeste.

■Remarque

La documentation officielle d'Android indique que les messages utilisant la classe `Log` *sont compilés mais non utilisés à l'exécution de l'application finale. Malheureusement, ce n'est pas nécessairement le cas.*

– Tester l'application finale le plus exhaustivement possible (cf. chapitre Tracer, déboguer et tester - Tests unitaires et fonctionnels et Test du singe). Il est très important de tester l'application prioritairement sur des appareils Android physiques dans des conditions d'utilisation réelles. À défaut ou pour les configurations matérielles spéciales, l'émulateur sera d'une grande aide.

Reprenant quelques-unes de ces étapes, nous allons découvrir dans un premier temps comment spécifier un numéro de version applicatif. Puis nous détaillerons la marche à suivre pour protéger, le cas échéant, les applications payantes en utilisant le système de licence d'application fourni par le Play Store. Nous compilerons ensuite l'application en version finale et la signerons numériquement. Pour terminer, nous publierons l'application sur le Play Store.

2. Préliminaires

Avant de réaliser le paquetage final de l'application, il faut vérifier plusieurs points que sont la version de l'application et les filtres configurés dans l'application permettant de ne la proposer que sur les appareils compatibles.

2.1 Version de l'application

Il est de coutume, en informatique, d'adosser un numéro de version à tout logiciel. Ce numéro de version doit être un identifiant unique, sans quoi il n'aurait pas beaucoup d'intérêt.

Sous Android, deux champs du manifeste ont pour but de préciser ce numéro de version : `android:versionCode` et `android:versionName`.

2.1.1 android:versionCode

`android:versionCode` est un nombre entier. Ce nombre n'est pas affiché à l'utilisateur. Il permet aux autres applications et au Play Store de pouvoir comparer deux versions de l'application afin de déterminer laquelle des deux est une mise à jour, à savoir celle dont le nombre a la valeur la plus grande.

Il est d'usage de commencer à 1 et d'incrémenter la valeur à chaque mise à jour officielle de l'application qu'elle soit majeure ou mineure.

███ Remarque

Le système Android ne vérifie pas cette valeur et laisse totale liberté au développeur pour spécifier cette valeur. C'est au développeur de bien veiller à ce que la dernière version possède toujours la valeur la plus grande.

Syntaxe

```
<manifest xmlns:android="http://schemas.android.com/apk/res/android"
    android:versionCode="entier" >

  ...
</manifest>
```

Exemple

```
<manifest
    xmlns:android="http://schemas.android.com/apk/res/android"
    package="fr.mondomaine.android.monappli"
    android:versionCode="42" >
</manifest>
```

2.1.2 android:versionName

`android:versionName` est le numéro de version affiché à l'utilisateur dans le Play Store par exemple. C'est un élément clé à caractère informatif qui sert aussi bien au développeur qu'à l'utilisateur.

Pour le développeur, ce numéro de version permet de spécifier les versions majeures, les versions mineures, les versions correctrices… Il permet également, lorsque l'application a été publiée sous différentes versions, d'associer les bogues à telle ou telle version.

Pour l'utilisateur, le numéro de version permet de vérifier qu'il utilise bien la dernière mise à jour de l'application. Il permet de juger de l'utilité d'une mise à jour selon l'importance du changement de version, majeure ou mineure. Enfin, cela lui permet aussi de distinguer la version dans des échanges avec d'autres utilisateurs ou avec le développeur.

Le développeur est libre quant à la syntaxe adoptée pour la numérotation des versions. La valeur doit être une chaîne de caractères.

■Remarque

Ce numéro de version doit être unique et différer, a minima, à chaque publication de l'application, sans quoi personne ne saura de quelle variante de l'application il s'agit.

Syntaxe

```
<manifest xmlns:android="http://schemas.android.com/apk/res/android"
    android:versionName="chaîne de caractères" >
    ...
</manifest>
```

Exemple

```
<manifest
    xmlns:android="http://schemas.android.com/apk/res/android"
    package="fr.mondomaine.android.monappli"
    android:versionName="13.3.7" >
</manifest>
```

Dans cet exemple, la syntaxe utilisée respecte la convention suivante : *numéro_majeur.numéro_mineur.numéro_build*.

2.1.3 Surcharge par Gradle

L'outil de production d'Android Studio, Gradle, peut également prendre en charge la gestion du numéro et du nom de version de l'application. Il faut, pour cela, ajouter les entrées `versionCode` et `versionName` dans le script de production de l'application.

Exemple

```
defaultConfig {
    applicationId "com.developpement.guide.chapitre12"
    minSdkVersion 15
    targetSdkVersion 23
    versionCode 2
    versionName "1.1"
}
```

Si l'une des informations `versionCode` ou `versionName` est inscrite dans le fichier de configuration de Gradle, l'information correspondante dans le fichier de manifeste sera ignorée lors de la production du fichier APK.

■Remarque

Nous verrons plus en avant dans ce chapitre l'intérêt d'utiliser Gradle pour prendre en charge le numéro de version d'une application.

2.2 Filtres pour le marché

Supposons par exemple une application de photographie qui, par définition, nécessite la présence d'un appareil photo sur l'appareil Android. Si cette application est proposée à un utilisateur dont l'appareil Android ne possède pas d'appareil photo, elle risque de ne pas fonctionner.

███Remarque

Dans ce cas, l'utilisateur peut être tenté d'exprimer son mécontentement sous forme de commentaire et de note médiocre rendus publics dans le Play Store et qui peuvent être consultés par les autres utilisateurs avant de choisir d'installer l'application. Il est donc très important de ne pas permettre l'installation de l'application sur un appareil incompatible.

Pour éviter ce type de désagrément, le Play Store filtre les applications pour ne proposer que celles compatibles avec l'appareil de l'utilisateur. Pour ce faire, il se base sur les informations fournies par l'application indiquant les caractéristiques matérielles et logicielles dont l'application dépend.

Ces informations sont à fournir dans le manifeste dans les balises `uses-feature` et `uses-configuration`.

███Remarque

Ces annotations n'ont qu'un caractère informatif. Le système Android ne les utilise pas, notamment pour filtrer l'installation d'une application ou pour autoriser leur utilisation par l'application. Elles sont principalement utilisées par des programmes tiers comme le Play Store pour lister les appareils compatibles. Elles ne remplacent en aucun cas les demandes de permissions nécessaires pour utiliser tel matériel ou composant logiciel.

███Remarque

Le Play Store utilise également la balise `uses-sdk` *et son attribut* `android:minSdkVersion`*, les balises* `uses-library` *et la balise* `supports-screen` *pour filtrer les applications compatibles avec l'appareil de l'utilisateur.*

2.2.1 uses-feature

La balise `uses-feature` permet d'indiquer les caractéristiques matérielles et logicielles dont dépend l'application. Il est recommandé de les renseigner toutes. Les valeurs sont du type `android.hardware.*` et `android.software.*`.

L'attribut `android:required` permet d'indiquer si la caractéristique correspondante est obligatoirement requise ou non. Par défaut, elle l'est. Cependant, il peut être intéressant que l'application gère le cas où cette caractéristique n'est pas présente. Cela permet de proposer l'application à plus d'utilisateurs, notamment ceux utilisant des tablettes tactiles et qui ne disposent pas forcément des mêmes capacités matérielles, telles que la téléphonie par exemple.

■ Remarque

Le Play Store utilise les déclarations des permissions requises par l'application pour vérifier la liste des caractéristiques obligatoirement requises et la compléter automatiquement. Par exemple, si une application demande la permission `ACCESS_FINE_LOCATION`, *le Play Store en déduira les caractéristiques* `android.hardware.location` *et* `android.hardware.location.gps`, *et donc la présence d'un composant matériel de localisation GPS, avec un caractère obligatoire.*

Syntaxe

```
<uses-feature android:name="chaîne de caractères"
  android:required="booléen"
  ... />
```

Exemple

```
<uses-feature android:name="android.hardware.location" />
<uses-feature android:name="android.hardware.wifi"
  android:required="false" />
```

Dans le cas où la caractéristique n'est pas obligatoirement requise, l'application doit alors tester dynamiquement si l'appareil la possède ou non pour adapter son fonctionnement. Il faut pour cela utiliser la méthode `hasSystemFeature` de la classe `PackageManager` dont l'instance est retournée par la méthode `getPackageManager`. Cette méthode reçoit en paramètre la caractéristique à tester sous forme de chaîne de caractères et retourne un booléen.

Syntaxe

```
public abstract boolean hasSystemFeature (String name)
```

Exemple

```
boolean gpsPresent = getPackageManager()
.hasSystemFeature(PackageManager.FEATURE_LOCATION_GPS);
```

2.2.2 uses-configuration

La balise `uses-configuration` permet également d'indiquer des combinaisons matérielles requises par l'application. À chaque utilisation de cette balise correspond une combinaison matérielle et logicielle compatible.

Cette balise propose plusieurs attributs dont deux sont décrits ici. Par exemple, l'attribut `android:reqHardKeyboard` permet de spécifier si l'application nécessite un clavier physique ou non. L'attribut `android:reqTouchScreen` permet d'indiquer si l'application nécessite un écran tactile.

Par défaut, en l'absence de cette balise, il est considéré que l'application ne nécessite ni clavier physique, ni écran tactile.

Syntaxe

```
<uses-configuration android:reqHardKeyboard="booléen"
   android:reqTouchScreen="[finger|notouch|stylus|undefined]"
/>
```

Exemple

```
<uses-configuration android:reqHardKeyboard="true" />
```

3. Signature de l'application

Toute application Android doit être signée numériquement pour être installée et exécutée sur un système Android, que ce soit sur l'émulateur ou sur un appareil Android. Cela permet notamment d'identifier l'éditeur de l'application.

L'application est distribuée sous la forme d'un fichier au format APK (*Android Package*).

■Remarque

Le fichier `.apk` *est un fichier au format zip contenant toute l'application : les fichiers Java compilés en* `.class`, *les fichiers ressources et les fichiers XML compilés au format WBXML (Wap Binary XML).*

Pendant la phase de développement d'une application, le développeur est amené à compiler, installer et exécuter celle-ci de nombreuses fois. Ce qui suppose de signer chacune de ces compilations sans quoi il n'est pas possible de les installer sur le système Android. Pourtant, jusqu'ici, aucune demande de signature n'a été requise et toutes les compilations des applications ont pu être installées sans souci sur l'émulateur ou sur un appareil Android. Ce qui contredit les premiers propos.

La raison est simple. Afin de ne pas alourdir le travail du développeur en lui demandant de signer chacune des compilations, le processus de signature diffère selon le mode de compilation utilisé.

3.1 Compilation en mode débogage

C'est le mode de compilation utilisé par défaut sous Android Studio pendant la phase de développement de l'application. Lors de la compilation d'une application dans ce mode, Android Studio crée automatiquement un magasin de clés et y crée une clé privée spécifiquement dédiée au mode débogage.

Cette clé est ensuite utilisée pour signer automatiquement le fichier apk, l'optimiser et l'installer sur le système Android. Toutes ces phases sont réalisées de manière totalement transparente pour le développeur. Cela lui permet donc de ne pas avoir à s'occuper de cet aspect et de se focaliser sur le développement de l'application.

L'application signée de cette façon ne peut pas être distribuée sur le Play Store.

3.2 Compilation en mode final

Une fois l'application finalisée, celle-ci doit être compilée en mode release (final). Ce mode, contrairement au mode debug (débogage), ne signe pas automatiquement l'application. Cela permet de signer l'application avec la clé privée du compte éditeur. L'application signée avec cette clé pourra ensuite être publiée et distribuée à des tiers.

La signature d'une application finale est effectuée au moyen d'un certificat numérique auto-signé dont la clé privée appartient uniquement à l'éditeur de l'application. Les étapes de création de cette clé privée et du magasin de clés qui la contient ne sont à réaliser que la première fois. Les compilations suivantes pourront ensuite utiliser la clé précédemment créée.

Il est tout à fait possible d'utiliser une nouvelle clé pour chaque application, voire pour chaque version d'une même application. Cependant, il est recommandé d'utiliser la même, surtout dans le cas de la mise à jour d'une application, afin de :

– Permettre une mise à jour aisée de l'application pour les utilisateurs existants. Une mise à jour d'une même application requiert obligatoirement l'usage d'une même clé sans quoi la mise à jour sera considérée comme une nouvelle application à part entière sans lien avec la version précédente. Et puisque cette nouvelle application utilise le même nom de paquetage, son installation sera refusée par le système.

– Pouvoir les exécuter dans le même processus système si elles le souhaitent et partager les mêmes données propres à l'application comme les fichiers de préférences. Cette fonctionnalité permet par exemple d'installer séparément l'application principale, gratuite, et des modules supplémentaires indépendants, payants.

La clé utilisée devra donc avoir une date de validité suffisamment lointaine permettant de couvrir toutes les applications et toutes les durées de vie de leurs mises à jour. La validité de cette date sera uniquement vérifiée lors de la phase d'installation de l'application sur le système Android.

■Remarque

L'éditeur doit absolument protéger et conserver le magasin et la clé secrète, ainsi que les mots de passe associés, au risque de se faire voler son identité par un tiers. Sans quoi, la sécurité des applications et des données utilisateurs associées ne sont plus assurées.

3.2.1 Protection du code

Proguard est un outil qui permet, entre autres, de réduire, d'optimiser et d'obscurcir le code Java compilé sans en modifier son fonctionnement. Cela permet à la fois d'optimiser la taille du binaire et de le rendre plus difficile à étudier.

Pour cela, Proguard prend uniquement en compte le code Java utilisé et laisse de côté le code non utilisé. Il renomme les classes, méthodes et champs en utilisant des noms courts sans signification. Enfin, il optimise le binaire généré.

Il est ainsi très dur de comprendre le code Java d'un programme binaire produit par l'outil Proguard puis décompilé.

L'utilisation de l'outil Proguard est optionnelle. Elle est toute désignée si le développeur souhaite protéger le code de ses applications et vivement recommandée lorsque l'application utilise la bibliothèque de vérification de licences afin de renforcer la sécurité de ce dispositif.

Le système de compilation Android gère l'usage de l'outil de façon automatique et transparente pour le développeur. L'outil n'est utilisé que pour les compilations en mode release.

Par défaut, un projet Android n'utilise pas l'outil Proguard. Pour activer l'utilisation de cet outil, il faut ajouter la propriété `proguard.config` dans le fichier `default.properties` qui se trouve à la racine du projet. Cette propriété doit spécifier le chemin et le nom du fichier de configuration destiné à l'outil Proguard. Il existe un fichier de configuration par défaut, `proguard.cfg`, fourni à la racine du projet qui conviendra pour la grande majorité des projets.

Syntaxe

```
proguard.config=/dossiers/proguard.cfg
```

Exemple

```
proguard.config=proguard.cfg
```

L'exemple utilise le fichier `proguard.cfg` fourni par défaut.

Une fois exécuté, l'outil crée plusieurs fichiers dans le répertoire `proguard` du projet. Ces fichiers sont `dump.txt`, `mapping.txt`, `seeds.txt` et `usage.txt`. Ils permettent notamment de convertir les traces d'exceptions obscurcies avec les noms des classes, des méthodes et des membres originaux.

◾Remarque

Les compilations suivantes écraseront ces fichiers. Il est donc fortement recommandé de les sauvegarder, tout comme le projet complet, pour chaque application publiée.

◾Remarque

Il se peut qu'il soit nécessaire de paramétrer Proguard pour qu'il ne modifie pas les noms des méthodes spécifiées dans les attributs `android:onClick` *des widgets afin de garder fonctionnelles ces relations.*

3.2.2 Signer l'application

Voici comment compiler et signer une application en mode release sous Android Studio.

Cliquez sur l'entrée **Build** du menu de l'application, et sélectionnez l'entrée **Generate Signed APK**.

Une fenêtre pop-up **Generate Signed APK** s'ouvre et permet de renseigner toutes les informations sur la signature de l'application.

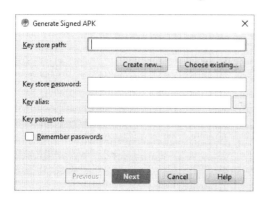

Dans le cas où le développeur possède déjà une clé, stockée dans un fichier keystore, il doit indiquer l'emplacement du fichier, en cliquant sur le bouton **Choose existing**. Il faut ensuite renseigner le mot de passe du fichier keystore, et indiquer l'alias de la clé elle-même et le mot de passe associé.

La case **Remember passwords** permet d'indiquer à Android Studio que les informations sur la clé doivent être mémorisées : le système propose alors un mot de passe pour protéger ces informations.

Dans le cas où le développeur ne possède pas de keystore ou de clé, il faut cliquer sur le bouton **Create new**. Un nouveau formulaire est affiché, présentant toutes les informations nécessaires à la création du keystore et de la clé.

Outre l'emplacement ou sera stocké le fichier keystore, il est demandé de renseigner le mot de passe qui y sera associé.

Il faut ensuite renseigner l'alias de la clé, son mot de passe ainsi que la durée de validité de la clé. Une durée minimale de 25 ans est demandée par Google.

Enfin, le développeur doit renseigner son identité. La validation du formulaire se fait en cliquant sur le bouton **OK**.

3.2.3 Installer l'application

Avant de distribuer le fichier .apk du mode release, il est fortement recommandé de l'installer et l'exécuter sur l'émulateur ou sur un appareil Android pour vérifier que le fichier n'est pas corrompu et que l'application fonctionne correctement.

Pour cela, il faut au préalable supprimer l'application compilée en mode debug du système Android car les clés utilisées par les deux fichiers .apk, debug et release, ne sont pas identiques. Le système Android le détectera et refusera l'installation du nouveau fichier APK.

Désinstallez l'application compilée en mode debug du système Android. Soit en utilisant le menu du système Android, soit en utilisant l'outil adb en ligne de commande en lui spécifiant le paquetage à supprimer.

Syntaxe

```
adb uninstall [options] paquetage
```

L'option -k indique de ne pas supprimer les données de l'application et le cache de l'application.

Exemple

```
$ adb uninstall fr.mondomaine.android.monappli
Success
```

Le système Android ne contenant plus de trace de l'application, nous pouvons installer l'application finale.

Pour cela, nous utiliserons de nouveau l'outil adb en ligne de commande en lui spécifiant le fichier apk à installer.

Syntaxe

```
adb install [options] fichier.apk
```

L'option -r est utile pour effectuer une mise à jour. Cela permet de conserver les données applicatives déjà installées par la version précédente.

L'option -s permet d'installer l'application sur le stockage externe plutôt que dans l'espace de stockage interne de l'appareil.

Exemple

```
$ adb install /Users/seb/dev/MonAppli.apk
475 KB/s (13404 bytes in 0.027s)
    pkg: /data/local/tmp/MonAppli.apk
Success
```

4. Production de plusieurs versions

Bien que de nombreux outils soient mis à disposition du développeur pour gérer différents comportements de l'application – le gestionnaire de ressources, les tests sur le matériel, etc, il est des situations où il est nécessaire de produire plusieurs versions d'une application : par exemple, pour proposer une version gratuite et une version payante de la même application.

Gradle utilise, pour permettre de produire plusieurs versions d'une même application, une notion de saveur (*flavor*, en anglais). Une fois les différentes saveurs définies, il est possible d'affecter des valeurs différentes pour les paramètres de l'application en fonction de la saveur. L'identifiant de l'application, le nom du package, doit, notamment, être spécifique à chaque saveur.

Pour définir une ou plusieurs saveurs dans Android Studio, il faut sélectionner le menu **Build** et cliquer sur l'entrée **Edit Flavor** pour afficher l'écran de configuration du projet.

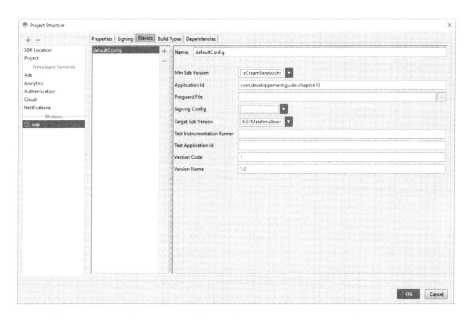

Par défaut, une seule version de l'application est prévue : la saveur correspondante est nommée `defaultConfig`. Pour ajouter une saveur, il suffit de cliquer sur le bouton **+** situé à droite de la zone listant les saveurs.

Pour chaque nouvelle saveur déclarée, il faut renseigner obligatoirement le nom de la saveur (qui est, par défaut `flavor`), et donner une valeur aux paramètres spécifiques à la saveur.

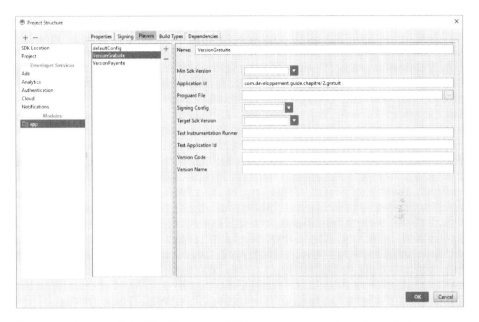

Il est ensuite possible d'utiliser ces différentes saveurs dans le code Java, pour, par exemple, afficher une publicité si la saveur courante correspond à la version gratuite de l'application.

Les saveurs sont définies dans la classe `BuildConfig`, par la propriété `FLAVOR`. Cette propriété est de type `String`.

Exemple

```
if(BuildConfig.FLAVOR.equals("VersionPayante"))
    Toast.makeText(MainActivity.this,
        "Vous avez la vesion payante",
        Toast.LENGTH_SHORT).show();
```

Les informations sur les saveurs sont directement inscrites dans le fichier de configuration `build.gradle` de l'application. On retrouve ainsi, pour chaque saveur, les paramètres spécifiés dans la fenêtre pop-up vu ci-dessus.

L'entrée correspondante dans le fichier de configuration est l'entrée `product Flavors`.

Exemple

```
productFlavors {
    VersionPayante {
        applicationId 'com.developpement.guide.chapitre12.payant'
    }
    VersionGratuite {
        applicationId 'com.developpement.guide.chapitre12.gratuit'
    }
}
```

Il est également possible de définir ses propres variables dont les valeurs seront spécifiques à chaque saveur déclarée. Pour cela, il faut utiliser, dans le fichier de configuration Gradle, le mot-clé buildConfigField. La syntaxe de déclaration est la suivante :

Syntaxe

```
buildConfigField type_de_donnee, nom_de_donne, valeur
```

Exemple

```
buildConfigField  "boolean","monbooleen","true"
```

Les variables ainsi définies sont accessibles dans le code Java via la classe BuildConfig, la variable étant directement accessible comme propriété de BuildConfig.

Exemple

```
// Fichier de configuration Gradle
productFlavors {
    VersionPayante {
        applicationId 'com.developpement.guide.chapitre12.payant'
        buildConfigField  "boolean","monbooleen","true"
    }
    VersionGratuite {
        applicationId 'com.developpement.guide.chapitre12.gratuit'
        buildConfigField  "boolean","monbooleen","false"
    }
}


// Code Java

if(BuildConfig.monbooleen) {
    [...]
}
```

Pour choisir quelle version déployer, Android Studio présente l'onglet **Build Variants**, qui liste toutes les saveurs configurées pour l'application. Pour afficher cet onglet, il faut cliquer sur le texte correspondant à gauche de la fenêtre de l'explorateur du projet Android. Sélectionnez ensuite quelle saveur doit être déployée dans la liste déroulante.

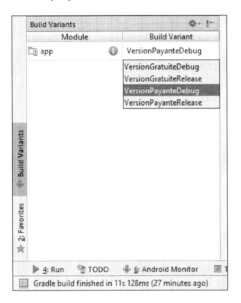

5. Publication de l'application sur le Play Store

Une fois l'application finale compilée, signée avec la clé privée du compte éditeur, et testée en environnement réel, elle peut être publiée.

Il existe de nombreuses places de marché où peut être publiée l'application. Celle qui contient le plus d'applications est le Play Store géré par la société Google. Nous décrirons donc ici les différentes étapes pour publier une application sur cet App Store (magasin d'applications).

5.1 Inscription

Le Play Store est la place de marché d'applications Android, proposée par la société Google. Cette place de marché permet d'un côté aux éditeurs de soumettre leurs applications et de l'autre de proposer le téléchargement et l'installation de ces applications aux utilisateurs directement sur leurs appareils Android. L'utilisateur peut installer ces applications soit en utilisant l'application dédiée **Play Store** disponible sur son appareil, soit en surfant sur le site web du Play Store disponible à l'adresse : https://play.google.com/store

L'ouverture d'un compte éditeur sur le Play Store est payante. Que l'éditeur souhaite y publier des applications gratuites ou payantes, il doit s'acquitter du paiement de $25 US de frais une seule et unique fois lors de l'inscription. Cette inscription est valable à vie, et pour toutes les applications que l'éditeur voudra publier.

L'éditeur qui souhaite proposer une application sur le Play Store doit avant tout posséder un compte Google.

■Remarque
Le compte Google peut être un compte Gmail ou un compte Google Apps.

Ce compte permet de créer un compte éditeur utilisé pour gérer la publication des applications. L'adresse de messagerie ainsi que les autres informations du compte Google ne sont pas divulguées aux utilisateurs des applications. Lors de chaque publication d'application, il est possible de spécifier une adresse de messagerie spécifique qui sera communiquée aux utilisateurs afin qu'ils puissent contacter l'éditeur.

▶Ouvrez un navigateur Internet et entrez l'adresse suivante : https://play.google.com/apps/publish

Une redirection aboutira sur la page d'authentification de Google.

▶Saisissez l'adresse de messagerie et le mot de passe du compte Google qui sera utilisé pour créer et gérer l'accès au Play Store. Si besoin, la création d'un compte Google peut être réalisée en cliquant sur **Créer un compte**.

▶Cliquez sur le bouton **Connexion**.

Première étape de création du compte éditeur sur le Play Store : lire le contrat relatif à la distribution sur Google Play et l'accepter.

▶Cochez la case **J'accepte et j'autorise Google....**

▶Cliquez sur le bouton **Poursuivre et payer**.

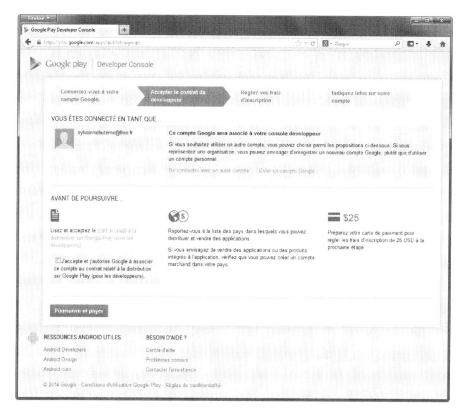

L'étape suivante consiste à créer un compte Google Wallet.

▶Remplissez les données du formulaire : nom et adresse, informations sur le mode de paiement, etc.

▶Cliquez sur le bouton **Accepter et continuer**.

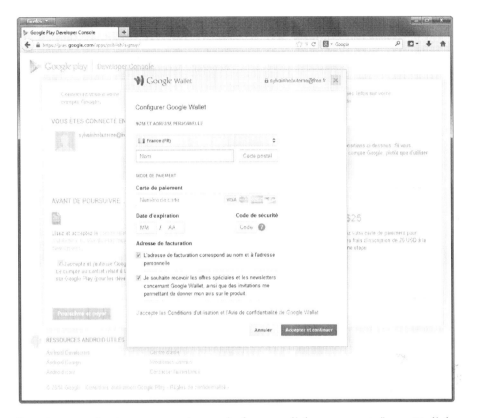

Ensuite, une fenêtre vous présente la facture d'abonnement. Le coût d'abonnement, rappelons-le, est de 25 $ USD et n'est dû qu'une seule fois.

▶Vérifiez les informations et cliquez sur **Acheter**.

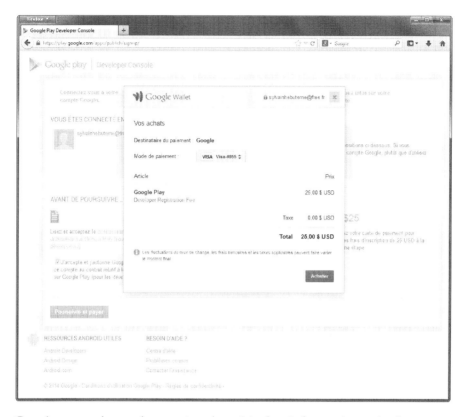

Google vous demande ensuite de saisir les informations de facturation : adresse postale et numéro de téléphone.

▶Remplissez le formulaire et cliquez sur **Acheter**.

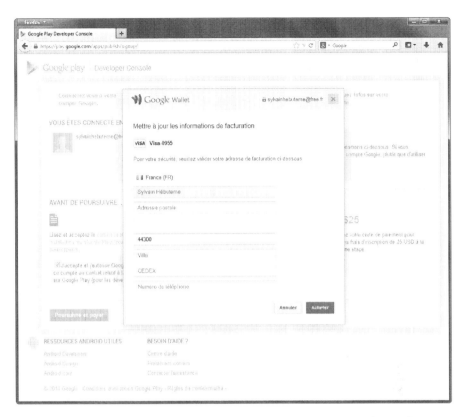

Ensuite, Google vous informe que le paiement est en cours de vérification, et que le processus peut continuer en parallèle.

▶Cliquez sur **Poursuivre l'inscription**.

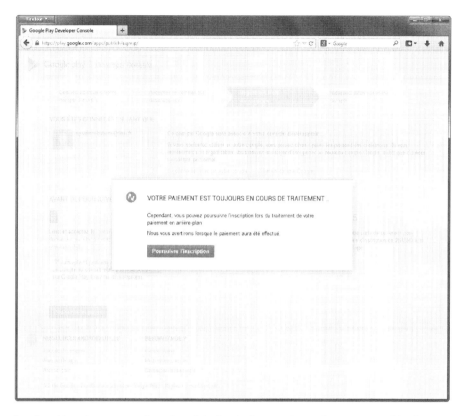

La dernière étape consiste à saisir les informations du compte développeur : nom (celui qui sera affiché comme développeur sur le Play Store pour les applications que vous publierez), numéro de téléphone et adresse e-mail au minimum.

▶Cliquez sur **Finaliser l'inscription**.

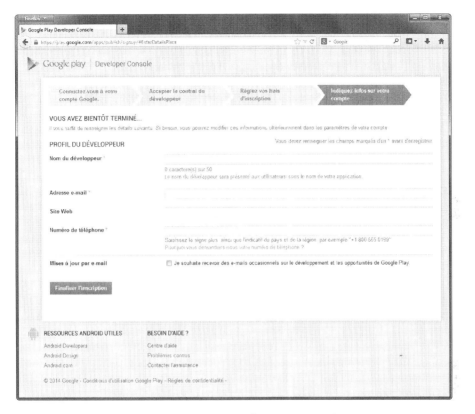

L'inscription est maintenant terminée : le paiement n'est pas nécessairement effectif pour le moment, comme l'indique le message affiché sur la page d'accueil du compte développeur.

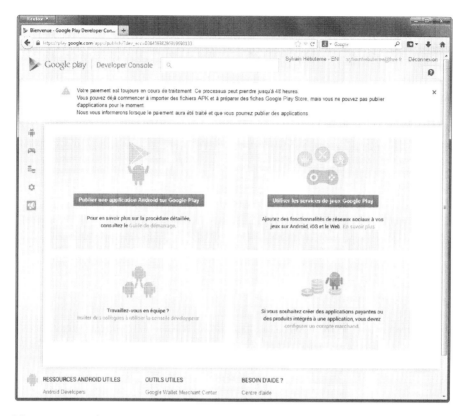

Vous pouvez dès à présent importer des fichiers APK et préparer la publication d'une première application, mais vous ne pourrez la publier que lorsque votre paiement aura été validé.

5.2 Publication

▶Si ce n'est déjà fait, connectez-vous sur le compte éditeur du Play Store.

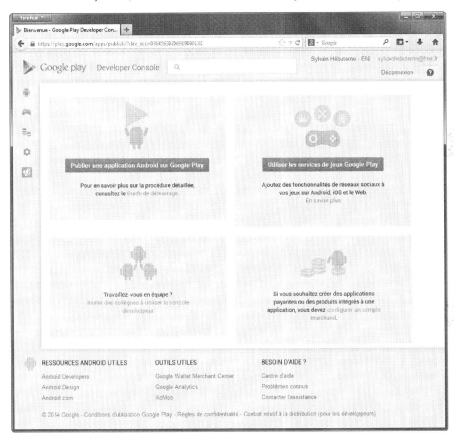

▶Cliquez sur le bouton **Publier une application**.

▶Une fenêtre pop up vous demande de renseigner les premières informations : langue par défaut, titre de l'application. Ensuite, vous pouvez soit commencer à remplir la fiche Play Store de votre application, soit télécharger l'APK de l'application.

De nombreux renseignements concernant l'application doivent être fournis pour qu'elle puisse être publiée. Il est possible de ne renseigner qu'une partie de ces éléments, sans publier l'application : par défaut, l'application est en mode brouillon, et n'est visible que par le développeur.

■Remarque

Une fois le formulaire validé et l'application publiée, la plupart des éléments du formulaire peuvent être modifiés à volonté. Un délai de mise à jour peut ensuite s'appliquer pour propager les modifications sur le Play Store.

Découvrons de suite les renseignements demandés.

*Pour chacun des fichiers à fournir dans le formulaire, il faut, une fois le fichier sélectionné, cliquer sur le bouton **Importer** correspondant pour le charger sur le serveur.*

5.2.1 Fichier .apk

Fichier .apk de la version préliminaire de l'application : fichier binaire au format apk de l'application compilée en mode release.

Pour rappel, le nom de paquetage utilisé par l'application est l'identifiant unique de l'application sur le Play Store. Une fois chargé, ce nom ne peut être modifié ou réutilisé par une autre application. Le Play Store vérifie, lors de la première importation de l'apk, que le nom du paquetage n'est pas déjà référencé.

5.2.2 Fiche Google Play Store

Cette partie permet de décrire l'application dans différentes langues, de fournir des éléments graphiques pour la fiche du Play Store, de la classer et d'indiquer éventuellement un prix. Tous ces éléments peuvent être modifiés ultérieurement.

Langue : par défaut, les renseignements doivent être fournis au minimum dans la langue indiquée comme langue par défaut à la création. Un clic sur le lien **ajouter une langue** permet d'ajouter d'autres langues en complément.

À l'instar de la traduction de l'application, il est vivement conseillé de traduire la description de l'application dans un maximum de langues ; à défaut dans les mêmes langues que celles supportées par l'application.

Titre : nom de l'application utilisé sur le Play Store. Un même nom ne peut être utilisé par deux applications différentes. C'est la loi du premier arrivé premier servi. Par contre, il est possible de spécifier un nom différent pour chaque langue.

Description : texte décrivant l'application. L'utilisateur pourra le lire avant de télécharger l'application. Il faut donc le lui en donner envie ici. Il est indispensable de fournir une description par langue.

Modifications récentes : texte décrivant les changements apportés par la dernière version tels que les nouvelles fonctionnalités, les corrections de bogues…

Texte promotionnel : texte figurant aux côtés des éléments graphiques promotionnels **Promotional Graphic** vus précédemment.

■Remarque

Lorsque l'utilisateur fait une recherche textuelle sur le Play Store, celui-ci utilise les données des champs titre et description pour fournir une liste d'applications correspondantes. Là encore, il faut donc veiller à bien choisir les termes employés.

Éléments graphiques : les éléments graphiques font partie des facteurs déterminant le choix de l'utilisateur d'installer ou pas votre application. Il est donc primordial de les choisir consciencieusement pour qu'ils reflètent au mieux le travail que vous avez produit. Il vous sera demandé des captures d'écrans, pour différentes tailles d'écrans. Au minimum deux captures d'écrans doivent être fournies. Il n'est pas nécessaire de fournir des images pour chaque taille d'écran, bien que cela soit fortement recommandé. Vous devez également prévoir une icône haute résolution, qui sera utilisée comme visuel pour la fiche du Play Store. Cette image doit être impérativement au format PNG (32 bits, avec canal alpha) et faire 512 x 512 pixels.

Type d'application et **Catégorie** : toute application doit être classée dans une catégorie. Cela permet à l'utilisateur de pouvoir consulter les applications disponibles dans chacune de ces catégories.

Classification pour le contenu : l'application doit être classée selon son contenu et son usage. Quatre niveaux sont proposés. Les voici dans l'ordre du plus restrictif au plus permissif :

– **Niveau 1 - Strict** (maturité élevée).

– **Niveau 2 - Modéré** (maturité moyenne).

– **Niveau 3 - Large** (maturité faible).

– **Tous** (tout public).

Le niveau est à choisir en prenant en compte les références à l'alcool, au tabac, aux drogues, aux jeux d'argent et de hasard, à l'incitation à la haine...

Remarque

Il est de la responsabilité de l'éditeur de choisir la bonne catégorie. Par exemple, une application qui utilise les données de localisation de l'utilisateur devra requérir un niveau supérieur ou égal au niveau 3. Pour plus d'informations sur les critères et les classements correspondants, rendez-vous à l'adresse suivante :
https://support.google.com/googleplay/android-developer/answer/188189

5.2.3 Tarifs et disponibilité

Pays/Tarifs : l'application peut être proposée aux utilisateurs en téléchargement gratuit ou payant. L'éditeur peut sélectionner les pays dans lesquels sera distribuée l'application. Dans le cas d'une application payante et dans la mesure du possible, le prix de l'application est indiqué dans la devise locale de l'utilisateur. L'éditeur peut soit fixer librement les tarifs locaux de l'application, soit utiliser le bouton **Saisie automatique** pour laisser le Play Store effectuer les conversions automatiquement selon les cours de devise actuels. Cette conversion automatique ne se produit qu'au clic de ce bouton. Une fois défini, chaque tarif est fixe jusqu'à la prochaine modification par l'éditeur.

Remarque

Si l'application est proposée gratuitement, elle ne pourra jamais devenir payante par la suite. Rendre payante une application gratuite suppose de la republier sous un nom différent, avec un nom de paquetage lui aussi différent. Il faut donc bien définir en amont la stratégie commerciale à utiliser.

Remarque

Au moment de fixer le tarif, l'éditeur doit bien garder à l'esprit que le Play Store déduit 30 % de frais sur chacune des transactions. Ainsi, pour une application au tarif de 10 euros, l'éditeur recevra 7 euros bruts desquels il devra ensuite déduire les éventuelles charges, impôts et taxes pour obtenir le gain net.

Appareils compatibles : affiche les fonctionnalités requises par l'application et spécifiées dans son manifeste, comme vu au début de ce chapitre. Le nombre d'appareils disposant de ces fonctionnalités est affiché. Un clic sur le lien **Afficher les appareils** permet d'afficher la liste de ces appareils compatibles. Si besoin, il est possible d'en exclure manuellement. L'application sera alors proposée uniquement sur les appareils faisant partie de la liste finale.

5.2.4 Coordonnées

Cette partie concerne les informations de contact que pourront utiliser les utilisateurs du Play Store pour joindre l'éditeur. Ce sont donc des informations publiques. Au moins un type de contact doit être fourni parmi les suivants :

Site Web : l'adresse du site Internet de l'éditeur ou, mieux, celui de l'application, s'il existe.

Adresse e-mail : l'adresse de messagerie électronique sur laquelle les utilisateurs pourront contacter l'éditeur.

Téléphone : un numéro de téléphone sur lequel les utilisateurs pourront joindre l'éditeur.

5.2.5 Accepter

D'une part les termes du *Règlement du programme Play Store* doivent être acceptés. Ce règlement définit, entre autres, la politique de contenu que l'application doit respecter. Ce règlement est disponible en français à l'adresse : https://play.google.com/intl/ALL_fr/about/developer-content-policy.html

D'autre part, il faut confirmer que l'application respecte les lois d'exportation américaines, notamment si l'application fait usage directement ou non de cryptage.

Une fois le formulaire rempli, cliquez sur le bouton **Publier** pour publier l'application sur le Play Store ou sur le bouton **Enregistrer** pour sauvegarder ce formulaire à l'état de brouillon et le reprendre ultérieurement. La publication prend, en règle générale, entre 2 et 4 heures.

Remarque

La publication de l'application sur le Play Store est automatique. Il n'y a pas de contrôle a priori de l'application. Cependant, il peut y avoir un contrôle a posteriori à tout instant pouvant mener la société Google à retirer l'application du Play Store, ce qui est rare et ne concerne que des applications litigieuses...

5.3 Et après ?

Après la publication, l'application est ajoutée à la liste des applications du compte éditeur. De là, il peut gérer chacune des applications. Pour cela, il lui suffit de cliquer sur le nom de l'application pour afficher sa page de publication. Tous les champs sont modifiables, à l'exception du fichier apk.

Pour mettre à jour le binaire de l'application, soit le fichier `.apk`, il faut cliquer sur le lien **Importer la mise à niveau** figurant sur la page de publication de l'application et charger le nouveau fichier binaire.

Remarque

Pour rappel, l'attribut `android:versionCode` du manifeste doit avoir une valeur supérieure à celle du binaire publié. Et bien évidemment, le nom de paquetage de l'application ne doit pas avoir changé d'un iota.

Le bouton **Annuler la publication** permet de retirer l'application de la publication et donc du Play Store. L'application et sa fiche de publication ne sont pas effacées du compte de l'éditeur de façon à pouvoir être publiées de nouveau.

Pour chaque application de la liste figurent son nom, sa version, sa catégorie, sa note moyenne renseignée par les utilisateurs, le nombre total de téléchargements et le nombre d'installations toujours effectives, le prix et l'état de publication.

D'autres informations peuvent également être consultées via un clic sur le lien correspondant :

– **Commentaires** : lien permettant de consulter les détails des notations des utilisateurs et leurs commentaires.

– **Statistiques** : lien permettant de consulter diverses statistiques concernant les installations de l'application. Le premier graphique représente l'historique du nombre d'installations cumulées depuis la date de publication de l'application. Les graphiques suivants indiquent les répartitions des installations selon :

 – La version des systèmes Android.

 – Le modèle de l'appareil.

 – Le pays de l'utilisateur.

 – La langue du système Android, et donc de l'utilisateur.

En complément, figurent également les données concernant l'ensemble des applications du Play Store réparties selon les mêmes critères, excepté pour le modèle de l'appareil puisque cela est une donnée sensible.

– **Produits intégrés à l'application** : lien permettant de gérer les achats intégrés à l'application.

– **Erreurs** : lien permettant de consulter les rapports de blocages ou de crash de l'application renvoyés par les utilisateurs. Ce lien n'est affiché que s'il existe au moins un rapport. Chacun de ces rapports fournit le nom de l'exception levée, la méthode dans laquelle l'exception s'est produite, le modèle de l'appareil et la pile d'appels des méthodes provoquant les exceptions. L'utilisateur peut également inclure un message dans le rapport. Les rapports identiques sont regroupés en un seul.

Chapitre 13
Capteurs et géolocalisation

1. Introduction

Les capteurs sont certainement l'une des fonctionnalités les plus novatrices des terminaux portables que sont les smartphones et tablettes. La plupart des appareils Android intègrent en effet plusieurs capteurs, apportant un lot significatif d'amélioration pour l'expérience utilisateur : géolocalisation, réaction à l'inclinaison, détection de la quantité de lumière environnante, mesure de la température ambiante ou encore mesure du nombre de pas que l'utilisateur a fait !

Là encore, la difficulté pour le développeur, si difficulté il y a, se trouve dans la multitude de configurations matérielles différentes : tous les terminaux Android ne proposent pas les mêmes capteurs.

Dans ce chapitre, nous allons voir comment utiliser ces capteurs puis, nous ferons une étude plus approfondie des capteurs de position et de la géolocalisation. Nous verrons, enfin, comment intégrer un module de cartographie open source, base sur Open Street Map.

2. Les capteurs

L'utilisation des capteurs met principalement en jeu les classes suivantes du package `android.hardware` :

– La classe `SensorManager` : cette classe permet de récupérer la liste des capteurs disponibles sur un terminal, et est également en charge de l'instanciation d'un objet de type `Sensor` (capteur, en anglais) et de son rattachement à un gestionnaire d'événement.

– La classe `Sensor`, qui représente un capteur. Elle permet d'obtenir les valeurs mesurées par le capteur ainsi que ses caractéristiques (nom, précision, fréquence de mesure, consommation électrique, etc.).

– Les classes `SensorEventListener` et `SensorEvent`, qui permettent de gérer les événements levés par chaque capteur.

2.1 Détecter un capteur

Tous les capteurs supportés par la plateforme Android ne sont pas nécessairement intégrés dans les terminaux Android. Il faut donc, avant d'utiliser un capteur, s'assurer de sa présence sur l'appareil qui exécute l'application.

Deux stratégies distinctes sont possibles pour gérer la disponibilité d'un capteur :

– Si le capteur est indispensable au bon fonctionnement de l'application, il est préférable d'indiquer au Google Play Store que l'application ne doit être présentée qu'aux terminaux disposant de ce capteur.

– Si le capteur est un plus, non essentiel, il faut détecter à l'exécution de l'application la disponibilité du capteur.

Le premier cas est réglé, comme pour les autres restrictions matérielles, directement dans le fichier manifeste de l'application, en utilisant le paramètre `<uses-feature>` (se reporter au chapitre Publier une application, section Préliminaires - Filtres pour le marché, pour une description complète).

Syntaxe

```
<uses-feature android:name="nom_du_capteur" android:required="true" />
```

Exemple

```
<uses-feature android:name="android.hardware.sensor.light"
android:required="true"/>
```

Dans le second cas, la classe `SensorManager` permet de vérifier la présence d'un capteur selon son type, soit en listant les capteurs disponibles sur l'appareil, soit en instanciant un capteur d'un type particulier et en vérifiant le résultat de l'instanciation.

Pour récupérer un objet de type `SensorManager`, il faut appeler la méthode `getSystemService` de la classe `Context`, en spécifiant en paramètre la constante `SENSOR_SERVICE`.

Exemple

```
public class MainActivity extends Activity{

    @Override
    public void onCreate(Bundle savedState) {
        super.onCreate(savedState);

        SensorManager  sensorManager = (SensorManager)
                this.getSystemService(SENSOR_SERVICE);
    }
}
```

La liste des capteurs présents sur un terminal Android est obtenue en invoquant la méthode `getSensorList` de l'objet `SensorManager`. Cette méthode renvoie une liste d'objets de type `Sensor`.

Syntaxe

```
public List<Sensor> getSensorList (int type)
```

Exemple

```
List<Sensor> sensors =sensorManager.getSensorList
(Sensor.TYPE_ALL);
```

Le paramètre entier `type` correspond au type de capteur dont on souhaite récupérer une instance. Les types possibles sont fournis en données statiques par la classe `Sensor`.

Les types de capteurs disponibles sont donnés dans le tableau ci-dessous :

TYPE_ACCELEROMETER	Accéléromètre
TYPE_ALL	Tous les types
TYPE_AMBIENT_TEMPERATURE	Température ambiante
TYPE_GAME_ROTATION_VECTOR	Rotation (non calibré)
TYPE_GEOMAGNETIC_ROTATION_VECTOR	Rotation géo-magnétique
TYPE_GRAVITY	Gravité
TYPE_GYROSCOPE	Gyroscope
TYPE_GYROSCOPE_UNCALIBRATED	Gyroscope (non calibré)
TYPE_LIGHT	Lumière
TYPE_LINEAR_ACCELERATION	Accélération linéaire
TYPE_MAGNETIC_FIELD	Champ magnétique
TYPE_MAGNETIC_FIELD_UNCALIBRATED	Champ magnétique (non calibré)
TYPE_ORIENTATION	Orientation (déprécié)
TYPE_PRESSURE	Pression
TYPE_PROXIMITY	Proximité
TYPE_RELATIVE_HUMIDITY	Humidité relative
TYPE_ROTATION_VECTOR	Rotation
TYPE_SIGNIFICANT_MOTION	Mouvement significatif
TYPE_STEP_COUNTER	Compteur de pas
TYPE_STEP_DETECTOR	Détecteur de pas
TYPE_TEMPERATURE	Température (déprécié)

Pour information, si la plupart des capteurs listés ci-dessus sont directement reliés à des capteurs physiques (capteur de champ magnétique, capteur de lumière, etc.) d'autres sont des capteurs appelés 'capteurs logiciels' (par exemple, le capteur compteur de pas) : les données sont alors extrapolées à partir d'autres capteurs (ou de groupes de capteurs). Cette différence ne modifie en rien l'utilisation des capteurs.

La méthode `getDefaultSensor` de la classe `SensorManager` permet, pour chaque type de capteur, d'obtenir le capteur par défaut pour un type de mesure.

Syntaxe

```
public Sensor getDefaultSensor (int type)
```

Exemple

```
Sensor capteurLumiere =
    sensorManager.getDefaultSensor(Sensor.TYPE_LIGHT);
```

Si le capteur passé en paramètre n'est pas présent sur l'appareil de l'utilisateur, la méthode `getDefaultSensor` renverra une valeur nulle : cela permet de tester la présence d'un capteur avant son utilisation.

2.2 Obtenir les valeurs

L'obtention des valeurs relevées par les capteurs se fait via un gestionnaire d'événement spécifique, de type `SensorEventListener`. Cette interface présente deux méthodes, `onAccuracyChanged` et `onSensorChanged`.

Syntaxe

```
void onAccuracyChanged(Sensor sensor, int accuracy)
void onSensorChanged(SensorEvent event)
```

La méthode `onAccuracyChanged` est invoquée lorsque la précision du capteur est modifiée. Le paramètre `accuracy` peut prendre les valeurs "haute" (`SensorManager.SENSOR_STATUS_ACCURACY_HIGH`), "moyenne" (`SensorManager.SENSOR_STATUS_ACCURACY_MEDIUM`) ou "basse" (`SensorManager.SENSOR_STATUS_ACCURACY_LOW`).

La méthode `onSensorChanged` est, elle, invoquée à chaque changement de valeur du capteur.

Lorsque la méthode `onSensorChanged` est invoquée par le système, un objet de type `SensorEvent` est transmis, permettant, entre autres, d'obtenir les valeurs mesurées par le capteur, stockées dans la propriété `values` de type `float[]`.

Chaque capteur ayant des mesures et des unités spécifiques, il est nécessaire de traiter ces mesures selon le type de capteur. Le sens et l'interprétation que l'on doit faire des données fournies par chaque capteur sont explicitées à l'adresse suivante :

https://developer.android.com/reference/android/hardware/
SensorEvent.html#values

De manière générale, lorsque le capteur doit renvoyer une valeur unique, celle-ci est stockée dans le premier élément du tableau. Lorsque les mesures s'expriment selon des axes de coordonnées (accélération, par exemple), les valeurs pour les axes x, y et z sont stockées respectivement dans les trois premiers éléments du tableau.

La définition des axes x, y et z est faite relativement par rapport au sens naturel d'utilisation du terminal. L'axe x correspond à l'axe horizontal lorsque l'appareil est tenu dans son sens par défaut (qui est, en théorie, le mode portrait pour les smartphone et le mode paysage pour les tablettes). L'axe y correspond à l'axe vertical, et l'axe z est l'axe de profondeur.

L'objet `SensorEvent` possède également les propriétés `timestamp`, qui indique à quel moment la mesure a été faite, et `accuracy`, qui donne la précision de la mesure.

L'affectation d'un objet de type `SensorEventListener` à un capteur est réalisée par l'une des méthodes `registerListener` de la classe `Sensor-Manager`.

Syntaxe

```
boolean registerListener (SensorEventListener listener,
Sensor sensor, int rateUs, int maxBatchReportLatencyUs)
boolean registerListener (SensorEventListener listener,
Sensor sensor, int rateUs, Handler handler)
boolean registerListener (SensorEventListener listener,
Sensor sensor, int rateUs, int maxBatchReportLatencyUs,
Handler handler)
boolean registerListener (SensorEventListener listener,
Sensor sensor, int rateUs)
```

La version la plus simple de ces méthodes est la suivante :

```
boolean registerListener (SensorEventListener listener,
Sensor sensor, int rateUs)
```

Elle prend en paramètres un objet de type `SensorEventListener`, une instance de `Sensor`, ainsi qu'un paramètre entier indiquant quelle fréquence de mesure doit être utilisée par le système. Les valeurs possibles, pour ce dernier paramètre sont `SENSOR_DELAY_NORMAL`, `SENSOR_DELAY_UI`, `SENSOR_DELAY_GAME`, et `SENSOR_DELAY_FASTEST`, constantes définies par la classe `SensorManager`. Depuis la version 9 de l'API (Android 2.3), il est également possible d'indiquer un délai en microsecondes.

À noter : ce paramètre n'a qu'une valeur indicative, que chaque terminal est susceptible de respecter ou pas.

Exemple

```
void setSensor() {

  SensorManager  sensorManager =
   (SensorManager)this.getSystemService(SENSOR_SERVICE);

  Sensor capteurLumiere =
    sensorManager.getDefaultSensor(Sensor.TYPE_LIGHT);

  if(capteurLumiere!=null)
    sensorManager.registerListener(sensorEventListener,
      capteurLumiere,
      SensorManager.SENSOR_DELAY_NORMAL);

}

SensorEventListener sensorEventListener = new SensorEventListener(){

  @Override
  public void onSensorChanged(SensorEvent event) {
    for (int i = 0;i<event.values.length;i++) {
        Log.d(TAG,"Valeur " + i + " : " + event.values[i]);
    }
  }


  @Override
  public void onAccuracyChanged(Sensor sensor, int accuracy) {
```

```
            Log.d(TAG,"onAccuracyChanged : " + accuracy);
    }
};
```

Les variantes de `registerListener` possédant comme paramètre supplémentaire un objet de type `Handler` permettent de déporter la levée des événements dans un thread séparé (par défaut, c'est le thread principal qui est utilisé).

Enfin, la forme la plus complète de la méthode, disponible depuis l'API 19, introduit une notion de traitement par lot : les mesures sont toujours faites selon l'intervalle indiqué, mais les résultats sont fournis par lot, avec un délai qui sera au plus tard celui indiqué par ce paramètre (exprimé en microsecondes). Cela permet de limiter la consommation d'énergie du terminal tout en gardant des mesures précises.

Un capteur devient actif lorsque, à l'aide du `SensorManager`, on invoque la méthode `registerListener` pour ce capteur. À partir de cet instant, le capteur est réputé consommer de l'énergie jusqu'à ce que la méthode `unregisterListener` soit appelée.

Syntaxe

```
public void unregisterListener (SensorEventListener listener)
public void unregisterListener (SensorEventListener listener, Sensor sensor)
```

La première version de la méthode désactive tous les capteurs qui sont surveillés par le `SensorEventListener` passé en paramètre. La seconde version ne désactive que le capteur passé en paramètre.

Il est fondamental d'appeler cette méthode au plus tôt après l'utilisation du capteur, pour limiter la consommation d'énergie de l'application, et lorsque une activité est mise en pause.

De la même façon, selon le cycle de vie d'une activité, l'affectation d'un `SensorEventListener` à un capteur doit se faire dans la méthode `onResume` de l'activité : ainsi, le capteur ne sera surveillé et ses valeurs récupérées, que durant la période pendant laquelle l'activité est véritablement au premier plan.

3. Localisation géographique

La localisation géographique, ou géolocalisation, permet de localiser l'appareil Android à un instant t de façon plus ou moins précise en fournissant de multiples informations et notamment ses coordonnées géographiques : la latitude et la longitude.

Toute application peut dès lors utiliser la géolocalisation pour localiser l'appareil et son utilisateur.

■Remarque

Afin de respecter la vie privée de l'utilisateur, il est de bon ton de le prévenir au minimum que l'application utilise ses coordonnées géographiques. Lui laisser la possibilité d'activer et de désactiver le système de géolocalisation à tout instant, par exemple via une case à cocher, est encore mieux. Par défaut, cette case devra être décochée afin que l'utilisateur et lui seul donne son accord explicite pour qu'il soit localisé.

Selon les matériels équipant l'appareil Android, le système peut s'appuyer sur un ou plusieurs dispositifs permettant de fournir les coordonnées de localisation. Ce peut être une puce GPS, ou le réseau cellulaire accouplé aux réseaux Wi-Fi environnants.

Chacun de ces dispositifs possède ses avantages et ses faiblesses. D'un côté, le système GPS permet d'obtenir des coordonnées précises en contrepartie d'une consommation de batterie importante, du besoin d'un environnement extérieur dégagé et d'un délai de localisation pouvant être plus long qu'avec les autres dispositifs.

De l'autre, le système Android utilise moins de batterie pour capter le réseau cellulaire et les réseaux Wi-Fi. Il le fait plus rapidement, même en intérieur, mais la localisation est moins précise.

Le système de géolocalisation Android permet de s'adapter automatiquement au matériel fourni par l'appareil et activé par l'utilisateur. De fait, le développeur ne doit pas préjuger du matériel dont l'application a accès sauf cas particuliers. L'application doit s'adapter automatiquement à tous les environnements matériels.

C'est pourquoi, idéalement, l'application doit préciser non pas quel système elle souhaite utiliser mais de quel niveau de précision elle désire disposer. Le système déterminera ensuite de façon autonome sur quels composants matériels s'appuyer pour répondre à cette demande.

3.1 Permissions

Afin de pouvoir utiliser le système de géolocalisation, la première étape consiste à doter l'application du droit de localiser l'appareil. Pour cela, il faut rajouter la ou les permissions correspondantes dans le manifeste : il existe deux permissions, qui dépendent du niveau de précision souhaité.

La permission `android.permission.ACCESS_COARSE_LOCATION` demande le droit d'utiliser les composants de localisation ayant une précision plus ou moins grossière, comme la combinaison des réseaux cellulaires et Wi-Fi.

La permission `android.permission.ACCESS_FINE_LOCATION` demande le droit d'utiliser les composants de localisation les plus précis, comme le GPS, en plus de ceux à précision plus ou moins grossière.
Cette permission inclut donc implicitement la permission `android.permission.ACCESS_COARSE_LOCATION`.

Exemple

```
<?xml version="1.0" encoding="utf-8"?>
<manifest>
   <uses-permission
     android:name="android.permission.ACCESS_FINE_LOCATION" />
</manifest>
```

Pour les terminaux équipés d'Android MarshMallow (ou une version supérieure), les permissions `ACCESS_COARSE_LOCATION` et `ACCESS_FINE_LOCATION` sont définies comme dangereuses : il est nécessaire de faire une demande explicite de permission, comme vu dans le chapitre Concurrence, sécurité et réseau.

Exemple

```
final static int PERMISSION_REQUEST_CODE = 101;

void initLocalisation() {
```

```
   String [] permissons = new String[]
    {Manifest.permission.ACCESS_FINE_LOCATION};

if (ActivityCompat.checkSelfPermission(this,
        Manifest.permission.ACCESS_FINE_LOCATION) !=
        PackageManager.PERMISSION_GRANTED &&
    ActivityCompat.checkSelfPermission(this,
        Manifest.permission.ACCESS_COARSE_LOCATION) !=
        PackageManager.PERMISSION_GRANTED) {
      requestPermissions(permissons, PERMISSION_REQUEST_CODE);}
   else {
     doLocation();}
}

public void onRequestPermissionsResult(int requestCode, String[]
permissions,int[] grantResults) {
   if(requestCode!=PERMISSION_REQUEST_CODE)
     return;
   int idxPermFine = -1;
   for(int i =0;i<permissions.length && idxPermFine==-1;i++) {
     if(permissions[i].
      equals(Manifest.permission.ACCESS_FINE_LOCATION))
      idxPermFine = i;
   }
   if(grantResults[idxPermFine]==
       PackageManager.PERMISSION_GRANTED)
     doLocation();
}
```

3.2 Gestionnaire de localisation

Android fournit la classe `LocationManager` permettant de gérer le service système de géolocalisation. L'instance de ce service, le gestionnaire, se récupère en utilisant la méthode `getSystemService` et en lui spécifiant en paramètre le nom du service désiré. Le nom du service de géolocalisation est contenu dans une constante : `Context.LOCATION_SERVICE`.

Syntaxe

```
public abstract Object getSystemService (String name)
```

Exemple

```
LocationManager locManager =
    (LocationManager) getSystemService(Context.LOCATION_SERVICE);
```

En fonction des droits de localisation demandés dans le manifeste, ce gestionnaire a accès à plus ou moins de dispositifs de localisation.

3.3 Récupérer les données de localisation

Plusieurs scénarios peuvent être adoptés pour récupérer la localisation de l'utilisateur. Certaines applications peuvent n'avoir besoin de localiser l'utilisateur qu'une et une seule fois ; d'autres à intervalles réguliers. Certaines applications n'ont pas besoin d'une grande précision, d'autres, au contraire, nécessitent une précision très fine.

Le développeur devra réfléchir à la meilleure stratégie à mettre en place en prenant en compte non seulement les besoins de l'application mais également les contraintes matérielles : il faut, notamment, minimiser la consommation énergétique.

Un objet de type `Location` représente une localisation à un instant t. Cet objet contient de nombreuses informations comme la latitude, la longitude, l'altitude, la précision de la position, l'instant exact du relevé, la vitesse instantanée, le dispositif qui l'a renvoyé…

■Remarque

La classe `Location` fournit également des méthodes utilitaires, notamment la méthode `distanceBetween` permettant de calculer aisément la distance entre deux points GPS ou encore la méthode `distanceTo` pour calculer la distance entre l'objet de type `Location` et un autre objet du même type.

■Remarque

Attention ! Ce n'est pas parce qu'une localisation est plus récente qu'une autre qu'elle est plus précise. Il faut donc comparer les différents objets de type `Location` reçus pour ne garder que la localisation la plus précise mais pas trop ancienne...

Il est possible de récupérer la localisation de l'utilisateur depuis le cache ou en la recherchant une seule fois ou de façon régulière.

3.3.1 En cache

Le gestionnaire de localisation fournit la méthode `getLastKnownLocation` permettant de récupérer immédiatement, depuis un cache, la dernière localisation renvoyée par le dispositif spécifié en paramètre. Cette méthode retourne un objet de type `Location` ou `null` si aucune localisation n'est disponible pour ce dispositif. Elle a l'avantage d'être immédiate puisqu'elle n'active pas le dispositif de localisation. C'est une méthode simple et peu coûteuse pour obtenir une localisation temporaire en en attendant une plus précise. En contrepartie, la localisation retournée peut être très ancienne ou pas assez précise…

Syntaxe

```
public Location getLastKnownLocation (String provider)
```

Exemple

```
Location loc =
  locManager.getLastKnownLocation(LocationManager.NETWORK_PROVIDER);
```

Pour évaluer la pertinence de cette localisation, la classe `Location` présente les méthodes `getTime`, qui donne l'heure à laquelle a été faite la localisation, et `getElapsedRealtimeNanos`, qui indique le délai entre le dernier démarrage du terminal et la localisation.

3.3.2 Une seule fois

Certaines applications n'ont besoin d'obtenir la localisation de l'utilisateur qu'une seule fois, par exemple pour géolocaliser un commentaire de l'utilisateur. Elles peuvent utiliser la méthode `getLastKnownLocation` vue précédemment, mais cette dernière peut ne pas convenir car trop ancienne ou pas assez précise.

Dans ce cas, depuis Android 2.3 (API 9), il est possible d'utiliser l'une des méthodes `requestSingleUpdate`. Le délai d'obtention de la donnée de localisation dépend de nombreux facteurs et peut durer un certain temps.

■Remarque

Pour les versions inférieures à Android 2.3 (API 9), le développeur peut utiliser les mises à jour régulières, décrites un peu plus loin, et arrêter ce procédé dès la première réception des données de localisation.

Plusieurs déclinaisons de la méthode `requestSingleUpdate` sont proposées par la plateforme et offrent deux approches différentes.

La première approche consiste à définir explicitement quel élément du terminal va fournir la localisation : périphérique GPS, réseau Wi-Fi, cellulaire, etc. Dans ce cas, la méthode `requestSingleUpdate` propose les signatures suivantes :

```
public void requestSingleUpdate (String provider,
   PendingIntent intent)
public void requestSingleUpdate (String provider,
   LocationListener listener, Looper looper)
```

Les fournisseurs possibles sont définis en tant que constantes de la classe `LocationManager` :

- `GPS_PROVIDER` : constante qui contient le nom du système GPS. Ce dispositif nécessite la permission : `android.permission.ACCESS_FINE_LOCATION`.

- `NETWORK_PROVIDER` : constante qui contient le nom du système des réseaux cellulaires et Wi-Fi. Ce dispositif nécessite la permission `android.permission.ACCESS_COARSE_LOCATION`.

- `PASSIVE_PROVIDER` : constante qui désigne le système permettant de récupérer les mises à jour des localisations demandées par les autres applications. Cela permet d'éviter des demandes de localisation superflues et de mutualiser celles reçues entre les applications. Ce dispositif, bien que nécessitant la permission `android.permission.ACCESS_FINE_LOCATION`, ne certifie pas que les localisations retournées aient une précision fine.

■Remarque

Les autres paramètres de `requestSingleUpdate` *sont étudiés plus en avant dans cette section.*

La seconde approche, plus générique, définit les critères de localisation voulus par le développeur et laisse le système déterminer quel fournisseur de localisation répondra au mieux à ces critères.

Syntaxe

```
public void requestSingleUpdate (Criteria criteria,
   PendingIntent intent)
public void requestSingleUpdate (Criteria criteria,
   LocationListener listener, Looper looper)
```

La plateforme expose la classe `Criteria` pour la définition des critères de choix.

Syntaxe

```
public Criteria ()
```

Exemple

```
Criteria criteres = new Criteria();
criteres.setAccuracy(Criteria.ACCURACY_HIGH);
```

Quelle que soit l'approche choisie, `requestSingleUpdate` propose deux signatures disctinctes : soit le développeur définit un objet de type `PendingIntent`, qui sera exploité lorsque la localisation aura été faite, soit il fournit un objet de type `LocationListener`.

Dans le cas d'un `PendingIntent`, les données de localisation sont ajoutées dans les données `Extra` de l'intent lorsqu'elles sont connues. La clé de la valeur extra correspondante est `KEY_LOCATION_CHANGED`. Les clés `KEY_PROVIDER_ENABLED` et `KEY_STATUS_CHANGED` sont envoyées lorsque surviennent respectivement les événements d'activation, de désactivation et de statut modifié du dispositif concerné.

Exemple

```
Location loc = (Location) intent.getParcelableExtra(
    android.location.LocationManager.KEY_LOCATION_CHANGED);
```

La seconde façon est d'implémenter l'interface `LocationListener`, qui expose quatre méthodes appelées lorsqu'une nouvelle localisation est trouvée, lorsque l'utilisateur a activé le dispositif, qu'il l'a désactivé ou que le statut du dispositif a changé. Ces méthodes sont respectivement `onLocation-Changed`, `onProviderEnabled`, `onProviderDisabled` et `onStatusChanged`.

Syntaxe

```
public abstract void onLocationChanged (Location location)
public abstract void onProviderDisabled (String provider)
public abstract void onProviderEnabled (String provider)
public abstract void onStatusChanged (String provider, int status,
 Bundle extras)
```

Exemple

```
LocationListener locListener = new LocationListener() {
    public void onLocationChanged(Location location) {
      Log.d(TAG, "Localisation reçue : lat="+
      location.getLatitude()+" / lon="+location.getLongitude());
    }

    public void onProviderDisabled(String provider) {
      Log.d(TAG, "Dispositif désactivé : "+provider);
    }
    public void onProviderEnabled(String provider) {
      Log.d(TAG, "Dispositif activé : "+provider);
    }

    public void onStatusChanged(String provider, int status,
      Bundle extras) {
      StringBuffer buf = new StringBuffer(
        "Statut modifié : dispositif="+provider+" / statut=");
      switch (status) {
      case LocationProvider.AVAILABLE:
        buf.append("En service");
        Integer t = (Integer)extras.get("satellites");
        if (t != null)
          buf.append("(satellites="+t+")");
          break;
        case LocationProvider.OUT_OF_SERVICE:
          buf.append("Hors service");
          break;
        case LocationProvider.TEMPORARILY_UNAVAILABLE:
          buf.append("Temporairement indisponible");
```

```
        break;
      default:
      break;
    }
    Log.d(TAG, buf.toString());
  }
};
```

Le dernier paramètre, dans le cadre de l'utilisation d'un objet `Location-Listener`, est une instance de la classe `Looper` : cela permet d'exécuter les méthodes de traitement de la localisation (notamment `onStatusChanged`) sur un autre thread que le thread principal.

Exemple

```
HandlerThread otherThread =
  new HandlerThread("TraitementLocalisation");
otherThread.start();

locationManager.
  requestSingleUpdate(LocationManager.GPS_PROVIDER,
    locationListener,
    otherThread.getLooper());
```

■Remarque

Attention, l'obtention d'une localisation peut prendre plusieurs secondes, voire dizaines de secondes.

3.3.3 Périodiquement

Certaines applications ont besoin d'obtenir périodiquement la localisation de l'utilisateur (par exemple une application qui enregistre le parcours effectué par l'utilisateur). Ou alors, elles souhaitent obtenir plusieurs données de localisation pour ne garder que la plus précise.

Dans ce cas, le développeur peut utiliser une des méthodes `requestLoca-tionUpdates`. Ces méthodes permettent d'obtenir plusieurs données de localisation. Elles prennent en paramètres un entier `minTime` permettant de spécifier le délai minimum en millisecondes entre deux notifications de localisation ainsi qu'un nombre à virgule flottante `minDistance` permettant de spécifier la distance minimale en mètres qui doit avoir été parcourue entre deux notifications.

La combinaison de ces deux valeurs permet de définir la période des mises à jour des données de localisation.

■Remarque

Mettre les paramètres `minTime` *et* `minDistance` *à 0 permet d'obtenir les mises à jour des données de localisation aussi souvent que possible. Mais en contre-partie, la batterie de l'appareil peut se vider très vite. De ce fait, afin d'écono-miser les batteries, il est recommandé de spécifier une valeur* `minTime` *la plus grande possible et ne descendant pas en dessous de 60 secondes, même si en interne, le rafraîchissement des données de localisation peut avoir lieu plus tôt ou plus tard que la valeur spécifiée.*

À l'instar des méthodes `requestSingleUpdate`, selon la déclinaison utili-sée, la méthode `requestLocationUpdates` prend en paramètre soit direc-tement le nom du dispositif de localisation à utiliser soit un objet de type `Criteria` permettant d'identifier ce dispositif. Elle prend également en paramètres un objet de type `PendingIntent` ou un objet implémentant l'interface `LocationListener` et le thread attaché selon la solution choisie pour récupérer les données de localisation.

Syntaxe

```
public void requestLocationUpdates (String provider, long minTime,
   float minDistance, PendingIntent intent)
public void requestLocationUpdates (String provider, long minTime,
   float minDistance, LocationListener listener, Looper looper)
public void requestLocationUpdates (String provider, long minTime,
   float minDistance, LocationListener listener)
public void requestLocationUpdates (long minTime, float minDistance,
   Criteria criteria, PendingIntent intent)
public void requestLocationUpdates (long minTime, float minDistance,
   Criteria criteria, LocationListener listener, Looper looper)
```

Exemple

```
locManager.requestLocationUpdates(0, 0, criteres, locListener,
   null);
locManager.requestLocationUpdates(LocationManager.GPS_PROVIDER, 0,
   0, pendingIntent);
```

3.3.4 Stopper les mises à jour

Pour stopper les récupérations des données de localisation effectuées via les méthodes `requestSingleUpdate` et `requestLocationUpdates`, il faut utiliser l'une des deux méthodes `removeUpdates` en fournissant en paramètre l'action concernée, c'est-à-dire soit l'objet de type `PendingIntent`, soit l'objet implémentant l'interface `LocationListener`.

Syntaxe

```
public void removeUpdates (PendingIntent intent)
public void removeUpdates (LocationListener listener)
```

Exemple

```
locManager.removeUpdates(locListener);
```

4. Cartographie

Un autre usage courant des applications est d'afficher des cartes géographiques permettant à l'utilisateur de situer rapidement des lieux, des événements, des commerces...

Par défaut, le système Android n'inclut pas de telles possibilités. La société Google propose sa bibliothèque externe de cartographie `com.google.android.maps` pour ajouter de telles fonctionnalités au système de base.

Si l'intégration de cette solution de cartographie est devenue très simple (un modèle de projet Google Maps est intégré à Android Studio), elle est, par la même occasion, devenue payante ! Heureusement, d'autres solutions de cartographie sont proposées gratuitement, qui fonctionnent selon un principe similaire à Google Maps. C'est le cas, par exemple, d'Open Street Map, projet de cartographie collaboratif le plus abouti à l'heure actuelle.

La mise en œuvre d'Open Street Map dans une application Android peut se faire de deux façons : soit utiliser la version web, soit utiliser une API spécifique pour une intégration plus poussée. C'est cette méthode que nous allons présenter dans la suite de ce chapitre.

4.1 Mise en place

Plusieurs API permettent d'intégrer Open Street Map (souvent désigné sous l'acronyme OSM). Notre choix s'est porté sur une API open source, osmdroid, qui a pour avantage de reprendre le principe de fonctionnement de Google Maps, dans le but avoué de faciliter la migration de l'un vers l'autre. Cette API a été initiée par Nicolas Gramlich en 2008, puis reprise pour corrections par une équipe plus conséquente. Le projet est hébergé sur le site GitHub (https://github.com/osmdroid/osmdroid) et est toujours actif.

osmdroid ne demande aucune clé d'enregistrement (contrairement à Google Maps) pour fonctionner. Il suffit, pour utiliser l'API, d'ajouter une référence dans le fichier Gradle de l'application.

L'API est disponible sous le nom complet suivant : `org.osmdroid:osmdroid-android` ; la dernière version stable, à la date de rédaction de cet ouvrage, est la version 6.0.1. Il faut donc ajouter au fichier `build.gradle` de l'application (le fichier est stocké dans le dossier `app` de la solution) la ligne suivante :

Syntaxe

```
implementation 'org.osmdroid:osmdroid-android:6.0.1'
```

Exemple

```
apply plugin: 'com.android.application'

android {
  compileSdkVersion 27
  defaultConfig {
    applicationId "com.developpement.guide.ch13_osm"
    minSdkVersion 14
    targetSdkVersion 27
    versionCode 1
    versionName "1.0"
    testInstrumentationRunner
      "android.support.test.runner.AndroidJUnitRunner"
  }
  buildTypes {
    release {
      minifyEnabled false
      proguardFiles
```

```
        getDefaultProguardFile('proguard-android.txt'),
'proguard-rules.pro'
    }
  }
}

dependencies {
  implementation fileTree(dir: 'libs', include: ['*.jar'])
  implementation 'com.android.support:appcompat-v7:27.1.1'
  implementation 'com.android.support.constraint:constraint-
layout:1.1.2'
  implementation 'org.osmdroid:osmdroid-android:6.0.1'
  [...] // autres imports
}
```

L'API est normalement disponible dans le repository jcenter, ajouté par défaut aux dépôts de référence dans les projets Android Studio, mais il est possible que la dernière version n'y soit pas référencée. Il faut, dans ce cas, ajouter un autre dépôt, Maven, à la liste des dépôts de référence.

Pour cela, il faut ajouter la référence à Maven dans le fichier Gradle du module – placé à la racine du projet.

Exemple

```
buildscript {

  repositories {
    google()
    jcenter()
    maven()
  }
  dependencies {
    classpath 'com.android.tools.build:gradle:3.1.3'
  }
}

allprojects {
  repositories {
    google()
    jcenter()
    maven()
  }
}
```

```
task clean(type: Delete) {
    delete rootProject.buildDir
}
```

4.2 Utilisation

La première étape consiste à intégrer la vue qui va porter la carte affichée dans le fichier de layout de l'activité concernée. L'API fournit pour cela le composant `org.osmdroid.views.MapView`.

Exemple

```
<?xml version="1.0" encoding="utf-8"?>
<android.support.constraint.ConstraintLayout
    xmlns:android="http://schemas.android.com/apk/res/android"
    xmlns:tools="http://schemas.android.com/tools"
    android:layout_width="match_parent"
    android:layout_height="match_parent"
    tools:context=".MainActivity">

    <org.osmdroid.views.MapView
        android:id="@+id/mapview"
        android:layout_width="fill_parent"
        android:layout_height="fill_parent"/>

</android.support.constraint.ConstraintLayout>
```

Dans le code de l'activité, la référence à la vue est obtenue simplement en invoquant la méthode `findViewById`, comme pour tout composant.

Exemple

```
[...]
import org.osmdroid.views.MapView;

public class MainActivity extends AppCompatActivity {
  [...]
  private MapView mapView;

  @Override
  protected void onCreate(Bundle savedInstanceState) {
    super.onCreate(savedInstanceState);
```

```
    setContentView(R.layout.activity_main);

    mapView = (MapView) findViewById(R.id.mapview);
        [...]
  }
}
```

Indépendamment de la localisation, qui nécessite ses propres autorisations, osmdroid nécessite les permissions suivantes pour fonctionner :

– INTERNET : nécessaire pour télécharger les cartes affichées.

– WRITE_EXTERNAL_STORAGE : nécessaire pour que la bibliothèque sauvegarde sur le support de stockage les cartes téléchargées.

Ces deux autorisations doivent être ajoutées au fichier de manifeste de l'application :

Exemple

```
<uses-permission
    android:name="android.permission.WRITE_EXTERNAL_STORAGE"/>
<uses-permission
    android:name="android.permission.INTERNET"/>
```

La permission WRITE_EXTERNAL_STORAGE est considérée comme « dangereuse » pour les terminaux sous Android 6 ou version supérieure, il faut donc également demander explicitement l'autorisation à l'utilisateur lors de la première exécution de l'application.

Exemple

```
void init() {
  String [] permissons =
    new String[]{Manifest.permission.WRITE_EXTERNAL_STORAGE};
  if (ActivityCompat.checkSelfPermission(this,
        Manifest.permission.WRITE_EXTERNAL_STORAGE) !=
        PackageManager.PERMISSION_GRANTED)
    requestPermissions(permissons, PERMISSION_REQUEST_CODE);
  else
    setupMap();
}

public void onRequestPermissionsResult(int requestCode, String[]
permissions,int[] grantResults) {
```

```
if(requestCode!=PERMISSION_REQUEST_CODE)
  return;
int idxPermWriteStorage = -1;
for(int i =0;i<permissions.length ;i++) {
  if(permissions[i]
      .equals(Manifest.permission.WRITE_EXTERNAL_STORAGE) &&
     grantResults[i]== PackageManager.PERMISSION_GRANTED)
    idxPermWriteStorage = i;
}
if(i!=-1 && grantResults[idxPermWriteStorage]==
     PackageManager.PERMISSION_GRANTED)
  setupMap();
}
```

Par défaut, la carte affichée est vide et affiche uniquement un quadrillage sur fond gris : aucune donnée cartographique n'est affichée. Le quadrillage symbolise les tuiles (*tiles*, en anglais), « parties » d'images qui forment l'ensemble de la carte.

Il faut indiquer à l'API quelle source utiliser pour la carte : plusieurs sources sont disponibles, chacune ayant ses particularités (affichage d'une carte classique, affichage d'une image satellite, etc.).

Pour préciser la source, il faut invoquer la méthode setTileSource de la classe MapView. L'API présente un ensemble de constantes représentant les différentes sources dans la classe TileSourceFactory. La constante DEFAULT_TILE_SOURCE représente une source de tuiles par défaut – pour la version 6.0.1, cela correspond à la source MAPNIK (MAPNIK est un logiciel open source de rendu cartographique).

Exemple

```
mapView = (MapView) findViewById(R.id.mapview);
mapView.setTileSource(TileSourceFactory.DEFAULT_TILE_SOURCE);
```

Lorsque la source est définie, l'application affiche effectivement une carte, qui pose plusieurs problèmes :

– Le niveau de zoom étant très bas, la vue présente une carte du monde qui se répète plusieurs fois.

– Il est impossible de zoomer en « pinçant » l'image de la carte (geste couramment nommé *pinch to zoom*, ou « pincer pour zoomer », en français).

Pour activer la fonction « pincer pour zoomer », la classe `MapView` présente la méthode `setMultiTouchControls`, qui prend en paramètre un booléen précisant si la fonction doit être activée (`true`) ou pas (`false`, valeur par défaut).

Exemple

```
mapView = (MapView) findViewById(R.id.mapview);
mapView.setTileSource(TileSourceFactory.DEFAULT_TILE_SOURCE);

mapView.setMultiTouchControls(true);
```

Il est également possible d'afficher ou masquer les boutons zoom avant/zoom arrière, présents par défaut lorsque l'utilisateur clique sur la carte. Pour cela, il faut invoquer la méthode `setBuiltInZoomControls`.

Exemple

```
mapView.setBuiltInZoomControls(true);
```

Si le zoom est maintenant complètement actif et convivial d'utilisation, il est quelque peu dérangeant pour l'utilisateur de voir de prime abord une carte avec un niveau de zoom très éloigné.

Pour contrôler le zoom par défaut de la carte, il faut utiliser un objet de type `MapController`, qui permet diverses manipulations sur la carte.

Pour obtenir une instance de `MapController`, il faut invoquer la méthode `getController` de la classe `MapView`. Cette méthode renvoie un objet de type `IMapController`, qui doit être transtypé en `MapController` (implémentation de `IMapController` fournie par l'API).

Exemple

```
MapController mapController =
    (MapController)mapView.getController();
```

La classe `MapController` présente la méthode `setZoom` pour contrôler le niveau de zoom de la carte. Deux signatures sont proposées, qui prennent soit un entier soit un double pour préciser le niveau de zoom.

Exemple

```
mapController = (MapController)mapView.getController();
mapController.setZoom(12);
```

À noter, la méthode `getZoomLevelDouble` de la classe `MapView` permet d'obtenir le niveau de zoom courant – pour, par exemple, stocker dans les préférences utilisateur le niveau de zoom défini par l'utilisateur.

◼ Remarque

Une méthode `getZoomLevel` existe également, qui renvoie le niveau de zoom sous forme de valeur `int`. Cette méthode est cependant dépréciée depuis la version 6 de l'API.

4.3 Suivre la géocalisation

Outre l'affichage de la carte à proprement parler, il est souvent nécessaire de symboliser la position de l'utilisateur (on parle alors d'avatar) et de lui présenter la carte centrée sur ce symbole.

La bibliothèque osmdroid expose pour cela la classe `MyLocationNewOverlay`, classe qui permet l'affichage d'un avatar représentant l'utilisateur sur la carte et qui intègre tous les éléments pour que la carte soit en permanence centrée sur l'avatar.

La classe `MyLocationNewOverlay` présente le constructeur suivant :

Syntaxe

```
MyLocationNewOverlay(IMyLocationProvider p, MapView m)
```

Le paramètre de type `IMyLocationProvider` permet de préciser quel élément sera utilisé comme fournisseur pour la position de l'utilisateur, le second paramètre étant la carte sur laquelle l'avatar doit être affiché.

Pour la définition du fournisseur de localisation, osmdroid propose la classe `GpsMyLocationProvider`, classe qui implémente l'interface `IMyLocationProvider`.

Syntaxe :

```
GpsMyLocationProvider(Context context)
```

■Remarque

L'utilisation de cette classe nécessite l'autorisation ACCESS_FINE_LOCATION, *autorisation classée comme dangereuse par la plateforme (depuis Android 6). Il faut donc ajouter cette permission au fichier de manifeste et la traiter dans les demandes de permissions faites à la première exécution.*

En utilisant GpsMyLocationProvider, il est simple d'instancier MyLocationNewOverlay :

Exemple

```
MyLocationNewOverlay locationOverlay =
   new MyLocationNewOverlay(
     new GpsMyLocationProvider(this),mapView);
```

Pour préciser que l'instance de MyLocationNewOverlay doit recevoir les mises à jour sur la position de l'utilisateur, il faut invoquer la méthode enableMyLocation.

Exemple

```
MyLocationNewOverlay locationOverlay =
   new MyLocationNewOverlay(
     new GpsMyLocationProvider(this),mapView);

locationOverlay.enableMyLocation();
```

La méthode enableFollowLocation permet d'indiquer que l'avatar doit suivre la position obtenue par le fournisseur défini.

Exemple

```
MyLocationNewOverlay locationOverlay =
   new MyLocationNewOverlay(
     new GpsMyLocationProvider(this),mapView);

locationOverlay.enableMyLocation();
locationOverlay.enableFollowLocation();
```

Pour finaliser l'affichage de l'avatar, il reste à ajouter la superposition définie à la carte.

La classe `MapView` est prévue pour pouvoir intégrer plusieurs superpositions sur une même carte. Ces superpositions sont stockées dans une liste d'objets de type `Overlay`, classe abstraite symbolisant plusieurs types de superpositions.

Pour ajouter une instance dérivant de la classe `Overlay`, il faut invoquer la méthode `getOverlays` de la classe `MapView` pour obtenir la liste des `OverLay`, puis ajouter l'instance de `MyLocationNewOverlay` en utilisant la méthode `add` de la liste.

Exemple :

```
MyLocationNewOverlay locationOverlay =
  new MyLocationNewOverlay(
    new GpsMyLocationProvider(this),mapView);

locationOverlay.enableMyLocation();
locationOverlay.enableFollowLocation();

mapView.getOverlays().add(locationOverlay);
```

Lorsque l'application est mise en pause, il est indispensable de stopper la mise à jour de la position de l'utilisateur. Pour cela, les méthodes `disableMyLocation` et `disableFollowLocation` sont exposées par la classe `MyLocationNewOverlay`. Il faut également préciser que l'affichage de la carte doit être mis en pause, en invoquant la méthode `onPause` de la classe `MapView`.

Exemple

```
@Override
protected void onPause() {
  super.onPause();
  mapView.onPause();
  locationOverlay.disableMyLocation();
  locationOverlay.disableFollowLocation();
}
```

4.4 Pour aller plus loin

L'API osmdroid propose un grand nombre de fonctionnalités, basées sur ce que propose Google Maps : ajout de marqueurs, affichage d'une boussole, gestion fine du cache, fonctionnement en mode déconnecté, etc.

L'équipe en charge d'osmdroid tient à jour un dépôt Git très complet, qu'il est indispensable de consulter pour utiliser pleinement cette bibliothèque. Il est disponible à l'adresse suivante : https://github.com/osmdroid/osmdroid

La documentation complète est, elle, disponible directement à l'adresse : https://osmdroid.github.io/osmdroid/javadocAll/

■Remarque

Si Open Street Map est libre d'utilisation, il est demandé aux développeurs l'utilisant de créditer l'équipe de contributeurs au projet en ajoutant la référence © OpenStreetMap contributors sur la carte.

Chapitre 14
La technologie NFC

1. Introduction

Outre les connexions Wi-Fi et Bluetooth, de plus en plus d'appareils intègrent désormais la prise en charge de la technologie NFC. Cette technologie est en première ligne pour les systèmes de paiement sans contact et jouera certainement un rôle majeur pour l'Internet des objets.

Ce chapitre présente les points clés de la technologie NFC, puis précise le mécanisme de prise en charge des tags NFC sur les systèmes Android, et enfin, aborde la lecture et l'écriture de tag NFC.

2. Présentation de NFC

Le sigle NFC signifie *Near Field Communication* (communication en champ proche). Une communication NFC est sans fil, de faible portée (de l'ordre de quelques centimètres). Elle est caractérisée par l'absence d'appareillage entre l'émetteur et le récepteur (contrairement au Bluetooth, par exemple), ainsi que par la rapidité de l'établissement de la communication.

2.1 Les scénarios d'utilisation du NFC

La portée très faible est normalement garante que la communication est initiée par l'utilisateur de l'appareil, celui-ci devant poser son appareil sur le tag lui-même. Cela permet d'introduire un premier niveau de sécurité.

La technologie NFC a été pensée pour trois types d'utilisation :

– La lecture par l'appareil de tags NFC contenant une information spécifique (adresse d'un site web, numéro de téléphone, fiche contact, etc.). Les tags de type "smart-poster" sont un exemple d'utilisation : une affiche, ou tout autre élément, présentant un événement comporte un tag NFC qui enregistrera l'adresse de l'événement, ou donnera accès à son site Internet.

– La communication entre appareils NFC. Dans ce cas, la communication NFC est vue comme une initiatrice de communication. La technologie Android Beam en est une application directe : la communication entre deux smartphones compatibles est initiée automatiquement via une communication de type NFC, et bascule ensuite vers la technologie Bluetooth pour la suite de l'échange.

– L'utilisation de l'appareil comme simulateur de tag NFC. Dans ce cas, l'appareil et son tag NFC émulé représentent un système d'authentification sécurisé. Une utilisation typique, qui se répand rapidement, s'illustre dans les transports en commun où l'appareil NFC est destiné à remplacer les tickets de transport.

2.2 Les tags NFC

Plusieurs technologies de tags NFC cohabitent, chacune ayant ses spécificités en termes de taille de mémoire disponible, de vitesse de transmission ainsi que de coût. L'espace de stockage, par exemple, varie de 48 octets à quelques kilo-octets.

Les appareils NFC sous Android sont tenus d'être compatibles avec les technologies suivantes : NfcA, NfcB, NfcF, NfcV, IsoDep et NDEF.

Les technologies suivantes sont prises en charge par le framework Android, mais ne sont pas nécessairement compatibles avec tous les appareils Android : MifareClassic, MifareUltralight, NfcBarcode et NdefFormatable.

Chaque technologie – NfcA, NfcB, etc. – correspond à une norme ISO spécifique (ISO 14443-3A, ISO 14443-3B, etc.).

Le cas de la technologie NDEF est particulier : ce n'est pas à proprement parler une technologie de tag, mais une définition de structure de données (*NFC Data Exchange Format*), qui est compatible avec tous les tags de type NFC.

Le framework Android fournit un ensemble de classes pour gérer chaque technologie de tag listée ci-dessus. Le package de base pour toutes ces classes est `android.nfc.tech`, chaque technologie implémentant l'interface `android.nfc.tech.TagTechnology`.

Les méthodes exposées par l'interface `TagTechnology` sont les suivantes :

```
void close();
void connect();
Tag getTag();
boolean isConnected();
```

Pour bien illustrer la différence entre la technologie NDEF et les autres, nous pouvons comparer les méthodes exposées par les classes de l'API Android correspondantes (ici, nous prenons pour exemple, la technologie NfcA) :

Méthodes exposées par la classe `NfcA` :

```
void            close();
void            connect();
static NfcA     get(Tag tag);
boolean         isConnected();

byte[]          getAtqa();
int             getMaxTransceiveLength();
short           getSak();
Tag             getTag();
int             getTimeout();
void            setTimeout(int timeout);
byte[]          transceive(byte[] data);
```

Méthodes exposées par la classe `Ndef` :

```
Void           close();
Void           connect();
static Ndef    get(Tag tag);
Boolean        isConnected();

Boolean        canMakeReadOnly();
NdefMessage    getCachedNdefMessage();
Int            getMaxSize();
NdefMessage    getNdefMessage();
Tag            getTag();
String         getType();
Boolean        isWritable();
Boolean        makeReadOnly();
Void           writeNdefMessage(NdefMessage msg);
```

La classe `NfcA` utilise principalement des types primitifs, alors que la classe `Ndef` utilise des types objets complexes.

3. Prise en charge du NFC

Tous les appareils fonctionnant sous Android ne prennent pas en charge la technologie NFC. Avant d'initier une communication NFC dans une application, il est donc plus que nécessaire de vérifier si la technologie est disponible sur l'appareil de l'utilisateur. Ensuite, il faut "informer" l'appareil hôte que l'application est capable de prendre en charge une communication NFC.

3.1 Utiliser avec un émulateur

Même si les tests en conditions réelles sont indispensables, il est pratique de pouvoir utiliser, durant les différentes phases de développement, un émulateur Android.

Pour développer des fonctionnalités NFC, en plus de l'émulateur Android classique, le développeur doit avoir recours à un mécanisme d'émulation de cartes/tags NFC. Le projet Open NFC, soutenu par la société Inside Secure (https://www.insidesecure.com), fournit gratuitement un tel émulateur.

Pour faire fonctionner l'émulation, il faut installer trois éléments :

– Une image de terminal Android.

– L'application ConnectionCenter, qui gère la connexion entre l'émulateur de tag et l'émulateur Android.

– L'application NFC Controller Simulation, qui simule les tags NFC.

Le processus d'installation ainsi que les sources des éléments à télécharger sont disponibles à l'adresse suivante : https://sourceforge.net/projects/open-nfc

3.2 Détecter si l'appareil est compatible NFC

Avant toute chose, l'application doit indiquer qu'elle nécessite l'autorisation NFC.

```
<uses-permission android:name="android.permission.NFC"/>
```

Cette permission est disponible depuis la version 9 (2.3, Gingerbread) de l'API Android, les versions antérieures d'Android n'étant pas compatibles avec la technologie NFC.

Remarque

La permission NFC n'est pas classée comme dangereuse par Android Marshmallow, il n'est donc pas nécessaire de demander explicitement une autorisation à l'utilisateur.

Selon les besoins, deux scénarios sont possibles : soit l'application n'est déclarée disponible que pour les appareils compatibles NFC (technique du filtrage des appareils), soit la compatibilité NFC est testée juste au moment de l'utilisation du NFC (technique du test à l'exécution).

3.2.1 Filtrer les appareils

Nous l'avons vu (chapitre Publier une application), le Play Store Google permet de filtrer les appareils selon les ressources nécessaires à l'exécution d'une application. Ce filtrage, que ce soit pour la technologie NFC ou pour toute autre technologie, se fait au niveau du manifeste de l'application.

Pour interdire l'installation d'une l'application sur les appareils ne disposant pas de la technologie NFC, il suffit de rajouter le `<uses-feature>` correspondant :

```
<uses-feature android:name="android.hardware.nfc"
android:required="true" />
```

3.2.2 Tester à l'exécution

Si l'utilisation de la technologie NFC n'est pas essentielle à l'application, il est dommage de priver une partie du parc d'appareils de cette application. Dans ce cas, au lieu d'interdire l'installation de l'application, le développeur peut gérer l'accès à la fonction NFC au sein de l'application elle-même. Pour cela, il suffit de tester si l'appareil dispose d'un adaptateur NFC, à l'aide de la fonction `getDefaultAdapter()`.

```
if(NfcAdapter. getDefaultAdapter(getApplicationContext())==null)
    Log.d(TAG,"Votre appareil ne dispose pas de la technologie NFC");
else
    Log.d(TAG,"Félicitation, vous pouvez utiliser les tags NFC");
```

3.2.3 Activation par l'utilisateur

Même si l'appareil de l'utilisateur est compatible NFC, il est possible que son support soit désactivé sur l'appareil. L'objet `NfcAdapter` permet de détecter l'état de l'adaptateur NFC, via la méthode `isEnabled()`. Cette méthode renvoie `true` si l'adaptateur est activé, `false` s'il ne l'est pas. Il est ensuite simple de demander à l'utilisateur d'activer lui-même la fonction, en démarrant une activité avec l'action `Settings.ACTION_NFC_SETTINGS`.

```
NfcAdapter nfcAdapter=
NfcAdapter.getDefaultAdapter(getApplicationContext());

if(nfcAdapter ==null)
    return;

if(!nfcAdapter.isEnabled())
    startActivity(new Intent(Settings.ACTION_NFC_SETTINGS));
```

4. Découverte d'un tag NFC

Suivant le contenu d'un tag NFC, le système Android encapsule les informations dans des `intents` d'actions différentes. À chaque action d'intent correspond, pour l'application, un filtre d'intent spécifique.

Les intents créés par le système suivent une hiérarchie, qui va du plus au moins spécialisé.

– Niveau 1 : si le tag contient un message au format NDEF, le système lit le premier enregistrement du message, pour tenter d'extraire un type MIME ou une URI. Si cette extraction est fructueuse, c'est l'application qui prend en charge le type MIME, ou l'application ciblée par l'URI qui est lancée. L'intent correspondant a pour action `ACTION_NDEF_DISCOVERED`.

– Niveau 2 : si le tag ne contient pas de message au format NDEF, ou si aucune application n'est trouvée à l'étape 1, le système sélectionne l'application en tenant compte des technologies de tag déclarées comme prises en charge par chaque application, au niveau des filtres d'intent. Le système crée dans ce cas un intent d'action `ACTION_TECH_DISCOVERED`.

– Niveau 3 : enfin, si aucune application n'a pu être sélectionnée dans les deux étapes précédentes, un intent de type `ACTION_TAG_DISCOVERED` est créé, et sera fourni à l'application prenant en charge cette action d'intent.

À charge du développeur de déclarer les filtres d'intent qui correspondent le mieux aux messages pris en charge par son application. En effet, dans le cas où plusieurs applications sont disponibles, le système propose la liste des applications candidates et laisse à l'utilisateur le choix de l'application qui sera lancée.

■Remarque

Il est important pour le développeur de correctement déclarer la prise en charge des tags NFC par son application. Il est en effet capital que l'application soit sélectionnée au plus tôt dans le processus de sélection par le système, sinon le risque est important qu'une autre application soit lancée avant. D'un autre côté, si le développeur déclare prendre en compte une technologie qu'il ne gère pas correctement, l'utilisateur pourrait être contrarié et désinstaller l'application à la première erreur !

4.1 Prise en charge d'un intent ACTION_NDEF_DISCOVERED

Dans le cas d'un message au format NDEF, c'est le message lui-même qui est encapsulé dans l'intent `ACTION_NDEF_DISCOVERED`.

Le système lit le premier enregistrement du message NDEF, pour déterminer la structure de l'ensemble du message.

Nous allons énumérer les formats permettant une exploitation par l'intent, et voir quels sont les filtres d'intent correspondants :

– TNF_ABSOLUTE_URI

Le filtre d'intention qui correspond à ce format est le suivant :

```
<intent-filter>
    <action android:name="android.nfc.action.NDEF_DISCOVERED"/>
    <category android:name="android.intent.category.DEFAULT"/>
   <data android:scheme="http"
            android:host="www.monsite.fr"
            android:pathPrefix="/accueil.html" />
</intent-filter>
```

– TNF_MIME_MEDIA

Tous les types MIME peuvent être pris en charge : la balise `<data android:mimetype>` permettant de filtrer le ou les types pris en charge.

```
<intent-filter>
    <action android:name="android.nfc.action.NDEF_DISCOVERED"/>
    <category android:name="android.intent.category.DEFAULT"/>
    <data android:mimeType="text/plain" />
</intent-filter>
```

– TNF_EXTERNAL_TYPE

Ce format permet de définir un type de message propriétaire. Le filtre d'intention mentionne le domaine, ce qui correspond à l'organisation déclarant ce type propriétaire, et le type voulu. Ces informations sont données dans la propriété `pathPrefix` de la balise `data`. La balise `data` contient également le schéma utilisé, ainsi que la mention de type externe.

```
<intent-filter>
    <action android:name="android.nfc.action.NDEF_DISCOVERED" />
    <category android:name="android.intent.category.DEFAULT" />
```

```
    <data android:scheme="vnd.android.nfc"
        android:host="ext"
        android:pathPrefix="/com.mondomaine:monType"/>
</intent-filter>
```

– `TNF_WELL_KNOWN`

Ce format doit être vu comme un format encapsulant plusieurs sous-types, et fournissant des conventions de format d'écriture de données, pour rendre l'ensemble plus compact et plus efficace. Les sous-types, préfixés `RTD` (*Record Type Definition*), correspondent à ce qui peut être encodé dans un tag NFC : principalement, du texte (`RTD_TEXT`), une URI (`RTD_URI`) ou un smart_poster (`RTD_SMART_POSTER`). Par exemple, le sous-type `RTD_URI` permet de stocker le protocole sur un byte, au lieu de l'écrire entièrement comme il est nécessaire pour un enregistrement au format `TNF_ABSO-LUTE_URI`.

Le filtre d'intention qui permet de prendre en charge un enregistrement de type `WELL_KNOWN` est celui de son sous-type.

■Remarque

Il est fortement recommandé de stocker les messages sous format `TNF_WELL-KNOWN`*, ce format étant plus efficace que les formats TNF qu'il encapsule. Il ne faut pas oublier que les tags NFC bon marché ne peuvent pas stocker plus de 48 octets !*

– `TNF_EMPTY`, `TNF_UNCHANGED` et `TNF_UNKNOWN`

Ces types d'enregistrements ne permettent pas une prise en charge par un message de type NDEF. Un intent de type `ACTION_TECH_DISCOVERED` sera initié à la place.

4.2 Prise en charge d'un intent ACTION_TECH_DISCOVERED

Si l'application est sélectionnée à la seconde étape, l'intent fourni aura une action `ACTION_TECH_DISCOVERED`. Les informations encapsulées dans l'intent seront les technologies du tag et le contenu au format binaire. Le package `android.nfc.tech` fournit des classes d'encapsulation pour chaque technologie, facilitant l'exploitation du message.

Afin de correctement filtrer l'intent créé par le système, le développeur doit spécifier, dans le `manifest`, la liste des technologies que son application prend en charge.

Cette liste doit être déclarée dans un fichier XML, sous forme d'énumération. La racine de l'énumération est le tag `<tech-list>`.

Le format du fichier XML est le suivant :

```
<resources xmlns:xliff="urn:oasis:names:tc:xliff:document:1.2">
    <tech-list>
        <tech>...</tech>
        <tech>...</tech>
    </tech-list>
</resources>
```

Le fichier peut contenir plusieurs balises `<tech>`, chacune de ces balises spécifiant une technologie. Le système interprète ces informations en considérant la liste comme étant une liste "`ET`" : l'application est lancée si le tag lu est compatible avec toutes les technologies listées.

Il est possible de spécifier plusieurs listes de technologies, en renseignant plusieurs tags `<tech-list>` dans le fichier XML. Chaque liste se comportant vis-à-vis des autres comme une énumération "`OU`". Ce mécanisme permet de spécifier plusieurs sous-ensembles de technologies.

L'exemple ci-dessous présente un fichier XML indiquant que l'application prend en charge les tags de technologies NfcA et NDEF ou MifareClassic et MifareUltraLight.

```
<resources xmlns:xliff="urn:oasis:names:tc:xliff:document:1.2">
    <tech-list>
        <tech>android.nfc.tech.NfcA</tech>
        <tech>android.nfc.tech.Ndef</tech>
    </tech-list>

    <tech-list>
        <tech>android.nfc.tech.MifareClassic</tech>
        <tech>android.nfc.tech.MifareUltralight</tech>
    </tech-list>
</resources>
```

Le fichier XML des technologies prises en charge peut être nommé indifférem-
ment. Il est placé dans le répertoire /res/xml, et une balise XML dans le
manifest précise le nom du fichier des tech-lists.

```
<activity>
...
<intent-filter>
    <action android:name="android.nfc.action.TECH_DISCOVERED"/>
</intent-filter>

<meta-data android:name="android.nfc.action.TECH_DISCOVERED"
    android:resource="@xml/ma_tech_list" />
...
</activity>
```

■Remarque

*Si l'application a pour objectif d'écrire des tags NFC sur un support, c'est ce
type d'Intent qu'il faut filtrer, étant établi que les tags sont vides au moment de
la sélection de l'application par le système. Le choix se fait donc naturellement sur les technologies supportées par le tag.*

4.3 Prise en charge d'un intent ACTION_TAG_DISCOVERED

Un intent ACTION_TAG_DISCOVERED sera plus complexe à prendre en
charge, l'intent n'encapsulant que le contenu au format binaire. À charge pour
le développeur de parser correctement le tableau binaire pour en extraire les
informations.

Le filtre d'intent correspondant aux intents de type ACTION_TAG_DISCO-
VERED reflète bien l'aspect très générique de ce type de prise en charge, en n'indiquant aucun contenu pour le message, ni aucune technologie.

```
<intent-filter>
    <action android:name="android.nfc.action.TAG_DISCOVERED"/>
</intent-filter>
```

4.4 Android Application Records

Android 4.0 a introduit un nouveau type d'enregistrement dans les tags NFC : les *Android Application Records* (AAR). Ce type d'enregistrement permet de spécifier explicitement le nom de l'application qui prend en charge un tag NFC.

Pour cela, à la découverte d'un tag contenant un message de type NDEF, le système Android analyse tous les enregistrements du message à la recherche d'un enregistrement AAR. Si cet enregistrement existe, c'est l'application mentionnée dans l'enregistrement qui sera lancée. Si l'application n'est pas installée sur l'appareil de l'utilisateur, le système proposera de la télécharger directement sur le Play Store.

■Remarque

Contrairement au mécanisme de découverte par filtre d'Intent, le lancement d'application via un enregistrement AAR se fait au niveau de l'application, pas au niveau de l'activité.

■Remarque

Les systèmes Android de version antérieure à la version 4.0 ne tiennent pas compte des enregistrements AAR ; le développeur soucieux d'apporter une compatibilité avec les versions 2.x et 3.x devra également mettre en place des filtres d'intent.

4.5 Foreground dispatch

Lorsque votre application de gestion de tags NFC est lancée, il peut être déroutant pour l'utilisateur qui présente un tag de voir afficher une fenêtre de notification qui demande de choisir quelle application doit prendre en charge le tag : il est souhaitable, dans ce cas, de forcer le système à utiliser l'application courante pour cette prise en charge.

Pour cela, il faut implémenter dans l'activité courante, celle qui doit prendre en charge le tag, un mécanisme de surcharge, appelé foreground dispatch.

Ce mécanisme se déclare dans le code de l'activité, typiquement dans les méthodes `onCreate()` ou `onResume()`, à l'aide de la méthode `enableForegroundDispatch(...)` de l'objet `NfcAdapter`.

Les paramètres demandés par la méthode `enableForegroundDispatch` sont les suivants :

- L'activité qui sera lancée lorsque le tag est découvert.

- Un objet de type `PendingIntent`, qui sera rempli par le système et fourni à l'activité. Afin de ne pas recréer l'activité en cours, le `PendingIntent` sera déclaré avec le flag `Intent.FLAG_ACTIVITY_SINGLE_TOP`.

- Un tableau d'IntentFilter, qui va indiquer au système quels sont les intents que l'activité prend en charge.

- Et enfin, un tableau à deux dimensions pour spécifier quelles sont les technologies NFC prises en charge par l'activité.

Par ailleurs, il est indispensable que l'activité qui fait l'appel à la méthode `enableForegroundDispatch(...)` soit active. Pour cette raison, l'appel se fera dans la méthode `onResume()` de l'activité.

■Remarque

De la même façon, il faut désactiver le mécanisme de foreground dispatch lorsque l'activité est mise en pause, en appelant la méthode `disableForegroundDispatch()` *dans la méthode* `onPause()` *de l'activité.*

L'intent qui est envoyé à l'activité lorsque le tag est découvert est récupéré dans la méthode `onNewIntent(Intent)` de l'activité. Il faut donc surcharger cette méthode pour traiter l'intent et son contenu.

```
...
NfcAdapter nfcAdapter;

@Override
public void onCreate(Bundle savedState) {
    super.onCreate(savedState);
// ...

    nfcAdapter = NfcAdapter.getDefaultAdapter(this);

}
```

```
@Override
public void onResume() {
   super.onResume();
   if(nfcAdapter==null)
      return;
   nfcAdapter.enableForegroundDispatch(this, getPendingIntent(),
getIntentFilters(), getTechLists());
}


@Override
public void onPause() {
   super.onPause();
   if(nfcAdapter==null)
      return;
   nfcAdapter.disableForegroundDispatch(this);
}

@Override
public void onNewIntent(Intent intent) {
    Tag tagFromIntent =
intent.getParcelableExtra(NfcAdapter.EXTRA_TAG);
    Toast.makeText(this, "Tag découvert", Toast.LENGTH_LONG).show();
}
...
```

■Remarque

Classiquement, le mécanisme de foregroundDispatch est utilisé pour l'écriture des tags NFC, la prise en charge des tags en lecture étant déclarée dans le manifest. Dans un tel scénario, on peut imaginer faire l'appel à la méthode `enableForegroundDispatch` *dans la méthode* `onClick` *d'un bouton de l'interface, par exemple.*

■Remarque

Le mécanisme de foregroundDispatch est prioritaire sur le mécanisme d'Android Application Record.

5. Lire un tag NFC

La lecture d'un tag NFC intervient après la prise en charge du tag par l'activité. Le tag et son contenu sont fournis à l'activité dans l'intent, qui contient également l'action qui permet de déterminer quel type de message est contenu dans le tag ; il suffit donc de tester la valeur de l'action de l'intent pour savoir quelle méthode utiliser pour déchiffrer le ou les messages.

```
if(intent.getAction().equals(NfcAdapter.ACTION_NDEF_DISCOVERED))
    Log.d(TAG,"Lecture d'un tag NDEF");
else
if(intent.getAction().equals(NfcAdapter.ACTION_TECH_DISCOVERED))
    Log.d(TAG,"Lecture d'un tag TECH");
```

Nous allons voir en détail la lecture des différents types de messages NDEF.

5.1 Déterminer le contenu d'un tag NDEF

Dans le cas d'un tag contenant des messages NDEF, la lecture se fait en récupérant sous forme de `ParcelableArrayExtra` la valeur du parcelable de nom `NfcAdapter.EXTRA_NDEF_MESSAGES` contenu dans l'intent, puis en convertissant chaque élément du tableau en objet de type `NdefMessage` (il ne faut pas oublier qu'un tag NDEF peut contenir plusieurs messages au format NDEF).

```
Parcelable[] parcelableNedfMessages =
intent.getParcelableArrayExtra(NfcAdapter.EXTRA_NDEF_MESSAGES);

if(parcelableNedfMessages==null)
    return;

NdefMessage[] messages =
    new NdefMessage[parcelableNedfMessages.length];

for(int i =0;i<parcelableNedfMessages.length;i++)
    messages[i] = (NdefMessage)parcelableNedfMessages[i];
```

Chaque `NdefMessage` extrait contient un ou plusieurs `NdefRecord`, qui sont les entités portant les messages à proprement parler.

Pour chaque objet `NdefRecord`, le message est contenu sous forme d'un tableau d'octets, appelé `Payload`, auquel on accède avec la méthode `getPayload()` de l'objet `NdefRecord`. Il faut convertir ces données, selon le format de l'enregistrement `NdefRecord`. Pour cela, l'objet `NdefRecord` expose les méthodes : `getTnf()`, qui renvoie le format du `NdefRecord`, et `getType()`, qui renvoie le sous-type dans le cas où le type de `NdefRecord` est `TNF_WELL_KNOWN`.

L'API 16 d'Android introduit plusieurs méthodes pour la classe `NdefRecord`, qui facilitent la lecture et l'interprétation des enregistrements. Nous allons voir comment lire le contenu des enregistrements `NdefRecord` à l'aide de ces méthodes, et comment remplacer ces méthodes lorsque l'application est prévue pour une API antérieure.

5.2 Lire une URI

L'API 16 d'Android fournit la méthode `toUri()` permettant d'extraire une URI d'un `NdefRecord`.

```
Uri tagUri= ndefRecord.toUri();
```

Pour les versions antérieures d'Android, il faut se référer aux spécifications du format des enregistrements `NdefRecord`, disponibles à cette adresse : http://www.nfc-forum.org/specs/

Ces spécifications nous indiquent que l'encodage suit les règles suivantes :

– Le payload est un tableau d'octets.

– Le premier octet (`payload[0]`) contient un indicateur donnant le protocole de l'URI. Ce format est utilisé pour augmenter la mémoire disponible pour le détail de l'URI, en économisant l'espace nécessaire à l'écriture du protocole.

– Le reste du payload constitue l'URI à proprement parler, encodé en UTF-8.

Le protocole peut être décodé selon les correspondances données dans le tableau suivant (extrait) :

Decimal	Hex	Protocol
0	0x00	N/A. No prepending is done, and the URI field contains the unabridged URI.
1	0x01	http://www.
2	0x02	https://www.
3	0x03	http://
4	0x04	https://
5	0x05	tel:
6	0x06	mailto:
7	0x07	ftp://anonymous:anonymous@
8	0x08	ftp://ftp.
9	0x09	ftps://
...	...	...

Encodage du préfixe de l'URI (sources NFC Forum)

L'extraction d'une URI prend donc la forme suivante :

```
private Uri readUri(byte[] payload) {
    String[] protocol = new String[] {
            "http://www.",
            "https://www.",
            "http://",
            "https://",
            "tel:",
            "mailto:",
            "ftp://anonymous:anonymous@",
            "ftp://ftp.",
            "ftps://"
            [...] // Tous les protocoles.
    };

    if(payload.length<2)
        return null;
```

```
    int prefixIndex = (payload[0] & (byte)0xFF);

    if (prefixIndex < 0 || prefixIndex >= protocol.length)
        return null;

    String prefix = protocol[prefixIndex];
    String suffix = null;
    try {
        suffix = new String(Arrays.copyOfRange(payload, 1,
payload.length),"UTF-8");
    } catch (UnsupportedEncodingException e) {
        e.printStackTrace();
    }
    return Uri.parse(prefix + suffix);
}
```

La méthode sera appelée de la façon suivante :

```
Uri monURI = readUri(ndefRecord.getPayload());
```

5.3 Lire une chaîne de caractères

Dans le cas d'un NdefRecord dont le sous-type est RTD_TEXT, les premiers octets du payload contiennent les informations sur le codage du contenu.

– Un premier élément donne l'encodage, UTF-8 ou UTF-16, ainsi que la longueur du code langue qui suit.

– L'élément suivant donne le code langue utilisé.

L'extraction du texte de l'enregistrement consiste donc à déterminer l'encodage de la chaîne de caractères "utiles" du payload, puis à retranscrire le tableau d'octets en chaîne de caractères selon l'encodage.

```
private String readText(byte[] payload) throws
UnsupportedEncodingException {

    String formatEncodage =
        ((payload[0] & 0200) == 0) ? "UTF-8" : "UTF-16";

    int longueurCodeLangue = payload[0] & 0077;
```

```
    String codeLangage =
        new String(payload, 1, longueurCodeLangue, "US-ASCII");

    return new String(payload,
        longueurCodeLangue + 1,
        payload.length - longueurCodeLangue - 1,
        formatEncodage);
}
```

5.4 Lire un type MIME

La lecture d'un enregistrement de type `TNF_MIME_MEDIA` est très simple, des méthodes fortement typées étant disponibles depuis la version 9 d'Android.

Un tag de type `TNF_MIME_MEDIA` comporte deux champs : le type MIME, que l'on lit à l'aide de la méthode `getType()` de l'objet `NdefRecord`, et un contenu (value), auquel on accède en utilisant la méthode `getValue()`.

```
    private void readMimeTypeTag(NdefRecord record) {
        String mimeType=new String(record.getType());
        String value =new String(record.getPayload());
    }
```

5.5 Lire un tag de type TNF_WELL_KNOWN

Android traite les tags de type `TNF_WELL_KNOWN` de la même façon que les tags de type équivalent : si le sous-type du tag `TNF_WELL_KNOWN` est `RTD_URI`, le tag devra être lu comme un tag de type `TNF_ABSOLUTE_URI`.

La méthode `getType()` de l'objet `NdefRecord` donne le sous-type du tag, tel qu'indiqué dans le tableau ci-dessous :

Sous-type (RTD)	Description
RTD_SMART_POSTER	Enregistrement de type URI, basé sur l'analyse du payload.
RTD_TEXT	Enregistrement de type MIME de valeur text/plain.

Sous-type (RTD)	Description
RTD_URI	URI.

Il suffit donc de déterminer le sous-type du tag TNF_WELL_KNOWN, et de trai-ter le payload du tag selon ce sous-type.

```
if(record.getType()==NdefRecord.RTD_TEXT) {
   //... traiter le payload comme pour lire une chaîne de
caractères
   }
   else if (record.getType()==NdefRecord.RTD_URI) {
      //... traiter le payload comme pour lire une URI
   }
```

6. Écrire un tag NFC

Comme pour la lecture, l'écriture d'un tag intervient classiquement après la prise en charge du tag détecté par l'intent.

Il est fortement recommandé de ne créer que des messages NFC au format NdefMessage, celui-ci étant, on l'a vu précédemment, indépendant de la technologie du tag sous-jacent.

L'écriture d'un tag suit la structure de l'objet de type NdefMessage : le message comporte un ou plusieurs enregistrements (objets de type NdefRecord), eux-mêmes pouvant être de types distincts.

L'écriture du tag est faite par un objet de type android.nfc.tech.Ndef, qui fournit des méthodes de haut niveau pour l'écriture.

Une instance de Ndef est obtenue en utilisant la méthode statique get(Tag) de la classe Ndef. Le tag passé en paramètre est l'objet que l'intent fournit suite à la découverte du tag.

```
Tag tag = intent.getParcelableExtra(NfcAdapter.EXTRA_TAG);
Ndef ndef = Ndef.get(tag);
// ... écriture du tag
```

La méthode get(tag) peut renvoyer null, dans le cas où le tag présenté ne supporte par la technologie NDEF.

L'écriture en elle-même est très simple : il suffit d'initialiser l'opération d'écriture à l'aide de la méthode `connect()`, d'écrire le tag avec la méthode `writeNdefMessage(NdefMessage)` et de fermer la connexion en appelant la méthode `close()`.

```
Try {
    ndef.connect();
    ndef.writeNdefMessage(message);
    ndef.close();
} catch (IOException e) {
    e.printStackTrace();
}
```

■ Remarque

Ces méthodes ne doivent pas être appelées à partir du processus principal.

Nous allons maintenant étudier en détail la construction du `NdefMessage`, objet passé en paramètre de la méthode `writeNdefMessage()`.

Selon l'API Android visée, il sera plus ou moins complexe de construire les enregistrements intégrés dans le message. L'API 14 apporte un `helper` statique permettant de créer un tag de type URI, et l'API 16 ajoute également d'autres `helpers` pour créer des enregistrements de type `TNF_MIME_MEDIA` et `TNF_EXTERNAL_TYPE`.

6.1 Définir un enregistrement NdefRecord avec l'API 9

Le développeur souhaitant fournir une compatibilité avec l'API 9 d'Android doit utiliser le constructeur par défaut de l'objet `NdefRecord`, dont la signature est la suivante :

```
NdefRecord record = new NdefRecord (short tnf, byte[] type, byte[]
id, byte[] payload);
```

– `tnf` représente le format d'enregistrement créé.

– `type` indique le type d'enregistrement.

– `id` permet de donner un identifiant à l'enregistrement (intéressant dans le cas où le message comporte plusieurs enregistrements).

– `payload` est un tableau d'octets qui contient le message à proprement parler.

C'est bien évidemment la construction du tableau d'octets constituant le `payload` qui retiendra toute notre attention, les autres paramètres étant clairement définis par les valeurs constantes fournies par l'API Android. Nous allons passer en revue la construction des principaux types de `payload`, pour les différents niveaux d'API.

6.1.1 Construire un payload de type texte

Nous l'avons vu lors de la lecture, le payload d'un enregistrement de type texte doit commencer par les informations concernant le codage du texte, puis le texte encodé.

– Le premier bit donne le format du texte : UTF-8 (bit à 0) ou UTF-16 (bit à 1).

– Le second bit est à 0 (inutilisé dans la norme actuelle).

– Les 6 bits suivants donnent la longueur de l'encodage de la langue.

Viennent ensuite la valeur de l'encodage de la langue (encodé en `"US-ASCII"`), puis le texte lui-même.

La longueur totale du tableau d'octets constituant le payload sera donc la somme de l'octet portant les informations sur l'encodage, de la taille du code langue et de la taille du message.

On peut donc maintenant construire le payload de la façon suivante :

```
byte[] buildTextPayload(String message, String encodage, Locale langue) {
    Charset charsetEncodage = Charset.forName(encodage);
    byte[] payload;
    byte[] bLangue =
            langue.getLanguage().getBytes(Charset.forName("US-ASCII"));
    byte[] bMessage= message.getBytes(charsetEncodage);
    int codeEncodage = encodage.equals("UTF-8") ? 0 : 128;

    payload = new byte[1 + bLangue.length + bMessage.length];
    payload[0] = (byte)(codeEncodage + bLangue.length);
    System.arraycopy(bLangue, 0, payload, 1, bLangue.length);
    System.arraycopy(bMessage, 0, payload, 1 + bLangue.length,
messageByte.length);
    return payload;
}
```

6.1.2 Construire un payload de type URI

Pour des raisons d'efficacité vues plus haut, il est recommandé d'écrire les messages de type URI en utilisant le format `TNF_WELL_KNOWN`. Le tableau d'octets composant le payload contient, dans ce cas, les informations suivantes :

– Le premier octet contient le code correspondant au préfixe de l'URI, tel que défini dans le tableau de la section Lire une URI.

– Les octets suivants contiennent le suffixe de l'URI, encodé en UTF-8.

Le tableau d'octets aura donc une taille de 1 + la taille du suffixe.

La construction du payload prend donc la forme suivante :

```
byte[] buildUriPayload(String uri) {
    String[] protocol = new String[] {"",
            "http://www.",
            "https://www.",
            "http://",
            "https://",
            "tel:",
            "mailto:",
            "ftp://anonymous:anonymous@",
            "ftp://ftp.",
            "ftps://"
            //[...] // Tous les protocoles.
        };

    byte[] payload;
    int indexPrefix = -1;

    for(int i = 1;i<protocol.length;i++)
        if(uri.startsWith(protocol[i])) {
            indexPrefix = i;
            break;
        }

    if(indexPrefix==-1)
        return null;

    uri = uri.substring(protocol[indexPrefix].length());
```

```
byte[] bUri = uri.getBytes(Charset.forName("UTF-8"));

payload = new byte[1 + bUri.length];
payload[0] = (byte)indexPrefix;
System.arraycopy(bUri, 0, payload, 1, bUri.length);

return payload;
}
```

Remarque

Il ne faut pas oublier de soustraire le protocole de l'URI avant de l'encoder en UTF-8 et de recopier le tableau d'octets dans le payload.

Remarque

Attention, le tableau listant les protocoles a pour premier élément chaîne vide. La boucle for qui détermine le préfixe doit en tenir compte et commencer au second élément du tableau.

De cette construction du payload, on peut déduire facilement la méthode de construction d'un payload pour un enregistrement de type Absolute_URI : il suffit de considérer que le préfixe de l'URI est chaîne vide (ce qui correspond à avoir un 0 dans le premier octet du payload) et d'encoder l'intégralité de l'URI (préfixe inclus) en UTF-8 dans le reste du tableau d'octets.

6.2 Définir un enregistrement NdefRecord avec les API 14 et 16

L'API 14 d'Android fournit une méthode qui simplifie à l'extrême la création d'un enregistrements ndefRecord de type URI :

```
NdefRecord ndefRecord
=NdefRecord.createUri("http://www.monurl.fr");
```

De la même façon, l'API 16 apporte quelques méthodes statiques permettant la création directe d'enregistrements `NdefRecord` sans avoir à encoder spécifiquement le payload. Parmi ces méthodes, notons les méthodes `createMime()` et `createExternal()`.

– La méthode `createMime(String mimeType, byte[]mimeData)` permet de créer simplement un enregistrement `ndefRecord` de type `TNF_MIME_MEDIA`, et prend en paramètres le type MIME (sous forme de chaîne de caractères) et le contenu à encoder (sous forme de tableau d'octets).

```
byte[] data = getData();
NdefRecord ndefRecord = NdefRecord.createMime("image/jpeg",data);
```

– De la même façon, la méthode `createExternal(String domain, String type, byte[]data)` permet de créer un enregistrement de type `TNF_EXTERNAL_TYPE`, et prend en paramètres le domaine, le type, et les données.

Le seul point notable de cette méthode concerne la casse du domaine et du type : selon les recommandations du forum NFC, ces informations ne doivent pas être sensibles à la casse, ce qui n'est pas directement compatible avec les principes d'Android (les filtres d'intent étant sensibles à la casse). Le système gère cette différence en appliquant la méthode `toLowerCase()` systématiquement à ces deux paramètres dans la méthode `createExternal()`.

Chapitre 15
Objets connectés

1. Introduction

Révolution annoncée, les objets connectés envahissent progressivement notre environnement technologique. Bracelets capteurs d'activité, périphériques multimédias, ampoules connectées, pèse-personnes, etc., tous ces objets prennent avantage de la technologie Bluetooth Low Energy pour communiquer avec nos smartphones et tablettes.

En effet, si la technologie Bluetooth classique permet la communication entre deux appareils non connectés physiquement entre eux, elle ne peut pas être utilisée dans tous les cas : la consommation d'énergie nécessaire est trop importante.

Pour résoudre ce problème, la société Nokia a présenté en 2006 un protocole basé sur Bluetooth, mais nécessitant moins de puissance pour fonctionner. Ce protocole a ensuite été réintégré au protocole Bluetooth, en 2010, sous les désignations Bluetooth Low Energy (on utilise alors le sigle BLE) ou Bluetooth Smart.

La très faible consommation électrique du BLE, couplée à une portée respectable d'une centaine de mètres en terrain découvert, a permis à l'industrie de mettre au point plusieurs dispositifs communicants, tels les *beacons* (balises, en français), et ainsi fournir un ensemble de fonctionnalités innovantes. La géolocalisation à l'intérieur des bâtiments (géolocalisation *in-door*) en est l'une des applications les plus attendues des professionnels.

Supportée par la plateforme Android depuis la version 4.3 (API 18), la technologie BLE prend un essor rapide sur les terminaux mobiles, et peut potentiellement détrôner d'autres technologies ayant le même champ applicatif, tel le NFC.

2. Détection et connexion

Pour communiquer en utilisant la technologie BLE, une application doit, au préalable, respecter les étapes suivantes :

– Détecter l'appareil BLE avec lequel communiquer. Cette étape est communément nommée *Scan*.

– Appairer le terminal Android avec l'appareil BLE. C'est l'étape de connexion.

Ces deux étapes sont explicitées dans la section courante tandis que la communication sera, elle, abordée dans la section suivante.

2.1 Permissions

Pour utiliser la technologie BLE, l'application doit déclarer la permission BLUETOOTH dans le fichier de manifeste.

```
<uses-permission android:name="android.permission.BLUETOOTH"/>
```

En outre, dans le cas où l'application souhaite détecter un périphérique BLE, ou communiquer avec celui-ci, elle doit également disposer de l'autorisation BLUETOOTH_ADMIN :

```
<uses-permission android:name="android.permission.BLUETOOTH_ADMIN"/>
```

■Remarque

Même si cela n'est pas précisé ici, il faut veiller à appliquer le nouveau principe de fonctionnement des permissions si l'application doit cibler Android 6. Pour une présentation complète, se référer au chapitre Concurrence, sécurité et réseau, section Sécurité et droits.

2.2 Initialisation

L'accès aux fonctionnalités BLE par Android se fait en utilisant un objet de type `BluetoothManager`, du package `android.bluetooth`. Cet objet s'obtient en invoquant la méthode `getSystemService` de la classe `Context`, le service étant ici `Context.BLUETOOTH_SERVICE`.

Exemple

```
BluetoothManager bluetoothManager=
(BluetoothManager)getSystemService(Context.BLUETOOTH_SERVICE);
```

Pour ensuite pouvoir manipuler l'adaptateur BLE du terminal, l'API expose la classe `BluetoothAdapter`, qui va porter l'essentiel des opérations de connexion/déconnexion de la liaison BLE.

C'est l'instance de `BluetoothManager` qui fournit cet objet `Bluetooth-Adapter`, via la méthode `getAdapter`.

Exemple

```
BluetoothAdapter bluetoothAdapter = bluetoothManager.getAdapter();
```

Même si les fonctionnalités Bluetooth sont disponibles sur un terminal, il est indispensable de s'assurer que celles-ci n'ont pas été désactivées par l'utilisateur. Pour cela, la classe `BluetoothAdapter` fournit la méthode `isEnabled`, qui renvoie `false` si Bluetooth est désactivé.

La classe `BluetoothAdapter` présente également l'action à lancer, nommée `BluetoothAdapter.ACTION_REQUEST_ENABLE` pour éventuellement demander à l'utilisateur, via un `Intent`, d'activer les fonctionnalités Bluetooth sur son terminal.

Exemple

```
bluetoothAdapter = bluetoothManager.getAdapter();
if(!bluetoothAdapter.isEnabled()) {
    final int CODE_DEMANDE_ACTIVATION = 1234;
    Intent demandeActivationBLE =
        new Intent(BluetoothAdapter.ACTION_REQUEST_ENABLE);
    startActivityForResult(demandeActivationBLE, CODE_DEMANDE_ACTIVATION);
}
```

2.3 Recherche d'appareil BLE

La première tâche à réaliser pour initier une communication entre appareils BLE consiste à lancer une analyse (scan) pour récupérer une référence sur l'appareil BLE cible.

Si cette opération est assurée par l'objet `BluetoothAdapter` évoqué ci-dessus, le procédé diffère selon que l'application est à destination d'un terminal exécutant la version 21 d'Android (Android Lollipop) ou inférieur (soit à partir de la version d'API 18, Jelly Bean).

2.3.1 Recherche sous Jelly Bean

Pour les versions d'Android inférieures à Android 21, c'est directement l'instance de `BluetoothAdapter` qui lance le scan, en invoquant la méthode `startLeScan`.

Syntaxe

```
boolean startLeScan (BluetoothAdapter.LeScanCallback callback)
```

La méthode retourne un booléen indiquant si le scan a été lancé avec succès ou pas.

Le paramètre de type `BluetoothAdapter.LeScanCallback` est une interface dont l'instance fournie sera invoquée en retour, lorsqu'un objet BLE aura été détecté par l'adaptateur.

L'interface `BluetoothAdapter.LeScanCallback` expose la méthode `onLeScan`, dont la signature est la suivante :

```
void onLeScan(BluetoothDevice device, int rssi, byte[] scanRecord)
```

La méthode expose les paramètres suivants :

– `BluetoothDevice device` : instance de la classe `BluetoothDevice`, représentant l'objet BLE détecté. Cette classe sera étudiée plus en avant dans le présent chapitre.

– `int rssi` : la valeur rssi représente la force du signal BLE reçu.

– `byte[] scanRecord` : information exposée par l'objet BLE détecté.

Exemple

```
BluetoothAdapter.LeScanCallback leScanCallback =
    new BluetoothAdapter.LeScanCallback() {
      @Override
      public void onLeScan(BluetoothDevice d, int rssi, byte[] scanRecord){
        Log.d("BLE Scan"," Force du signal : " + rssi);
      }
    };
bluetoothAdapter.startLeScan(leScanCallback);
```

L'analyse BLE étant relativement énergivore (par rapport aux autres opérations BLE), il est indispensable de définir une stratégie pour limiter le temps durant lequel le scan est opérant. Pour arrêter l'analyse, il faut invoquer la méthode stopLeScan.

Syntaxe

```
void stopLeScan (BluetoothAdapter.LeScanCallback callback)
```

BluetoothAdapter.LeScanCallback : instance de LeScanCallback. Cela doit être la même instance que celle fournie pour le lancement du scan.

Afin d'économiser la batterie du terminal, il est recommandé d'appliquer les règles suivantes :

– Arrêter le scan dès que l'objet BLE souhaité est trouvé.

– Prévoir un arrêt du scan après un délai donné, même si aucun objet BLE n'a été détecté. Ceci peut être fait en utilisant la méthode postDelayed de la classe Handler.

Exemple

```
new Handler().postDelayed(new Runnable() {
    @Override
    public void run() {
        bluetoothAdapter.stopLeScan(leScanCallback);
    }
}, 5000); // arrête le scan après 5 secondes
```

2.3.2 Recherche sous Lollipop

À partir de l'API 21, la recherche d'objets BLE se fait à partir d'une instance de la classe `BluetoothLeScanner`. C'est l'objet `BlueToothAdapter` qui fournit cette instance, en exposant la méthode `getBluetoothLeScanner`.

Exemple

```
BluetoothLeScanner bluetoothLeScanner =
    bluetoothAdapter.getBluetoothLeScanner();
```

La classe `BluetoothLeScanner` expose plusieurs versions de la méthode `startScan`, méthode qui lance la recherche d'objets BLE. La version la plus simple est la suivante :

Syntaxe

```
void startScan (ScanCallback callback)
```

Le paramètre `callback` est une instance de `ScanCallback`, classe abstraite dont la méthode `onScanResult` sera invoquée lorsqu'un objet BLE sera détecté.

```
void onScanResult (int callbackType, ScanResult result)
```

`onScanResult` nécessite les paramètres suivants :

- `int callbackType` : entier indiquant les circonstances dans lesquelles l'appel retour a été réalisé. Ce paramètre est étudié dans la section suivante.
- `ScanResult result` : instance de type `ScanResult`, qui porte l'ensemble des informations sur le résultat de la recherche.

L'objet `ScanResult` présente, entre autres, les méthodes suivantes pour exploiter les informations sur le résultat de la recherche :

```
BluetoothDevice getDevice()
int getRssi()
ScanRecord    getScanRecord()
```

On retrouve ainsi les mêmes informations que celles rencontrées lors de l'utilisation de la version implémentée dans l'API 18.

Exemple

```
private ScanCallback scanCallback = new ScanCallback() {
    @Override
    public void onScanResult(int callbackType, ScanResult result) {
        super.onScanResult(callbackType, result);
        BluetoothDevice device = result.getDevice();
        int rssi = result.getRssi();
    }
};

private void scan21() {
    BluetoothManager bluetoothManager=
        (BluetoothManager)getSystemService(Context.BLUETOOTH_SERVICE);
    bluetoothAdapter = bluetoothManager.getAdapter();
    bluetoothAdapter.getBluetoothLeScanner().startScan(scanCallback);
}
```

2.3.3 Appliquer des filtres lors de la recherche

Outre la version simple de la méthode `startScan`, la classe `Bluetooth-LeScanner` présente également une version plus complète, qui permet de spécifier des filtres pour les objets BLE détectés ainsi que des paramètres supplémentaires pour la recherche.

Syntaxe

```
void startScan (List<ScanFilter> filters, ScanSettings settings,
ScanCallback callback)
```

Les paramètres de la méthode sont les suivants :

– `List<ScanFilter> filters` : liste de filtres pour les objets BLE.

– `ScanSettings settings` : paramètres pour la recherche.

– `ScanCallback callback` : objet chargé de l'appel retour de la recherche.

La liste d'instances de `ScanFilter` permet au développeur de spécifier des filtres pour les objets BLE recherchés. Il est ainsi possible de sélectionner un objet BLE selon son nom, son adresse MAC, les données présentées par l'objet BLE ou encore les données propres au constructeur de l'objet BLE.

Pour obtenir une instance de `ScanFilter`, il faut utiliser la classe `Scan-Filter.Builder`, qui aide à la construction de l'objet.

Syntaxe

```
public ScanFilter.Builder()
```

La classe `ScanFilter.Builer` expose les méthodes permettant de spécifier les éléments du filtre. La liste de ces méthodes est résumée dans le tableau ci-dessous. À noter, comme pour toutes les classes de type `Builder` de la plate-forme, il est prévu de pouvoir chaîner les appels à ces méthodes.

`setDeviceAddress(String deviceAddress)`	Permet de spécifier l'adresse MAC de l'objet recherché.
`setDeviceName(String deviceName)`	Permet de spécifier le nom.
`setManufacturerData(int manufacturerId, byte[] manufacturerData)`	Permet de spécifier les données propres à un constructeur.
`setServiceData(ParcelUuid serviceDataUuid, byte[] serviceData)`	Permet de spécifier un service que doit présenter l'objet BLE.
`setServiceUuid(ParcelUuid serviceUuid)`	Permet de spécifier l'identifiant d'un service que doit présenter l'objet BLE.

À l'issue du paramétrage, pour obtenir l'instance de `ScanFilter`, il faut invoquer la méthode `build` de l'objet `ScanFilter.Builder` pour obtenir l'instance voulue.

Exemple

```
ScanFilter.Builder builder = new ScanFilter.Builder();
builder.setDeviceAddress(adresseRecherche).setDeviceName(nomRecherche);
ScanFilter scanfilter = builder.build();
```

La forme compacte est, comme souvent sur la plateforme Android, plus utilisée :

Exemple

```
ScanFilter scanFilter = new ScanFilter.Builder()
                .setDeviceAddress(adresseRecherche)
                .setDeviceName(nomRecherche)
                .build();
```

De la même façon, l'instance de `ScanSettings` utilisée pour préciser la recherche, doit être construite à partir de la classe `ScanSettings.Builder`.

La classe `ScanSettings.Builder` permet de préciser les éléments suivants pour la recherche :

`setCallbackType` `(int callbackType)`	Précise comment l'appel retour est géré. Les valeurs possibles sont : `CALLBACK_TYPE_ALL_MATCHES` (un appel retour est invoqué à chaque objet satisfaisant les filtres), `CALLBACK_TYPE_FIRST_MATCH` (un appel retour n'est invoqué que pour le premier objet trouvé), `CALLBACK_TYPE_MATCH_LOST` (un appel retour est invoqué lorsqu'un objet qui satisfaisait les filtres n'apparaît plus).
`setMatchMode` `(int matchMode)`	Précise comment sont gérés les filtres. Les valeurs possibles sont : `MATCH_MODE_AGGRESSIVE` (le résultat est envoyé dès qu'une parcelle de données satisfaisant le filtre est reçue), `MATCH_MODE_STICKY` (le résultat n'est envoyé que lorsque l'ensemble des données ont été reçues).
`setNumOfMatches` `(int numOfMatches)`	Précise le nombre de correspondances. Les valeurs possibles sont : `MATCH_NUM_ONE_ADVERTISEMENT` (une correspondance par filtre), `MATCH_NUM_FEW_ADVERTISEMENT` (quelques correspondances par filtre, selon l'implémentation matérielle du terminal), `MATCH_NUM_MAX_ADVERTISEMENT` (le maximum possible selon les restrictions matérielles du terminal).

setReportDelay (long reportDelayMillis)	Précise le délai en millisecondes avant que l'appel retour soit effectif. Une valeur 0 précise que l'appel retour est immédiat.
setScanMode(int scanMode)	Précise la méthode utilisée par le terminal pour le scan. Les valeurs possibles sont : SCAN_MODE_LOW_POWER (limite la consommation d'énergie), SCAN_MODE_BALANCED (compromis entre vitesse et consommation), SCAN_MODE_LOW_LATENCY (privilégie les performances), SCAN_MODE_OPPORTUNISTIC (mode spécial où le scan n'est pas lancé, mais l'application utilise les résultats de scan d'autres applications).

Classiquement, l'instance de ScanSettings est obtenue en invoquant la méthode build de la classe ScanSettings.Builder.

2.4 Connexion

Pour pouvoir interagir avec un objet BLE, une fois que celui-ci a été détecté, il est nécessaire de l'appairer avec le terminal Android, un objet BLE ne pouvant être appairé qu'à un seul terminal à un instant donné.

La connexion avec l'objet BLE est faite par une instance de Bluetooth-Device, instance obtenue lors de l'appel retour à la méthode de recherche de périphériques BLE : soit la méthode onLeScan de BluetoothAdapter. LeScanCallback (sous Android 18), soit par l'objet ScanResult de la méthode onScanResult de la classe ScanCallback pour Android 21, comme vu plus haut.

Pour connecter une instance de BluethoothDevice au terminal, il faut appeler la méthode connectGatt de BluetoothDevice.

Syntaxe

```
BluetoothGatt connectGatt(Context c, boolean autoConnect,
BluetoothGattCallback callback)
```

Les paramètres étant les suivants :

- `Context c` : représente le contexte d'exécution de l'application. Typiquement, l'activité qui porte la connexion.
- `boolean autoConnect` : précise si la connexion doit se faire immédiatement (valeur `false`) ou ne se faire que lorsque l'objet BLE est à portée du terminal (valeur `true`).
- `BluetootGattCallback callback` : classe abstraite qui porte les appels retours de toutes les opérations de lecture/écriture sur l'objet BLE (y compris la méthode `connectGatt`).

La méthode `connectGatt` renvoie une instance de `BluetoothGatt` : c'est, comme nous le verrons plus en avant, cette instance qui doit être utilisée pour toutes les opérations de lecture/écriture sur l'objet BLE.

L'instance de `BluetoothGattCallback` a la charge de tous les appels retours qui font suite aux actions demandées sur l'objet BLE. Notamment, suite à l'appel `connectGatt`, la méthode `onConnectionStateChange` de `BluetoothGattCallback` est invoquée.

Syntaxe

```
void onConnectionStateChange(BluetoothGatt gatt, int status,
int newState)
```

Les paramètres étant les suivants :

- `BluetoothGatt gatt` : instance de `BluetoothGatt` sur laquelle s'est déroulée l'action de connexion. C'est le même objet que celui retourné par la méthode `connectGatt`.
- `int status` : précise si l'opération s'est déroulée avec succès (`status` prend alors la valeur `BluetoothGatt.GATT_SUCCESS`) ou si une erreur est survenue : un code d'erreur est dans ce cas renvoyé, dépendant de l'opération demandée. Les codes d'erreurs possiblement retournés sont les constantes définies par la classe `BluetoothGatt`, et sont consultables à l'adresse suivante : http://developer.android.com/reference/android/bluetooth/BluetoothGatt.html#GATT_CONNECTION_CONGESTED

– int newState : précise le nouvel état de l'objet BLE. L'état peut être soit BluetoothProfile.STATE_CONNECTED, soit BluetoothProfile.STATE_DISCONNECTED.

Exemple

```
BluetoothGattCallback bluetoothGattCallback
= new BluetoothGattCallback() {
  @Override
   public void onConnectionStateChange(BluetoothGatt gatt,
int status, int newState) {
      super.onConnectionStateChange(gatt, status, newState);
      if(status==BluetoothGatt.GATT_SUCCESS) {
          if(newState== BluetoothProfile.STATE_CONNECTED) {
              Log.d("BLE",
                  "Le device suivant est connecté :" +
                  gatt.getDevice().getAddress());
          }
       }
    }
};

BluetoothGatt bluetoothGatt =
    bluetoothDevice.connectGatt(this, true,
bluetoothGattCallback);
```

Il est important, lorsque l'application n'interagit plus avec l'objet connecté, de fermer la connexion avec le terminal. C'est l'instance de BluetoothGatt qui se charge de cette opération, en exposant la méthode close.

Exemple

```
BluetoothGatt bluetoothGatt =
    bluetoothDevice.connectGatt(this, true, bluetoothGattCallback);

[...]
bluetoothGatt.close();
```

3. Échange de données/interactions

Les interactions entre un objet BLE et un terminal Android se matérialisent par des opérations de lecture et d'écriture. Ces opérations reposent toutes sur le même schéma : la lecture (ou l'écriture) est faite par l'instance de `BluetoothGatt`, qui représente l'objet BLE, et le résultat est géré en appel retour par l'instance de `BluetoothGattCallback`.

Les données exposées par l'objet BLE, qu'elles soient en lecture seule ou en lecture/écriture, sont appelées **Characteristic** (caractéristiques). Chaque caractéristique est identifiée par un identifiant unique universel (UUID, soit en anglais *Universally Unique Identifier*), attribué par le consortium responsable de la norme BLE.

Les caractéristiques sont regroupées par service, un service pouvant contenir une ou plusieurs caractéristiques. Chaque service est également identifié par un UUID.

Cette organisation se retrouve dans l'API BLE fournie par Android. Pour accéder à une caractéristique, il faut au préalable obtenir une référence sur le service correspondant.

3.1 Découvrir les services

Tous les objets BLE ne proposent pas les mêmes fonctionnalités. Si un bracelet connecté expose, par exemple, la mesure du rythme cardiaque de son porteur, cette information n'est certainement pas proposée par une ampoule connectée !

En conséquence, la plateforme ne peut pas présumer des services qui seront disponibles sur un objet BLE appairé au terminal Android.

Pour pouvoir accéder à un service, il est donc nécessaire de vérifier sa disponibilité sur l'objet BLE. Pour cela, la classe `BluetoothGatt` fournit la méthode `discoverServices`, qui a pour fonction de « découvrir » tous les services disponibles sur l'objet BLE connecté.

Syntaxe

```
public boolean discoverServices ()
```

La méthode renvoie un booléen, qui précise si la découverte des services a effectivement été lancée. L'appel retour de la méthode `discoverServices` est assuré par l'instance de `BluetoothGattCallback`. C'est la méthode `onServicesDiscovered` qui est invoquée.

Syntaxe

```
@Override
public void onServicesDiscovered (BluetoothGatt gatt, int status)
```

La méthode requiert les paramètres suivants :

- `BluetoothGatt gatt` : instance représentant l'objet BLE connecté. C'est le même objet que celui qui a réalisé l'appel à `discoverServices`.
- `int status` : indique si la découverte s'est correctement déroulée. La valeur correspondant à un succès est `BluetoothGatt.GATT_SUCCESS`.

Lorsque les services sont découverts, la liste des services disponibles est accessible avec la méthode `getServices` de la classe `BluetoothGatt`.

Syntaxe

```
public List<BluetoothGattService> getServices ()
```

Exemple

```
@Override
public void onServicesDiscovered (BluetoothGatt gatt, int status) {
  super.onServicesDiscovered(gatt,status);

  if(status==BluetoothGatt.GATT_SUCCESS) {
   for (BluetoothGattService bluetoothGattService : gatt.getServices())
      Log.d("BLE"," Service trouvé : " +
bluetoothGattService.toString());
  }
}
```

La classe `BluetoothGatt` expose également la méthode `getService`, qui permet d'accéder à un service spécifique en indiquant son identifiant unique.

Syntaxe

```
public BluetoothGattService getService (UUID uuid)
```

L'unique paramètre de cette méthode est l'identifiant unique du service.

Pour connaître l'identifiant unique d'un service donné, il faut se référer au tableau fourni par le consortium chargé de la norme Bluetooth (disponible à l'adresse suivante : https://developer.bluetooth.org/gatt/services/Pages/ServicesHome.aspx), et suivre la règle suivante : l'identifiant unique est une combinaison du numéro de service assigné par le consortium (sur 4 octets) et de l'identifiant de base (fixé par la norme) 0000xxxx-0000-1000-8000-00805f9b34fb, les xxxx étant remplacés par le numéro du service.

Le tableau ci-dessous est un extrait de la liste des services gérés par le consortium :

Nom du service	Numéro assigné
Alert Notification Service	0x1811
Automation IO	0x1815
Battery Service	0x180F
Blood Pressure	0x1810
Body Composition	0x181B
Bond Management	0x181E

Le service Battery Service, qui donne le niveau de charge de la batterie de l'objet connecté, porte donc l'UUID suivant :

```
0000180F-0000-1000-8000-00805f9b34fb
```

À noter, pour obtenir une instance d'UUID demandée par la méthode get-Service, il faut utiliser la méthode statique fromString de la classe UUID.

Exemple

```
UUID batterryLevelServiceUUID =
    UUID.fromString("0000180F-0000-1000-8000-00805f9b34fb");

BluetoothGattService batteryLevelService =
    bluetoothGatt.getService(batterryLevelServiceUUID);
```

3.2 Lire une caractéristique

Lorsque la référence sur le service voulu est établie, il faut, pour accéder à la caractéristique, invoquer la méthode `getCharacteristic` de la classe `BluetoothGattService`.

Syntaxe

```
BluetoothGattCharacteristic getCharacteristic(UUID uuid)
```

Les caractéristiques sont définies, comme les services, par un UUID. La règle pour composer l'UUID d'une caractéristique normée est la même que pour les services, la liste des caractéristiques normées étant disponible à l'adresse suivante :
https://developer.bluetooth.org/gatt/characteristics/Pages/
CharacteristicsHome.aspx

Exemple

```
static final UUID UUID_BatteryService =
    UUID.fromString("0000180F-0000-1000-8000-00805f9b34fb");
static final UUID UUID_BatteryCharacteristic =
    UUID.fromString("00002a19-0000-1000-8000-00805f9b34fb");

BluetoothGattService bluetoothGattService =
    bluetoothGatt.getService(UUID_BatteryService);

if(bluetoothGattService==null) {
    Log.d("BLE","Le service est inconnu");
    return;
}

BluetoothGattCharacteristic bluetoothGattCharacteristic =
    bluetoothGattService.getCharacteristic(UUID_BatteryCharacteristic);
```

Pour lire une caractéristique, la classe `BluetoothGatt` expose la méthode `readCharacteristic`.

Syntaxe

```
boolean readCharacteristic (BluetoothGattCharacteristic characteristic)
```

L'unique paramètre de la méthode est l'instance de `BluetoothGattCharacteristic` obtenue par la méthode `getCharacteristic` vue plus haut.

Comme pour tous les appels asynchrones initiés par l'objet BluetoothGatt, c'est l'instance de BluetoothGattCallback qui est chargée de l'appel retour, par la méthode onCharacteristicRead.

Syntaxe

```
@Override
public void onCharacteristicRead(BluetoothGatt gatt,
        BluetoothGattCharacteristic characteristic, int status)
```

Les paramètres étant :

- BluetoothGatt gatt : instance représentant l'objet connecté. C'est le même objet que celui qui porte l'appel à readCharacteristic.

- BluetoothGattCharactistic characteristic : instance représentant la caractéristique lue.

- int status : précise si l'opération de lecture s'est correctement déroulée (BluetoothGatt.GATT_SUCCESS).

La classe BluetoothGattCharacteristic expose les méthodes suivantes, qui permettent d'extraire la valeur lue :

- Float   getFloatValue(int formatType, int offset)
- Integer   getIntValue(int formatType, int offset)
- String   getStringValue(int offset)
- byte[]   getValue()

Pour lire une valeur numérique, entier ou nombre à virgule flottante, il faut fournir à la méthode correspondante deux informations : le format dans lequel la donnée est encodée et l'offset (le décalage) auquel la donnée est disponible. Pour lire une chaîne de caractères, il faut indiquer l'offset, le format étant déterminé. Enfin, la méthode getValue extrait la valeur au format tableau d'octets.

Pour les caractéristiques normées, les informations concernant le format et l'offset sont fournies par le consortium Bluetooth.

Le format doit être indiqué en utilisant les constantes définies dans la classe `BluetootGattCharacteristic` : `FORMAT_FLOAT`, `FORMAT_SFLOAT`, `FORMAT_SINT16`, etc. La liste complète est disponible ici :
http://developer.android.com/reference/android/bluetooth/
BluetoothGattCharacteristic.html#FORMAT_FLOAT

Exemple

```
@Override
public void onCharacteristicRead(BluetoothGatt gatt,
      BluetoothGattCharacteristic characteristic, int status) {
      super.onCharacteristicRead(gatt, characteristic, status);

      if(characteristic.getUuid().equals(UUID_BatteryCharacteristic)) {
         int batteryLevel = characteristic.
            getIntValue(BluetoothGattCharacteristic.FORMAT_UINT8,0);
      }
}
```

3.3 Écrire une valeur

L'affectation d'une valeur pour une caractéristique accessible en écriture suit le même principe que la lecture : il faut renseigner la valeur souhaitée pour l'instance de `BluetoothGattCharacteristic` et ensuite appeler la méthode `writeCharacteristic` de l'objet `BluetoothGatt`.

Syntaxe

```
boolean writeCharacteristic (BluetoothGattCharacteristic characteristic)
```

L'appel retour est géré par la méthode `onCharacteristicWrite` de la classe `BluetoothGattCallback`. À noter, la méthode `writeCharacteristic` renvoie un booléen indiquant si l'opération d'écriture a été initiée correctement.

Syntaxe

```
void onCharacteristicWrite (BluetoothGatt gatt,
    BluetoothGattCharacteristic characteristic, int status)
```

La classe `BluetoothGattCharacteristic` expose plusieurs méthodes `setValue` pour renseigner la valeur qui sera ensuite écrite par l'instance de `BluetoothGatt`. Ces méthodes requièrent de connaître parfaitement le format de la caractéristique à valoriser. Les spécifications du consortium Bluetooth sont ici encore indispensables.

Les méthodes fournies sont les suivantes :

```
boolean    setValue(int value, int formatType,
           int offset)
boolean    setValue(byte[] value)
boolean    setValue(String value)
boolean    setValue(int mantissa, int exponent,
           int formatType, int offset)
```

Chapitre 16
Fonctionnalités avancées

1. Introduction

Ne pouvant raisonnablement aborder tous les sujets concernant Android, il apparaît nécessaire d'évoquer trois derniers sujets avant de clore cet ouvrage.

Apparus sous la version d'Android 1.5 (API 3), les App Widgets, premier sujet abordé dans ce chapitre, connaissent depuis leur sortie de plus en plus d'engouement : les utilisateurs ont en effet pris pour habitude de personnaliser leurs terminaux Android.

Le second sujet, la protection des applications payantes, lui, n'a, semble-t-il, pas rencontré la même popularité. Sans doute parce qu'il ne concerne que les applications payantes ou que les développeurs ne lui accordent pas l'importance ou le temps de développement qu'il mérite. Et pourtant son utilité est primordiale pour tout développeur voulant se voir rétribuer son travail.

Nous finirons par la mise en place de ce qui est la dernière tendance en matière de monétisation : les achats intégrés.

2. App Widget

La plupart des systèmes d'exploitation d'ordinateurs personnels permettent d'ajouter de petites applications directement sur le bureau de l'utilisateur.

Ces applications, appelées communément widgets, gadgets ou moins couramment vignettes actives, permettent à l'utilisateur de visualiser rapidement certaines informations et lui proposent certaines fonctionnalités concernant un domaine précis. Par exemple, on trouve des widgets qui affichent les données météorologiques actuelles, les cours de la bourse, les dernières nouvelles de l'actualité, des photos et d'autres qui proposent des fonctions de calculatrice, d'horloge…

Android permet d'ajouter de tels widgets sur le bureau de l'utilisateur, c'est-à-dire sur l'écran d'accueil. En fait, le bureau est aussi une application à part entière. Elle est lancée automatiquement au démarrage par le système. Donc concrètement, Android propose d'intégrer ces widgets dans une autre application, par exemple ici l'application d'accueil.

L'interface utilisateur française du système Android utilise le terme widget tel quel, sans traduction.

■Remarque

Un appui long sur une zone vide du bureau permet d'afficher un menu proposant notamment une liste de widgets.

Pour le développeur, ce terme peut avoir un autre sens. En effet, il peut également désigner les composants graphiques étudiés précédemment (cf. chapitre Les bases de l'interface utilisateur - Widgets) tels que les textes, les boutons…

Pour différencier les deux sens et éviter les confusions, le widget destiné à être ajouté sur le bureau se nomme sous Android : App Widget.

2.1 Création

L'App Widget est un récepteur d'événements spécialisé de type `AppWidget-Provider`. Cette classe hérite de la classe `BroadcastReceiver` et est spécialisée dans le fonctionnement des App Widgets. C'est, par défaut, la classe mère de tous les App Widgets.

La création d'un App Widget débute par l'écriture de sa classe principale, qui hérite donc de la classe `AppWidgetProvider`.

Syntaxe

```
public class NomDeClasseDuAppWidget extends AppWidgetProvider {
    ...
}
```

Exemple

```
public class MonAppWidget extends AppWidgetProvider {
}
```

2.2 Déclaration

Comme tout composant de type `BroadcastReceiver`, un App Widget doit être déclaré dans le manifeste pour pouvoir être créé par le système.

La syntaxe est donc celle utilisée pour les récepteurs d'événements. L'attribut `android:name` doit contenir le nom de la classe du composant.

Il faut préciser dans le filtre des actions que le composant souhaite recevoir l'action `android.appwidget.action.APPWIDGET_UPDATE`. Il faut également ajouter une balise meta-data permettant d'indiquer le fichier XML comportant les éléments de configuration de l'App Widget décrits plus loin. Pour cela, l'attribut `android:name` doit comporter la valeur `android.appwidget.provider` et l'attribut `android:resource` le nom du fichier XML.

Syntaxe

```
<receiver android:name="chaîne de caractères" >
   <intent-filter>
     <action
       android:name="android.appwidget.action.APPWIDGET_UPDATE" />
   </intent-filter>
   <meta-data android:name="android.appwidget.provider"
     android:resource="ressource xml" />
</receiver>
```

Exemple

```
<receiver android:name=".MonAppWidget" >
   <intent-filter>
     <action
      android:name="android.appwidget.action.APPWIDGET_UPDATE" />
   </intent-filter>
   <meta-data android:name="android.appwidget.provider"
     android:resource="@xml/appwidget_config" />

</receiver>
```

2.3 Configuration

Tout App Widget doit préciser ses éléments de configuration.

Pour cela, il faut créer un nouveau fichier XML dans le répertoire `res/xml`. Le nom du fichier importe peu. C'est ce fichier qui est renseigné dans la balise `meta-data` vue précédemment. Ce fichier doit comporter la balise principale `appwidget-provider`.

Ses attributs permettent de fournir les informations concernant l'App Widget.

Syntaxe

```
<appwidget-provider
    xmlns:android="http://schemas.android.com/apk/res/android"
    android:minWidth="dimension minimum en largeur (dp)"
    android:minHeight="dimension minimum en hauteur (dp)"
    android:updatePeriodMillis="entier"
    android:initialLayout="ressource layout"
    android:configure="chaîne de caractères"
    ...
/>
```

Exemple

```
<appwidget-provider
    xmlns:android="http://schemas.android.com/apk/res/android"
    android:minWidth="146dp"
    android:minHeight="72dp"
    android:updatePeriodMillis="3600000"
    android:initialLayout="@layout/appwidget_init"
    android:configure="fr.mondomaine.android.monappli.
ConfigurationAppWidgetActivite"
/>
```

Les attributs `android:minWidth` et `android:minHeight` permettent de préciser la taille minimum de l'App Widget en dp exclusivement.

L'application Home positionne les App Widgets sur une grille. Pour déterminer les tailles à indiquer dans ces attributs, il est conseillé d'utiliser la formule suivante :

taille_en_dp = (*nombre_de_cases* * 74) - 2

L'attribut `android:resizeMode`, apparu avec la version 3.0, permet à l'utilisateur de redimensionner l'App Widget de façon horizontale (`resizeMode="horizontal"`), verticale (`resizeMode= "vertical"`), les deux à la fois (`resizeMode= "horizontal | vertical"`), ou pas du tout (`resizeMode= "none"`).

L'attribut `android:widgetCategory`, apparu avec la version 4.2, permet d'indiquer à quel emplacement l'App Widget peut être positionné : sur l'écran « home » ou sur l'écran de verrouillage. Dans le premier cas, on indiquera la valeur `home_screen`, dans le second `keyguard`. Il est possible de combiner les deux valeurs, pour rendre l'App Widget disponible aussi bien sur le bureau que sur l'écran de verrouillage.

L'attribut `android:updatePeriodMillis` permet au développeur de spécifier la fréquence à laquelle l'App Widget est mis à jour via l'appel de sa méthode `onUpdate`. La valeur doit être spécifiée en millisecondes.

Remarque

S'il est en veille, l'appareil sera réveillé pour effectuer cette mise à jour. Ce qui peut causer des soucis de consommation si la mise à jour est trop fréquente. Pour éviter cela, le système force une valeur minimum de 30 minutes dans le cas où la valeur spécifiée par le développeur est inférieure.

Pour éviter la sortie du mode veille de l'appareil ou pour spécifier une valeur de mise à jour inférieure à 30 minutes, il est possible d'utiliser à la place une alarme de type `AlarmManager` configurée de telle sorte qu'elle ne se déclenche que lorsque l'appareil est déjà réveillé. Dans ce cas, l'attribut `android:updatePeriodMillis` doit être mis à 0 pour le désactiver. Cette solution permet aussi de proposer à l'utilisateur de choisir lui-même la fréquence des mises à jour dans l'activité de configuration par exemple.

L'attribut `android:initialLayout` permet d'indiquer le layout qui est utilisé à la création de l'App Widget jusqu'à ce qu'il soit mis à jour avec un autre layout.

De la même façon, dans le cas d'un App Widget qui peut être installé sur l'écran de verrouillage, l'attribut `android:initialKeyguardLayout` permet d'indiquer le layout utilisé à la création de l'App Widget dans ce cas.

L'attribut `android:configure` est optionnel. Il permet de spécifier le nom complet de la classe représentant l'activité de configuration de l'App Widget, si elle existe, et qui sera lancée à la création de l'App Widget. Cette activité de configuration est décrite plus loin.

■Remarque

Pour rappel, il est possible de spécifier l'icône et le texte à afficher dans la liste des widgets présentée à l'utilisateur. Ces attributs sont respectivement `android:icon` *et* `android:label`*.*

■Remarque

À partir d'Android 3.0 (API 11), le nouvel attribut `android:previewImage` *permet de spécifier une image représentant une copie d'écran de l'App Widget en état de fonctionnement. Cette image permet à l'utilisateur de prévisualiser l'App Widget avant de l'installer. Si cet attribut n'est pas spécifié, l'App Widget sera représenté par son icône, plutôt que par l'image de prévisualisation, dans la liste des App Widgets présentée à l'utilisateur. L'application Widget Preview, pré-installée sur le système Android de l'émulateur, permet de créer aisément des copies d'écran d'un App Widget.*

2.4 Cycle de vie

La classe `AppWidgetProvider` définit des méthodes correspondant aux événements que doit traiter un App Widget. Elle filtre les intentions reçues et appelle ses méthodes internes correspondantes. Ces méthodes sont les méthodes `onUpdate`, `onDeleted`, `onEnabled` et `onDisabled`.

2.4.1 onEnabled

La méthode `onEnabled` permet d'initialiser des données communes à tous les mêmes App Widget. Cette méthode est uniquement appelée lors de la première création d'un App Widget d'un type donné. C'est-à-dire que si par exemple l'utilisateur ajoute plusieurs App Widgets du même type sur le bureau, seul le premier recevra cet appel. Cette méthode reçoit en paramètre le contexte applicatif.

Syntaxe

```
public void onEnabled (Context context)
```

Exemple

```
@Override
public void onEnabled(Context context) {
    super.onEnabled(context);
}
```

2.4.2 onDisabled

La méthode `onDisabled` est le pendant de la méthode `onEnabled`. C'est le dernier moment pour pouvoir nettoyer ce qui doit l'être, supprimer des données temporaires, fermer des connexions ouvertes... Cette méthode est uniquement appelée lorsque le dernier App Widget est supprimé : si l'utilisateur ajoute plusieurs App Widgets du même type sur le bureau, seul le dernier recevra cet appel lorsqu'il sera supprimé. Cette méthode reçoit en paramètre le contexte applicatif.

Syntaxe

```
public void onDisabled (Context context)
```

Exemple

```
@Override
public void onDisabled(Context context) {
    super.onDisabled(context);
}
```

2.4.3 onUpdate

La méthode onUpdate est appelée une première fois lorsque l'App Widget est créé. Puis elle est appelée à intervalles réguliers définis par le développeur. S'il existe plusieurs App Widgets du même type, cette méthode n'est appelée qu'une fois pour traiter toutes ces instances. Tous ces App Widgets seront donc mis à jour quasiment en même temps. Le décompte de l'intervalle régulier débute à la création du premier App Widget. Cette méthode reçoit en paramètres le contexte applicatif, une instance de type AppWidgetManager ainsi qu'un tableau d'identifiants uniques des App Widgets existants.

Syntaxe

```
public void onUpdate (Context context,
  AppWidgetManager appWidgetManager, int[] appWidgetIds)
```

Exemple

```
@Override
public void onUpdate(Context context,
    AppWidgetManager appWidgetManager, int[] appWidgetIds) {
    super.onUpdate(context, appWidgetManager, appWidgetIds);
    for (int appWidgetId : appWidgetIds) {
        traitement(appWidgetId);
    }
}
```

2.4.4 onDeleted

La méthode onDeleted est appelée lorsque l'App Widget est supprimé, par exemple quand l'utilisateur le met dans la corbeille. Cette méthode reçoit en paramètres le contexte applicatif et le tableau des identifiants des App Widgets supprimés.

> **■ Remarque**
>
> *Cette méthode n'est pas correctement appelée sous Android 1.5 (API 3). Pour plus d'informations et une correction : http://groups.google.com/group/ android-developers/msg/e405ca19df2170e2*

Syntaxe

```
public void onDeleted (Context context, int[] appWidgetIds)
```

Exemple

```
@Override
public void onDeleted(Context context, int[] appWidgetIds) {
    super.onDeleted(context, appWidgetIds);
}
```

2.5 RemoteViews

À l'instar d'une activité, l'apparence de l'App Widget est définie dans un fichier Layout. Celui-ci est fourni à l'application hôte qui l'intègre dans son propre layout, comme par exemple l'application d'accueil.

Android utilise un objet de type `RemoteViews` permettant de contenir le layout de l'App Widget et le fournir à l'application hôte.

> **■ Remarque**
>
> *Seuls quelques composants graphiques peuvent être utilisés dans un layout d'App Widget. Ce sont les composants `AnalogClock`, `Button`, `Chronometer`, `ImageButton`, `ImageView`, `ProgressBar` et `TextView`. À partir d'Android 3.0 (API 11), il est également possible d'utiliser de nouveaux composants plus interactifs comme `GridView`, `ListView`, `StackView`, `ViewFlipper` et `AdapterViewFlipper`. Ces derniers peuvent mettre à jour leurs vues automatiquement en utilisant les nouvelles classes `RemoteViewsService` et `RemoteViewsFactory`.*

Au cours de sa vie et de son interaction avec l'utilisateur, l'App Widget devra sans doute changer d'apparence ; une image à modifier, un texte à changer…

La classe `RemoteViews` fournit tout un ensemble de méthodes pour modifier les différents objets, les différentes vues, qui représentent l'interface graphique de l'App Widget.

Dans un premier temps, il faut créer l'instance de type `RemoteViews` en utilisant l'un de ses constructeurs. Celui-ci prend en paramètres le nom complet du paquetage contenant le layout et l'identifiant unique du layout de l'App Widget.

Syntaxe

```
public RemoteViews (String packageName, int layoutId)
```

Exemple

```
RemoteViews vues = new RemoteViews(context.getPackageName(),
    R.layout.appwidget);
```

Cet objet permet ensuite de modifier les attributs des vues qu'il contient en utilisant un ensemble de mutateurs, chacun étant dédié à un type de composant graphique particulier. Ces méthodes prennent en paramètres l'identifiant unique de la vue et les données à lui fournir.

Syntaxe de quelques-unes de ces méthodes

```
public void setImageViewResource (int viewId, int srcId)
public void setProgressBar (int viewId, int max, int progress,
    boolean indeterminate)
public void setTextColor (int viewId, int color)
public void setTextViewText (int viewId, CharSequence text)
public void setViewVisibility (int viewId, int visibility)
```

Exemple

```
vues.setTextViewText(R.id.appwidget_titre, "Nouveau titre");
```

Il est possible de spécifier des intentions qui seront lancées lors d'un clic sur une des vues de l'App Widget. Pour cela, il faut utiliser la méthode `setOnClickPendingIntent` qui prend en paramètres l'identifiant unique de la vue et l'objet de type `PendingIntent` à lancer en réponse au clic.

Syntaxe

```
public void setOnClickPendingIntent (int viewId,  PendingIntent pendingIntent)
```

Exemple

```
Intent intent = new Intent(context, MonActivitePrincipale.class);
PendingIntent pIntent = PendingIntent.getActivity(context, 0,
    intent, 0);
vues.setOnClickPendingIntent(R.id.appwidget_icone, pIntent);
```

Une fois l'App Widget modifié, il faut utiliser l'objet de type `AppWidgetManager` reçu en paramètre dans la méthode `onUpdate` pour demander la mise à jour de l'App Widget. La classe `AppWidgetManager` fournit plusieurs méthodes `updateAppWidget` dont deux prennent en paramètres un ou plusieurs identifiants uniques désignant le ou les App Widgets dont les vues sont modifiées. La hiérarchie de ces vues de type `RemoteViews` est fournie en second paramètre.

■Remarque

Pour rappel, la liste des identifiants des App Widgets est également reçue en paramètre de la méthode onUpdate *et peut donc aisément être utilisée ici.*

Syntaxe

```
public void updateAppWidget (int appWidgetId, RemoteViews views)
public void updateAppWidget (int[] appWidgetIds, RemoteViews views)
```

Exemple

```
@Override
public void onUpdate(Context context,
      AppWidgetManager appWidgetManager, int[] appWidgetIds) {
   super.onUpdate(context, appWidgetManager, appWidgetIds);
   for (int appWidgetId : appWidgetIds) {
    RemoteViews vues =
      new RemoteViews(context.getPackageName(),
        R.layout.appwidget);
    traitement(appWidgetId);
    appWidgetManager.updateAppWidget(appWidgetId, vues);
   }
}
```

■Remarque

Attention, lors de l'utilisation d'un AVD nouvellement créé, il est possible que les mises à jour des App Widgets ne soient pas prises en compte. Pour plus d'informations : http://code.google.com/p/android/issues/detail?id=8889

2.6 Activité de configuration

Certains App Widgets peuvent ne pas être complètement utilisables en l'état et demandent à être configurés. Par exemple, un App Widget qui affiche le décalage horaire avec une zone géographique devra demander à l'utilisateur de sélectionner la zone géographique souhaitée.

Une solution consiste à créer l'App Widget avec une zone par défaut et lui ajouter un `pendingIntent` lançant une activité permettant de spécifier la zone lorsque l'utilisateur clique sur l'App Widget. Ou plus directement lancer l'activité dès la création de l'App Widget en détectant s'il s'agit d'une création ou d'une mise à jour...

Pour faciliter cette opération, l'application hôte se charge d'exécuter l'action `android.appwidget.action.APPWIDGET_CONFIGURE` avant de créer l'App Widget. S'il existe une activité répondant à cette action alors elle sera exécutée et l'App Widget pourra ensuite être créé selon les paramètres de configuration spécifiés via cette activité.

■Remarque

En pratique, l'App Widget est créé AVANT le lancement de l'activité de configuration puisque, pour rappel, sa méthode `onUpdate` est exécutée dans ce cas alors qu'en théorie, elle ne le devrait pas. L'exécution de la méthode `onUpdate` est réalisée AVANT le lancement de l'activité de configuration.

2.6.1 Déclaration

L'activité de configuration doit indiquer qu'elle peut répondre à la demande d'action `android.appwidget.action.APPWIDGET_CONFIGURE` en ajoutant cette action dans son filtre d'intention figurant dans le manifeste.

Exemple

```
<activity android:name=".ConfigurationAppWidgetActivite">
   <intent-filter>
      <action
      android:name="android.appwidget.action.APPWIDGET_CONFIGURE" />
   </intent-filter>
</activity>
```

En complément, l'activité devra être déclarée dans le fichier de configuration de l'App Widget via l'attribut `android:configure` décrit précédemment.

2.6.2 Création

L'activité de configuration est une activité comme une autre. Cependant, elle est exécutée par l'application hôte qui attend obligatoirement d'elle une valeur résultat indiquant si l'étape de configuration s'est bien déroulée ou non. De cette valeur dépend la suite des événements.

Au lancement de l'activité de configuration, l'application hôte fournit l'identifiant de l'App Widget dans les valeurs `Extras` de l'intent sous la clé `AppWidgetManager.EXTRA_APPWIDGET_ID`. On peut utiliser la valeur `AppWidgetManager.INVALID_APPWIDGET_ID` comme valeur par défaut permettant de détecter l'omission de l'identifiant de l'App Widget.

Exemple

```
Intent intent = getIntent();
Bundle extras = intent.getExtras();
if (extras != null) {
  mAppWidgetId =
     extras.getInt(AppWidgetManager.EXTRA_APPWIDGET_ID,
               AppWidgetManager.INVALID_APPWIDGET_ID);
}
```

Une fois l'activité de configuration exécutée par l'utilisateur, si tout se passe bien, elle doit retourner la valeur `RESULT_OK`. Dans ce cas, l'application hôte crée l'App Widget.

Mais si, par exemple, l'utilisateur quitte l'activité sans valider la configuration de l'App Widget, l'activité peut considérer cela comme une annulation de configuration et donc retourner la valeur `RESULT_CANCELED`. Dans ce cas, l'application hôte annule la création de l'App Widget. S'il s'agit de l'application d'accueil, l'App Widget ne sera jamais affiché.

Remarque

Il est recommandé de spécifier la valeur résultat à `RESULT_CANCELED` dès la création de l'activité de configuration de sorte que ce résultat soit retourné dans tous les cas, sauf celui où la valeur `RESULT_OK` est explicitement fournie.

◼Remarque

*Dans certains cas particuliers, par exemple lorsque l'utilisateur clique sur le bouton **Accueil** alors que l'activité de configuration est affichée, le résultat* `RESULT_CANCELED` *n'est pas pris en compte. La méthode* `onDeleted` *de l'App Widget n'est pas appelée. Bien que l'App Widget n'apparaisse pas sur l'écran, sa création n'a pas été annulée. Il existe sans être affiché. C'est en quelque sorte un App Widget fantôme. Ce bogue fait que le développeur doit prendre en compte ce cas particulier dans son code. Pour plus d'informations : http:// code.google.com/p/android/issues/detail?id=9362, http://code.google.com/ p/android/issues/detail?id=2539. Une solution est notamment proposée au commentaire #15.*

Concrètement, le retour du résultat se fait via la méthode `setResult` déjà étudiée (cf. chapitre Les bases de l'interface utilisateur - Activité). La valeur du résultat doit être accompagnée de l'identifiant unique de l'App Widget permettant à l'application hôte de savoir quel est l'App Widget concerné par ce résultat. Pour cela, il faut créer une intention et ajouter dans les données extras la paire clé-valeur dont la clé est la constante `AppWidgetMana-ger.EXTRA_APPWIDGET_ID` et la valeur est l'identifiant de l'App Widget précédemment récupéré.

Pour rappel, la méthode `setResult` ne termine pas l'activité. Il faut le faire explicitement en utilisant la méthode `finish`.

Exemple

```
Intent resultat = new Intent();
resultat.putExtra(AppWidgetManager.EXTRA_APPWIDGET_ID,
   mAppWidgetId);
setResult(RESULT_CANCELED, resultat);

Intent resultat = new Intent();
resultat.putExtra(AppWidgetManager.EXTRA_APPWIDGET_ID,
   mAppWidgetId);
setResult(RESULT_OK, resultat);
finish();
```

Pour cela, l'activité doit utiliser l'instance de l'objet de type `AppWidgetManager`. Cette instance se récupère en utilisant la méthode statique `getInstance` de la classe `AppWidgetManager`. Celle-ci prend en paramètre le contexte applicatif.

Syntaxe

```
public static AppWidgetManager getInstance (Context context)
```

Exemple

```
AppWidgetManager appWidgetManager =
    AppWidgetManager.getInstance(context);
```

3. Protéger les applications payantes

Comme nous l'avons vu, une application publiée se présente sous la forme d'un fichier apk. Il suffit à un tiers d'avoir ce fichier en sa possession pour qu'il puisse le partager aisément avec d'autres personnes. Cela ne pose générale-ment pas de problèmes pour les applications gratuites car le développeur souhaite qu'elles soient distribuées et donc installées le plus possible, peu im-porte le moyen. Par contre, il n'en est pas de même pour les applications payantes. Ces copies illégales sont un manque à gagner pour l'éditeur...

Afin de se protéger contre l'usage de copies illégales d'applications payantes (et uniquement d'applications payantes), Android fournit un système de vérifica-tion des licences des applications achetées et installées obligatoirement via le Play Store. Ce service est proposé pour les systèmes Android 1.5 (API 3) ou su-périeurs.

Le principe de ce système est simple et se présente sous la forme d'une biblio-thèque nommée LVL (*License Verification Library)* ou bibliothèque de vérifica-tion de licence. Cette bibliothèque permet, via l'application Play Store installée dans le système Android, de communiquer avec le serveur de licence en ligne. Celui-ci retourne, de façon sécurisée, le statut de licence propre à l'application et à l'utilisateur concerné.

C'est l'application Play Store qui gère les communications en ligne avec le serveur. Le développeur n'a qu'à lancer les commandes via la bibliothèque et exploiter les retours.

En fonction des retours de l'application Play Store, le développeur pourra appliquer la stratégie de son choix, comme par exemple : autoriser l'usage de l'application pendant une certaine période, restreindre les fonctionnalités de l'application, voire même bloquer complètement l'accès à l'application.

Ce système nécessite une connexion réseau pour communiquer avec le serveur de licence. Il faut donc prévoir une alternative lorsqu'il n'y a pas de réseau comme par exemple un cache de la licence.

3.1 Installation de la LVL

La bibliothèque de vérification des licences requiert que l'application soit configurée pour être compilée avec la plateforme Android 1.5 (API 3) ou supérieure. Cette bibliothèque est fournie sous forme de fichiers sources à intégrer dans le projet. Cette intégration peut se faire directement, en recopiant les fichiers dans le projet, ou indirectement, en créant une bibliothèque de fichiers sources liée au projet, cette dernière solution permettant de simplifier sa réutilisation. Cette bibliothèque ne doit pas être intégrée en tant que bibliothèque externe, c'est-à-dire compilée séparément et intégrée dans les projets sous forme de fichier jar.

3.1.1 Téléchargement

La LVL est téléchargeable sous forme de module en utilisant l'Android SDK Manager. Ce module contient, entre autres, les fichiers source de la LVL, une application qui sert d'exemple et la documentation javadoc.

▶Lancez l'outil **Android SDK Manager**.

▶Dans la liste de gauche, sélectionnez **Appearance & Behavior - System Settings - Android SDK**, puis cliquez sur l'onglet **SDK Tools**. Dans la liste de droite, cochez **Google Play Licensing Library**.

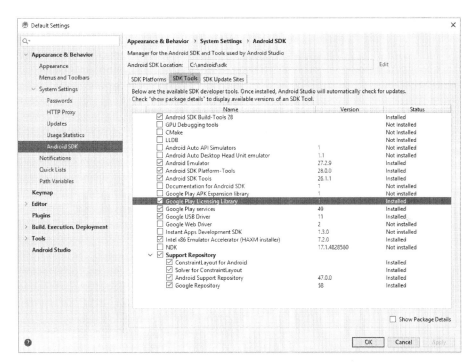

▶ Cliquez sur le bouton **OK** et terminez l'installation comme déjà vu (cf. chapitre L'univers Android - Environnement de développement).

Les fichiers sont téléchargés et installés dans le sous-répertoire *sdk*/extras/ google/play_licensing.

3.1.2 Intégration de la LVL dans le code source

Le code source de la LVL doit être ajouté au projet pour pouvoir être utilisée.

▶ Copiez le répertoire library/src/com de la LVL dans le répertoire src du projet.

▶ La LVL utilise la bibliothèque Apache, qui n'est pas intégrée par défaut. Il faut ajouter manuellement une référence à cette bibliothèque dans le fichier build.gradle du module. Dans la section Android, ajoutez le code suivant : useLibrary 'org.apache.http.legacy'.

► Android Studio vous indique qu'il faut synchroniser le projet avec les modifications du fichier `build.gradle`. Cliquez sur le lien affiché. Le projet est recompilé avec les dernières modifications.

3.2 Utilisation de la LVL

Une fois la LVL téléchargée et intégrée au projet, il faut choisir la politique de vérification de licence à adopter pour l'application. Certaines de ces politiques cryptent les données qu'elles enregistrent localement. La vérification de licence peut alors avoir lieu ensuite.

3.2.1 Politique

Chaque application peut choisir l'attitude à adopter lorsqu'elle reçoit le résultat d'une vérification de licence. Cette politique à appliquer doit être implémentée dans l'application.

Le développeur peut créer ses propres politiques via l'implémentation d'une interface Java. Pour l'aider dans cette tâche, Android fournit par défaut deux politiques déjà implémentées qu'il suffit d'instancier pour répondre aux cas les plus courants :

– ServerManagedPolicy : c'est la politique recommandée et utilisée par défaut. C'est une politique souple qui utilise les paramètres de configuration renvoyés par le serveur de licence. Cette politique fonctionne même hors ligne grâce à un cache sécurisé, obscurci. Quelques-uns de ces paramètres de configuration sont : date et heure de fin de validité du cache, nombre maximum d'essais de vérification de licence avant de bloquer l'accès à l'application... Son constructeur prend en paramètres le contexte de l'activité courante et un objet de type Obfuscator décrit à la section suivante.

Syntaxe

```
public ServerManagedPolicy(Context context, Obfuscator obfuscator)
```

– `StrictPolicy` : politique la plus stricte, qui n'autorise l'accès à l'application que si et seulement si le serveur indique que la licence est valide. L'avantage est qu'elle offre plus de sécurité puisqu'elle ne conserve pas de trace de la licence dans un cache comme le fait la police précédente. Le revers de la médaille est qu'elle nécessite une connexion réseau fonctionnelle à chaque vérification, ce qui peut s'avérer gênant pour bon nombre d'utilisateurs.

<u>Syntaxe</u>

```
public StrictPolicy()
```

3.2.2 Obfuscation

Certaines politiques, comme la politique `ServerManagedPolicy`, ont besoin de stocker les données concernant la licence dans un stockage persistant en local. Ces données doivent être sécurisées puisqu'elles permettent de déterminer si l'utilisateur a accès ou non à une application.

Pour cela, il faut utiliser un obfuscateur, ou obscurcisseur de données. Comme pour les politiques, le développeur peut choisir de créer son propre obfuscateur ou il peut utiliser un obfuscateur déjà implémenté fourni par Android : l'`AESObfuscator`. Comme son nom l'indique, cet obfuscateur utilise le cryptage AES (*Advanced Encryption Standard*, soit standard de chiffrement avancé) pour sécuriser les données.

Afin de sécuriser au maximum les données, l'obfuscateur `AESObfuscator` utilise des valeurs spécifiques au développeur, à l'application et à l'appareil Android pour générer des clés de cryptage AES les plus variées.

Ces données sont :

– un tableau de vingt octets initialisé avec des valeurs prises au hasard. Par exemple :

```
private static final byte[] SALT = new byte[] {
    -42, 13, -37, 5, 86, 45, -123, 102, -15, -3,
    123, 5, 42, -115, 2, 110, 25, 53, 5, -128
};
```

– une chaîne de caractères identifiant l'application, typiquement le nom du paquetage de l'application en utilisant la méthode `getPackageName`.

– une chaîne de caractères identifiant l'appareil Android de façon la plus unique possible comme par exemple la valeur de la constante : `android.Settings.Secure.ANDROID_ID`.

La création d'une instance `AESObfuscator` se fait via l'utilisation du constructeur. Celui-ci prend en paramètres les données détaillées précédemment.

Syntaxe

```
public AESObfuscator(byte[] salt, String applicationId,
    String deviceId)
```

Exemple

```
String deviceId =
    Secure.getString(getContentResolver(), Secure.ANDROID_ID);
AESObfuscator obf =
    new AESObfuscator(SALT, getPackageName(), deviceId);
```

3.2.3 Vérification de la licence

Prérequis obligatoire pour autoriser l'application à vérifier la licence, il faut que le projet de l'application inclue l'ajout de la permission de vérification de licence.

Pour cela, il faut ajouter la ligne suivante dans le manifeste :

Syntaxe

```
<uses-permission android:name="com.android.vending.CHECK_LICENSE" />
```

Exemple

```
<?xml version="1.0" encoding="utf-8"?>
<manifest
    xmlns:android="http://schemas.android.com/apk/res/android"
    package="fr.mondomaine.android.monappli"
    android:versionCode="1"
    android:versionName="1.0">
    <application android:icon="@drawable/icon"
      android:label="@string/app_name">
        ...
    </application>

    <uses-permission
      android:name="com.android.vending.CHECK_LICENSE" />
</manifest>
```

L'utilisation de la LVL se fait via une instance à créer de type `LicenseChecker` qui appartient au paquetage `com.google.android.vending.licensing`. Le constructeur de la classe `LicenseChecker` prend en paramètres le contexte de l'activité courante, l'instance de la politique choisie ainsi que la clé publique de notre compte éditeur. Cette clé est à récupérer sur le compte éditeur du Play Store comme indiqué plus loin.

Syntaxe

```
public LicenseChecker(Context context, Policy policy,
    String encodedPublicKey)
```

Exemple

```
LicenseChecker lc = new LicenseChecker(this, policy, "MIIBI...");
```

Remarque

Tout objet de type `LicenseChecker` doit obligatoirement appeler sa méthode `onDestroy` dans la méthode `onDestroy` de l'activité qui l'a créée.

La phase de vérification de licence se déroule en deux étapes. La première étape consiste à lancer la vérification de la licence via un appel à la méthode `checkAccess` de l'objet de type `LicenseChecker`. On lancera généralement cet appel dans la méthode `onCreate` de l'activité principale de sorte à tester la licence dès le lancement de l'application. Cette méthode prend en paramètre un objet ayant implémenté l'interface `LicenseCheckerCallback`. Cet objet est utilisé lors de la deuxième étape : le retour du résultat.

Syntaxe

```
public synchronized void checkAccess(LicenseCheckerCallback callback)
```

L'interface `LicenseCheckerCallback` permet de gérer tout type de résultat issu de la vérification de licence. Elle est composée des trois méthodes `allow`, `dontAllow` et `applicationError` qui sont appelées respectivement lorsque la licence est confirmée valide, invalide, ou que le développeur a fait une erreur lors de l'implémentation de la séquence de vérification qui empêche son bon fonctionnement. L'entier donné en paramètre des méthodes allow et dontallow donne la raison de l'acceptation ou du refus : la valeur peut être `Policy.LICENSED`, `Policy.RETRY` ou `Policy.NOT LICENSED`.

<u>Syntaxe</u>

```
public void allow(int reason)
public void dontAllow(int reason)
public void applicationError(int errorCode)
```

Il est de la responsabilité du développeur de réaliser ensuite les actions nécessaires en fonction du résultat. Par exemple, dans la méthode `dontAllow`, le développeur pourra informer l'utilisateur que sa licence n'est pas valide, lui proposer de l'acheter de suite sur le Play Store et s'il ne veut pas, forcer l'application à se fermer.

Les méthodes de l'interface `LicenseCheckerCallback` sont généralement appelées depuis des threads différents du thread UI principal de l'application pour ne pas bloquer l'application pendant toute la phase de vérification. De ce fait, le développeur devra prendre soin de ne pas appeler directement des méthodes pour mettre à jour l'interface utilisateur depuis les méthodes de l'interface `LicenseCheckerCallback`. À la place, il pourra utiliser un objet de type `Handler` ou la méthode `runOnUIThread` pour mettre à jour l'interface utilisateur via le thread principal.

3.3 Tester

Pour pouvoir tester la LVL, il faut d'ores et déjà posséder un compte éditeur sur le Play Store (cf. chapitre Publier une application - Publication de l'application sur le Play Store).

Lors de la création du compte éditeur sur le Play Store, celui-ci génère automatiquement une paire de clés publique/privée RSA (du nom de ses trois inventeurs, R. Rivest, A. Shamir et L. Adleman) de 2048 bits qui est propre à l'éditeur et valable pour toutes les applications en test ou publiées sur son compte.

La clé privée est gardée secrète et en sécurité par le Play Store. Elle permet de signer la réponse du serveur de licence et de garantir la sécurité du résultat de la vérification. La clé publique, elle, est à fournir lors de l'instanciation d'objets de type `LicenseChecker` dans le code des applications.

Pour la récupérer, l'éditeur doit se connecter sur son compte web sur le Play Store.

▶Sur la page principale du compte, cliquez sur **Toutes les applications** en haut à gauche (l'icône représente BugDroid).

▶Sélectionnez l'application que vous souhaitez protéger.

▶Puis sélectionnez la rubrique **Services et API** (tout en bas du menu qui concerne l'application).

Apparaît la partie concernant les licences et les achats intégrés intitulée **Licence et facturation via l'application**.

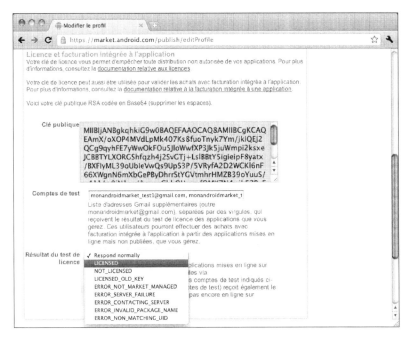

La clé est présentée dans la zone de texte **Clé publique**. C'est cette chaîne de caractères qu'il faut utiliser dans le code de l'application.

Il est possible de rajouter, pour les tests, des comptes dits **Comptes de test**. Ces comptes sont définis dans la rubrique **Paramètres** de la console du Play Store (rubrique représentée par un engrenage), et correspondent à des comptes utilisateurs Gmail qui recevront les réponses des tests de vérification des licences des applications de ce compte. Ces réponses des tests sont spécifiées dans le champ **Résultat du test de licence**.

Le champ **Résultat du test de licence** permet au développeur d'indiquer le résultat de test qu'il souhaite voir retourner par le serveur de licence pour tester ses applications. Seuls les comptes Gmail de l'éditeur et des utilisateurs spécifiés dans le champ précédent se verront retourner ce code de test pour les applications déjà transférées sur le compte de l'éditeur.

◼Remarque

Seul le compte de l'éditeur pourra recevoir ce code pour ses applications qui ne sont pas encore transférées sur son compte, et qui sont donc en phase de test.

Un clic sur le bouton **Enregistrer** permet de sauvegarder les modifications de la page et de les prendre aussitôt en compte.

◼Remarque

*Les valeurs des champs **Compte de test** et **Résultat du test de licence** sont valables pour toutes les applications du compte éditeur.*

Les tests sur appareil ou émulateur nécessitent qu'un compte Google soit configuré sur le système Android afin d'identifier l'utilisateur et permettre les vérifications des licences des applications.

Voici les étapes à suivre pour configurer un compte Google :

▶Depuis l'écran d'accueil du système Android, appuyez sur la touche **Menu** ou ouvrez la liste des applications, puis cliquez sur **Paramètres**.

▶Sélectionnez **Comptes et synchro**.

▶Cliquez sur le bouton **Ajouter un compte**.

▶Cliquez sur le choix **Google**.

▶ Puis suivez les instructions en indiquant l'adresse de messagerie Gmail et le mot de passe concernant soit le compte utilisé pour créer le compte éditeur, soit un des comptes de test.

3.3.1 Tester sur un appareil Android

Pour pouvoir tester la LVL sur un appareil Android, il faut que la version du système soit 1.5 ou supérieure et que l'application Play Store soit présente puisque c'est elle qui communiquera avec le serveur de licence.

3.3.2 Tester sur un émulateur

Il est possible de tester la LVL sous l'émulateur Android à condition que l'AVD utilise une image comportant le module complémentaire **Google APIs by Google Inc** version 8 révision 2 ou supérieure. Seules ces images contiennent la partie de l'application Play Store qui permet de se connecter aux serveurs de licences. Et seules ces images permettent de se connecter avec un compte Google : celui de l'éditeur ou un des comptes de test.

Pour rappel, le téléchargement d'une telle image a été abordé dans la section de l'installation de la LVL.

■Remarque

Attention, la vérification de licence ne fonctionne pas sur l'émulateur Google API version 9 révision 2. Elle ne prend pas en compte le statut de licence sélectionné sur le serveur. Pour plus d'informations :
http://code.google.com/p/android/issues/detail?id=14252

4. Proposer des achats intégrés

Outre les applications directement payantes sur le Play Store, il existe une autre méthode pour monétiser son application : les achats intégrés (in-app purchases, en anglais). Une application proposant des achats intégrés permet à l'utilisateur d'acheter directement depuis l'application des éléments supplémentaires : fonctionnalités, éléments de jeu, etc.

Les études ont montré que les achats intégrés sont en général appréciés des utilisateurs, qui préfèrent ce mode de monétisation aux traditionnelles applications payantes du Play Store. Un extrait d'étude est disponible sur ce thème à l'adresse suivante : http://www.zdnet.fr/actualites/applications-plus-d-achats-in-app-et-android-renforce-39796484.htm

À noter, l'utilisation du paiement intégré nécessite que l'éditeur de l'application possède un compte Google Wallet. La création de ce compte se fait à l'adresse suivante : http://www.google.com/wallet/business/, et est entièrement gratuite.

4.1 Préparation

Comme pour la protection des applications payantes, c'est l'application Play Store installée sur le terminal de l'utilisateur qui a la charge de la communication entre l'application et les serveurs Google. Et, de la même façon, le paiement intégré n'est possible que pour les applications publiées sur le Play Store.

La communication avec le Play Store se fait, pour le paiement intégré, en utilisant la bibliothèque `InAppBillingService`. Cette bibliothèque est fournie par Google, sous la forme d'un fichier AIDL (*Android Interface Definition Language*), et est distribué via l'Android SDK Manager.

Utiliser directement cette bibliothèque est un peu fastidieux, et demande la mise en place de nombreux éléments. Pour faciliter le travail, Google fournit un exemple, bien conçu, qui intègre un ensemble de classes simplifiant l'utilisation de la bibliothèque `InAppBillingService`. Nous allons utiliser ces classes pour réduire la charge de travail.

La première étape consiste donc à télécharger le package **Google Play Billing Library**, disponible dans la rubrique **Extras** du SDK Manager.

Une fois téléchargé, le package est enregistré dans le répertoire `<sdk>/extras/google/play_billing/`, et fournit la bibliothèque `IInAppBillingService.aidl` (à la racine du répertoire) ainsi que l'exemple dont nous allons extraire les classes qui nous intéressent, dans le répertoire `/samples/TrivialDrive/`.

Pour utiliser la bibliothèque dans une application, il faut créer un nouveau dossier nommé `aidl` dans le répertoire `src/main` et importer le fichier `IInAppBillingService.aidl` dans ce dossier.

Ensuite, copiez le répertoire `TrivialDrive/src/com/example/android/trivialdrivesample/util` dans le projet de l'application, sous le répertoire `/src`. Il est nécessaire de renommer le package des classes ainsi importées : dans Android Studio, faire un clic droit sur le répertoire `util` copié, et sélectionner l'option **Refactor** puis **Rename**. Indiquer le nom de package souhaité. Le projet doit compiler sans soucis : un fichier `IInAppBilling-Service.java` sera généré automatiquement et enregistré dans le répertoire `/gen` du projet.

Le paiement intégré nécessite l'autorisation `com.android.vending.BILLING` ; il faut donc la déclarer dans le fichier manifeste de l'application.

Syntaxe

```
<uses-permission android:name="com.android.vending.BILLING" />
```

Cette permission n'est pas définie comme « dangereuse », il n'est pas néces-saire de demander une autorisation spécifique pour les terminaux exécutant Android Marshmallow ou supérieur.

Une fois la permission ajoutée au manifeste, il faut faire une première impor-tation de l'APK du projet dans la console développeur du Play Store : cette pre-mière importation permet d'indiquer au Play Store que l'application proposera des paiements intégrés : le Play Store le détecte automatiquement à la lecture du manifeste, grâce à la permission com.android.ven-ding.BILLING. Comme pour toute publication sur le Play Store, il est né-cessaire que l'apk soit signé (cf. chapitre Publier une application).

L'application étant maintenant définie comme proposant des paiements inté-grés, la console développeur permet d'ajouter des produits intégrés, qui pour-ront être achetés via le paiement intégré : il ne s'agit en aucun cas de produits physiques, mais bel et bien les éléments que vous souhaitez rendre payants dans votre application.

Pour ajouter un produit, il faut se rendre dans la rubrique **Produits intégrés à l'application** dans la console développeur de l'application. Là, cliquez sur le bouton **Ajouter un nouveau produit** : une fenêtre s'ouvre, qui demande de sélectionner le type de produit à ajouter et un ID de produit. La bibliothèque IInAnBillingService n'est pour l'instant compatible qu'avec les pro-duits dits gérés. Sélectionnez cette option, et saisissez un identifiant pour le produit. Cliquez ensuite sur **Continuer** : le produit est créé, et le navigateur présente une fiche produit, similaire à la fiche d'une application. Saisissez un titre une description, et un prix. Vous devez nécessairement fournir un prix pour chaque pays dans lequel le Play Store est disponible. Comme pour une application, un bouton **Convertir les prix automatiquement** permet d'au-tomatiser cette étape.

Attention ! Google ne permet pas de modifier le prix d'un produit intégré à l'application à partir du moment où il a été rendu disponible à l'achat !

Une fois les informations obligatoires saisies, il suffit de cliquer sur **Activer**, en haut de l'écran : le produit est actif, même si un délai peut exister avant sa mise à disposition.

L'étape suivante consiste à récupérer, dans la console développeurs du Play Store, la clé publique de l'application qui utilisera le paiement intégré. Il faut aller dans la rubrique **Services et API** de l'application, et noter la clé de licence : c'est une clé publique RSA, codée en Base64. Cette clé est valide pour toute la durée de vie de l'application, et n'est pas modifiée lorsqu'une mise à jour est publiée.

Cette clé doit être stockée dans le projet qui utilisera le paiement intégré. Il est fortement recommandé de ne pas stocker directement la clé telle quelle, mais de prévoir une série de routines qui permettront de la reconstituer à l'exécution de l'application. Une première approche suggérée par Google est de découper cette clé en plusieurs parcelles et de reconstituer l'ensemble lors de son utilisation.

Une fois ces opérations effectuées, le paiement intégré peut être utilisé dans l'application.

4.2 Utilisation du paiement intégré

Parmi les classes importées du projet donné en exemple par Google, la classe principale est `IabHelper`. C'est cette classe qui porte les principales opérations pour les achats intégrés.

La syntaxe du constructeur est la suivante :

```
public IabHelper(Context context, String base64PublicKey)
```

La chaîne `base64PublicKey` passée en paramètre du constructeur correspond à la clé publique récupérée dans la console développeur de l'application.

4.2.1 Initier la communication avec le Play Store

La première étape consiste à se connecter au service Play Store d'achats intégrés. Cette opération de connexion est entièrement gérée par l'instance d'`IabHelper`, via la méthode `startSetup`.

Syntaxe

```
public void startSetup(final OnIabSetupFinishedListener listener)
```

Le paramètre passé à la méthode est un `Listener` qui sera invoqué lorsque la configuration de la connexion sera terminée. Cette interface contient une méthode `onIabSetupFinished` qu'il faut surcharger.

Exemple

```
IabHelper billingHelper = new IabHelper(this, publicKey);
billingHelper.startSetup(new OnIabSetupFinishedListener() {
   @Override
   public void onIabSetupFinished(IabResult result) {
      if(result.isSuccess())
        Toast.makeText(getApplicationContext(), "La connexion au
service de billing est active", Toast.LENGTH_SHORT).show();
      else
        Toast.makeText(getApplicationContext(), "La connexion au
service de billing a échoué" , Toast.LENGTH_SHORT).show();
   }
});
```

Lorsque le processus de commande est terminé, ou lorsque l'activité est détruite, il est indispensable d'appeler la méthode `dispose` de l'objet `IabHelper`.

Exemple

```
@Override
public void onDestroy() {
   super.onDestroy();
   if(iabHelper!=null)
      iabHelper.dispose();
}
```

4.2.2 Obtenir la liste des produits

La méthode `queryInventory` de l'objet `IabHelper` permet d'obtenir la liste des produits vendus pour l'application.

Syntaxe

```
public Inventory queryInventory(boolean detailProduits, List<String>
idProduits)
```

Le paramètre `detailProduits` permet de spécifier si l'on veut obtenir les détails sur les produits (prix, description, etc.). Le second paramètre est une liste d'identifiants des produits dont on souhaite obtenir les détails. Chaque identifiant correspond à celui qui a été saisi dans la console développeur. Si aucun identifiant n'est passé en paramètre, la méthode ne renverra que la liste des produits achetés par l'utilisateur.

Cette méthode s'exécute dans le thread principal, ce qui peut être un problème, les requêtes pouvant être plus ou moins longues selon la liste des produits et la qualité de la connexion réseau du terminal.

Une version asynchrone de la méthode `queryInventory` est également disponible, qui prend en paramètre supplémentaire un objet de type `IabHelper.QueryInventoryFinishedListener`, dont la méthode `onQueryInventoryFinished` est invoquée lorsque le traitement est terminé.

Syntaxe

```
public void queryInventoryAsync(final boolean details, final
List<String> idProduits, final QueryInventoryFinishedListener
listener)
public void onQueryInventoryFinished(IabResult resultat, Inventory
inventaire)
```

Exemple

```
ArrayList<String> produits = new ArrayList<String>();
produits.add("produit_1");
iabHelper.queryInventoryAsync(true, produits, new Query
InventoryFinishedListener() {
   @Override
   public void onQueryInventoryFinished(IabResult result,
Inventory inventory) {
      if(result.isFailure())
         Toast.makeText(getApplicationContext(),
           "Récupération des items
échouée",Toast.LENGTH_SHORT).show();
      else
         Toast.makeText(getApplicationContext(),
           "Récupération des items
ok",Toast.LENGTH_SHORT).show();
});
```

L'objet de type `Inventory` fourni en retour des méthodes `queryInventory` contient les informations sur les produits disponibles et achetés : la méthode `getSkuDetails` permet d'obtenir les informations sur un produit, et la méthode `getPurchase` permet d'obtenir les informations sur la commande pour un produit.

Syntaxe

```
public SkuDetails getSkuDetails(String idProduit)
public Purchase getPurchase(String idProduit)
```

L'objet `SkuDetails` porte les informations sur le titre, la description ainsi que le prix de l'élément proposé à la vente. Ces informations sont accessibles en utilisant les méthodes `get...` correspondantes.

Syntaxe

```
public String getTitle()
public String getDescription()
public String getPrice()
```

L'objet `Purchase` porte, lui, les informations sur la commande, dans le cas où le produit a été commandé par l'utilisateur.

Syntaxe

```
public String getOrderId()
public long getPurchaseTime()
public int getPurchaseState()
public String getDeveloperPayload()
```

4.2.3 Vérifier qu'un produit a été commandé

L'objet `Inventory` présente également la méthode `hasPurchase`, qui renvoie `true` si un produit a été commandé par l'utilisateur.

Syntaxe

```
public boolean hasPurchase(String idProduit)
```

Exemple

```
iabHelper.queryInventoryAsync(true, produits, new Query
InventoryFinishedListener() {
   @Override
   public void onQueryInventoryFinished(IabResult result,
Inventory inventory) {
```

```
      if(inventory.hasPurchase("produit_1"))
         Toast.makeText(MainActivity.this,
         "Le produit produit_1 a été commandé",
Toast.LENGTH_SHORT).show();
         }
});
```

Le développeur devra élaborer une stratégie efficace pour la vérification des achats : il n'est pas forcément judicieux de lancer une vérification à chaque utilisation de l'application, la vérification demandant nécessairement une connexion à Internet. Il faut donc mettre en cache les achats vérifiés pour le cas où aucune connexion réseau n'est disponible et vérifier régulièrement les achats lorsque le terminal est connecté.

4.2.4 Commander un produit

L'intégralité du processus de commande d'un produit est géré par le Play Store. Pour le développeur, il suffit de lancer ce processus en invoquant la méthode `launchPurchaseFlow` de l'objet `IabHelper`.

La syntaxe de la méthode est la suivante :

Syntaxe

```
public void launchPurchaseFlow(Activity activity, String idProduit,
int codeRequete, OnIabPurchaseFinishedListener listener)
```

– `activity` : activité courante. Le processus doit être lancé depuis le thread principal de l'activité.

– `idProduit` : identifiant du produit, tel que spécifié dans la console développeur.

– `codeRequete` : code choisi par le développeur pour identifier la requête. Ce code sera retourné par le Play Store.

– `listener` : interface exposant la méthode `onIabPurchaseFinished`, qu'il faut surcharger. L'invocation de cette méthode est un peu particulière et est détaillée ci-dessous.

Contrairement au schéma classique que l'on rencontre sur la plateforme Android, l'objet `OnIabPurchaseFinishedListener` passé en paramètre de la méthode `launchPurchaseFlow` n'est pas appelé directement en retour du processus d'achat en cas de succès – mais il l'est dans le cas où une erreur survient dans le processus !

Au lieu de cela, le Play Store, en fin de processus, invoque la méthode `onActivityResult` de l'activité passée en paramètre. Il faut alors, dans la méthode `onActivityResult`, appeler la méthode `handleActivityResult` de l'objet `IabHelper` pour que la méthode `onIabPurchaseFinished` soit invoquée. La méthode `handleActivityResult` renvoie `true` si la requête concerne effectivement un achat intégré, et `false` si l'appel de `onActivityResult` est d'une autre origine.

Exemple

```java
private void lancerAchat()    {
   IabHelper.OnIabPurchaseFinishedListener mPurchaseFinished
Listener =
      new IabHelper.OnIabPurchaseFinishedListener() {
         @Override
         public void onIabPurchaseFinished(IabResult result,
Purchase info){
            if (result.isFailure()) {
               Toast.makeText(MainActivity.this,
"Erreur lors de l'achat", Toast.LENGTH_LONG).show();
               return;
            }
            else
               Toast.makeText(MainActivity.this, "Achat validé",
Toast.LENGTH_LONG).show();
         }
      };
   iabHelper.launchPurchaseFlow(this,"produit_1", 123,
mPurchaseFinishedListener );
 }

@Override
public void onActivityResult(int requestCode, int resultCode,
Intent data) {
   if (!iabHelper.handleActivityResult(requestCode, resultCode, data)) {
        Toast.makeText(this, "Le retour ne concerne pas le
processus d'achat", Toast.LENGTH_SHORT).show();
        super.onActivityResult(requestCode, resultCode, data);
   }
}
```

La méthode `launchPurchaseFlow` possède une variante qui permet d'ajouter un tag arbitraire choisi par le développeur. Ce tag sera retourné dans l'objet `Purchase`, et accessible par la méthode `getDeveloperPayload`.

Google recommande d'utiliser ce tag pour vérifier que la commande reçue correspond bien à la commande envoyée.

Syntaxe

```
public void launchPurchaseFlow(Activity act, String sku, String
itemType, int requestCode, OnIabPurchaseFinishedListener listener,
String extraData)
```

D

E

F

L

N

R

W

X